お金の図鑑

お金の使い方 × 自分らしい人生の歩き方

ゲームのキャラクターボイスの声優《せいゆう》さんにも興味《きょうみ》あるけど1話《わ》の出演料《しゅつえんりょう》が思《おも》ったより少《すく》ないな…
ダイチ
やりたい仕事《しごと》があったとしてもそれで食《た》べていけるかわからないよね
ユウキ
夢《ゆめ》も大事《だいじ》だけどやっぱり生《い》きるためにはお金《かね》がいるもんね
アオイ

あー 金持《かねも》ちになって タワマンに 住《す》みてー!
あはは
タワマンなんて いくらあったら 住《す》めるんだよ
そりゃあ… 億《おく》だろ 億《おく》!
億《おく》って 買《か》った場合《ばあい》? 賃貸《ちんたい》だったら?
芸能人《げいのうにん》とかだと 家賃《やちん》100万円《まんえん》超《ご》えの 部屋《へや》に住《す》んでるとか いうよね
は?
…おお
たとえば 家賃《やちん》が 月《つき》150万円《まんえん》だと 1年《ねん》で… ええと… 1800万円《まんえん》とか
1億《おく》あっても 10年《ねん》住《す》めないよ ダイチ
せいぜい 5〜6年
…う し

じゃあ
10年《ねん》住《す》みたかったら
2億《おく》
稼《かせ》がなきゃだ！
ごくり…
に……2億《おく》
ううん
もっとだよ
家賃《やちん》だけでは
生活《せいかつ》できないもん
食費《しょくひ》
光熱費《こうねつひ》
税金《ぜいきん》
それから……
ドン
ドン
ドン
ぐっ
あ〜
そうか〜
きびしー
も〜〜〜！
細《こま》かいことは
いいんだよ！
とにかくオレは
お金持《かねも》ちに
なるの！
バッ

ええ…
ダイチの人生設計《じんせいせっけい》
聞《き》いてると
不安《ふあん》になっちゃう…
オレのせいかよ
不安《ふあん》になるのは
結局《けっきょく》お金《かな》のこと
よくわからないから
なんだよね
お金《かね》はないよりも
あったほうが
いい気《き》がするし
たくさんあったほうが
より幸《しあわ》せな
気《き》がするけど
はあ〜〜…。
本当《ほんとう》に
そうなのかな…？
夢《ゆめ》とお金《かね》
どっちが大事《だいじ》？
お金《かね》が
たくさんあったら
それで幸《しあわ》せ？

はじめに

「お金《かね》」は不思議《ふしぎ》なものです。

● 1万円札《まんえんさつ》は、わずか二十円弱《にじゅうえんじゃく》で作《つく》られていますが、1万円《まんえん》の価値《かち》があると信《しん》じられています。

● お年玉《としだま》でもらった五千円《ごせんえん》で、新《あたら》しいゲームソフトを買《か》うこともできますが、貧困《ひんこん》に苦《くる》しむ一人《ひとり》の子《こ》どもが1年間《ねんかん》、栄養《えいよう》のある学校給食《がっこうきゅうしょく》を食《た》べることもできます(※)。

● 自然《しぜん》のものは、みないつか朽《く》ち果《は》ててこの世《よ》から失《うしな》われていきますが、お金《かね》は預金《よきん》しておけば逆《ぎゃく》に増《ふ》えていきます。

● お金《かね》は生《い》きていくのに不可欠《ふかけつ》なものですが、死《し》んでしまったらなんの役《やく》にも立《た》ちません。

このようにお金《かね》は、どこかとらえどころがないものです。この本《ほん》は、そんな不《ふ》思議《しぎ》な「お金《かね》」の正体《しょうたい》を追《お》うように、稼《かせ》ぐことから、使《つか》う、貯《た》める、社会《しゃかい》との関《かか》わり、人生《じんせい》に必要《ひつよう》なお金《かね》、お金《かね》が引《ひ》き起《お》こす諸問題《しょもんだい》…など、さまざまな角度《かくど》から「お金《かね》」を見《み》ていきます。学校《がっこう》で社会科《しゃかいか》と家庭科《かていか》で学習《がくしゅう》したことが、この本《ほん》によっ

※ 5,000円《えん》のご寄付《きふ》でできること。
国連《こくれん》 WPF《ダブリューピーエフ》(https://ja.wfp.org/donate-now)より

てつながるかもしれません。

特徴的《とくちょうてき》なのは、本《ほん》のタイトルこそ『お金《かね》の図鑑《ずかん》』ですが、図鑑《ずかん》にとどまらない編集《へんしゅう》になっているところです。あなたはお金《かね》をどのように稼《かせ》ぎたいと思《おも》いますか？　お金《かね》はどのように使《つか》われるといいと思《おも》いますか？　いろいろな問《と》いが、この本《ほん》にはちりばめられています。

このような作《つく》りになっているのは、お金《かね》の働《はたら》きは『図鑑《ずかん》』として静止《せいし》しているものではないからだと思《おも》います。経済《けいざい》は、そして社会《しゃかい》は今《いま》まさに未来《みらい》に向《む》けて動《うご》いています。そしてこの変化《へんか》の激《はげ》しい時代《じだい》の中《なか》で、私《わたし》たちは今《いま》、新《あら》たな「お金《かね》」との関《かか》わり方《かた》を、あるいは価値《かち》を、一人《ひとり》一人《ひとり》が自《みずか》ら問《と》い、決《き》めていくときを迎《むか》えているといえます。ただお金《かね》もものも多《おお》ければ豊《ゆた》かであると信《しん》じられていた時代《じだい》とは、明《あき》らかに変《か》わってきているからです。

今《いま》の時代《じだい》、知識《ちしき》はネットで検索《けんさく》すればいくらでも得《え》られるでしょう。しかし、この本《ほん》からは、知識《ちしき》だけでなく、知識《ちしき》を使《つか》うために必要《ひつよう》な深《ふか》い洞察《どうさつ》を得《え》られるものと思《おも》います。さあ、どこからでも興味《きょうみ》のあるところから読《よ》み始《はじ》めてみてください。そして自分《じぶん》なりの「お金《かね》」との関《かか》わり方《かた》を、ぜひ考《かんが》えてみてください。
あなたは「お金《かね》」という道具《どうぐ》を使《つか》って、どのように人生《じんせい》を創《つく》っていきたいですか。

「子供《こども》のお金教育《かねきょういく》を考《かんが》える会《かい》」代表《だいひょう》
あんびるえつこ

ENTS

CONT

登場人物紹介《とうじょうじんぶつしょうかい》

ダイチ
明《あか》るくクラスの人気者《にんきもの》。常《つね》に前向《まえむ》きで「なんとかなる」がモットー。

アオイ
活発《かっぱつ》でリーダー気質《きしつ》。しっかり者《もの》だけど、ときどき抜《ぬ》けている。

ユウキ
中学《ちゅうがく》2年生《ねんせい》。思《おも》いやりがあって、友《とも》だちからの信頼《しんらい》が厚《あつ》い。動物好《どうぶつず》き。

あんびる先生《せんせい》
お金教育《かねきょういく》の専門家《せんもんか》。ユウキたちにお金《かね》についていろいろと教《おし》えてくれる。

サナ
ユウキの妹《いもうと》。小学《しょうがく》5年生《ねんせい》。

※本書《ほんしょ》の内容《ないよう》は、原則《げんそく》として2023年《ねん》12月現在《がつげんざい》の情報《じょうほう》をもとに作成《さくせい》しています。

MONEY

1章

お金《かね》について考《かんが》えてみよう

そもそもお金《かね》とは何《なに》か？　改《あらた》めて問《と》われると、
どう答《こた》えたらいいか迷《まよ》ってしまいませんか？
まずは、お金《かね》の役割《やくわり》や、歴史《れきし》など、
お金《かね》の基本的《きほんてき》なことを知《し》りましょう。

ガラッ
ゴロゴロ
こんにちは！
ゲスト講師《こうし》のあんびる先生《せんせい》です
今日《きょう》は人生《じんせい》とお金《かね》について一緒《いっしょ》に考《かんが》えてみましょう
Cool
ざわっ
人生《じんせい》？
お金《かね》？
何《なに》あの荷物《にもつ》…

カパ
…では早速《さっそく》——
ドン！
「カレー作《づく》りゲーム」をはじめます！
予算《よさん》は千円《せんえん》
自分《じぶん》の好《す》きなカレーを作《つく》るためにひとりひとりここにある材料《ざいりょう》を選《えら》んでみましょう！

わいわい
何買うー？
カレーって
豚？
牛？
やっぱり肉《にく》は
国産牛肉《こくさんぎゅうにく》
だよなー！
肉第一！
国産！
あと野菜《やさい》は――…
僕《ぼく》はそれぞれ
安《やす》いものを
選《えら》ぼっと
お肉《にく》も野菜《やさい》も
そろえても
おつりがきそう♪
お得に
買えると
うれしい！
ユウキ～
いい肉《にく》
食《く》おうぜ～
FAIRTRADE
私《わたし》はカレー粉《こ》を
フェアトレード
商品《しょうひん》にしたいな
具《ぐ》は国産《こくさん》や
有機野菜《ゆうきやさい》で…
お母《かあ》さんがいつも
気《き》にしてるもんね

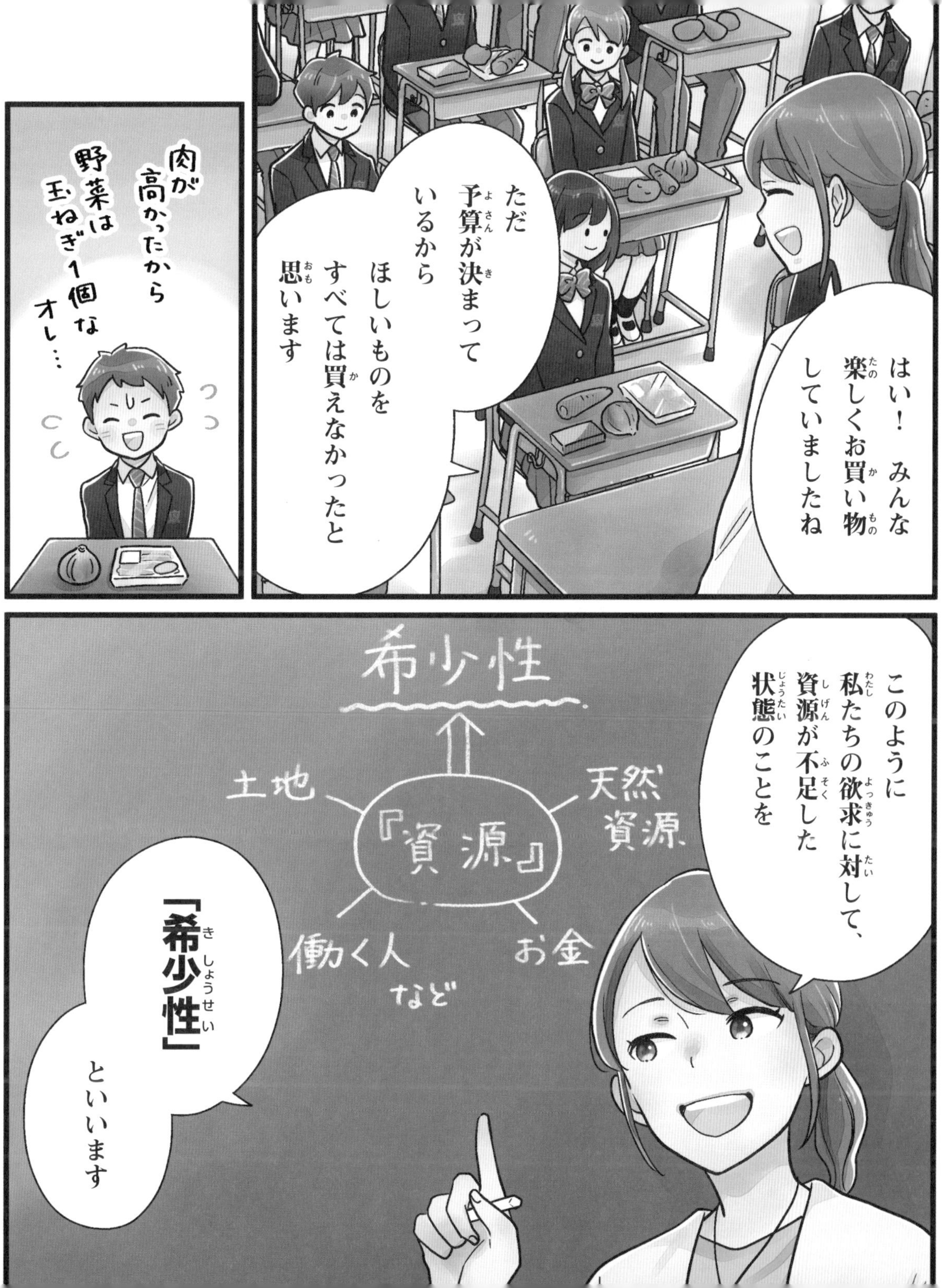
はい！　みんな楽《たの》しくお買《か》い物《もの》していましたね
ただ予算《よさん》が決《き》まっているからほしいものをすべては買《か》えなかったと思《おも》います
肉が高かったから野菜は玉ねぎ1個なオレ…
このように私《わたし》たちの欲求《よっきゅう》に対《たい》して、資源《しげん》が不足《ふそく》した状態《じょうたい》のことを
「希少性《きしょうせい》」といいます
希少性
土地
天然資源
『資源』
働く人
お金
など

だから「トレード・オフ」といって
一方《いっぽう》を選択《せんたく》すると
一方《いっぽう》をあきらめる
ことになるよね
1000円
ルー
はい!
でもさ～
千円《せんえん》しかなかったから
牛肉《ぎゅうにく》を買《か》う分《ぶん》
野菜《やさい》はあきらめたけど
二千円《にせんえん》あれば
野菜《やさい》もあきらめずに
買《か》えたよ?
その場合《ばあい》は
追加《ついか》した千円《せんえん》で
買《か》えたはずの別《べつ》のものを
あきらめることに
ならないかな?
たとえば
おやつや
勉強《べんきょう》に必要《ひつよう》な
文房具《ぶんぼうぐ》とかね
POTATO
これも
いるもんね…
うんうん

んー
…なるほど 生活全体《せいかつぜんたい》で考《かんが》えると やっぱり何《なに》かと差《さ》し引《ひ》きなのかぁ
そういうこと!
たとえば「時間《じかん》」も…
みんな定期《ていき》テストの前《まえ》は勉強時間《べんきょうじかん》を増《ふ》やすでしょ そのために…
あ! 部活《ぶかつ》が休《やす》みになるよ
遊《あそ》ぶ時間《じかん》もけずるかな…
そう! そこにもトレード・オフの関係《かんけい》があるわね
24H
普段
学校
その他
宿題
余暇
部活
テスト前
その他
学校
宿題
テスト勉強

お金《かね》や時間《じかん》は限《かぎ》りある「資源《しげん》」だから
肉
1000円
予算
その範囲《はんい》の中《なか》で自分《じぶん》は何《なに》を大事《だいじ》にしてどうしたいか何《なに》ができるのか…
学校
その他
宿題
テスト勉強
24H
使《つか》い方《かた》を選択《せんたく》していくことがこれからの人生《じんせい》で大切《たいせつ》になってきます
人《ひと》それぞれの価値観《かちかん》を大事《だいじ》にして
自分《じぶん》らしい人生《じんせい》を送《おく》るために
お金《かね》を含《ふく》めた「資源《しげん》」の使《つか》い方《かた》を考《かんが》えていけるといいですね

キーンコーン
カレー作《づく》りゲームおもしろかったね
ダイチの豪快っぷりな
でもお金《かね》の使《つか》い方《かた》と自分《じぶん》らしい人生《じんせい》を送《おく》ることって関係《かんけい》あるのかなぁ？
たしかに…時間《じかん》はみんな平等《びょうどう》だから何《なに》を大事《だいじ》にするかで使《つか》い方《かた》は変《か》わるけど
お金《かね》は持《も》ってる人《ひと》と持《も》ってない人《ひと》とで違《ちが》うもんね…
「らしさ」につながる？
なー？
お金《かね》と人生《じんせい》ってどうつながっているのかなー
んー？
むず…

そもそもお金《かね》とは何《なに》か？

Q.あなたにとってお金《かね》とは？

生活《せいかつ》をしていくために
お金《かね》はなくてはならな
いものだよ。

お金《かね》があるかないかで
人生《じんせい》は決《き》まる……よね？

お金《かね》なしでは
生《い》きていけない。

ほしいものが
なんでも手《て》に入《はい》る、
魔法《まほう》の道具《どうぐ》♪

お金《かね》は、犯罪《はんざい》や争《あらそ》いの
もとになるから
あんまり好《す》きじゃない。

改《あらた》めて聞《き》かれると、答《こた》えに
困《こま》るなあ……。要《よう》するにお
金《かね》って、１万円《まんえん》とか５００円《えん》と
かのことじゃないの？

お金《かね》はいいもの。お金《かね》大好《だいす》き。
無駄《むだ》づかいしたらお金《かね》は貯《た》まらないよ。
お金持《かねも》ちになって、推《お》しに存分《ぞんぶん》につぎこみたい！
指さして
こっち見て。。
自由《じゆう》にお金《かね》を使《つか》ったこともないし、そもそも興味《きょうみ》がない。
宝《たから》くじで10億円当《おくえんあ》たったら何《なに》しようかな〜。

お金《かね》とは何《なに》かを考《かんが》えることが自分《じぶん》らしい人生《じんせい》につながる

「お金《かね》ってなんだと思《おも》う？」と聞《き》かれたら、大人《おとな》でもうまく答《こた》えられる人《ひと》は少《すく》ないでしょう。それは、今《いま》までお金《かね》についてきちんと考《かんが》えたことがないから。試《ため》しに、近《ちか》くにいる大人《おとな》に聞《き》いてみたら、いろいろな答《こた》えが返《かえ》ってくることでしょう。同《おな》じお金《かね》に対《たい》して思《おも》うことがみんな違《ちが》うというのはおもしろいですよね？

さて、みなさんにとってお金《かね》ってなんですか？　おこづかいをもらっていなくて、自分《じぶん》でお金《かね》を使《つか》った経験《けいけん》があまりないという人《ひと》もいるかもしれませんね。でも、生《う》まれてから今日《きょう》までの間《あいだ》に、みなさんはたくさんのお金《かね》を使《つか》っています。

人《ひと》が生《い》きていくためにはどうしてもお金《かね》がかかります。いずれは、みなさんも自分《じぶん》でお金《かね》を稼《かせ》いで使《つか》っていくことになる日《ひ》が来《き》ます。そのときに、「お金《かね》とは何《なに》か？」に対《たい》する自分《じぶん》なりの答《こた》えを持《も》っていると、自分《じぶん》らしい満足《まんぞく》のいく人生《じんせい》を送《おく》ることにつながるはずです。

お金《かね》について昔《むかし》の哲学者《てつがくしゃ》も考《かんが》えた

貨幣《かへい》は関係《かんけい》である。
交換《こうかん》すべきものが何《なに》もないところでは、
貨幣《かへい》はまったくいかなる価値《かち》ももたない。

ジンメル

ゲオルク・ジンメル
（1858年《ねん》-1918年《ねん》）

ドイツの哲学者《てつがくしゃ》ジンメルは、「貨幣論《かへいろん》」などお金《かね》について深《ふか》く考《かんが》えた人物《じんぶつ》です。お金《かね》は交換《こうかん》するものとの橋渡《はしわた》しをする目的《もくてき》で存在《そんざい》するもので、目的《もくてき》が何《なに》もなければ持《も》っている価値《かち》がないと考《かんが》えました。

富《とみ》は海水《かいすい》のようなもので、
飲《の》めば飲《の》むほどのどがかわく。

ショーペンハウアー

アルトゥル・ショーペンハウアー
（1788年《ねん》-1860年《ねん》）

ドイツの哲学者《てつがくしゃ》ショーペンハウアーは、人間《にんげん》は財産《ざいさん》をこれだけ持《も》てば満《まん》足《ぞく》するというものではなく、どんなに財産《ざいさん》を持《も》っていても満足《まんぞく》できないものだといっています。それは、ほしいものが限《かぎ》りなくあるからです。ほしいものがたくさんあると、それが叶《かな》えられるだけの財産《ざいさん》がなければ、たとえ国家予算《こっかよさん》にあたるほどの大金《たいきん》を持《も》っていても不満《ふまん》に思《おも》うものです。情報化社会《じょうほうかしゃかい》の現在《げんざい》は、テレビやインターネットの広告《こうこく》がいろいろな商品《しょうひん》をすすめてきて次《つぎ》から次《つぎ》へとほしいものが出《で》てきます。お金《かね》がいくらあっても満足《まんぞく》しないというのはそのせいなのかもしれません。

お金《かね》について、いろいろな意見《いけん》があるね。
私《わたし》にとってお金《かね》とは、ただの交換手段《こうかんしゅだん》ではあるけれど、
安心《あんしん》をもたらしてくれるものでもあるし……。

金《かね》持《も》ちがどんなにその富《とみ》を自《じ》慢《まん》しても、
その使《つか》い道《みち》がわかるまでほめてはいけない。

古《こ》代《だい》ギリシャの哲学者《てつがくしゃ》ソクラテスの言《こと》葉《ば》です。お金《かね》をいくらたくさん持《も》っていても、それはなんの自《じ》慢《まん》にもならないとソクラテスは考《かんが》えました。お金《かね》の使《つか》い道《みち》に、その人《ひと》の人間性《にんげんせい》があらわれるということです。

ソクラテス

ソクラテス
(前《ぜん》470 年《ねん》–前《ぜん》399 年頃《ねんごろ》)

金《かね》もうけのうまい人《ひと》は無《む》一文《いちもん》になっても
自《じ》分《ぶん》自《じ》身《しん》という財《ざい》産《さん》をもっている。

アラン

エミール＝オーギュスト・シャルティエ（本名《ほんみょう》）
(1868 年《ねん》-1951 年《ねん》)

フランスの哲学者《てつがくしゃ》アランの言《こと》葉《ば》です。お金《かね》がなくなったら困《こま》ってしまいますが、自《じ》分《ぶん》自《じ》身《しん》という財産《ざいさん》を失《うしな》わない限《かぎ》り何《なん》度《ど》でも挑戦《ちょうせん》して状況《じょうきょう》をよくしていけるはず。自《じ》分《ぶん》自《じ》身《しん》という財産《ざいさん》をよく知《し》ることと、ポジティブに物事《ものごと》に向《む》き合《あ》うことが、人生《じんせい》を切《き》り開《ひら》いていくカギなのかもしれませんね。

考《かんが》えてみよう

キミにとってお金《かね》って何《なに》？

自《じ》分《ぶん》の考《かんが》えを自《じ》由《ゆう》に書《か》いてみましょう。

お金《かね》には3つの役割《やくわり》がある

ものが買《か》えるってことはわかるけど、他《ほか》にも役割《やくわり》があるの？

「お金《かね》」のおかげでほしいものをほしいときに交換《こうかん》できる

お金《かね》はほしいものが買《か》えて便利《べんり》なものですね。このほしいものを買《か》うこと、つまり、ほしいものと交換《こうかん》できることがお金《かね》の役割《やくわり》その①です。ものだけではなく、してほしいサービスとも、交換《こうかん》することができます。

お金《かね》の役割《やくわり》その②は、ものの価値《かち》をはかれることです。本《ほん》でも、ケーキでも、T《ティー》シャツでも、1000円《えん》と値段《ねだん》がついているものは、もれなく1000円《えん》で交換《こうかん》することができます。ふだん何気《なにげ》なく買《か》い物《もの》をしていますが、お金《かね》が①②の機能《きのう》をもつからこそ、私《わたし》たちはほしいものを手《て》に入《い》れることができるのです。

そして、お金《かね》の役割《やくわり》その③は、貯《た》めておけること。お金《かね》というものがなかった時代《じだい》、人《ひと》は物々《ぶつぶつ》交換《こうかん》でほしいものを手《て》に入《い》れていました。その「もの」が野菜《やさい》や魚《さかな》だったら、交換《こうかん》してくれる相手《あいて》を探《さが》している間《あいだ》にくさってしまうことがありました。お金《かね》はくさる心配《しんぱい》などがないため、使《つか》いたいときまで貯《た》めておくことができます。

お金《かね》は「貨幣《かへい》」
「通貨《つうか》」ともいうよ。

お金《かね》の3つの役割《やくわり》

1 ものと交換《こうかん》できる

2 価値《かち》をはかれる

3 貯《た》めておける

1 ものと交換《こうかん》できる

(交換《こうかん》・流通手段《りゅうつうしゅだん》)

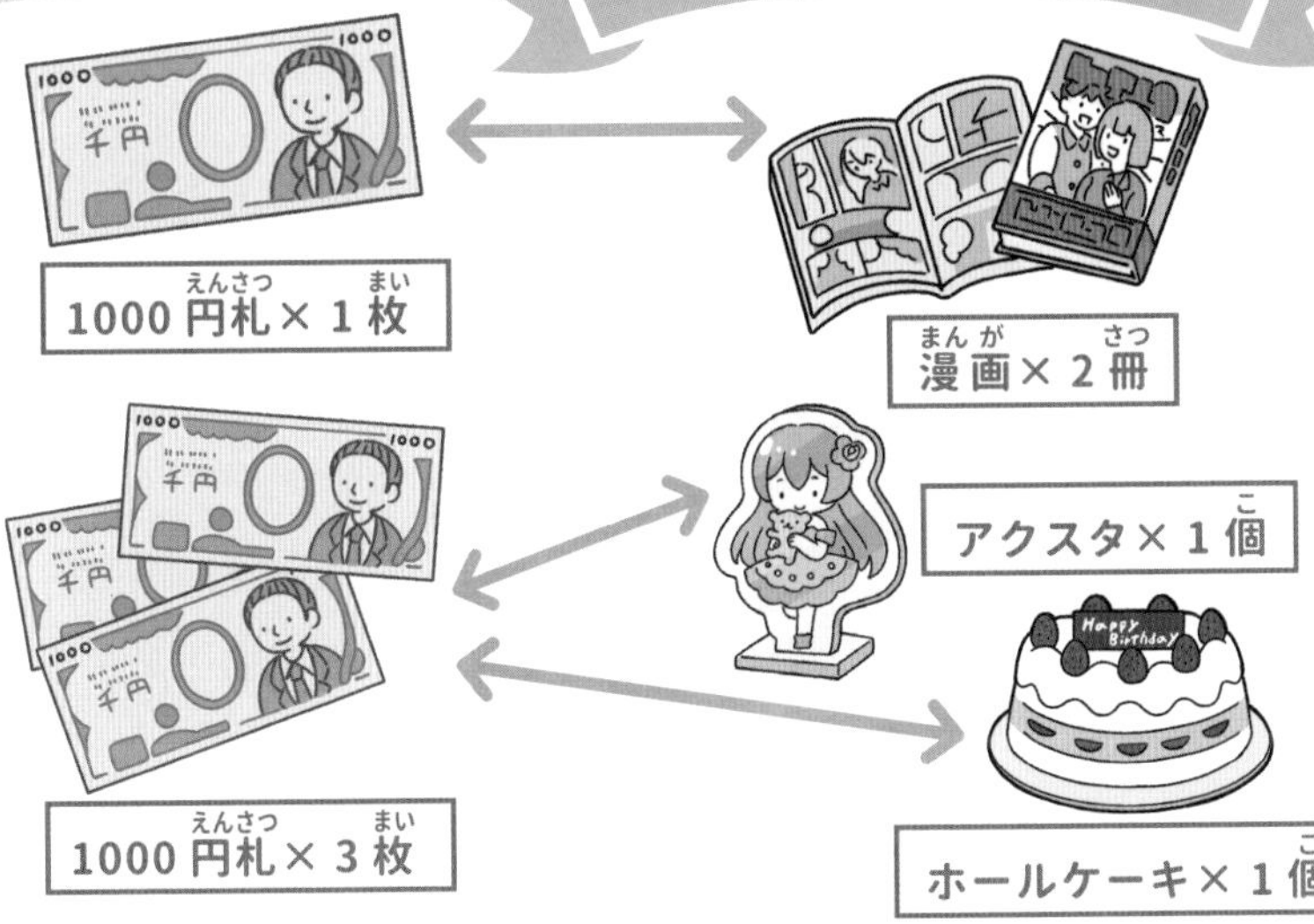
1000円札《えんさつ》×1枚《まい》
漫画《まんが》×2冊《さつ》
アクスタ×1個《こ》
1000円札《えんさつ》×3枚《まい》
ホールケーキ×1個《こ》

「買《か》う」という行為《こうい》は、お金《かね》を出《だ》して、商品《しょうひん》と交換《こうかん》してもらうことです。当《あ》たり前《まえ》のことに思《おも》えますが、お金《かね》というものがなかったらどうなるでしょう？

たとえば、おもしろい漫画《まんが》を持《も》っている人《ひと》がいたとします。その漫画《まんが》がほしいとき、どういった手段《しゅだん》が考《かんが》えられるでしょうか。漫画《まんが》と交換《こうかん》してくれそうなものをあげる代《か》わりに、漫画《まんが》をくれるように交渉《こうしょう》するかもしれませんね。だけどその人《ひと》が、「そんなものはほしくない」といえば漫画《まんが》は手《て》に入《はい》りません。物々交換《ぶつぶつこうかん》は、自分《じぶん》と相手《あいて》との間《あいだ》で、交換《こうかん》したいものとほしいものがお互《たが》い一致《いっち》しないと成《な》り立《た》たないという難《むずか》しさがあります。しかし、お金《かね》が間《あいだ》に入《はい》れば、交換《こうかん》はスムーズに行《おこな》われます。交換《こうかん》はものだけではなく、サービスの場合《ばあい》も同《おな》じです。お金《かね》があるおかげで、私《わたし》たちはほしいものを手《て》に入《い》れ、受《う》けたいサービスを受《う》けることができるのです。

物々交換《ぶつぶつこうかん》が成立《せいりつ》するには？

あの漫画《まんが》がほしい。このアクスタと交換《こうかん》してくれないかな？
あのアクスタがほしい。この漫画《まんが》と交換《こうかん》してくれないかな？

物々交換《ぶつぶつこうかん》が成立《せいりつ》するには、「A《エー》さんがほしいもの」と「B《ビー》さんが交換《こうかん》したいもの」が一致《いっち》し、「B《ビー》さんがほしいもの」と「A《エー》さんが交換《こうかん》したいもの」が一致《いっち》する「欲求《よっきゅう》の二重《にじゅう》の一致《いっち》」が条件《じょうけん》となります。欲求《よっきゅう》が一致《いっち》する相手《あいて》を探《さが》すのには時間《じかん》がかかります。

2 価値《かち》をはかれる
（価値尺度《かちしゃくど》）

デコレーションケーキ
¥3,000
チーズケーキ
¥1,000

どっちがいいかなー？

お金《かね》のおかげで、ものの価値《かち》を金額《きんがく》という数値《すうち》ではかることができます。同《おな》じホールケーキでも、チーズケーキは1000円《えん》でイチゴののったデコレーションケーキは3000円《えん》と値段《ねだん》がついているから、私《わたし》たちはチーズケーキよりもデコレーションケーキのほうが高《たか》いと判断《はんだん》できます。

価格《かかく》によって価値《かち》を比《くら》べられる

おいしー！
買《か》ってよかった

¥1,000
¥3,000

価格《かかく》として数値化《すうちか》することで、チーズケーキよりもデコレーションケーキのほうが2000円高《えんたか》いということが明確《めいかく》になります。そして、「3000円《えん》でも買《か》おうかな」「1000円《えん》のほうにしようかな」などと判断《はんだん》できるのは、価格《かかく》が価値《かち》を評価《ひょうか》するための基準《きじゅん》、「尺度《しゃくど》」としての機能《きのう》を果《は》たしているからです。このようにお金《かね》には、商品《しょうひん》やサービスの値打《ねう》ち、価値《かち》を決《き》める物差《ものさ》しのような働《はたら》きがあります。

3 貯《た》めておける（価値貯蔵手段《かちちょぞうしゅだん》）

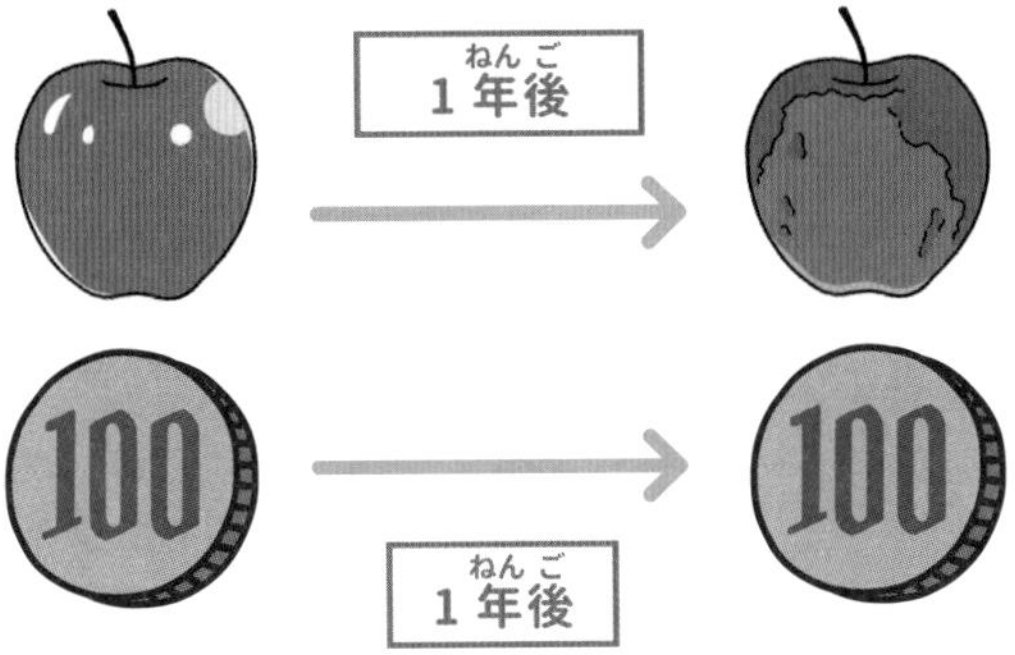

りんごは1年後《ねんご》にはくさって食《た》べられなくなっちゃうよね……。

100円《えん》でりんごを買《か》った場合《ばあい》、1年後《ねんご》にはくさって食《た》べられなくなってしまい、価値《かち》を失《うしな》ってしまうでしょう。しかし、100円《えん》は1年後《ねんご》も同《おな》じ100円《えん》のまま変《か》わりません。ものの中《なか》にはくさったり、減《へ》ったりする可能性《かのうせい》があるものがあるため、価値《かち》を保存《ほぞん》しておくことができません。お金《かね》は同《おな》じ価値《かち》のままとっておくことができるので、後《あと》で交換《こうかん》したいものが出《で》てきたときに交換《こうかん》することができます。また、使《つか》わずに貯《た》めておくことで、将来《しょうらい》もっと大《おお》きな金額《きんがく》の買《か》い物《もの》をすることもできます。

たとえば、タイムカプセルに漫画《まんが》とぬいぐるみとお金《かね》を入《い》れて20年後《ねんご》にほりだしたとしても、お金《かね》の価値《かち》は500円《えん》は500円《えん》のまま1000円《えん》は1000円《えん》のままで変《か》わらないよね。

お金《かね》は貯《た》めておくことができますが、「お金《かね》」と交換《こうかん》するものとの価値《かち》の尺度《しゃくど》は長《なが》い目《め》で見《み》ると変《か》わります。たとえば、物価《ぶっか》が上昇《じょうしょう》すれば今《いま》まで100円《えん》で買《か》えていたものが100円《えん》では買《か》えなくなります。このとき、お金《かね》の価値《かち》は下《さ》がっているといえます（くわしくは→ p.162）。

お金《かね》はみんなが信《しん》じているからお金《かね》である

え？　お金《かね》を信《しん》じているってどういうこと？

「お金《かね》として使《つか》える」とみんなが信《しん》じることが大事《だいじ》

千円札《せんえんさつ》も一万円札《いちまんえんさつ》も、お金《かね》を知《し》らないだれかからしたら、ただの紙《かみ》きれでしかありません。この紙《かみ》きれを、千円《せんえん》や一万円《いちまんえん》という価値《かち》あるものにしているのは、人々《ひとびと》の信用《しんよう》です。お金《かね》を信《しん》じてもらうには、まずお金《かね》を商品《しょうひん》やサービスに交換《こうかん》できる「貨幣《かへい》経済《けいざい》」のシステムをみんなに信《しん》じてもらわないといけません。お札《さつ》はただの紙《かみ》きれだけど、これを出《だ》せばその値段《ねだん》に合《あ》ったものと交換《こうかん》してもらえると信《しん》じているから、人《ひと》はお金《かね》を払《はら》います。そして、この紙《かみ》きれが後《あと》で別《べつ》の場所《ばしょ》で使《つか》えることを信《しん》じているからそのお金《かね》を受《う》け取《と》ります。

お金《かね》をみんな信用《しんよう》している

この1万円《まんえん》は、あの1万円《まんえん》の商品《しょうひん》と交換《こうかん》できる。
この1万円《まんえん》は、後《あと》で1万円《まんえん》として使《つか》うことができる。
¥10,000
10000
払《はら》う
受《う》け取《と》る

たとえば、私《わたし》が「1000円《えん》」と書《か》いた紙《かみ》を「今日《きょう》からこれがお金《かね》です」といっても、みんな信《しん》じてくれないよね？　みんなにお金《かね》を信《しん》じてもらうために、国《くに》が法律《ほうりつ》でお金《かね》について決《き》めているのです。

お金《かね》の法律《ほうりつ》で、どんなことが決《き》められている？

日本《にほん》のお金《かね》の単位《たんい》は「円《えん》」

円《えん》という単位《たんい》は、明治《めいじ》4年《ねん》「新貨条例《しんかじょうれい》」によって決《き》められました※。由来《ゆらい》ははっきりしていませんが、硬貨《こうか》は丸《まる》いからという説《せつ》が有力《ゆうりょく》。

※現在《げんざい》は「通貨《つうか》の単位及《たんいおよ》び貨幣《かへい》の発行等《はっこうとう》に関《かん》する法律《ほうりつ》」第《だい》2条第《じょうだい》1項《こう》で規定《きてい》されています。

お金《かね》の種類《しゅるい》は10種類《しゅるい》

貨幣《かへい》は、500円《えん》、100円《えん》、50円《えん》、10円《えん》、5円《えん》、1円《えん》の硬貨《こうか》6種類《しゅるい》。お札《さつ》（日本銀《にっぽんぎん》行券《こうけん》）は、1万円《まんえん》、5千円《せんえん》、2千円《せんえん》、千《せん》円《えん》の紙幣《しへい》4種類《しゅるい》。他《ほか》に記念貨幣《きねんかへい》などが発行《はっこう》されることがあります。

お札《さつ》は無制限《むせいげん》に使《つか》えて、硬貨《こうか》は20枚《まい》まで

お札《さつ》は使用《しよう》の制限《せいげん》がありません（「日《にっ》本銀行法《ほんぎんこうほう》」第《だい》46条第《じょうだい》2項《こう》）。一方《いっぽう》、硬貨《こうか》は一度《いちど》に使《つか》えるのは1貨幣《かへい》につき20枚《まい》までとされています。硬貨《こうか》は金額《きんがく》が小《ちい》さいため、一度《いちど》の支払《しはら》いなどでたくさん使《つか》われると受《う》け取《と》る側《がわ》の計算《けいさん》が大変《たいへん》なので制限《せいげん》があります。

10000
ぼくそのものはただの紙《かみ》でしかなく、1万円札《まんえんさつ》をつくるのにかかるお金《かね》は推定《すいてい》20円《えん》くらいといわれているよ。「1万円《まんえん》」として信《しん》じてもらうために、それぞれの国《くに》の法律《ほうりつ》で決《き》まりがあるんだね。

国《くに》が決《き》めたお金《かね》だからみんなが信用《しんよう》して使《つか》う

みんながなぜ千円札《せんえんさつ》や100円玉《えんだま》をお金《かね》だと信《しん》じているかというと、国《くに》が「これはお金《かね》ですよ」と法律《ほうりつ》で決《き》めているからです。

国《くに》が法律《ほうりつ》で定《さだ》めたお金《かね》を「法定通貨《ほうていつうか》」といいます。日本《にほん》という国《くに》が信頼《しんらい》されているから、その日本《にほん》が定《さだ》めた日本円《にほんえん》をみんなが信《しん》じています。

日本《にほん》の円《えん》は、日本国内《にほんこくない》だけではなく海外《かいがい》の人《ひと》からもお金《かね》として信《しん》じてもらえています。だから、海外旅行《かいがいりょこう》をしたときに日本円《にほんえん》とその国《くに》のお金《かね》を両替《りょうがえ》することができます。日本円《にほんえん》だけではなく、アメリカのドルも、ヨーロッパで使《つか》われているユーロも、法定通貨《ほうていつうか》です。

中《なか》には自国《じこく》の通貨《つうか》への信用《しんよう》が低《ひく》くて他《ほか》の国《くに》の通貨《つうか》でやりとりをしている国《くに》や、自国通貨《じこくつうか》を持《も》たない国《くに》もあります。世界《せかい》にはいろいろなお金《かね》がありますが、みんながその国《くに》のお金《かね》として認《みと》めていなければ、お金《かね》として使《つか》えません。

MONEY

お金《かね》はどこでつくられているの？

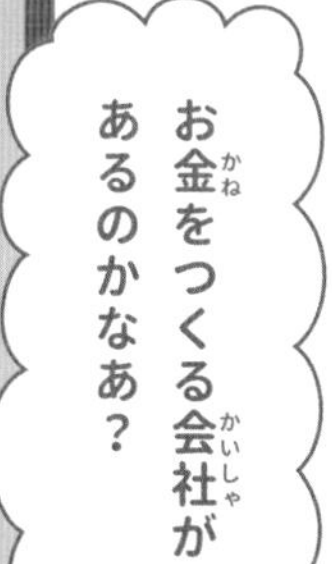
お金《かね》をつくる会社《かいしゃ》があるのかなあ？

お札《さつ》（紙幣《しへい》）と貨幣《かへい》（硬貨《こうか》）は別々《べつべつ》のところでつくられているよ。

発行《はっこう》の流《なが》れ

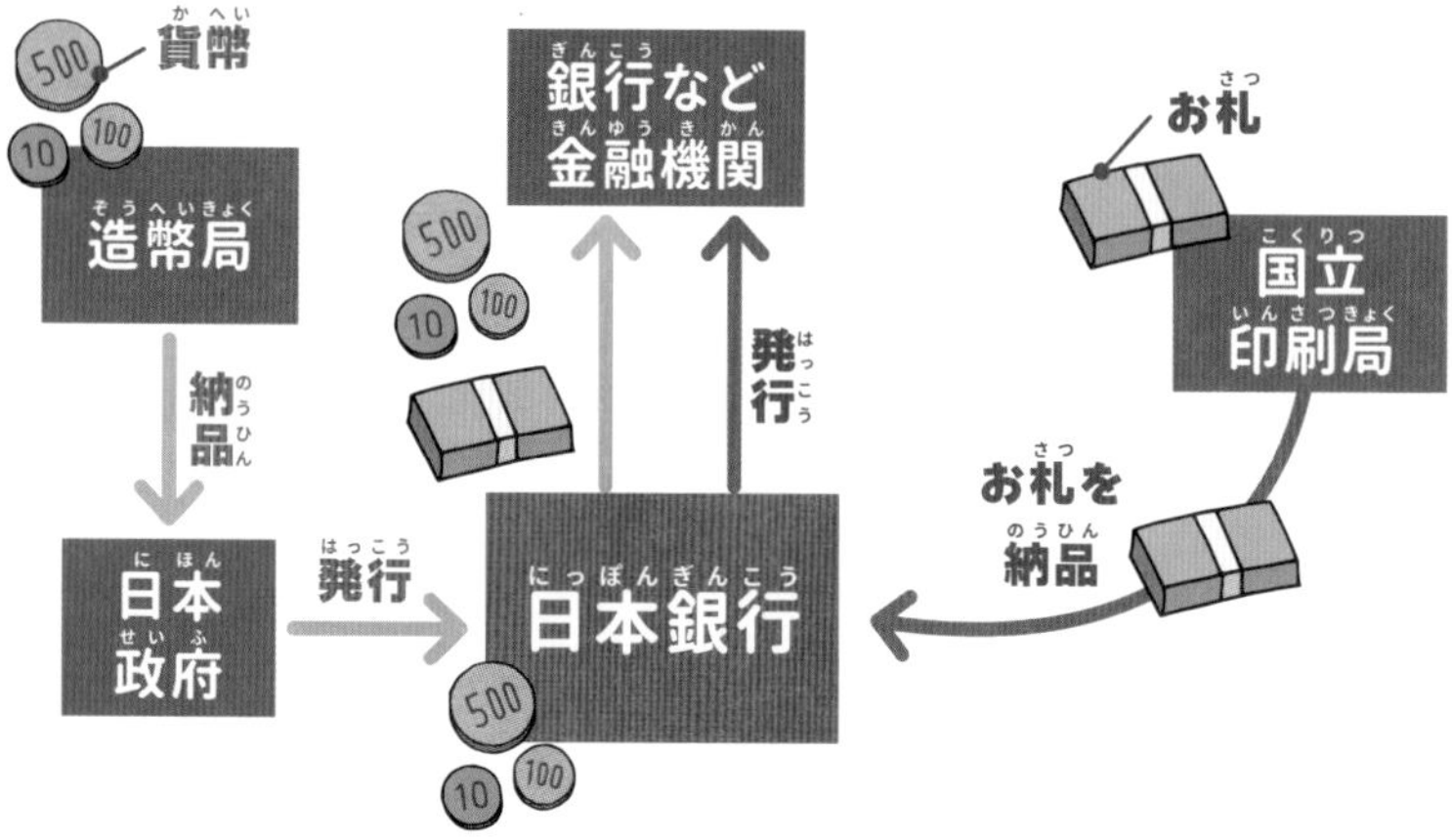
貨幣《かへい》
500
100
10
造幣局《ぞうへいきょく》
納品《のうひん》
日本《にほん》
政府《せいふ》
発行《はっこう》
日本銀行《にっぽんぎんこう》
銀行《ぎんこう》など
金融機関《きんゆうきかん》
発行《はっこう》
お札《さつ》
国立《こくりつ》
印刷局《いんさつきょく》
お札《さつ》を
納品《のうひん》

	お札《さつ》（紙幣《しへい》）	貨幣《かへい》（硬貨《こうか》）
製造元《せいぞうもと》	国立印刷局《こくりついんさつきょく》	造幣局《ぞうへいきょく》
発行元《はっこうもと》	日本銀行《にっぽんぎんこう》	日本政府《にほんせいふ》

日本銀行《にっぽんぎんこう》だけがお札《さつ》を発行《はっこう》する権利《けんり》をもつ

1000円札《えんさつ》をよく見《み》てみましょう。お金《かね》がどこでつくられているか、答《こた》えが書《か》いてありますよね。お札《さつ》（紙幣《しへい》）をつくっているのは、国立《こくりつ》印刷局《いんさつきょく》です。国立印刷局《こくりついんさつきょく》で、お札用《さつよう》の用紙《ようし》をつくり、デザインしたり肖《しょう》像画《ぞうが》をかいたりして印刷用《いんさつよう》の版面《はんめん》をつくり、印刷《いんさつ》・裁断《さいだん》まで、すべての工程《こうてい》を行《おこな》っています。しかし、国立《こくりつ》印刷局《いんさつきょく》にはお札《さつ》を発行《はっこう》する権利《けんり》はありません。お札《さつ》を発行《はっこう》するのは日本《にっぽん》銀行《ぎんこう》です。日本銀行《にっぽんぎんこう》は日本《にほん》の中央銀《ちゅうおうぎん》行《こう》で、私《わたし》たちがお金《かね》を預《あず》けたり借《か》りたりするふつうの銀行《ぎんこう》とは違《ちが》い、特《とく》別《べつ》な仕事《しごと》をしています。お札《さつ》は「日《にっ》

お札《さつ》（日本銀行券《にっぽんぎんこうけん》）のひみつ

Q.印刷《いんさつ》する量《りょう》はどうやって決《き》めているの？

みんなが使《つか》いたいと思《おも》うお金《かね》の量《りょう》（需要《じゅよう》）を考《かんが》えて、つくる量《りょう》が決《き》められています。つくる量《りょう》を決《き》めるのは財務大臣《ざいむだいじん》で、財務大臣《ざいむだいじん》の製造命令《せいぞうめいれい》に従《したが》って、日本銀行《にっぽんぎんこう》が国立印刷局《こくりついんさつきょく》に発注《はっちゅう》してお札《さつ》が刷《す》られます。

令和《れいわ》5年度《ねんど》 日本銀行券《にっぽんぎんこうけん》の製造計画《せいぞうけいかく》

1万円《まんえん》	18億《おく》8000万枚《まんまい》
5千円《せんえん》	1億《おく》9000万枚《まんまい》
千円《せんえん》	9億《おく》6000万枚《まんまい》

合計金額《ごうけいきんがく》 20兆《ちょう》7100億円《おくえん》

（出典《しゅってん》）財務省《ざいむしょう》ウェブサイト（https://www.mof.go.jp/policy/currency/bill/lot/2023ginnkoukennkeikaku.html）をもとに作成《さくせい》

日本《にほん》に出回《でまわ》っているお札《さつ》 125.1兆円《ちょうえん》（2022年《ねん》）

Q.偽造《ぎぞう》を防止《ぼうし》するためにどんな工夫《くふう》がされているの？

お金《かね》はみんなからの信用《しんよう》がないとお金《かね》として使《つか》えません。もし、ニセもののお金《かね》が出回《でまわ》ったら、みんなが安心《あんしん》してお金《かね》を使《つか》うことができなくなります。国立印刷局《こくりついんさつきょく》の印刷技術《いんさつぎじゅつ》は世界《せかい》でもトップクラスです。お札《さつ》にはすかしや超極細線《ちょうごくぼそせん》などが入《はい》っていたり、特殊《とくしゅ》なインクを使《つか》っていたり、さまざまな工夫《くふう》があります。肖像画《しょうぞうが》も、偽造防止《ぎぞうぼうし》の工夫《くふう》のひとつです。日本銀行《にっぽんぎんこう》に集《あつ》まったお金《かね》はチェックされ（監査《かんさ》）、ニセ札《さつ》が発見《はっけん》されたら警察《けいさつ》に通報《つうほう》されます。

Q.肖像画《しょうぞうが》にはどういう人《ひと》が選《えら》ばれる？

なるべく精密《せいみつ》な写真《しゃしん》が残《のこ》っていることが条件《じょうけん》で、明治以降《めいじいこう》の人物《じんぶつ》から選《えら》ぶことが多《おお》いようです。国民《こくみん》に広《ひろ》く知《し》られていて、業績《ぎょうせき》が認《みと》められている、日本銀行券《にっぽんぎんこうけん》にふさわしい人物《じんぶつ》といったことが条件《じょうけん》になります。また、偽造《ぎぞう》のしづらさから、メガネをかけている人《ひと》やヒゲがある人《ひと》も選《えら》ばれやすいようです。

知《し》っておこう！

令和《れいわ》5年度《ねんど》（2023年度《ねんど》）硬貨《こうか》の製造枚数《せいぞうまいすう》

500円《えん》	3億《おく》5000万枚《まんまい》
100円《えん》	2億枚《おくまい》
50円《えん》	100万枚《まんまい》
10円《えん》	3300万枚《まんまい》
5円《えん》	100万枚《まんまい》
1円《えん》	100万枚《まんまい》

（出典《しゅってん》）財務省《ざいむしょう》ウェブサイト（https://www.mof.go.jp/policy/currency/coin/lot/2023kaheikeikaku.html）をもとに作成《さくせい》

本《ぼん》銀行券《ぎんこうけん》」といい、日本銀行《にっぽんぎんこう》はそれを発行《はっこう》する権利《けんり》を唯一《ゆいいつ》もつ機関《きかん》なのです。日本銀行《にっぽんぎんこう》に納品《のうひん》されたお札《さつ》は、民間《みんかん》の銀行《ぎんこう》などの金融機関《きんゆうきかん》に発行《はっこう》されて世《よ》の中《なか》に流通《りゅうつう》していきます。

貨幣《かへい》（硬貨《こうか》）を発行《はっこう》する権利《けんり》をもつのは日本政府《にほんせいふ》

硬貨《こうか》は造幣局《ぞうへいきょく》でつくっています。そして、発行《はっこう》しているのは日本政府《にほんせいふ》です。硬貨《こうか》は財務省《ざいむしょう》を通《つう》じて日本銀《にっぽんぎん》行《こう》に納《おさ》められます。

お金《かね》はどうやってできたの？
〜お金《かね》の歴史《れきし》〜

お金《かね》のおかげで、ほしいものを手《て》に入《い》れたり仕事《しごと》を分業《ぶんぎょう》したりできているけど、お金《かね》っていうすごいものを発明《はつめい》した人《ひと》ってだれなんだろう？

自給自足《じきゅうじそく》

もとは人間《にんげん》も動物《どうぶつ》と同《おな》じように、狩《か》りや漁《りょう》をして、自分《じぶん》たちの食《た》べるものは自分《じぶん》たちで捕《と》り、食《た》べ物《もの》を求《もと》めて移動《いどう》しながら暮《く》らしていました。

物々交換《ぶつぶつこうかん》

農耕《のうこう》が始《はじ》まり定住《ていじゅう》するようになると、集落《しゅうらく》ができ、自分《じぶん》たちが捕《と》ったものと他《ほか》の人《ひと》が捕《と》ったものとを交換《こうかん》する物々交換《ぶつぶつこうかん》が始《はじ》まりました。

交換《こうかん》

ただし、物々交換《ぶつぶつこうかん》は大変《たいへん》だった！

基準《きじゅん》がないので、公平《こうへい》な交換《こうかん》が難《むずか》しい。
ほしいものを持《も》っている相手《あいて》を見《み》つけても、相手《あいて》がほしいものを自《じ》分《ぶん》が持《も》っていないと交換《こうかん》ができない！
相手《あいて》を探《さが》している間《あいだ》に、自分《じぶん》が持《も》っている食《た》べ物《もの》がくさってしまい、価値《かち》がなくなってしまう！

価値《かち》と価値《かち》を交換《こうかん》するために間《あいだ》をとりもつ「お金《かね》」が生《う》まれた

大昔《おおむかし》、お金《かね》というものがなかった時代《じだい》は、人々《ひとびと》は自分《じぶん》が持《も》っているものと相手《あいて》が持《も》っているものとを交換《こうかん》する「物々交換《ぶつぶつこうかん》」で、ほしいものを手《て》に入《い》れていました。物々交換《ぶつぶつこうかん》は、自分《じぶん》がほしいものを持《も》っている相《あい》手《て》を探《さが》すのが大変《たいへん》だったり、相手《あいて》が交換《こうかん》に応《おう》じてもいいと思《おも》ってくれなかったり、うまく交換《こうかん》できるとは限《かぎ》りませんでした。そこで、めずらしい貝殻《かいがら》や石《いし》など、「それだったら交換《こうかん》してもいい」とみんなが認《みと》めるものを、交換手段《こうかんしゅだん》として使《つか》うようになったといわれています。この貝殻《かいがら》や石《いし》などの「物品貨幣《ぶっぴんかへい》」がお金《かね》のはじまりです。

※貨幣《かへい》の起源《きげん》については、さまざまな説《せつ》があります。

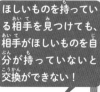

物品貨幣《ぶっぴんかへい》

ほしいものといつでも交換《こうかん》できるものとして、貝《かい》がらや石《いし》などの「物品貨幣《ぶっぴんかへい》」が生《う》まれました。肉《にく》や魚《さかな》、木《こ》の実《み》など自分《じぶん》が持《も》っているものを、貝《かい》がらや石《いし》などみんなが価値《かち》を感《かん》じてなおかつ保存《ほぞん》がきくものに一時的《いちじてき》に交換《こうかん》し、後《あと》で、自分《じぶん》がほしいものができたときにその貝《かい》がらや石《いし》と交換《こうかん》してもらう——今《いま》のお金《かね》と同《おな》じ役割《やくわり》を果《は》たすものでした。

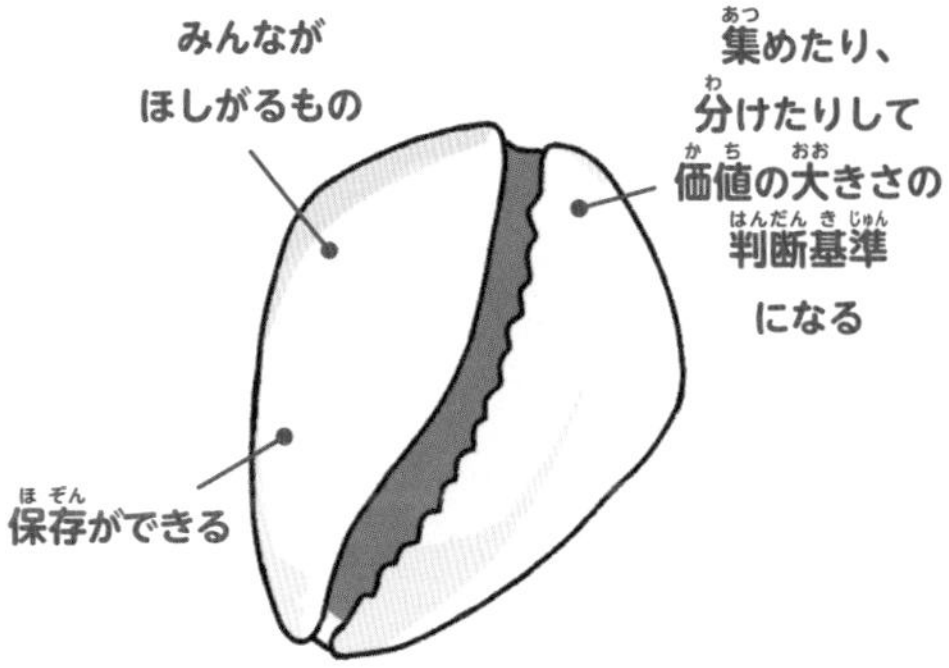

みんながほしがるもの
集《あつ》めたり、分《わ》けたりして価値《かち》の大《おお》きさの判断基準《はんだんきじゅん》になる
保存《ほぞん》ができる

こんなものもお金《かね》になったよ

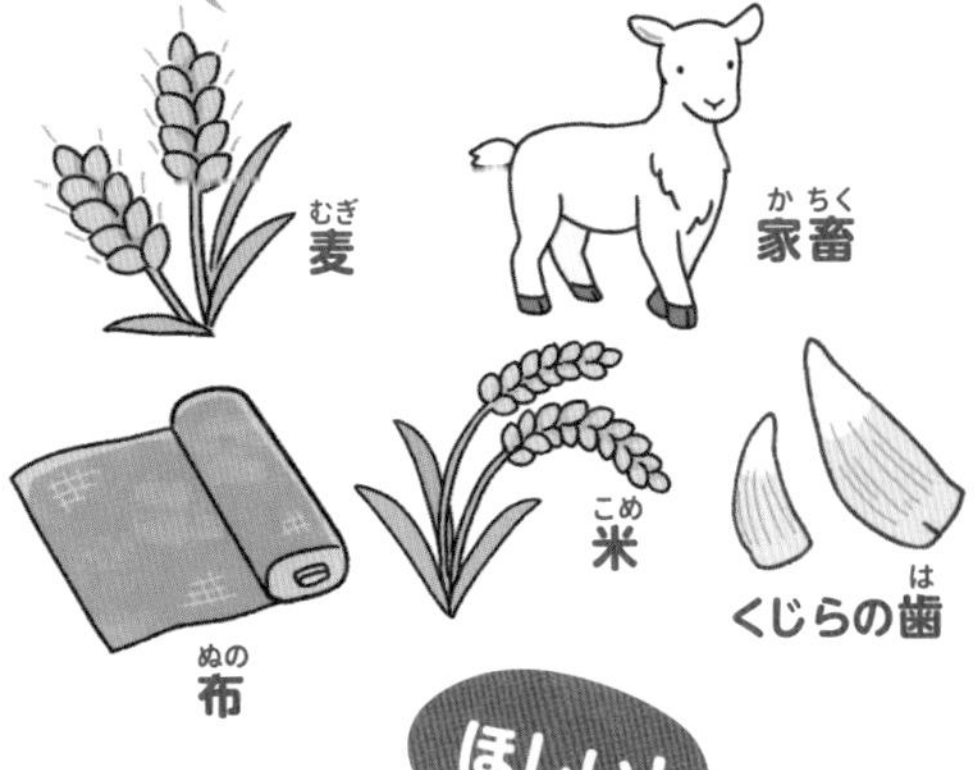

麦《むぎ》
家畜《かちく》
米《こめ》
くじらの歯《は》
布《ぬの》

ほしい!

物品貨幣《ぶっぴんかへい》は、壊《こわ》れやすかったり、持《も》ち運《はこ》びにくかったりしたよ。

金属貨幣《きんぞくかへい》

だれもがほしがり、じょうぶで壊《こわ》れにくく、くさることもない貴金属《ききんぞく》を、交換《こうかん》の手段《しゅだん》として用《もち》いるようになりました。貴《き》金属《きんぞく》の重《おも》さをはかり、その重《おも》さによって品物《しなもの》と交換《こうかん》ができました。

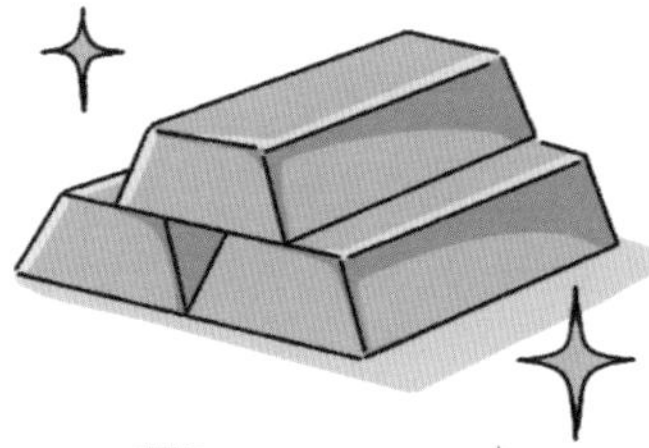

貴金属《ききんぞく》の重《おも》さ ＝ 価値《かち》

材質《ざいしつ》が変化《へんか》しづらく、希少価値《きしょうかち》が高《たか》くて金《きん》は交換《こうかん》するものとしてはぴったりでしたが、いちいち品質《ひんしつ》を調《しら》べたり、重《おも》さをはかったりするのはめんどうでした。そこで……

重量《じゅうりょう》を均一《きんいつ》にして成型《せいけい》

＝

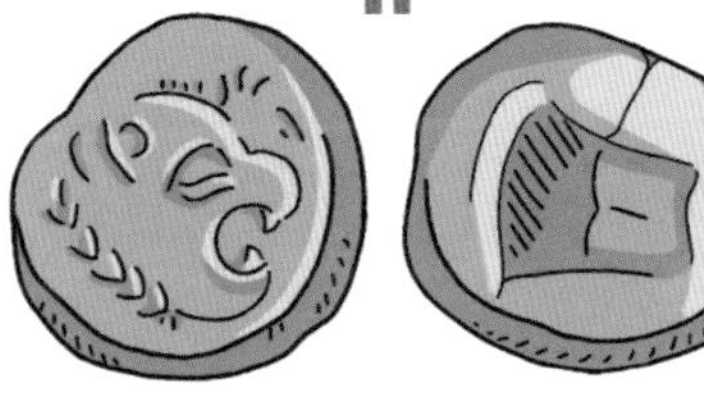

鋳造貨幣《ちゅうぞうかへい》の誕生《たんじょう》!

金属《きんぞく》は、溶《と》かして形《かたち》を変《か》えることができます。そこで、同《おな》じ重《おも》さで統一《とういつ》して成型《せいけい》した「鋳造貨幣《ちゅうぞうかへい》」が生《う》まれました。

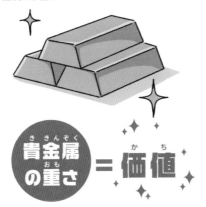

金属貨幣《きんぞくかへい》の時代《じだい》が続《つづ》く

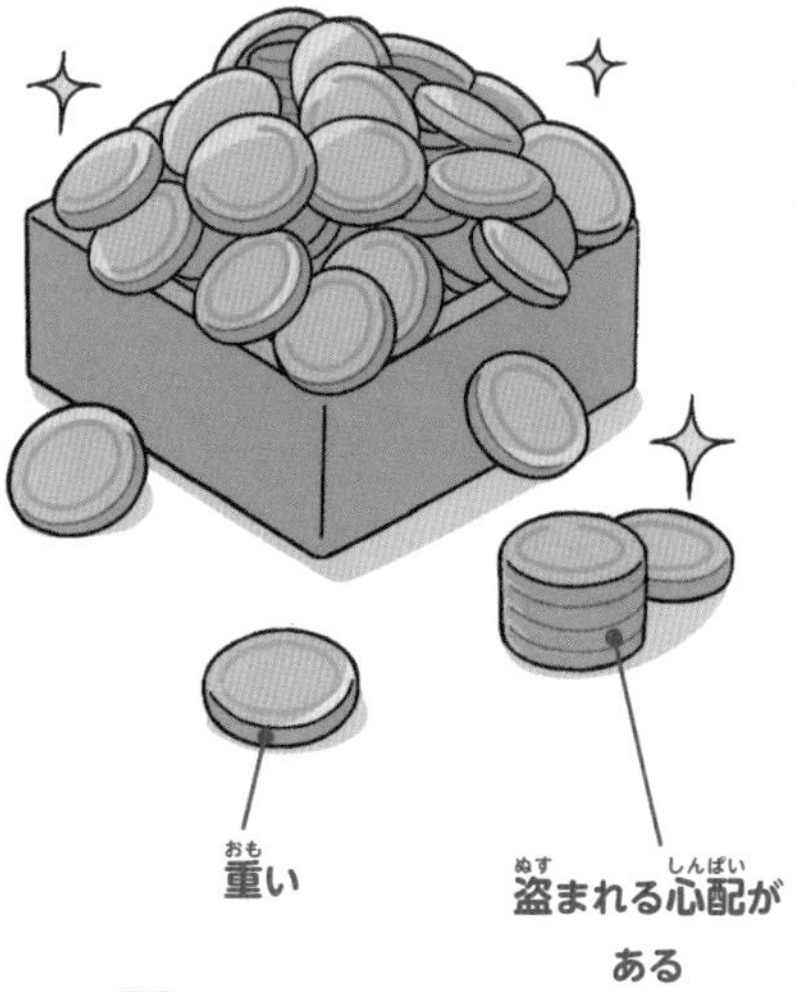
重《おも》い
盗《ぬす》まれる心配《しんぱい》がある

国《くに》が中心《ちゅうしん》となり金貨《きんか》や銀貨《ぎんか》を発行《はっこう》して、他国《たこく》との交易《こうえき》にも用《もち》いられました。ただし、金貨《きんか》や銀貨《ぎんか》は持《も》ち歩《ある》くのには重《おも》く、金《きん》や銀自体《ぎんじたい》に価値《かち》があるので、盗《ぬす》まれる心配《しんぱい》もありました。

日本《にほん》の最初《さいしょ》の硬貨《こうか》は「富本銭《ふほんせん》」という銅銭《どうせん》だといわれています（※まだ研究途中《けんきゅうとちゅう》で説《せつ》は分《わ》かれています）。日本《にほん》の貨幣制度《かへいせいど》の統一《とういつ》に乗《の》り出《だ》したのは徳川家康《とくがわいえやす》で、全国《ぜんこく》の金銀鉱山《きんぎんこうざん》を管理《かんり》して、三代目将軍《さんだいめしょうぐん》の家光《いえみつ》の時代《じだい》に「寛永通宝《かんえいつうほう》」という貨幣《かへい》を発行《はっこう》しました。江戸時代《えどじだい》には「藩札《はんさつ》」といわれる各藩《かくはん》が独自《どくじ》に発行《はっこう》した紙幣《しへい》も見《み》られるようになりました。

金本位制《きんほんいせい》

1816年《ねん》イギリスの中央銀行《ちゅうおうぎんこう》が、金《きん》を通貨《つうか》とする制度《せいど》をつくり、金庫《きんこ》に保管《ほかん》しているのと同《おな》じ金額《きんがく》の銀行券《ぎんこうけん》（紙幣《しへい》）を発行《はっこう》しました。この紙幣《しへい》を持《も》っていれば同額《どうがく》の金《きん》と交換《こうかん》ができることを保証《ほしょう》したのです。このしくみを金本位制《きんほんいせい》といいます。日本《にほん》も1897年《ねん》に金本位制《きんほんいせい》を採用《さいよう》するなど、1929年《ねん》に世界恐慌《せかいきょうこう》が起《お》こるまで世界各国《せかいかっこく》で取《と》り入《い》れられました。

同額《どうがく》の金《きん》
=
発行《はっこう》した紙幣《しへい》
（銀行券《ぎんこうけん》）

メリット

- 金《きん》に対《たい》する信用《しんよう》で人々《ひとびと》が紙幣《しへい》を信頼《しんらい》する
- 金《きん》の量《りょう》と通貨《つうか》の量《りょう》が同《おな》じなので、価値《かち》が安定《あんてい》する

デメリット

- 金《きん》の保有量分《ほゆうりょうぶん》しか紙幣《しへい》が発行《はっこう》できないので、たくさんお金《かね》が必要《ひつよう》になってもつくれない

後《あと》で金《きん》と交換《こうかん》できる。

兌換紙幣《だかんしへい》

紙幣《しへい》と同額《どうがく》の金《きん》や銀《ぎん》と引《ひ》き換《か》えられるという約束《やくそく》をもとに発行《はっこう》した紙幣《しへい》のこと。

管理通貨制《かんりつうかせい》

10000
10000

世界各国《せかいかっこく》の産業《さんぎょう》が発展《はってん》し、たくさんのものがつくられるようになると、金《きん》の保有量《ほゆうりょう》よりも必要《ひつよう》となるお金《かね》の額《がく》が多《おお》くなってきました。そこで、金《きん》の保有量《ほゆうりょう》とは関係《かんけい》なく、それぞれの国《くに》の判断《はんだん》で必要《ひつよう》な量《りょう》の貨幣《かへい》を発行《はっこう》するようになりました。これが現在《げんざい》の「管理《かんり》通貨制度《つうかせいど》」です。貨幣《かへい》の価値《かち》は、その国《くに》の政治《せいじ》や経済状況《けいざいじょうきょう》によって決《き》まります。貨幣《かへい》の価値《かち》が安定《あんてい》するかは、その国《くに》の「信用《しんよう》」次第《しだい》ということになります。

信用貨幣《しんようかへい》

金《きん》などと交換《こうかん》することを約束《やくそく》する兌換紙幣《だかんしへい》に対《たい》して、信用《しんよう》をもとに流通《りゅうつう》するのが「信用貨幣《しんようかへい》」。発行者《はっこうしゃ》の健全性《けんぜんせい》やお金《かね》の価値《かち》の安定《あんてい》、「いつでもどこでも必《かなら》ず受《う》け取《と》ってもらえる」強制通用力《きょうせいつうようりょく》によって支《ささ》えられています。

メリット

- 金《きん》の保有量《ほゆうりょう》に関係《かんけい》なく、国《くに》の判断《はんだん》で必要《ひつよう》な量《りょう》を刷《す》ることができる
- お金《かね》をたくさん増《ふ》やすことができるので、経済《けいざい》が発展《はってん》していく

デメリット

- たくさん刷《す》りすぎるとお金《かね》の価値《かち》が下《さ》がってインフレ（→ p.162）が起《お》こる原因《げんいん》となる
- 価値《かち》は一定《いってい》ではなく、国《くに》の信用《しんよう》がなくなれば貨幣《かへい》の価値《かち》も下《さ》がる

暗号資産《あんごうしさん》（仮想通貨《かそうつうか》）って何《なに》？

インターネット上《じょう》でやりとりできる財産的価値《ざいさんてきかち》のこと。実際《じっさい》のお金《きん》（貨幣《かへい》）のように、代金《だいきん》の支払《しはら》いとして使《つか》うこともでき、日本《にほん》の円《えん》やドルなどの法定《ほうてい》通貨《つうか》と交換《こうかん》することもできます。法定通貨《ほうていつうか》は国《くに》や中央銀行《ちゅうおうぎんこう》によって発行《はっこう》されることで人々《ひとびと》は信用《しんよう》しますが、暗号資産《あんごうしさん》は「ブロックチェーン」と呼《よ》ばれるみんなが見《み》ることができる共有《きょうゆう》のおこづかい帳《ちょう》のようなものをみんなで管理《かんり》する技術《ぎじゅつ》を使《つか》うことで、お金《かね》のように使《つか》えるしくみになっています。

法定通貨《ほうていつうか》だてのプリペイドカードや電子《でんし》マネーなどとは違《ちが》うよ！

メリット

- 銀行《ぎんこう》など第三者《だいさんしゃ》を介《かい》さずやりとりができる
- 外国《がいこく》とのやりとりが為替《かわせ》レートを考《かんが》えずに行《おこな》える

デメリット

- 裏《うら》づけの資産《しさん》がないので、価格《かかく》が大《おお》きく変動《へんどう》することがある
- 国《くに》によって整備《せいび》された利用者《りようしゃ》を守《まも》るしくみがないため、トラブルがあっても補償《ほしょう》はしてもらえない

お金《かね》と資源《しげん》には限《かぎ》りがある

お金《かね》は使《つか》ったらなくなっちゃうし、限《かぎ》りがあるものだって知《し》ってるけど、資源《しげん》って？

こんなとき、どうする？

たとえば

家庭《かてい》で

5個入《こい》りアイス

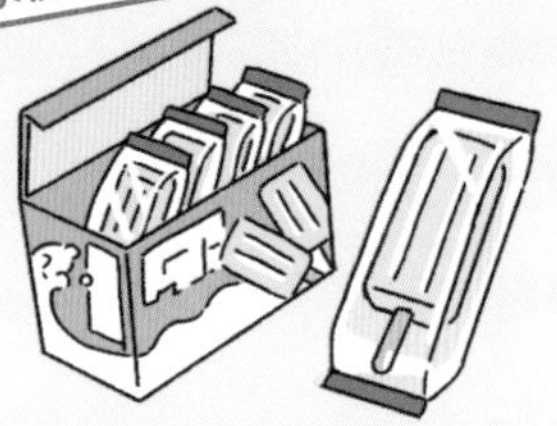

＜

6人家族《にんかぞく》

だれが食《た》べて、だれが食《た》べないか選《えら》ばないといけない。

スーパーで

たまごを100パック仕入《しい》れる

＜

たまごがほしいお客《きゃく》さんが100人以上《にんいじょう》

100人目《にんめ》までは買《か》える。101人以降《にんいこう》は買《か》えない。

あらゆるものが、人々《ひとびと》がほしい量《りょう》よりも少《すく》ない量《りょう》しかない

ほしいものがあったけれど買《か》えなかった、もしくは買《か》ってもらえなかったという経験《けいけん》をしたことはありませんか？　私《わたし》たちの手《て》に入《はい》るお金《かね》には限《かぎ》りがあるから、ほしいものがなんでも買《か》えるわけではありません。

限《かぎ》りがあるのはお金《かね》だけではありません。売《う》っている食《た》べ物《もの》や洋服《ようふく》、自動車《じどうしゃ》や家電《かでん》などにも限《かぎ》りがあります。水《みず》や木《き》、エネルギーなどの資源《しげん》も有限《ゆうげん》です。世《よ》の中《なか》に存在《そんざい》するものはすべて、人間《にんげん》の欲望《よくぼう》が無限《むげん》なのに対《たい》して、有限《ゆうげん》というわけです。

このように、人《ひと》がほしいと思《おも》う分《ぶん》

地球《ちきゅう》にあるもの全部限《ぜんぶかぎ》りがある

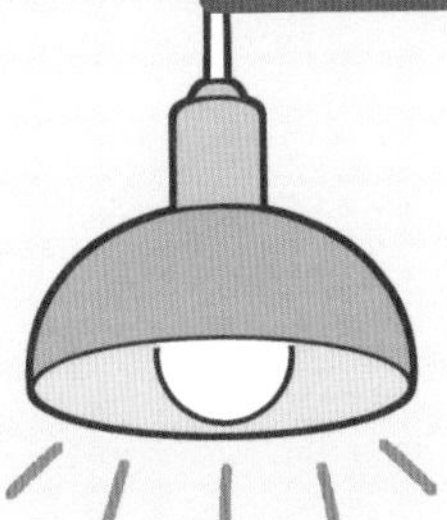

エネルギー

電気《でんき》やガスなどを作《つく》り出《だ》すために必要《ひつよう》な石油《せきゆ》や天然《てんねん》ガスなどは、近《ちか》い将来《しょうらい》なくなってしまうかもしれないんだ。

時間《じかん》

みんな等《ひと》しく1日《にち》24時間《じかん》。

お金《かね》

使《つか》えばなくなる。

水《みず》

日本《にほん》では水道《すいどう》をひねれば水《みず》が出《で》てくるけれど、川《かわ》や湖《みずうみ》、地下水《ちかすい》など人《ひと》が使《つか》うことができる淡水《たんすい》は地球上《ちきゅうじょう》の水《みず》の0.01％しかないんだ。(＊)

木《き》

家《いえ》や家具《かぐ》、紙《かみ》などの材料《ざいりょう》として使《つか》われているけれど、切《き》ったらなくなってしまう。

（出典《しゅってん》）＊政府広報《せいふこうほう》オンライン（https://www.gov-online.go.jp/useful/article/201507/4.html）

より少《すく》ない量《りょう》しか社会《しゃかい》が保有《ほゆう》していないことを「希少性《きしょうせい》」といいます。

そのため、どうやってみんなに配分《はいぶん》するかを考《かんが》えていかなければいけません。私《わたし》たちは好《す》きなだけ所有《しょゆう》できるわけではないので、限《かぎ》りがあるものの中《なか》から何《なに》を所有《しょゆう》するかを選《えら》んでいかなければならないのです。

eTALK

「カレー作《づく》りゲーム」で1000円《えん》と限《かぎ》られた金額《きんがく》では、ほしい材料《ざいりょう》すべては買《か》えないことを学《まな》びましたよね。

そう！「希少性《きしょうせい》」を体感《たいかん》しましたよね。お金《かね》だけではなく、じゃがいもやお肉《にく》などの食材自体《しょくざいじたい》も生産量《せいさんりょう》には限《かぎ》りがあるから、「希少《きしょう》」なものだといえるわね。経済学《けいざいがく》という学問《がくもん》は、社会《しゃかい》がこうした希少《きしょう》なさまざまな資源《しげん》をどう管理《かんり》するかをあつかう学問《がくもん》といえるの。

「トレード・オフ」について考《かんが》えてみよう

トレード・オフとは…

お年玉《としだま》の1万円《まんえん》で…
¥10,000
キャラクターグッズは買《か》えない
ゲームを買《か》う
キャラクターグッズを買《か》う
ゲームは買《か》えない
これもトレード・オフ
品質《ひんしつ》
価格《かかく》
持《も》ち運《はこ》びやすさ
座《すわ》り心地《ごこち》
折《お》りたたみいす

お金《かね》には希少性《きしょうせい》があるため、使《つか》う際《さい》に何《なに》かを選《えら》ぶと何《なに》かをあきらめることになります。

何《なに》かを選《えら》んだら何《なに》かをあきらめないといけない

　ほしいものが全部《ぜんぶ》買《か》えるわけではなく、ゲームを買《か》ったら好《す》きなキャラクターのグッズが買《か》えなくなるなど「何《なに》かを買《か》ったら、何《なに》かをあきらめなければならない」という経験《けいけん》をしたことがある人《ひと》は多《おお》いと思《おも》います。

　このように、「あるものを選《えら》ぶと、あるものが選《えら》べない」という状態《じょうたい》を「トレード・オフ」の関係《かんけい》といいます。

　お金《かね》には限《かぎ》りがあるため、ほしいものの全部《ぜんぶ》を手《て》に入《い》れることができず、こうした選択《せんたく》が必要《ひつよう》になります。お金《かね》だけではなく、時間《じかん》など限《かぎ》りがあるものは、トレード・オフの問題《もんだい》に直面《ちょくめん》します。

考《かんが》えてみよう 何《なに》と何《なに》がトレード・オフの関係《かんけい》にあるかな？

次《つぎ》のような行動《こうどう》を選択《せんたく》をしたとき、何《なに》と何《なに》がトレード・オフになっているかな？
自由《じゆう》に考《かんが》えてみましょう。

CASE

休《やす》みの日《ひ》に
1日中《にちじゅう》
ゲームをする

CASE

おこづかいを
使《つか》わず貯《た》める

CASE

おそくまで
起《お》きている

MONEY

お金《かね》は世《よ》の中《なか》をめぐっている

お金《かね》の流《なが》れ
会社《かいしゃ》
おうちの人《ひと》が会社《かいしゃ》で働《はたら》いて、
給与《きゅうよ》として支払《しはら》われたお金《かね》が
家庭《かてい》（家計《かけい》）に入《はい》ります※。
家庭《かてい》
（家計《かけい》）
家計《かけい》に入《はい》ったお金《かね》で
買《か》い物《もの》をして、商品《しょうひん》
の代金《だいきん》としてお店《みせ》に
お金《かね》を払《はら》います。
お店《みせ》・スーパーマーケットなど

お金《かね》は日本銀行《にっぽんぎんこう》から出《で》て ぐるぐる回《まわ》って日本銀行《にっぽんぎんこう》に返《かえ》る

あなたのおさいふに入《はい》っている千《せん》円札《えんさつ》は、もともとは日本銀行《にっぽんぎんこう》から発《はっ》行《こう》されて、回《まわ》りまわっておうちの人《ひと》に給与《きゅうよ》として支払《しはら》われたものです。※その千円札《せんえんさつ》で、たとえばスーパーマーケットでお菓子《かし》を買《か》ったとします。そのお金《かね》はスーパーの売上金《うりあげきん》になり、スーパーの店員《てんいん》さんの給与《きゅうよ》などになります。そしてスーパーは、お菓子《かし》メーカーに仕入《しい》れたお菓子《かし》の代金《だいきん》を支払《しはら》います。そのお金《かね》からお菓子《かし》メーカーの社員《しゃいん》さんの給与《きゅうよ》などが支払《しはら》われ……というように、だれかが支《し》払《はら》ったお金《かね》は、別《べつ》のだれかの手《て》へと延々《えんえん》とわたっていきます。

お店《みせ》やお菓子《かし》メーカーは、受《う》け

※会社《かいしゃ》に勤務《きんむ》している場合《ばあい》。

日本国内《にほんこくない》に流通《りゅうつう》するお金《かね》 125.1兆円《ちょうえん》

（2022年《ねん》12月現在《がつげんざい》）

(出典《しゅってん》) 日本銀行《にっぽんぎんこう》ホームページ
「教《おし》えて！にちぎん（日本《にほん》で流通《りゅうつう》しているお札《さつ》は全部《ぜんぶ》でどれくらいありますか？)」

会社《かいしゃ》の従業員《じゅうぎょういん》の給与《きゅうよ》など、必要《ひつよう》な金額《きんがく》を銀行口座《ぎんこうこうざ》から引《ひ》き出《だ》します。

仕事《しごと》をして会社《かいしゃ》に入《はい》ったお金《かね》を銀行《ぎんこう》に預《あず》けます。

日本銀行《にっぽんぎんこう》

- 銀行《ぎんこう》は、すぐに使《つか》わないお金《かね》を日本銀行《にっぽんぎんこう》に預《あず》けます。
- 銀行《ぎんこう》は、会社《かいしゃ》に支払《しはら》うお金《かね》など、必要《ひつよう》な金額《きんがく》を日本銀行《にっぽんぎんこう》の口座《こうざ》から引《ひ》き出《だ》します。

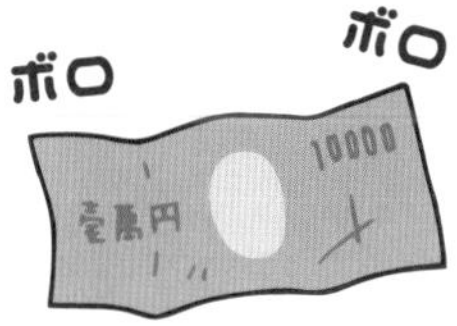
ボロ
ボロ

ぐるぐる回《まわ》ってボロボロになったお札《さつ》は、日《にっ》本銀行《ぽんぎんこう》で回収《かいしゅう》されて、切《き》り刻《きざ》まれてトイレットペーパーなどにリサイクルされるよ。

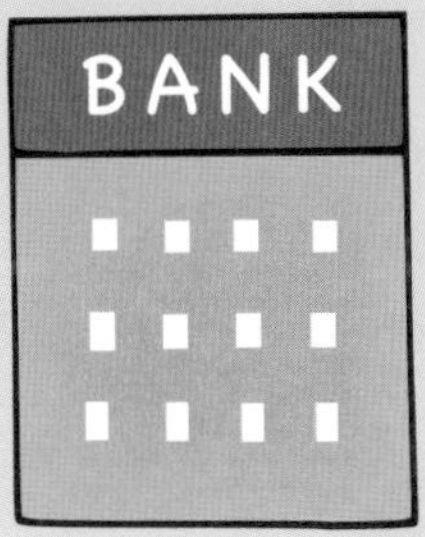
BANK

銀行《ぎんこう》

お店《みせ》の従業員《じゅうぎょういん》の給与《きゅうよ》など、必要《ひつよう》な金額《きんがく》を銀行口《ぎんこうこう》座《ざ》から引《ひ》き出《だ》します。

商品《しょうひん》を売《う》って受《う》け取《と》ったお金《かね》を、銀行《ぎんこう》に預《あず》けます。

取《と》ったお金《かね》を銀行《ぎんこう》に預《あず》けます。給与《きゅうよ》の支払《しはら》いなどはその銀行《ぎんこう》の口座《こうざ》からお金《かね》を引《ひ》き出《だ》します。銀行《ぎんこう》は、すぐ使《つか》わないお金《かね》を日本銀行《にっぽんぎんこう》に預《あず》け、必《ひつ》要《よう》があったときに引《ひ》き出《だ》します。このようにお金《かね》は世《よ》の中《なか》をぐるぐる回《まわ》っているのです。

こうしたお金《かね》の流《なが》れは、人間《にんげん》の体《からだ》を流《なが》れる血液《けつえき》の流《なが》れにたとえられます。人間《にんげん》が健康《けんこう》でいるためには血液《けつえき》がとどこおりなくめぐることが大事《だいじ》なように、社会《しゃかい》が元気《げんき》でいるためにはこのお金《かね》の流《なが》れがうまく回《まわ》ることが大事《だいじ》なのです。

お札《さつ》の寿命《じゅみょう》は1万円札《まんえんさつ》で4〜5年《ねん》、千円《せんえん》、5千円札《せんえんさつ》で1〜2年《ねん》くらいだっていうから、この大《おお》きな流《なが》れにのったらもう会《あ》えないかもしれないね。
たとえば、オレが払《はら》った千円《せんえん》と、もう一度《いちど》めぐり合《あ》うこともあるのかな？

私《わたし》たちとお金《かね》の6つの関係《かんけい》

お金《かね》と私《わたし》たちの関《かか》わり方《かた》は、主《おも》に6つに分類《ぶんるい》することができます。どんな関《かか》わり方《かた》があるか見《み》ていきましょう。

1 稼《かせ》ぐ

入《はい》ってくるお金《かね》のことを「収入《しゅうにゅう》」といいます。多《おお》くの人《ひと》は、仕事《しごと》（労《ろう》働《どう》）を行《おこな》いその対価《たいか》として収入《しゅうにゅう》を得《え》て家計《かけい》を支《ささ》えています。

→2章《しょう》へ

2 使《つか》う

出《で》ていくお金《かね》のことを「支出《ししゅつ》」といいます。必要《ひつよう》なものやほしいものを手《て》に入《い》れるために、人々《ひとびと》はお金《かね》を使《つか》います。5の「備《そな》える」や6の「増《ふ》やす」ためにお金《かね》を使《つか》う場合《ばあい》もあります。

→3章《しょう》、6章《しょう》へ

3 貯《た》める

いざというときや、近《ちか》い将来必要《しょうらいひつよう》になるお金《かね》のために、入《はい》ってきた分《ぶん》からお金《かね》を蓄《たくわ》えることを「貯蓄《ちょちく》」といいます。貯蓄《ちょちく》ではカバーできない大《おお》きな損失《そんしつ》も考《かんが》えられるため、5の「備《そな》える」が必要《ひつよう》になります。

→3章《しょう》、6章《しょう》へ

お金《かね》との関《かか》わり方《かた》のバランスを考《かんが》えていこう

今《いま》、みなさんとお金《かね》の関係《かんけい》は、上《うえ》の図《ず》のうちの2の「使《つか》う」と、3の「貯《た》める」にしぼられるかもしれません。お金《かね》を使《つか》うには、どこかからお金《かね》が入《はい》ってこなければなりませんよね。みなさんの場合《ばあい》だと、おうちの人《ひと》からおこづかいとしてお金《かね》が入《はい》ってくるのでしょう。そのおうちの人《ひと》のお金《かね》は、1の「稼《かせ》ぐ」ことで会社《かいしゃ》などから家庭《かてい》(家計《かけい》)に入《はい》ってきます。その他《ほか》お金《かね》との関係《かんけい》は、4「納《おさ》める」、5「備《そな》える」、6「増《ふ》やす」といったものがあります。

この6つの関係《かんけい》を考《かんが》えて、家計《かけい》をうまく回《まわ》していく必要《ひつよう》があります。

5 備《そな》える

将来《しょうらい》起《お》こるかもしれないさまざまなリスクに備《そな》えて、貯蓄《ちょちく》をする必要《ひつよう》があります。貯蓄《ちょちく》でカバーできない大《おお》きな損失《そんしつ》に対《たい》しては、保険《ほけん》などでもしものときに困《こま》らないようにします。

➡4章《しょう》、6章《しょう》へ

4 納《おさ》める

1で稼《かせ》いだお金《かね》の一部《いちぶ》などが、国《くに》に税金《ぜいきん》として納《おさ》められます。働《はたら》いたお金以外《かねいがい》に、2の「使《つか》う」で買《か》い物《もの》をしたときに消費税《しょうひぜい》としても支払《しはら》っています。道路《どうろ》や公園《こうえん》などの公共施設《こうきょうしせつ》や、教育《きょういく》や社会福祉《しゃかいふくし》などの公共《こうきょう》サービスは、こうして集《あつ》められた税金《ぜいきん》でまかなわれています。

➡4章《しょう》へ

税《ぜい》

6 増《ふ》やす

利益《りえき》を得《え》るためにお金《かね》を出《だ》すことを「投資《とうし》」といいます。株式《かぶしき》や不動産《ふどうさん》などにお金《かね》を投資《とうし》して、利益《りえき》が出《で》れば今《いま》あるお金《かね》をさらに増《ふ》やすことにつながります。ただし、必《かなら》ずお金《かね》が増《ふ》えるという保証《ほしょう》はないため、投資《とうし》は余裕《よゆう》がある範囲内《はんいない》で長期的《ちょうきてき》に行《おこな》うなどリスクを考《かんが》えながら行《おこな》う必要《ひつよう》があります。

➡3章《しょう》へ

他《ほか》にも、「借《か》りる」や「寄付《きふ》する」という関係《かんけい》もあるね！

1の「稼《かせ》ぐ」よりも2の「使《つか》う」金額《きんがく》が多《おお》くなれば、3で貯《た》まっているお金《かね》はなくなっていき、家計《かけい》は苦《くる》しくなります。とはいえ、3の「貯《た》める」ばかりでは果《は》たしてお金《かね》を持《も》つ意味《いみ》はあるでしょうか？　本書《ほんしょ》の2章以《しょうい》降《こう》で、私《わたし》たちとお金《かね》との関係《かんけい》についてそれぞれくわしく見《み》ていきましょう。

MONEY

人《ひと》は何《なに》にお金《かね》を払《はら》う？

価値《かち》は効用《こうよう》（満足度《まんぞくど》）で決《き》まる

このおそばに対《たい》して1780円《えん》という値段《ねだん》は高《たか》すぎる。

金額《きんがく》に合《あ》うだけの満足《まんぞく》（効用《こうよう》）を得《え》られないと判断《はんだん》したら、人《ひと》はお金《かね》を払《はら》わない。

このおそばには、1780円払《えんはら》うだけの価値《かち》がある。

金額《きんがく》に合《あ》った満足《まんぞく》（効用《こうよう》）が得《え》られると判断《はんだん》したときに、人《ひと》はお金《かね》を払《はら》う。

効用《こうよう》＝満足度《まんぞくど》に人《ひと》はお金《かね》を払《はら》っている？

私《わたし》たちは「ほしいものやサービス」にお金《かね》を払《はら》い自分《じぶん》のものにします。そして、その「ほしいものやサービス」を手《て》に入《い》れたときに満足《まんぞく》します。この満足《まんぞく》の程度《ていど》のことを、経済用語《けいざいようご》では「効用《こうよう》」といいます。

何《なに》にどのくらい満足《まんぞく》するかは主観《しゅかん》的《てき》なものなので、「効用《こうよう》」にも個人差《こじんさ》が当然《とうぜん》あります。たとえば、1杯《ぱい》のおそばでも、おそばが好《す》きかどうかで効用《こうよう》は違《ちが》います。おそばが好《す》きな人《ひと》なら、そば粉《こ》にこだわった特別《とくべつ》なおそばに対《たい》して1780円《えん》を支払《しはら》う価値《かち》があると考《かんが》えるかもしれません。おそばにそこまでこだわりがない人《ひと》

価値《かち》を感《かん》じるものは人《ひと》によって違《ちが》う

未来《みらい》に「効用《こうよう》」を感《かん》じる

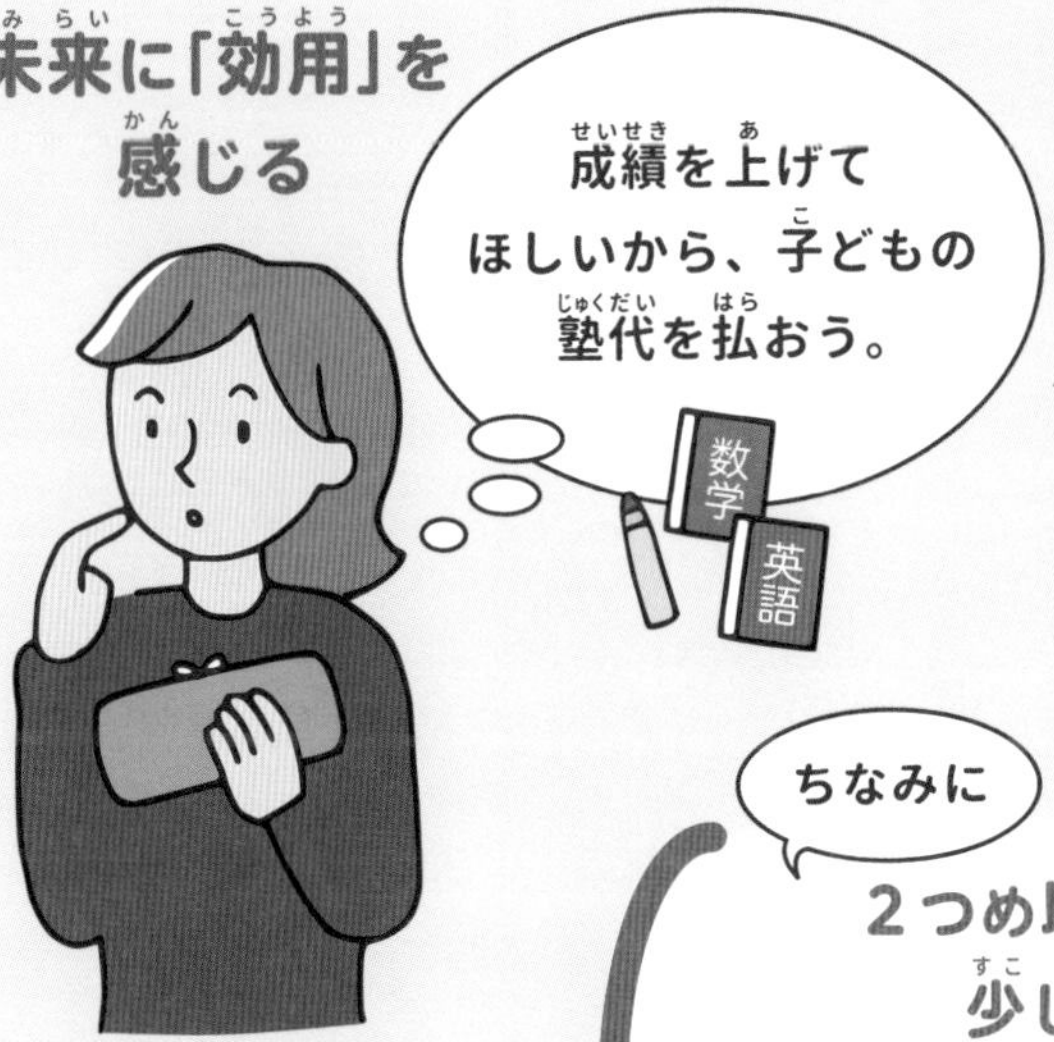
成績《せいせき》を上《あ》げて
ほしいから、子《こ》どもの
塾代《じゅくだい》を払《はら》おう。
数学
英語

すぐに結果《けっか》を得《え》られるわけじゃないけれど、教育《きょういく》にお金《かね》をかけるのは、未来《みらい》の「効用《こうよう》」を期待《きたい》して……といえるかも。

ハマっているものに「効用《こうよう》」を感《かん》じる

とあるキャラクターグッズが2000円《えん》で売《う》っていたとします。そのキャラクターが好《す》きな人《ひと》にとっては2000円《えん》を払《はら》う価値《かち》があるものだけれど、そのキャラクターに興味《きょうみ》がない人《ひと》にとっては価値《かち》がないというように、人《ひと》の好《この》みによって効用《こうよう》は異《こと》なります。

ちなみに

2つめ以降《いこう》「効用《こうよう》」は少《すこ》しずつ減《へ》る

同《おな》じものが追加《ついか》されると「効用《こうよう》」も追加《ついか》されますが、ひとつめが100%の満足度《まんぞくど》だとすると、2つめは80%……というように、少《すこ》しずつ効用《こうよう》は減《へ》っていきます（限界効用逓減《げんかいこうようていげん》の法則《ほうそく》）。

だったら、おそばに1780円《えん》は高《たか》すぎると考《かんが》えるかもしれません。そうしたら、お金《かね》を出《だ》そうとはしないでしょう。

このように、効用《こうよう》は人《ひと》によって異《こと》なります。ある効用《こうよう》を得《え》るために、お金《かね》を払《はら》う価値《かち》があると判断《はんだん》したときに、人《ひと》はお金《かね》を払《はら》うと考《かんが》えることができます。

このような「価値《かち》は、人《ひと》の主観的《しゅかんてき》な満足《まんぞく》の程度《ていど》すなわち効用《こうよう》によって決《き》まる」という考《かんが》え方《かた》を「効用価値説《こうようかちせつ》」といいます。一方《いっぽう》で、価値《かち》（価格《かかく》）は労働量《ろうどうりょう》で決《き》まる（労働価値説《ろうどうかちせつ》）という考《かんが》え方《かた》もあります。

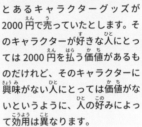

お金《かね》はありがとうのしるし

だれかの仕事《しごと》のおかげで みんなが暮《く》らしていける

RESTAURANT
おいしい!!
ありがとう
サービス
(食事《しょくじ》の提供《ていきょう》)
もの
(野菜《やさい》)
これください
いらっしゃいませ〜
ありがとう
もの
(ぼうし)

私《わたし》たちはみんな、だれかの仕事《しごと》のおかげで生《う》まれたものやサービスを消費《しょうひ》して生《い》きています。だれかが育《そだ》ててくれたお米《こめ》や野菜《やさい》、たまごなどを食《た》べ、だれかがつくってくれた洋《よう》服《ふく》を着《き》て、だれかが建《た》ててくれた家《いえ》に暮《く》らしています。みんな知《し》らないだれかの助《たす》けを借《か》りて生活《せいかつ》しているのです。こうして働《はたら》く人《ひと》がいなければ、私《わたし》たちの生活《せいかつ》は成《な》り立《た》ちません。

ものやサービスと交換《こうかん》するために私《わたし》たちはお金《かね》を払《はら》いますが、お金《かね》を払《はら》うからものやサービスを受《う》け取《と》るのは当《あ》たり前《まえ》だと考《かんが》えるのでなく、顔《かお》も知《し》らないだれかが働《はたら》く姿《すがた》を想像《そうぞう》して感謝《かんしゃ》の気持《きも》ちをこめてお金《かね》を払《はら》

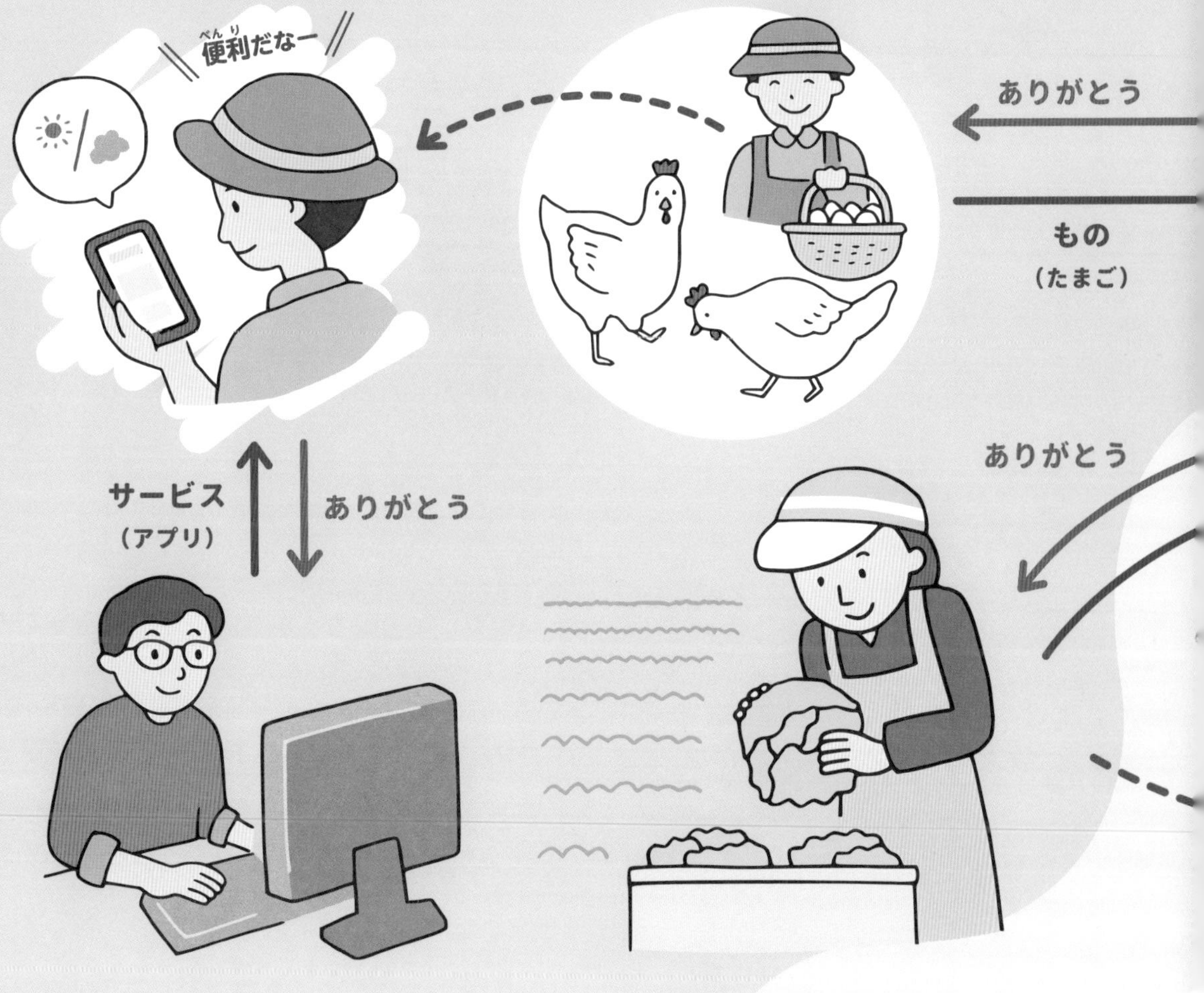
便利《べんり》だなー
ありがとう
もの
（たまご）
サービス
（アプリ）
ありがとう
ありがとう

うことができると、社会《しゃかい》の見《み》え方《かた》が変《か》わってくるのではないでしょうか。

お金《かね》を稼《かせ》ぐということは「ありがとう」の気《き》持《も》ちを集《あつ》めること

今《いま》みなさんは、おうちの人《ひと》が働《はたら》いて得《え》たお金《かね》で生活《せいかつ》をしていると思《おも》います。おうちの人《ひと》のお仕事《しごと》も、だれかの生活《せいかつ》を支《ささ》えたり役《やく》に立《た》ったり「価値《かち》」を生《う》み出《だ》しています。そして、それに対《たい》する「ありがとう」の気《き》持《も》ちが収入《しゅうにゅう》となって家計《かけい》に入《はい》ってきているのです。そう考《かんが》えると、働《はたら》いてお金《かね》を稼《かせ》ぐということは、他《ほか》の人《ひと》の役《やく》に立《た》って「ありがとう」の気《き》持《も》ちを集《あつ》めるということになりますね。

たくさんあるものやサービスの中《なか》から選《えら》んでもらうには、相手《あいて》により役立《やくだ》つことやより喜《よろこ》んでもらうことを目指《めざ》して努力《どりょく》していくことになります。社会《しゃかい》にはいろいろな仕事《しごと》があり、みんなで分業《ぶんぎょう》していますが、それぞれが専門《せんもん》の仕事《しごと》をすることで効率《こうりつ》がよくなり、商品《しょうひん》やサービスの向上《こうじょう》が期待《きたい》できます。

考《かんが》えてみよう

何《なに》にありがとう？

何《なに》にありがとうといっているか、セリフを書《か》いてみましょう。

こうしてみると、
私《わたし》たちはいろいろな価値《かち》の
恩恵《おんけい》を受《う》けているんだね。
感謝《かんしゃ》しないと！

お金《かね》の力《ちから》は万能《ばんのう》？

「お金《かね》さえあれば……」などと考《かんが》えてしまうことがあります。でも、お金《かね》の力《ちから》でなんでも叶《かな》うわけではありません。

たとえば、「頭《あたま》がよくなりたい」とか「健康《けんこう》になりたい」などの願《ねが》いも、お金《かね》の力《ちから》だけでは叶《かな》えられません。頭《あたま》がよくなるように計算《けいさん》ドリルを買《か》ったり、健康《けんこう》になるように健康《けんこう》マシーンを買《か》ったりすることはできます。でも、それらに自分《じぶん》が実際《じっさい》に取《と》り組《く》もうとしなければ、つまり「やる気《き》」を出《だ》して行動《こうどう》しなければ、願《ねが》った結果《けっか》は得《え》られません。

そして、人《ひと》の「やる気《き》」についてはこんな実験《じっけん》があります。アメリカの心理学者《しんりがくしゃ》デジが、「やる気《き》」と報酬《ほうしゅう》の関係《かんけい》を調《しら》べるために、大学生《だいがくせい》におもしろそうなパズルを与《あた》え実験《じっけん》しました。その実験《じっけん》によると、報酬《ほうしゅう》をもらわなかったグループのほうがパズルに一生懸命《いっしょうけんめい》に取《と》り組《く》んで成績《せいせき》がよく、逆《ぎゃく》に報酬《ほうしゅう》をもらったグループのほうがやる気《き》を失《うしな》い成績《せいせき》も悪《わる》いという結果《けっか》になりました。お金《かね》の力《ちから》は、人《ひと》の心《こころ》から自然《しぜん》とわき上《あ》がる「やる気《き》」に敵《かな》わないのです。

他《ほか》にも、お金《かね》の力《ちから》で買《か》うことができないものはたくさんあります。どんなものが買《か》えないか、みなさんも考《かんが》えてみてください。

お金《かね》はそれほど万能《ばんのう》ではないことを知《し》っておけば、お金《かね》に振《ふ》り回《まわ》されずにすむはずです。

MONEY

2章

お金《かね》と仕事《しごと》の関係《かんけい》を考《かんが》えてみよう

お金《かね》は、基本的《きほんてき》には働《はたら》いた対価《たいか》として手《て》に入《い》れます。
つまり、お金《かね》と仕事《しごと》とは深《ふか》く関係《かんけい》しているということ。
どんな働《はたら》き方《かた》があって、どんなお金《かね》の支払《しはら》われ方《かた》が
あるのかを見《み》ていきましょう。

CUTE GIRL
Shop
私《わたし》のいとこ、ファッション雑誌《ざっし》の専属《せんぞく》モデルなんだ♪　この間《あいだ》、雑《ざっ》誌《し》とアパレルブランドがコラボして、ファッションショーが開《ひら》かれたんだよ。ステキだったな～♥

Introduction TALK

この間行《あいだい》ったファッションショー、入場料《にゅうじょうりょう》は無料《むりょう》だったの！
すっごく楽《たの》しかったんだ！
いとこもきれいだったなぁ♥

僕《ぼく》、ファッションには
くわしくないけど、すごいね！
……あれ？　でも、
ファッションショーが無料《むりょう》ってことは、
いとこさんは無料《むりょう》でショーに出演《しゅつえん》したの？

そりゃ、モデルとして出演《しゅつえん》しているんだから、
働《はたら》いた分《ぶん》はお金《かね》をもらえるんじゃないか？
いや、でも、ファッションショーは無料《むりょう》なのか。
だとしたら、どこからお金《かね》が出《で》ているんだろう？

いわれてみれば、モデルさんって
どこから収入《しゅうにゅう》を得《え》ているのか、よくわからないかも。
でも、それをいうなら、他《ほか》の仕事《しごと》も気《き》になるよね。
たとえば、ユウキがあこがれている
動物園《どうぶつえん》の飼育員《しいくいん》さんは……？

オレ、ゲームクリエイターの
仕事《しごと》に興味《きょうみ》があるんだけど……。
そういえば、スマートフォンのアプリゲームにも、
無料《むりょう》でできるものがあるよな。
あれも、どういうふうに収入《しゅうにゅう》につながるのかな？

2章《しょう》を読《よ》む前《まえ》に知《し》っておこう

収入《しゅうにゅう》、給与《きゅうよ》…用語《ようご》の使《つか》い分《わ》け

この章《しょう》では、仕事《しごと》によって得《え》られるお金《かね》に関《かか》わる言葉《ことば》がいくつか出《で》てきます。それぞれの意味《いみ》を覚《おぼ》えておきましょう。

収入《しゅうにゅう》
手《て》もとに入《はい》ってくるすべてのお金《かね》のこと。会社《かいしゃ》からもらった給与《きゅうよ》も、店舗《てんぽ》を経営《けいえい》して得《え》た売《う》り上《あ》げも総《そう》じて「収入《しゅうにゅう》」となる。

賃金《ちんぎん》
雇用《こよう》している側《がわ》が、労働者《ろうどうしゃ》へ支《し》払《はら》うもの。働《はたら》いた対価《たいか》として支《し》払《はら》うすべてのもの。

給与《きゅうよ》
雇用《こよう》している側《がわ》が、労働者《ろうどうしゃ》に支《し》払《はら》うすべての金銭《きんせん》のこと。ボーナス（賞与《しょうよ》）や残業代《ざんぎょうだい》も含《ふく》んだ金額《きんがく》のこと。

給料《きゅうりょう》
「基本給《きほんきゅう》」と呼《よ》ばれる、労働者《ろうどうしゃ》に必《かなら》ず支払《しはら》うことが決《き》まっている固定給《こていきゅう》のこと。

手取《てど》り
給与《きゅうよ》から、税金《ぜいきん》や社会保険料《しゃかいほけんりょう》などを差《さ》し引《ひ》いたもの。実際《じっさい》に手《て》もとに残《のこ》る金額《きんがく》。

お金《かね》を稼《かせ》ぐにはどうすればいい？

Q. お金《かね》を確実《かくじつ》に手《て》に入《い》れるには？

お金《かね》を稼《かせ》ぐ＝働《はたら》くと考《かんが》える人《ひと》が多《おお》いと思《おも》いますが、それ以外《いがい》にもお金《かね》を手《て》に入《い》れる可能性《かのうせい》がある方法《ほうほう》はあります。では、“確実《かくじつ》に”お金《かね》を手《て》に入《い》れるには、どうすればよいでしょうか？

A.1 働《はたら》く

仕事《しごと》をしてお金《かね》を手《て》に入《い》れる方法《ほうほう》です。「働《はたら》く」とは、自分《じぶん》の頭《あたま》や体《からだ》、技術《ぎじゅつ》、時間《じかん》などを使《つか》って、世《よ》の中《なか》や人《ひと》になんらかの価値《かち》を提供《ていきょう》し、対価《たいか》を得《え》ることです。

A.2 お金《かね》を運用《うんよう》する

株《かぶ》を売《う》り買《か》いするなど、お金《かね》を投資《とうし》して運用《うんよう》し、増《ふ》やす方法《ほうほう》です。

生《い》きていくにはお金《かね》がかかるし、大人《おとな》になったらお金《かね》を稼《かせ》がないといけないよね。「働《はたら》く」以外《いがい》にお金《かね》を稼《かせ》ぐ方法《ほうほう》はあるのかな？

お金《かね》をもっとも“確実《かくじつ》に”稼《かせ》ぐために「働《はたら》く」必要《ひつよう》がある

生活《せいかつ》するにはお金《かね》が必要不可欠《ひつようふかけつ》ですが、お金《かね》は何《なに》もせずに空《そら》から降《ふ》ってくるものではありません。何《なに》かしらの手段《しゅだん》で、お金《かね》を手《て》に入《い》れる必要《ひつよう》があります。

お金《かね》を手《て》に入《い》れる方法《ほうほう》自体《じたい》は、いくつかあります。思《おも》い浮《う》かぶのは、上《うえ》で紹介《しょうかい》した5つでしょうか。

生《い》きていくうえでお金《かね》は絶対《ぜったい》になくてはならないので、必要《ひつよう》な分《ぶん》を「確実《かくじつ》に」手《て》に入《い》れる方法《ほうほう》を選《えら》ばなければなりません。上《うえ》の5つのうち、どれが答《こた》えだと思《おも》いますか？

②の「お金《かね》を運用《うんよう》する」は、ずば

A.3 持《も》ち物《もの》を売《う》る

自分《じぶん》の持《も》ち物《もの》を、必要《ひつよう》としている人《ひと》へ売《う》ってお金《かね》を得《え》る方法《ほうほう》です。意外《いがい》なものが高値《たかね》で売《う》れるかも？

A.4 宝《たから》くじに当選《とうせん》する

ずばり、神頼《かみだの》み！　宝《たから》くじを買《か》って当選《とうせん》すれば、一気《いっき》に数億円《すうおくえん》手《て》に入《い》れられる可能性《かのうせい》があるかもしれませんね。

A.5 お宝《たから》を探《さが》し出《だ》す

だれも発見《はっけん》していないお宝《たから》を見《み》つけて、一攫千金《いっかくせんきん》!?　日本《にほん》にも、「徳川埋蔵金《とくがわまいぞうきん》が眠《ねむ》っている」なんてウワサがありますが……。

り投資《とうし》（136ページ）のことです。投資《とうし》でお金《かね》を増《ふ》やせる可能性《かのうせい》はありますが、はじめる前《まえ》にまとまったお金《かね》が必要《ひつよう》ですし、うまくいかずに減《へ》ってしまうこともあります。

③は、必要《ひつよう》としている人《ひと》に売《う》れば高値《たかね》で引《ひ》き取《と》ってもらえるかもしれませんね。ですが、そもそも価値《かち》のあるものを持《も》っていない人《ひと》は使《つか》うことができない方法《ほうほう》です。

④と⑤は、あまりにも運《うん》の要素《ようそ》が大《おお》きい方法《ほうほう》です。ちなみに、④の「宝《たから》くじ」で、当選者《とうせんしゃ》に支払《しはら》われる当選金《とうせんきん》は、売《う》り上《あ》げの約半分《やくはんぶん》。しかも、年末《ねんまつ》ジャンボ宝《たから》くじで1等《とう》が当《あ》たる確率《かくりつ》はおよそ2000万分《まんぶん》の1と、雷《かみなり》に打《う》たれる確率《かくりつ》より低《ひく》い……ともいわれています。

ということで、確実《かくじつ》に稼《かせ》ぐ方法《ほうほう》、正解《せいかい》は①の「働《はたら》く」です。「稼《かせ》ぐ＝働《はたら》く」と一般的《いっぱんてき》にいわれるのは、働《はたら》くことが、もっとも確実《かくじつ》で減《へ》るリスクも少《すく》なく、安定《あんてい》してお金《かね》を手《て》に入《い》れられる方法《ほうほう》だからです。

賃金《ちんぎん》を稼《かせ》ぐ——主《おも》な給与形態《きゅうよけいたい》

月給制《げっきゅうせい》

1か月《げつ》を単位《たんい》として賃金《ちんぎん》が決《き》められています。主《おも》に、企業《きぎょう》などに勤《つと》める、いわゆる会社員《かいしゃいん》や、国《くに》や地方自治体《ちほうじちたい》に雇《やと》われた公務員《こうむいん》などが当《あ》てはまります。賃金《ちんぎん》のベースとなる「基本給《きほんきゅう》」に、「手当《てあて》」や「残業代《ざんぎょうだい》」などがついた金額《きんがく》が支払《しはら》われることもあります。

メリット

会社《かいしゃ》からもらう金額《きんがく》がある程度《ていど》決《き》まっており、収入《しゅうにゅう》が安定《あんてい》している。何日《なんにち》か休《やす》んでも有給休暇《ゆうきゅうきゅうか》を使《つか》えば給与《きゅうよ》が減《へ》らないことも多《おお》い。

デメリット

成果《せいか》を上《あ》げても、ただちに収入《しゅうにゅう》が上《あ》がるわけではない。毎月働《まいつきはたら》く日数《にっすう》や時間《じかん》が決《き》まっていることが多《おお》い。

前《まえ》に、お仕事《しごと》の勉強《べんきょう》をしたときにも少《すこ》し学《まな》んだことだ！　たしか、同《おな》じ給与《きゅうよ》でも、いろいろな支払《しはら》われ方《かた》があるんだよね？

給与形態《きゅうよけいたい》には「月給制《げっきゅうせい》」「時給制《じきゅうせい》」「出来高制《できだかせい》」などがある

会社《かいしゃ》などで働《はたら》くとお金《かね》を得《え》ることができますが、給与《きゅうよ》の支払《しはら》われ方《かた》はさまざまです。代表的《だいひょうてき》なのが、「月給《げっきゅう》制《せい》」、「時給制《じきゅうせい》」、「出来高制《できだかせい》（歩合制《ぶあいせい》）」の3通《とお》りで、それぞれにメリットとデメリットがあります。

「月給制《げっきゅうせい》」は、1か月単位《げつたんい》で決《き》められた賃金《ちんぎん》が支払《しはら》われます。「長時間《ちょうじかん》働《はたら》いたから、今月《こんげつ》は残業手当《ざんぎょうてあて》がついた！」ということもありますが、給与《きゅうよ》の額《がく》は毎月大体決《まいつきだいたいき》まっているので、その額《がく》を大《おお》きく超《こ》えて支給《しきゅう》されることはありません。会社《かいしゃ》で働《はたら》く場合《ばあい》、「1日《にち》8時間《じかん》、週《しゅう》に40時間《じかん》」など、労働《ろうどう》時間《じかん》が定《さだ》められています。

「時給制《じきゅうせい》」では、1時間単位《じかんたんい》でもらえる報酬《ほうしゅう》（時給《じきゅう》）が決《き》まっていて、働《はたら》く時間《じかん》に応《おう》じて賃金《ちんぎん》が支払《しはら》われます。アルバイト（パートタイム）が代表的《だいひょうてき》で、働《はたら》く時間《じかん》や日《ひ》にちを選《えら》びやすい分《ぶん》、都合《つごう》により働《はたら》けなくなると、その分給与《ぶんきゅうよ》も減《へ》ってしまいます。

「出来高制《できだかせい》（歩合制《ぶあいせい》）」では、働《はたら》いた時間《じかん》に関係《かんけい》なく、どれだけ仕事《しごと》をこなしたかでお金《かね》が支払《しはら》われます。仕事量《しごとりょう》などによって大《おお》きく稼《かせ》げる可能性《かのうせい》もありますが、逆《ぎゃく》に減《へ》ってしまうリスクもあります。

時給制《じきゅうせい》

１時間単位《じかんたんい》で支払《しはら》われる金額《きんがく》が決《き》まっていて、働《はたら》いた時間分《じかんぶん》の賃金《ちんぎん》を得《え》られます。主《おも》にアルバイト（パートタイム）や、人材派遣会社《じんざいはけんがいしゃ》から他《ほか》の企業《きぎょう》に派遣《はけん》される派遣社員《はけんしゃいん》などが対象《たいしょう》となります。

○メリット

週《しゅう》３日《か》、１日《にち》４時間《じかん》……など、自分《じぶん》の都合《つごう》に合《あ》わせて働《はたら》く時間《じかん》を選《えら》ぶことができる。

×デメリット

病気《びょうき》などで休《やす》んでしまうと、その分《ぶん》収入《しゅうにゅう》が減《へ》る。勤《つと》め先《さき》の都合《つごう》で働《はたら》ける時間《じかん》が減《へ》ってしまうこともあり、収入《しゅうにゅう》が安定《あんてい》しにくい。

出来高制《できだかせい》（歩合制《ぶあいせい》）

実際《じっさい》にこなした仕事《しごと》の量《りょう》や、売《う》り上《あ》げに応《おう》じた賃金《ちんぎん》が支《し》払《はら》われます。営業職《えいぎょうしょく》やタクシードライバーなどが対象《たいしょう》になります。正社員《せいしゃいん》やアルバイトの場合《ばあい》は、固定給《こていきゅう》にプラスして、出来高《できだか》に応《おう》じた賃金《ちんぎん》（歩合給《ぶあいきゅう》）が支払《しはら》われます。

○メリット

こなした仕事《しごと》の量《りょう》しだいでは、たくさんのお金《かね》を稼《かせ》げる。スキルによっては、大金《たいきん》を得《え》られるかも。短《みじか》い時間《じかん》で効率《こうりつ》よく働《はたら》けることも。

×デメリット

仕事《しごと》の成果《せいか》が常《つね》に得《え》られるわけではないため、生活《せいかつ》が安定《あんてい》しにくい。

さまざまな働《はたら》き方《かた》について知《し》ろう

働《はたら》き方《かた》にも種類《しゅるい》があるんだ！
どんな違《ちが》いがあるんだろう？
「雇用《こよう》」ってよく聞《き》くけど、
どういう意味《いみ》かな？

3つの働《はたら》き方《かた》とそれぞれの特徴《とくちょう》を知《し》ろう

雇用《こよう》とは、簡単《かんたん》にいうと「人《ひと》を雇《やと》って働《はたら》いてもらい、代《か》わりにお金《かね》を払《はら》うこと」です。そして、「一方《いっぽう》が相手《あいて》に対《たい》して労働《ろうどう》すること、相手方《あいてがた》がこれに対《たい》してその報酬《ほうしゅう》を与《あた》えること」を約束《やくそく》するものを「雇用契約《こようけいやく》」といいます。

雇用《こよう》のかたちは大《おお》きく分《わ》けて2つあります。一《ひと》つ目《め》は、「正規雇用《せいきこよう》」です。正社員《せいしゃいん》と呼《よ》ばれるのがこれで、雇用《こよう》期間《きかん》を定《さだ》めずに、長《なが》く、安定《あんてい》して働《はたら》くことができます。

2つ目《め》は、「非正規雇用《ひせいきこよう》」で、正規《せいき》雇用《こよう》以外《いがい》の雇用形態《こようけいたい》です。「有期雇用《ゆうきこよう》契約《けいやく》」といって、期限《きげん》を決《き》めた働《はたら》き

さまざまな働《はたら》き方《かた》

正規雇用《せいきこよう》

メリット

収入《しゅうにゅう》・雇用《こよう》が安定《あんてい》していて、期間《きかん》を定《さだ》めずに長《なが》く働《はたら》ける。勤務先《きんむさき》を通《つう》じ、社会保険《しゃかいほけん》に加入《かにゅう》できる。責任《せきにん》のある仕事《しごと》を任《まか》せてもらえる。

デメリット

会社《かいしゃ》の方針《ほうしん》により、転勤《てんきん》があったり、望《のぞ》まない部署《ぶしょ》に配属《はいぞく》されることがある。副業《ふくぎょう》*ができないことも。残業《ざんぎょう》や時間外労働《じかんがいろうどう》をせざるを得《え》ないこともある。

企業《きぎょう》や団体《だんたい》、国《くに》や地方自治体《ちほうじちたい》などと、専属《せんぞく》の雇用《こよう》契約《けいやく》を結《むす》ぶ形態《けいたい》。いわゆる「正社員《せいしゃいん》」などが、これに当《あ》てはまります。会社《かいしゃ》が定《さだ》めた定年《ていねん》まで働《はたら》くことができ、規定《きてい》により、役職《やくしょく》が上《あ》がる昇進《しょうしん》や、給与《きゅうよ》がアップする昇給《しょうきゅう》があります。

＊副業《ふくぎょう》……主《おも》な収入《しゅうにゅう》を得《え》るための本業《ほんぎょう》とは別《べつ》の、副収入《ふくしゅうにゅう》を得《え》るための仕事《しごと》のこと。

非正規雇用《ひせいきこよう》

ありがとうございます
いらっしゃいませ〜
居酒屋

正規雇用以外《せいきこようい がい》の雇用形態《こようけいたい》のことです。業務内容《ぎょうむないよう》と期間《きかん》（３か月《げつ》、１年《ねん》など）を定《さだ》めて企業《きぎょう》などと契約《けいやく》します。正社員以外《せいしゃいんいがい》の、契約社員《けいやくしゃいん》や嘱託《しょくたく》社員《しゃいん》、派遣社員《はけんしゃいん》、アルバイト（パートタイム）などが当《あ》てはまります。

メリット

正規雇用《せいきこよう》と比《くら》べると、仕事《しごと》に対《たい》する制約《せいやく》は厳《きび》しくない。本人《ほんにん》の都合《つごう》に合《あ》わせた働《はたら》き方《かた》が可能《かのう》なケースも多《おお》い。

デメリット

正規雇用《せいきこよう》と比《くら》べ給料《きゅうりょう》は少《すく》なくなりがち。会社都合《かいしゃつごう》で解雇《かいこ》され、仕事《しごと》がなくなるケースがある。社会保険《しゃかいほけん》に入《はい》れないことも。

雇《やと》われない（個人事業主《こじんじぎょうぬし》など）

illust
Hello!
Bye!
Nice!
11
Sports

会社《かいしゃ》に雇《やと》われない＝雇用契約《こようけいやく》を交《か》わさない働《はたら》き方《かた》のことです。仕事《しごと》ごとに契約《けいやく》を交《か》わし、その業務《ぎょうむ》の対価《たいか》として報酬《ほうしゅう》を受《う》け取《と》ります。内容《ないよう》や条件次第《じょうけんしだい》で、自分《じぶん》で仕事《しごと》を選《えら》ぶことができます。

メリット

自分《じぶん》の好《す》きなことや能力《のうりょく》を生《い》かして、自由《じゆう》な働《はたら》き方《かた》ができる。能力《のうりょく》が認《みと》められれば、たくさん稼《かせ》げる可能性《かのうせい》がある。

デメリット

収入《しゅうにゅう》の保証《ほしょう》がなく、仕事《しごと》が来《こ》なければお金《かね》は得《え》られない。仕事《しごと》に必要《ひつよう》なものや社会保険《しゃかいほけん》、税金《ぜいきん》も、自分《じぶん》で手続《てつづ》きして支払《しはら》う必要《ひつよう》がある。

方《かた》を指《さ》すことも多《おお》いです。

他《ほか》に、「雇《やと》われない」働《はたら》き方《かた》もあります。特定《とくてい》の企業《きぎょう》と雇用契約《こようけいやく》を結《むす》ばず、一《ひと》つひとつの仕事《しごと》に対《たい》して、業務委託契約《ぎょうむいたくけいやく》や請負契約《うけおいけいやく》などを交《か》わします。たとえば、本書《ほんしょ》の挿絵《さしえ》を描《か》いているイラストレーターも、「この本《ほん》のイラストを描《か》く」という仕事《しごと》を請《う》け負《お》って契約《けいやく》を交《か》わしています。

働《はたら》き方《かた》ごとにメリットとデメリットがあるので、しっかり把握《はあく》して働《はたら》き方《かた》を選《えら》べるとよいですね。

eTALK

高校生《こうこうせい》になったらアルバイトをしようと思《おも》ってるんだけど、これも非正規《ひせいき》雇用《こよう》なんだな！　非正規《ひせいき》雇用《こよう》のほうが自由《じゆう》そうだし、オレには合《あ》ってそう！

デメリットを把握《はあく》したうえで選択《せんたく》するならいいのだけれど……。実際《じっさい》には、「正社員《せいしゃいん》になりたい」と思《おも》っても、なれない人《ひと》がたくさんいるの。

非正規雇用《ひせいきこよう》の待遇改善《たいぐうかいぜん》のルールは導入《どうにゅう》されているけれど……

非正規雇用《ひせいきこよう》は、自分《じぶん》の都合《つごう》に合《あ》わせて職場《しょくば》や働《はたら》く時間《じかん》、仕事内容《しごとないよう》などを決《き》めることができます。その反面《はんめん》、収入《しゅうにゅう》が安定《あんてい》しにくかったり、任《まか》される仕事《しごと》が少《すく》ないため、給与《きゅうよ》や待遇《たいぐう》が不利《ふり》になりがちな傾向《けいこう》があります。会社都合《かいしゃつごう》で退職《たいしょく》を促《うなが》されるケースも。

近年《きんねん》、正規雇用《せいきこよう》との差《さ》を解消《かいしょう》するべく、収入《しゅうにゅう》に関《かん》しては「同一労働同一賃金《どういつろうどうどういっちんぎん》」が、大企業《だいきぎょう》では２０２０年《ねん》４月《がつ》から、中小企業《ちゅうしょうきぎょう》は２０２１年《ねん》４月《がつ》から導入《どうにゅう》されました。これは、「仕事内容《しごとないよう》が同《おな》じなら、賃金《ちんぎん》も正規雇用《せいきこよう》と同等《どうとう》にする」という内容《ないよう》です。さらに、２０１３年《ねん》４月《がつ》に、非正規雇用《ひせいきこよう》でも、有期労働契約《ゆうきろうどうけいやく》が通算《つうさん》５年《ねん》以上《いじょう》になれば、無期労働契約《むきろうどうけいやく》（正社員《せいしゃいん》）に転換《てんかん》できるルールとなりました。

とはいえ、まだまだ正社員《せいしゃいん》になりたくてもなれない、通算《つうさん》５年《ねん》に達《たっ》する前《まえ》に解雇《かいこ》されてしまう……などの問題《もんだい》も残《のこ》っているのが現状《げんじょう》です。

雇用形態《こようけいたい》による賃金《ちんぎん》

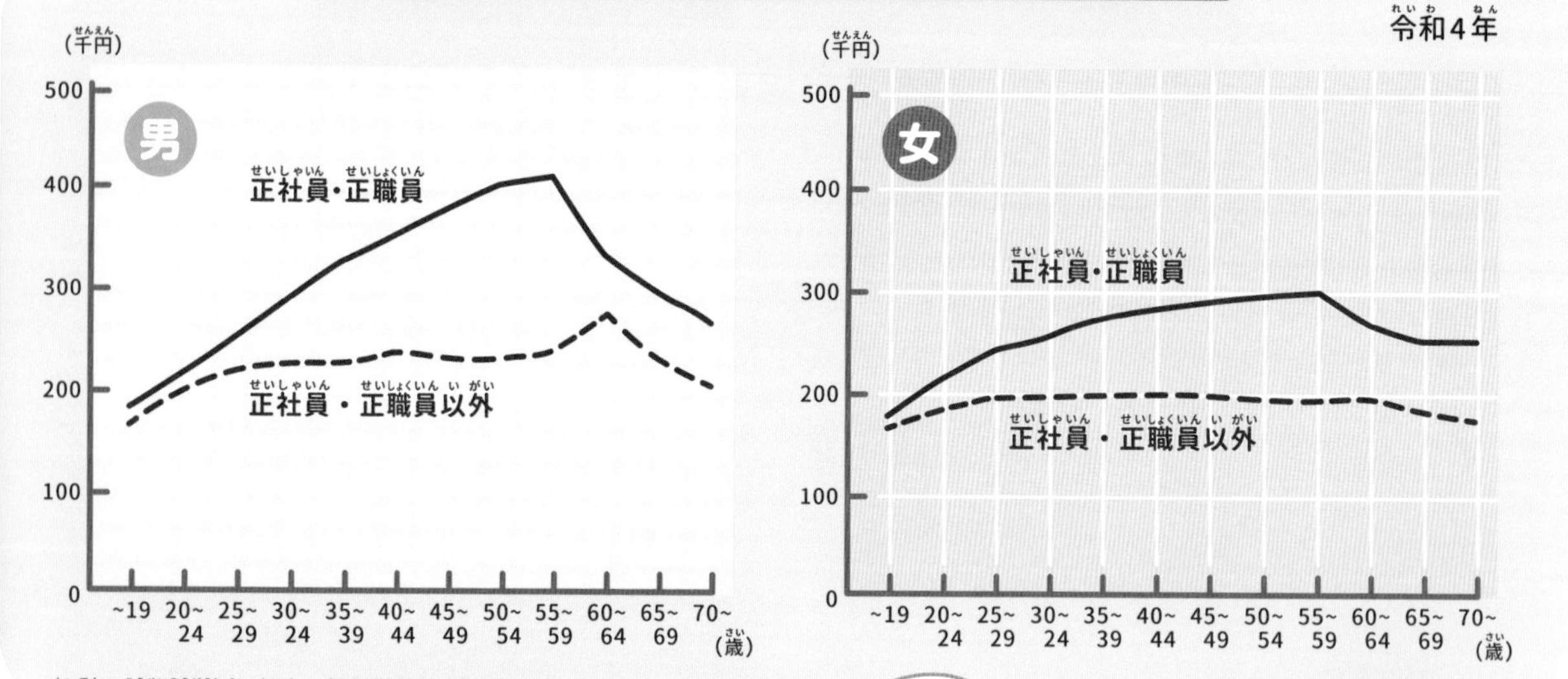
令和《れいわ》4年《ねん》
(千円《せんえん》)
男
正社員《せいしゃいん》・正職員《せいしょくいん》
正社員《せいしゃいん》・正職員以外《せいしょくいんいがい》
500
400
300
200
100
0
~19
20~24
25~29
30~24
35~39
40~44
45~49
50~54
55~59
60~64
65~69
70~
(歳《さい》)
(千円《せんえん》)
女
正社員《せいしゃいん》・正職員《せいしょくいん》
正社員《せいしゃいん》・正職員以外《せいしょくいんいがい》
500
400
300
200
100
0
~19
20~24
25~29
30~24
35~39
40~44
45~49
50~54
55~59
60~64
65~69
70~
(歳《さい》)

(出典《しゅってん》) 厚生労働省《こうせいろうどうしょう》「令和《れいわ》4年賃金構造基本統計調査《ねんちんぎんこうぞうきほんとうけいちょうさ》の概況《がいきょう》」より抜粋《ばっすい》

雇用形態《こようけいたい》、性別別《せいべつべつ》に、年齢《ねんれい》ごとの賃金《ちんぎん》（所定内給与額《しょていないきゅうよがく》の平均《へいきん》）をグラフ化《か》したものです。たとえば男性《だんせい》の場合《ばあい》、正規雇用《せいきこよう》の平均賃金《へいきんちんぎん》が月《つき》に約《やく》35.4万円《まんえん》なのに対《たい》し、非正規雇用《ひせいきこよう》が約《やく》24.8万円《まんえん》と、約《やく》10万円《まんえん》も差《さ》があることがわかります。非正規雇用《ひせいきこよう》はそもそも労働時間《ろうどうじかん》が短《みじか》いということもありますが、賃金《ちんぎん》の差《さ》は歴然《れきぜん》ですね。

あれ？　このグラフ、男女《だんじょ》の収入《しゅうにゅう》に差《さ》があるのも気《き》になる……。219ページも読《よ》んで勉強《べんきょう》しよう！

eTALK

正規雇用《せいきこよう》と非正規雇用《ひせいきこよう》で、こんなに賃金《ちんぎん》に差《さ》があるなんて思《おも》わなかったよ……。そうすると、なんで非正規雇用《ひせいきこよう》を選《えら》ぶ人《ひと》がいるんだろう？

いろいろな事情《じじょう》で、非正《ひせい》規雇用《きこよう》をあえて選択《せんたく》している人《ひと》もいるの。話《はなし》を聞《き》いてみましょう！

自分《じぶん》のライフスタイルに合《あ》った働《はたら》き方《かた》を選《えら》ぶことが大切《たいせつ》！

左《ひだり》で紹介《しょうかい》しているように、子育《こそだ》てや介護《かいご》などの家庭《かてい》の事情《じじょう》、キャリアアップのため、夢《ゆめ》を追《お》うためなど、さまざまな理由《りゆう》で非正規雇用《ひせいきこよう》を選《えら》ぶ人《ひと》がいます。

このように、〝あえて〟非正規雇用《ひせいきこよう》を選《えら》ぶ人《ひと》がいる一方《いっぽう》で、なんとなく非正規雇用《ひせいきこよう》で働《はたら》くことを決《き》め、収入《しゅうにゅう》や雇用《こよう》の不安定《ふあんてい》さに悩《なや》んでいる人《ひと》もたくさんいます。

雇用形態《こようけいたい》を決《き》めることは、あなたの人生《じんせい》に関《かか》わる大事《だいじ》な決断《けつだん》のひとつ。正規雇用《せいきこよう》と非正規雇用《ひせいきこよう》、それぞれのメリット、デメリットを理解《りかい》し、しっかり考《かんが》えたうえで、自分《じぶん》のライフスタイルに合《あ》った働《はたら》き方《かた》を選《えら》ぶことは、とても大切《たいせつ》です。

しつもん なぜ非正規《ひせいき》で働《はたら》いているのですか？

小学校入学前《しょうがっこうにゅうがくまえ》の子《こ》どもがいて、子《こ》どもが幼稚園《ようちえん》に行《い》っている短《たん》時間《じかん》だけ働《はたら》きたいのでパートタイムで働《はたら》いています。それに夫《おっと》が転勤《てんきん》の多《おお》い会社《かいしゃ》で働《はたら》いているので、今《いま》はパート勤務《きんむ》が一番《いちばん》合《あ》っていますね。

働《はたら》いてみたい業種《ぎょうしゅ》があるのですが、経験者《けいけんしゃ》のみを採用《さいよう》しているんです。私《わたし》はその仕事《しごと》は未経験《みけいけん》なので、まずは派遣社員《はけんしゃいん》として働《はたら》いて、経験《けいけん》を積《つ》もうと思《おも》っています！

じつは、舞台役者《ぶたいやくしゃ》が本業《ほんぎょう》なんです。舞台《ぶたい》がはじまると、練習《れんしゅう》も含《ふく》め、２か月《げつ》ほど舞台《ぶたい》にかかりきりになってしまうので……。普段《ふだん》は時間《じかん》の融通《ゆうずう》がきくアルバイトをしています。

契約《けいやく》、派遣《はけん》、パートとは？

契約社員《けいやくしゃいん》は、働《はたら》く期間《きかん》を契約《けいやく》で定《さだ》めて、決《き》められた仕事《しごと》を行《おこな》うために雇《やと》われます。派遣社員《はけんしゃいん》は、人材派遣会社《じんざいはけんがいしゃ》と契約《けいやく》し、その会社《かいしゃ》と契約《けいやく》している企業《きぎょう》に派遣《はけん》されて働《はたら》きます。パートタイムやアルバイトで働《はたら》く場合《ばあい》、会社《かいしゃ》と「パートタイム契約《けいやく》」を交《か》わします。自分《じぶん》でシフト（働《はたら》く日《ひ》や時間《じかん》）を選《えら》びやすいです。

MONEY

仕事《しごと》によって収入《しゅうにゅう》が違《ちが》うのはなぜ？

働《はたら》いている時間《じかん》が同《おな》じでも、稼《かせ》げる金額《きんがく》は仕事《しごと》によって変《か》わる……。当《あ》たり前《まえ》のことだと思《おも》ってたけど、その理由《りゆう》をきちんと考《かんが》えたことってなかったかも！

その人《ひと》の技術《ぎじゅつ》をどれだけの人《ひと》が求《もと》めているかによって収入《しゅうにゅう》が変《か》わる

仕事《しごと》をしている時間《じかん》は同《おな》じでも、おどろくほど高《たか》い収入《しゅうにゅう》を得《え》ている人《ひと》もいます。こうした収入差《しゅうにゅうさ》は、どうして生《う》まれるのでしょうか？

仕事《しごと》によって稼《かせ》げるお金《かね》の額《がく》は、その仕事《しごと》に必要《ひつよう》な技術《ぎじゅつ》をもつ人《ひと》と、その技術《ぎじゅつ》を求《もと》めてお金《かね》を払《はら》う人《ひと》がそれぞれどれだけいるかによって変《か》わります（需要《じゅよう》と供給《きょうきゅう》→158ページ）。

たとえばサッカー選手《せんしゅ》は、世界《せかい》レベルともなると、年間数億円《ねんかんすうおくえん》もの収入《しゅうにゅう》を得《え》られます。これは、同《おな》じレベ

年俸が交渉できる!!

ナイスシュート!

なるほど！同《おな》じレベルの技術《ぎじゅつ》をもっている人《ひと》が少《すく》ないから多《おお》くのチームに求《もと》められて収入《しゅうにゅう》が上《あ》がるってことだね！

そっか!!

そうそう!!

でもそれなら父《とう》さんが勤《つと》めている介護業界《かいごぎょうかい》は人手不足《ひとでぶそく》でどこも引《ひ》く手《て》あまただって聞《き》いたことがあるよ！それなのに、なんで収入《しゅうにゅう》が上《あ》がらないの!?

残念《ざんねん》だけど…収入《しゅうにゅう》の高《たか》さと世《よ》の中《なか》に必要《ひつよう》な仕事《しごと》は、必《かなら》ずしも一致《いっち》しないんだ…


ルの技術《ぎじゅつ》をもっている人《ひと》が少《すく》なく、多《おお》くのチームに求《もと》められているから。そのため、「もらえるお金《かね》が多《おお》く、環境《かんきょう》がいいほうで働《はたら》きます」と自分《じぶん》に有《ゆう》利《り》な条件《じょうけん》になるように交渉《こうしょう》できます。

これは、サッカー選手《せんしゅ》に限《かぎ》らず、会社勤《かいしゃづと》めであっても同《おな》じです。高《たか》い技術《ぎじゅつ》をもち、会社《かいしゃ》になくてはならないような人材《じんざい》であれば、会社《かいしゃ》はその人《ひと》を雇用《こよう》し続《つづ》けるために、ボーナスを多《おお》く払《はら》うなどします。

ところで、収入《しゅうにゅう》の高《たか》さと、世《よ》の中《なか》に必要《ひつよう》とされる仕事《しごと》は、必《かなら》ずしも一《いっ》致《ち》しないこともあります。たとえば、介護《かいご》や保育《ほいく》などの仕事《しごと》は、平均賃金《へいきんちんぎん》が低《ひく》く、慢性的《まんせいてき》な人手不足《ひとでぶそく》であることが問題《もんだい》となっています。

こういった問題《もんだい》を解消《かいしょう》するために、介護士《かいごし》、保育士《ほいくし》などの、「賃上《ちんあ》げ政策《せいさく》」が実施《じっし》されました（2022年《ねん》）。

MONEY

収入《しゅうにゅう》はどこから生《う》まれるの？

Q. 給与《きゅうよ》は会社《かいしゃ》から生《う》まれたもの？

働《はたら》いて得《え》る給与《きゅうよ》は、どこから生《う》まれていると思《おも》いますか？　会社《かいしゃ》や社長《しゃちょう》、と答《こた》える人《ひと》も多《おお》いかもしれません。給与《きゅうよ》の出《で》どころについて、ある企業《きぎょう》でおもちゃを作《つく》っている、開発者《かいはつしゃ》を例《れい》に見《み》てみましょう。

メーカー
新商品《しんしょうひん》の企画《きかく》・製作費《せいさくひ》、
その他材料費《ほかざいりょうひ》や人件費《じんけんひ》など
開発者《かいはつしゃ》（社員《しゃいん》）
毎月《まいつき》の給与《きゅうよ》
今月《こんげつ》も
がんばったよ！

ある開発者《かいはつしゃ》は、おもちゃメーカーの正社員《せいしゃいん》です。正《せい》規雇用《きこよう》されているため、毎月給与《まいつききゅうよ》が支払《しはら》われますが、このお金《かね》は会社《かいしゃ》から湧《わ》き出《で》たものではありません。

給与《きゅうよ》が生《う》まれるのって……その人《ひと》が働《はたら》いている会社《かいしゃ》、だよな？

給与《きゅうよ》は社会《しゃかい》から生《う》み出《だ》されるもの

給与《きゅうよ》は、いったいどこから生《う》まれるのでしょうか？

会社《かいしゃ》に所属《しょぞく》している場合《ばあい》、給与《きゅうよ》は従業員《じゅうぎょういん》の労働《ろうどう》に関《かか》わる費用《ひよう》である「人件費《じんけんひ》」として、会社《かいしゃ》の「利益《りえき》」から出《で》ています。そして利益《りえき》は、会社《かいしゃ》の売《う》り上《あ》げからもたらされます。

たとえば出版社《しゅっぱんしゃ》の場合《ばあい》、いくら本《ほん》を作《つく》っても、それが売《う》れなければ利《り》益《えき》は生《う》まれません。出版社《しゅっぱんしゃ》の場合《ばあい》は本《ほん》ですが、飲食店《いんしょくてん》の場合《ばあい》は食事《しょくじ》に、塾《じゅく》の場合《ばあい》は勉強《べんきょう》を教《おし》えるサービスに対《たい》し、いずれもお客《きゃく》さんがこれらを受《う》け取《と》って代金《だいきん》を支払《しはら》います。このお金《かね》が「売《う》り上《あ》げ」になるのです。

いいよ
やったぁ! ありがとう!

開発者《かいはつしゃ》などが作《つく》り、メーカーから発売《はつばい》されたおもちゃは、全国《ぜんこく》のショップが買《か》い取《と》って(仕《し》入《い》れ)店《みせ》の棚《たな》に並《なら》べます。そのおもちゃを購入《こうにゅう》する人《ひと》がいなければ、お金《かね》(売《う》り上《あ》げ)は生《う》まれません。

仕《し》入《い》れ

ショップはおもちゃを買《か》い取《と》って並《なら》べなければ、商売《しょうばい》になりません。売《う》り上《あ》げの一部《いちぶ》を、新《あたら》しいおもちゃの仕《し》入《い》れにまわします。

※実際《じっさい》はショップからメーカーに直接《ちょくせつ》売《う》り上《あ》げが渡《わた》らず、間《あいだ》に他《ほか》の会社《かいしゃ》が入《はい》るケースもありますが、ここでは省略《しょうりゃく》しています。

売《う》れる!

ショップの運営費《うんえいひ》

店員《てんいん》の給与《きゅうよ》

「おもちゃをお客様《きゃくさま》に販売《はんばい》する」という労働《ろうどう》をしているショップの店員《てんいん》の給与《きゅうよ》も、売《う》り上《あ》げから生《う》まれます。

維持費《いじひ》など

ショップの賃料《ちんりょう》や、水道光熱費《すいどうこうねつひ》などの維持費《いじひ》、経費《けいひ》も、売《う》り上《あ》げからまかなわれています。

おもちゃ1個《こ》の売《う》り上《あ》げが、いろいろな人《ひと》や場所《はしょ》をめぐるんだ!

売《う》り上《あ》げはいろいろなところに分配《ぶんぱい》され、その一部《いちぶ》が、給与《きゅうよ》として支払《しはら》われます。つまり給与《きゅうよ》は、社会《しゃかい》からもたらされるものなのです。

国《くに》や地方自治体《ちほうじちたい》に勤務《きんむ》し、社会《しゃかい》の土台《どだい》づくりをする「公務員《こうむいん》」の場合《ばあい》などは、売《う》り上《あ》げが発生《はっせい》しないケースが多《おお》いです。たとえば、みなさんにとって身近《みぢか》な公務員《こうむいん》である、公立《こうりつ》の小中学校《しょうちゅうがっこう》の教師《きょうし》。みなさんは小中《しょうちゅう》学校《がっこう》に通《かよ》うために授業料《じゅぎょうりょう》を払《はら》っていませんから、売《う》り上《あ》げはありません。こういった公務員《こうむいん》の給料《きゅうりょう》は、国民《こくみん》が支払《しはら》う税金《ぜいきん》(174ページ)でまかなわれています。

次《つぎ》のページから、小中学生《しょうちゅうがくせい》のあこがれの人気職業《にんきしょくぎょう》6つのお金《かね》の生《う》まれ方《かた》と、お金《かね》がどこから出《で》ているのかを紹介《しょうかい》します。それぞれ、給与《きゅうよ》の支払《しはら》われ方《かた》にも違《ちが》いがあるので、あわせて確認《かくにん》してみましょう!

お金《かね》の生《う》まれ方《かた》と収入《しゅうにゅう》

≈1≈

プロ野《や》球《きゅう》選《せん》手《しゅ》

応援《おうえん》に来《く》るファンの入場料《にゅうじょうりょう》が主《おも》な収入《しゅうにゅう》に

プロ野球選手《やきゅうせんしゅ》をはじめとする「プロスポーツ選手《せんしゅ》」は、スポーツすること自体《じたい》を職業《しょくぎょう》とし、収入《しゅうにゅう》を得《え》ている人《ひと》をいいます。なかでも、小学生《しょうがくせい》のあこがれの職業《しょくぎょう》で常《つね》に上位《じょうい》に入《はい》るのが、プロ野球選手《やきゅうせんしゅ》。平均年俸《へいきんねんぽう》は4400万円《まんえん》以上《いじょう》と、非常《ひじょう》に高額《こうがく》です＊（2023年《ねん》）。

プロ野球選手《やきゅうせんしゅ》は、野球《やきゅう》チームと契約《けいやく》し、試合《しあい》に出場《しゅつじょう》して賃金《ちんぎん》を得《え》ます。多《おお》くの場合《ばあい》、前《まえ》の年《とし》の成績《せいせき》などの査定《さてい》で金額《きんがく》が決《き》まります。

所属《しょぞく》する野球《やきゅう》チームは、日本《にほん》の場合《ばあい》、日本野球機構《にっぽんやきゅうきこう》（NPB《エヌピービー》）の12球団《きゅうだん》です。12球団《きゅうだん》すべてが株式会社《かぶしきがいしゃ》で、株式会社読売巨人軍《かぶしきがいしゃよみうりきょじんぐん》、株式会社西武《かぶしきがいしゃせいぶ》ライオンズなどがあり、運営《うんえい》している親会社《おやがいしゃ》があります（広島東洋《ひろしまとうよう》カープを除《のぞ》く）。応援《おうえん》に来《く》るファンの入場料《にゅうじょうりょう》、グッズの売《う》り上《あ》げ、テレビの放映権料《ほうえいけんりょう》などが球団《きゅうだん》の収入《しゅうにゅう》となり、選手《せんしゅ》の年俸《ねんぽう》などもそこから支払《しはら》われます。親会社《おやがいしゃ》が「広告《こうこく》」を出《だ》して、運営費《うんえいひ》をまかなうこともあります。

プロ野球選手自身《やきゅうせんしゅじしん》は「個人事業主《こじんじぎょうぬし》」で、球団会社《きゅうだんがいしゃ》の社員《しゃいん》というわけではなく、専属契約《せんぞくけいやく》を交《か》わしてチームに所属《しょぞく》しています。技術《ぎじゅつ》がすぐれている選手《せんしゅ》は、日本《にほん》のみならず海外《かいがい》からのオファーも殺到《さっとう》し、契約金《けいやくきん》、年俸《ねんぽう》などの条件《じょうけん》もよくなります。反対《はんたい》に、活躍《かつやく》できないと、契約《けいやく》を打《う》ち切《き》られてしまうことも……。プロの世界《せかい》に入《はい》っても鍛錬《たんれん》と競争《きょうそう》をし続《つづ》けなければならず、非常《ひじょう》に厳《きび》しい世界《せかい》です。

（出典《しゅってん》）＊日本《にほん》プロ野球選手会《やきゅうせんしゅかい》「年俸調査結果《ねんぽうちょうさけっか》」より

日本《にほん》のプロ野球《やきゅう》と大《だい》リーグ、年俸《ねんぽう》が違《ちが》う理由《りゆう》

世界最高峰《せかいさいこうほう》と名高《なだか》いアメリカのプロ野球《やきゅう》リーグは、メジャーリーグベースボール（ＭＬＢ《エムエルビー》）です。ＮＬＢ《エヌエルビー》とＭＬＢ《エムエルビー》の年俸《ねんぽう》は、ＭＬＢ《エムエルビー》が約《やく》7倍《ばい》ともいわれています。年俸《ねんぽう》に差《さ》が出《で》る理由《りゆう》はいろいろありますが、大《おお》きな要因《よういん》といわれるのが、テレビの放映権料《ほうえいけんりょう》です。メジャーリーグの試合《しあい》は、アメリカ国内《こくない》のみならず世界中《せかいじゅう》で放映《ほうえい》されていて、その金額《きんがく》はリーグ全体《ぜんたい》で、年間《ねんかん》で2,000億円《おくえん》を超《こ》えるともいわれます。

日本《にほん》のプロ野球《やきゅう》の球団《きゅうだん》の多《おお》くは日本《にほん》の企業《きぎょう》が運営《うんえい》しています

埼玉西武ライオンズ
西武鉄道
読売ジャイアンツ
読売新聞グループ
プロ野球球団の売り上げ
入場料
グッズの売り上げ
テレビの放映権料
GIANTS
Lions

球団の売り上げ
プロ野球選手の年俸
いちばん多い!!
球団スタッフの給与
球場使用料など

球団《きゅうだん》が勝《か》っているときはお客《きゃく》さんがたくさん応援《おうえん》に来《き》ますが

負《ま》けてばかりだとガラガラに…

ワー
応援してもらうには勝たねば!!

だからいい選手《せんしゅ》はたくさんお金《かね》がもらえます！試合《しあい》に出《で》て活躍《かつやく》するほどもらえるお金《かね》が増《ふ》えるから…

SHIGOTO
選手同志で競い合う!!

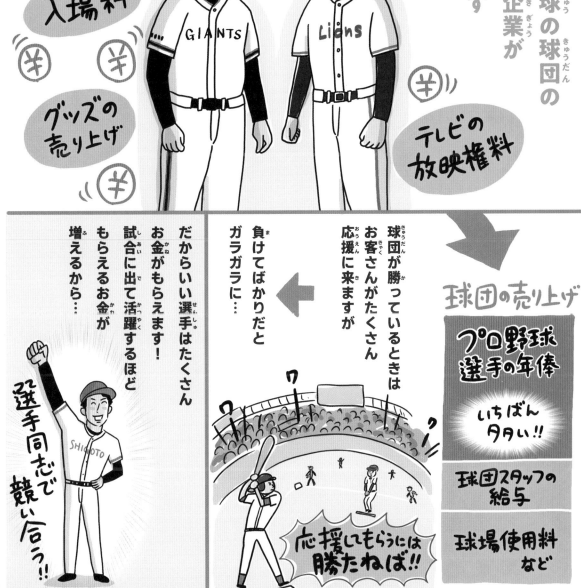

お金《かね》の生《う》まれ方《かた》と収入《しゅうにゅう》 ≈2≈

ゲームクリエイター

ゲームを制作《せいさく》し、販売《はんばい》。その売《う》り上《あ》げが収入《しゅうにゅう》に

ゲームクリエイターとは、ずばりゲーム作《づく》りに関《かか》わる人《ひと》です。クリエイターには、人員《じんいん》や予算《よさん》、スケジュールを管理《かんり》する「ゲームプロデューサー」、ゲームの設定《せってい》や世界観《せかいかん》を作《つく》る「ゲームプランナー」、CG《シージー》などでキャラクターやフィールドを作《つく》る「ゲームグラフィックデザイナー」などがいます。さまざまな役割《やくわり》をもつ人《ひと》が、自分《じぶん》の技術《ぎじゅつ》やセンスを生《い》かして、おもしろいゲームを生《う》み出《だ》しているのです。

ゲームといっても、いくつかの種《しゅ》類《るい》があります。「コンシューマーゲーム」「ソーシャルゲーム」「アーケードゲーム」です。くわしくは左《ひだり》ページで紹介《しょうかい》しますが、ゲームを開発《かいはつ》するのは同《おな》じでも、その後《あと》の売《う》り上《あ》げを得《え》るしくみは大《おお》きく異《こと》なります。いずれの場合《ばあい》も、制作《せいさく》スタッフの収《しゅう》入《にゅう》は、この売《う》り上《あ》げから生《う》まれます。

ゲームクリエイターの雇用《こよう》のされ方《かた》はさまざまです。ゲーム会社《がいしゃ》に正《せい》規《き》雇用《こよう》される人《ひと》もいれば、特定《とくてい》のゲームソフトの開発期間《かいはつきかん》のみ雇用《こよう》される契約社員《けいやくしゃいん》もいます。あるいは、フリーランスで「キャラのグラフィックを提供《ていきょう》する」などの特定《とくてい》の仕事《しごと》を任《まか》される人《ひと》、アルバイトでデバッグ（ゲームにバグがないかチェックする）をする人《ひと》などもいます。

ゲーム会社《がいしゃ》の正社員《せいしゃいん》として働《はたら》いている人《ひと》は、ある案件《あんけん》の開発《かいはつ》が終《お》わると、その会社《かいしゃ》の別《べつ》のゲームソフトの制作《せいさく》に任命《にんめい》されます。

技術《ぎじゅつ》、実力《じつりょく》がある人《ひと》が好待遇《こうたいぐう》で迎《むか》えられるのはゲーム業界《ぎょうかい》も同《おな》じ！

ひと言《こと》でゲームクリエイターといっても、賃金《ちんぎん》の額《がく》はいろいろ。たとえば、ヒット作《さく》を連発《れんぱつ》するようなゲームプロデューサーのなかには、独立《どくりつ》して自分《じぶん》で会社《かいしゃ》を立《た》ち上《あ》げたり、フリーランスとして活躍《かつやく》する人《ひと》も多《おお》く、そういう人《ひと》は「うちのゲームを作《つく》ってほしい！」とさまざまな企業《きぎょう》から声《こえ》がかかります。特定《とくてい》のスキルが必要《ひつよう》なゲームグラフィックデザイナーなども、技術《ぎじゅつ》がある人《ひと》はさまざまな企業《きぎょう》から声《こえ》がかかります。プロ野球選手《やきゅうせんしゅ》と同《おな》じですね。

ゲームの種類は大きく分けて3つ

コンシューマーゲーム

- ゲームソフトの売《う》り上《あ》げが主《おも》な収入源《しゅうにゅうげん》
- ハードゲーム機《き》を作《つく》っている会社《かいしゃ》にも利益《りえき》を支払《しはら》う
- 発売後《はつばいご》の仕事《しごと》は少《すく》なめ。維持費《いじひ》も少《すく》ない

ソーシャルゲーム

- 代表的《だいひょうてき》なのがスマホのアプリ
- 主《おも》な収入源《しゅうにゅうげん》は課金《かきん》や広告費《こうこくひ》
- ゲームアプリの運営《うんえい》にお金《かね》がかかるので定期的《ていきてき》な収入《しゅうにゅう》が必要《ひつよう》

アーケードゲーム

- ゲームセンターに置《お》かれている
- ゲームセンターに筐体《きょうたい》を売《う》ったり貸《か》したお金《かね》が主《おも》な売《う》り上《あ》げ

どんなゲームも、これらの収入《しゅうにゅう》が制作《せいさく》スタッフの給与《きゅうよ》や宣伝広告費《せんでんこうこくひ》、次《つぎ》のゲームの開発費《かいはつひ》になります。

お金《かね》の生《う》まれ方《かた》と収入《しゅうにゅう》

≈3≈

ファッションモデル

収入《しゅうにゅう》は撮影《さつえい》・出演《しゅつえん》した仕事《しごと》によって決《き》まる

ファッションモデルは、その美《うつく》しいスタイルで服《ふく》を着《き》こなし、多《おお》くの人《ひと》の目《め》をひきつける、とても華《はな》やかな仕事《しごと》です。モデルもまた、あこがれの職業《しょくぎょう》として常《つね》に上位《じょうい》にランクインしていますね。

ファッションモデルの働《はたら》き方《かた》はさまざまで、事務所《じむしょ》に所属《しょぞく》する人《ひと》もいれば、フリーランスで活動《かつどう》する人《ひと》もいます。事務所《じむしょ》に所属《しょぞく》する場合《ばあい》は、レッスンなどがありモデルとしての技術《ぎじゅつ》を高《たか》められる、仕事《しごと》を取《と》ってきてもらえることがある、クライアントとのやり取《と》りを直接《ちょくせつ》しなくてよいことなどがメリットです。しかし、仕事《しごと》でもらえる報酬《ほうしゅう》のうち、数割《すうわり》を引《ひ》いた額《がく》が本人《ほんにん》に支払《しはら》われることになります。フリーランスの場合《ばあい》は、事務所《じむしょ》に所属《しょぞく》するメリットがない代《か》わりに、働《はたら》いた分《ぶん》のお金《かね》はすべて自《じ》分《ぶん》で受《う》け取《と》ることができます。

モデルの仕事《しごと》は多岐《たき》にわたるため、金額《きんがく》も案件《あんけん》によりますが、スチールモデルの場合《ばあい》、1回《かい》の撮影料《さつえいりょう》は数《すう》千円《せんえん》～数万円《すうまんえん》ほど。雑誌《ざっし》の場合《ばあい》は出《しゅっ》版社《ぱんしゃ》、カタログの場合《ばあい》は発行元《はっこうもと》のブランドメーカーなどから出演料《しゅつえんりょう》が支《し》払《はら》われます。ショーモデルの場合《ばあい》、ショーの入場料《にゅうじょうりょう》が売《う》り上《あ》げとなり、そこから報酬《ほうしゅう》を得《え》られます。

いずれの場合《ばあい》も、人気《にんき》の高《たか》さ、引《ひ》き受《う》けた仕事《しごと》で収入《しゅうにゅう》が変《か》わります。モデルの仕事《しごと》だけで生活《せいかつ》できる人《ひと》は少《すく》なく、他《ほか》にアルバイトなどもして、収入《しゅうにゅう》を得《え》ている人《ひと》が多《おお》いです。

無料《むりょう》ファッションショーってどこから出演料《しゅつえんりょう》が出《で》るの？

ときどき、ショッピングモールなどで、無料《むりょう》で観覧《かんらん》できるファッションショーが開《ひら》かれることがありますね。観客《かんきゃく》が入場料《にゅうじょうりょう》を払《はら》うタイプのショーなら、その売《う》り上《あ》げから収入《しゅうにゅう》が得《え》られますが、無料《むりょう》の場合《ばあい》はどうなるのでしょうか？　こういったショーの多《おお》くは、服《ふく》を宣伝《せんでん》したいブランドメーカーや、ショーで人《ひと》を集《あつ》めたいショッピングモールがお金《かね》を出《だ》しています。そのため、モデルの出演料《しゅつえんりょう》も、ブランドメーカーなどショーの主催者《しゅさいしゃ》が支払《しはら》っています。

ショーモデル

ファッションショーに出演してブランドのPRをする

ファッションショーは入場料《にゅうじょうりょう》が売《う》り上《あ》げになるほか、ブランドがお金《かね》を払《はら》って開催《かいさい》するケースもあります。会場費《かいじょうひ》や、モデルの出演料《しゅつえんりょう》、ヘアメイク、スタイリストなどへの人件費《じんけんひ》は、そこから出《で》ています。

スチールモデル

雑誌やカタログで活躍

雑誌《ざっし》の場合《ばあい》、売《う》り上《あ》げと広告費《こうこくひ》が主《おも》な収入源《しゅうにゅうげん》！ これらから、モデルの出演料《しゅつえんりょう》、出版社《しゅっぱんしゃ》の社員《しゃいん》の給与《きゅうよ》やカメラマン、デザイナーなどのスタッフの人件費《じんけんひ》、次号《じごう》の制作費《せいさくひ》などをまかなっています。

事務所《じむしょ》に所属《しょぞく》しているモデルの場合《ばあい》は支払《しはら》われた出演料《しゅつえんりょう》をすべてもらえるわけではなく、事務所《じむしょ》と出演料《しゅつえんりょう》を分《わ》けることになります。体《からだ》が資本《しほん》だから、収入《しゅうにゅう》で自分《じぶん》のメンテナンスをするのも仕事《しごと》のうち！

動物園《どうぶつえん》などの飼育員《しいくいん》

主《おも》な収入《しゅうにゅう》は動物園《どうぶつえん》に来《き》たお客《きゃく》さんの入場料《にゅうじょうりょう》から

動物園《どうぶつえん》の飼育員《しいくいん》は、動物園《どうぶつえん》やサファリパークなどで、動物《どうぶつ》の身《み》の回《まわ》りの世話《せわ》をする職業《しょくぎょう》です。それ以外《いがい》にも、来園者《らいえんしゃ》に動物《どうぶつ》の生態《せいたい》や魅力《みりょく》を伝《つた》えたり、園内《えんない》のイベントを企画《きかく》・運営《うんえい》したりと、仕事《しごと》の内容《ないよう》はさまざま！水族館《すいぞくかん》の飼育員《しいくいん》も同様《どうよう》の仕事《しごと》です。

動物園《どうぶつえん》の主《おも》な収入源《しゅうにゅうげん》は、動物園《どうぶつえん》に来場《らいじょう》したお客《きゃく》さんの入園料《にゅうえんりょう》です。しかし、動物園《どうぶつえん》の入園料《にゅうえんりょう》は、園《えん》によって非常《ひじょう》に幅《はば》があります。それはなぜでしょうか？

動物園《どうぶつえん》には民間《みんかん》の施設《しせつ》と公立《こうりつ》の施設《しせつ》があります。左《ひだり》ページでも紹介《しょうかい》していますが、公立《こうりつ》の施設《しせつ》の場合《ばあい》、運営《うんえい》の一部《いちぶ》は税金《ぜいきん》によってまかなわれています。そのため、公立《こうりつ》の動物園《どうぶつえん》の飼育員《しいくいん》になりたい場合《ばあい》、地方公務員《ちほうこうむいん》として採用《さいよう》される必要《ひつよう》があり、地方公務員《ちほうこうむいん》試験《しけん》を受《う》けて合格《ごうかく》しなければなりません。民間《みんかん》の動物園《どうぶつえん》の場合《ばあい》は、園《えん》の採用《さいよう》試験《しけん》を受《う》けます。受験《じゅけん》資格《しかく》として、動物学《どうぶつがく》に関《かか》わる学歴《がくれき》が必要《ひつよう》になることもあります。

主《おも》に入園料《にゅうえんりょう》によって賃金《ちんぎん》がまかなわれるのは同《おな》じでも、就職《しゅうしょく》の仕方《しかた》もかなり違《ちが》うので、動物園《どうぶつえん》の飼育員《しいくいん》を目指《めざ》す場合《ばあい》は、どこの園《えん》に就職《しゅうしょく》したいのかを決《き》め、対策《たいさく》を練《ね》らなければなりません。いずれの場合《ばあい》も、動物園《どうぶつえん》の飼育員《しいくいん》は毎年《まいとし》職員《しょくいん》が募集《ぼしゅう》されるわけではなく、欠員《けついん》が出《で》たときのみ不定期《ふていき》に募集《ぼしゅう》をかけるケースがほとんど。人気《にんき》のある仕事《しごと》ですが、じつはとても狭《せま》き門《もん》なのです。

動物園《どうぶつえん》の社会的《しゃかいてき》な役割《やくわり》と使命《しめい》を知《し》ろう

なぜ、税金《ぜいきん》によって運営《うんえい》がまかなわれている動物園《どうぶつえん》があるのだと思《おも》いますか？　それは、動物園《どうぶつえん》にはお客《きゃく》さんを楽《たの》しませる「レクリエーション」のほかに、「種《しゅ》の保存《ほぞん》」「教育《きょういく》・環境教育《かんきょうきょういく》」「調査《ちょうさ》・研究《けんきゅう》」の役割《やくわり》があるからです。なかでも「種《しゅ》の保存《ほぞん》」は、絶滅危惧種《ぜつめつきぐしゅ》などの希少動物《きしょうどうぶつ》を保護《ほご》し、次世代《じせだい》につなぐ大切《たいせつ》な使命《しめい》となります。これらの活動《かつどう》は社会的《しゃかいてき》な意義《いぎ》をもち、日本全体《にほんぜんたい》で支《ささ》える必要《ひつよう》があることから、税金《ぜいきん》が使《つか》われています。

飼育員さんが働く動物園の収入はもちろん

どうぶつえん 入園料!!

園《えん》によって
入場料《にゅうじょうりょう》は全然違《ぜんぜんちが》う！
500円《えん》〜数千円《すうせんえん》も！

入場料《にゅうじょうりょう》が違《ちが》う理由《りゆう》はいろいろ。サファリバスが出《で》ているとか、遊園地《ゆうえんち》が併設《へいせつ》されているとか。その要因《よういん》の一《ひと》つが…

公営か民営

つまり、自治体《じちたい》などが税金《ぜいきん》をもとに運営《うんえい》する園《えん》と、企業《きぎょう》が運営《うんえい》する園《えん》があります。民営《みんえい》のほうが、入場料《にゅうじょうりょう》は高《たか》い傾向《けいこう》！

動物園《どうぶつえん》は単《たん》なるレジャー施設《しせつ》ではなく、動物《どうぶつ》の保護《ほご》や研究《けんきゅう》、繁殖《はんしょく》、学習《がくしゅう》などの役割《やくわり》があります。

いずれにせよ、主《おも》な収入源《しゅうにゅうげん》はお客《きゃく》さんの入場料《にゅうじょうりょう》。動物《どうぶつ》の飼育代《しいくだい》や園《えん》の維持費《いじひ》はもちろん、飼育員《しいくいん》さんにも支払《しはら》われています。なかでも、食費《しょくひ》は莫大《ばくだい》！　たとえばゾウは、1日《にち》200〜300kgのエサを食《た》べる!?

パティシエール

自分《じぶん》で店《みせ》を持《も》つ場合《ばあい》作《つく》る以外《いがい》の才能《さいのう》も必要《ひつよう》

パティシエール（以下《いか》パティシエ）は、主《おも》に洋菓子《ようがし》を作《つく》るのが仕事《しごと》です。ケーキのイメージが強《つよ》いと思《おも》いますが、クッキーなどの焼《や》き菓子《がし》、アイスクリーム、パフェやチョコレートなども含《ふく》まれます。チョコレートを作《つく》る人《ひと》は、「ショコラティエ」と呼《よ》ばれることも多《おお》いですね。

パティシエが活躍《かつやく》する場所《ばしょ》はさまざまで、洋菓子店《ようがしてん》やレストラン、ホテル、食品《しょくひん》メーカーなどに就職《しゅうしょく》するケースがあります。この場合《ばあい》は、雇《こ》用契約《ようけいやく》を交《か》わしたお店《みせ》の、ケーキや食品《しょくひん》の売《う》り上《あ》げの一部《いちぶ》が給与《きゅうよ》として支払《しはら》われます。正社員《せいしゃいん》の場合《ばあい》は月給《げっきゅう》制《せい》、アルバイトの場合《ばあい》は時給制《じきゅうせい》で働《はたら》く人《ひと》が多《おお》いです。

もう一《ひと》つのケースとして、パティシエとして活躍《かつやく》する人《ひと》の中《なか》には、個《こ》人事業主《じんじぎょうぬし》として、自分《じぶん》のお店《みせ》を持《も》っている人《ひと》も多《おお》くいます。この場合《ばあい》も、ケーキなどの売《う》り上《あ》げが収入《しゅうにゅう》になるのは変《か》わりませんが、すべてが手元《てもと》に残《のこ》るわけではなく、売《う》り上《あ》げから材料費《ざいりょうひ》やお店《みせ》の賃料《ちんりょう》、水道光熱費《すいどうこうねつひ》、社員《しゃいん》やアルバイトへの人件費《じんけんひ》などをまかなう必要《ひつよう》があります。つまり、自分《じぶん》の店《みせ》を持《も》つ場合《ばあい》、企業勤《きぎょうづと》めなら会社《かいしゃ》が行《おこな》うような価格《かかく》の決定《けってい》や経理《けいり》処理《しょり》、賃金《ちんぎん》の支払《しはら》いなどを、個人《こじん》で行《おこな》わなければならないということです。

さらに、販売《はんばい》や接客《せっきゃく》などのスキルも必要《ひつよう》となります。お店《みせ》を持《も》って経《けい》営《えい》するということは、それだけ大変《たいへん》な仕事《しごと》だということがわかりますね。

パティシエは勤務先《きんむさき》によって仕事《しごと》の仕方《しかた》がまったく変《か》わる

パティシエとして働《はたら》く場所《ばしょ》は、上《うえ》で紹介《しょうかい》したようにさまざまです。小規模《しょうきぼ》な洋菓子《ようがし》店《てん》の場合《ばあい》、生地《きじ》からデコレーションまで一人《ひとり》で担当《たんとう》することもあります。一方《いっぽう》、大《おお》手《て》の専門店《せんもんてん》では働《はたら》くパティシエの人数《にんずう》や製造量《せいぞうりょう》が多《おお》いため、「スポンジケーキ担当《たんとう》」「デコレーション担当《たんとう》」など、工程《こうてい》ごとに分業《ぶんぎょう》するケースも。食品《しょくひん》メーカーでは、商品開発部《しょうひんかいはつぶ》で商品開発《しょうひんかいはつ》に関《かか》わることもあります。このように、勤務場所《きんむばしょ》によって働《はたら》き方《かた》が大《おお》きく変《か》わるのも、パティシエの特徴《とくちょう》です。

パティシエ

といっても働《はたら》き方《かた》はいろいろ。ここでは自分《じぶん》のお店《みせ》を持《も》っている個人事業主《こじんじぎょうぬし》を紹介《しょうかい》！

たとえばこのケーキには…
お店の賃料
材料費
水道光熱費
アルバイトの給与
プラス 自分の給与

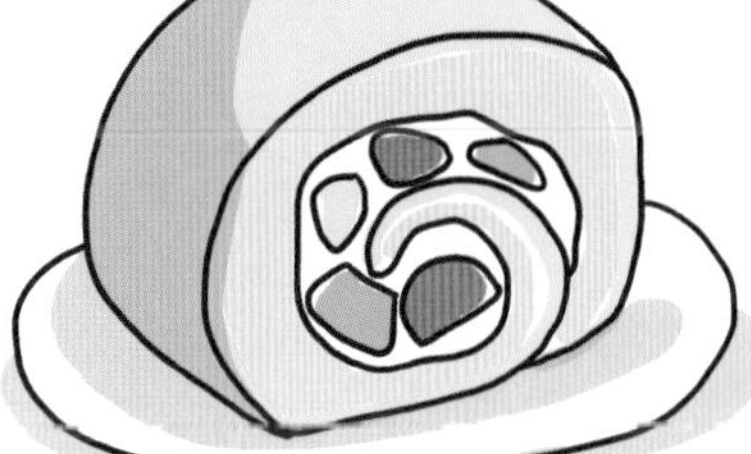

ケーキ作《づく》りの才能《さいのう》だけじゃなくて運営《うんえい》し続《つづ》ける力《ちから》がないとお店《みせ》は続《つづ》けられないの！

店長《てんちょう》は、ケーキの値段《ねだん》をつけるのも重要《じゅうよう》な仕事《しごと》になります。安《やす》すぎるとこれらのお金《かね》をまかなえないし、高《たか》すぎるとお客《きゃく》さんにそっぽ向《む》かれちゃう…働《はたら》いてくれる人《ひと》にも給与《きゅうよ》を支払《しはら》わなければならないし…

お金《かね》の生《う》まれ方《かた》と収入《しゅうにゅう》

≈6≈

YouTuber《ユーチューバー》

広告収入《こうこくしゅうにゅう》がベースだがお金《かね》を稼《かせ》げるのはひと握《にぎ》り

現在《げんざい》は、あこがれの職業《しょくぎょう》として名《な》前《まえ》があがるYouTuber《ユーチューバー》ですが、じつはYouTuber《ユーチューバー》という言葉《ことば》が世間《せけん》に広《ひろ》まったのは、２０１３年以《ねんい》降《こう》。今《いま》（２０２３年現在《ねんげんざい》）から15年前《ねんまえ》の人《ひと》たちは、YouTuber《ユーチューバー》という職《しょく》業《ぎょう》が生《う》まれ、こんなに人気《にんき》になることをだれも予想《よそう》していなかったのです。

そんなYouTuber《ユーチューバー》の収入《しゅうにゅう》は、動画《どうが》サイト「YouTube《ユーチューブ》」にアップロードした動画《どうが》の広告《こうこく》によってまかなわれています。広告収入《こうこくしゅうにゅう》の額《がく》は再生回数《さいせいかいすう》によって決《き》められていて、トップYouTuber《ユーチューバー》の中《なか》には、億《おく》単位《たんい》の収入《しゅうにゅう》を得《え》ている人《ひと》も！

ただし、広告収入《こうこくしゅうにゅう》を得《え》るためには「パートナープログラム」に参加《さんか》して収益化《しゅうえきか》する必要《ひつよう》があります。参加資《さんかし》格《かく》は、日本《にほん》では、「18歳以上《さいいじょう》」「チャンネル登録者数《とうろくしゃすう》１０００人以上《にんいじょう》」「直《ちょっ》近《きん》の12か月《げつ》の公開動画《こうかいどうが》の総再生回数《そうさいせいかいすう》が４０００時間以上《じかんいじょう》」などが定《さだ》められています（２０２３年現在《ねんげんざい》）。チャンネル登録者数《とうろくしゃすう》が１０００人《にん》を超《こ》えているのは、15％ほど。つまり、残《のこ》りの85％は、広告収入《こうこくしゅうにゅう》を得《え》られていないのです。

マネジメント会社《がいしゃ》と業務委託契《ぎょうむいたくけい》約《やく》を結《むす》んでいるYouTuber《ユーチューバー》もいますが、多《おお》くは個人事業主《こじんじぎょうぬし》として、広告収入《こうこくしゅうにゅう》から動画制作《どうがせいさく》の予算《よさん》などすべてをまかなっています。YouTuber《ユーチューバー》としての活動《かつどう》だけで生計《せいけい》を立《た》てられるのは、ごく一部《いちぶ》。非常《ひじょう》に厳《きび》しい世界《せかい》といえるでしょう。

投《な》げ銭機能《せんきのう》で収入《しゅうにゅう》を得《え》ることも可能《かのう》！

YouTuber《ユーチューバー》の主《おも》な収入源《しゅうにゅうげん》は広告《こうこく》からですが、もう一《ひと》つ、「投《な》げ銭《せん》」機能《きのう》で稼《かせ》ぐこともできます。YouTube《ユーチューブ》ではスーパーチャットと呼《よ》ばれる、ライブ配信中《はいしんちゅう》に、視聴《しちょう》者《しゃ》が配信者《はいしんしゃ》への応援《おうえん》の気持《きも》ちをこめてお金《かね》を送《おく》れるしくみがあります。ただしこれも、パートナーシッププログラムへの参加《さんか》が必要《ひつよう》です。また、学生《がくせい》を中心《ちゅうしん》に投《な》げ銭《せん》によるお金《かね》のトラブルが多数報告《たすうほうこく》されています。注意《ちゅうい》しましょう。

YouTuber《ユーチューバー》の売《う》り上《あ》げは主《おも》に広告収入《こうこくしゅうにゅう》によってまかなわれます

広告主
広告《こうこく》掲載料《けいさいりょう》
¥
YouTube
動画《どうが》の間《あいだ》に入《はい》る広告《こうこく》を視聴者《しちょうしゃ》が見《み》ると、YouTube《ユーチューブ》からお金《かね》をもらえる！
YouTuber
¥
イェイイェイちゃんねる
イェイイェイちゃんねる
爆！
イェイイェイちゃんねる
から～い 激辛っ！
イェイイェイちゃんねる
時間が流れる～

多《おお》くの人《ひと》に見《み》てもらうにはアイデアとオリジナリティが必要《ひつよう》！人気《にんき》YouTuber《ユーチューバー》たちはすごい努力《どりょく》で今《いま》の地位《ちい》を築《きず》いた!!

なかには注目《ちゅうもく》を集《あつ》めるためにやりすぎて、犯罪《はんざい》すれすれのことや犯罪行為《はんざいこうい》をしている人《ひと》も…
（迷惑行為《めいわくこうい》、人気《にんき》アニメを流《なが》すなどの著作権侵害《ちょさくけんしんがい》）
もちろん、これらの行為《こうい》は絶対《ぜったい》にやってはいけないこと!!

はなやかだけどとっても大変《たいへん》な仕事《しごと》です！

お金《かね》だけではない仕事《しごと》で得《え》られるもの

欲求《よっきゅう》の5段階《だんかい》

「自分《じぶん》が満足《まんぞく》できる自分《じぶん》になりたい」という欲求《よっきゅう》で、仕事《しごと》においては自分《じぶん》の才能《さいのう》を最大限《さいだいげん》に発揮《はっき》して、成《な》すべき仕事《しごと》を成《な》し遂《と》げたいという欲求《よっきゅう》です。他《ほか》の階層《かいそう》の欲求《よっきゅう》をすべて満《み》たさないと、実現《じつげん》できないとされています。

「自分以外《じぶんいがい》の他者《たしゃ》から認《みと》められたい」という欲求《よっきゅう》です。「所属《しょぞく》している会社《かいしゃ》の中《なか》で認《みと》められたい」「尊敬《そんけい》されたい」といった気持《きも》ちも、この欲求《よっきゅう》がもとになっています。いわゆる「出世欲《しゅっせよく》」も、この承認欲求《しょうにんよっきゅう》に当《あ》てはまります。

「集団《しゅうだん》に所属《しょぞく》したい、仲間《なかま》を得《え》たい」という欲求《よっきゅう》のこと。「社会的欲求《しゃかいてきよっきゅう》」とも呼《よ》ばれ、具体的《ぐたいてき》には、家族《かぞく》や会社《かいしゃ》、友人《ゆうじん》に自分《じぶん》を受《う》け容《い》れてほしいという欲求《よっきゅう》です。

「身《み》の危険《きけん》を感《かん》じるような状況《じょうきょう》におちいりたくない」「危険《きけん》から離《はな》れたい」という欲求《よっきゅう》です。心身《しんしん》が安定《あんてい》する場所《ばしょ》で、落《お》ちついて暮《く》らす……という、現代《げんだい》の日本《にほん》では叶《かな》えられて当然《とうぜん》の欲求《よっきゅう》といえます。

睡眠《すいみん》や食欲《しょくよく》など、人間《にんげん》が生《い》きていくための本能的《ほんのうてき》な欲求《よっきゅう》です。この欲求《よっきゅう》が叶《かな》わなければ生命維持《せいめいいじ》ができない危険《きけん》な状態《じょうたい》となるため、現代《げんだい》の日本《にほん》においては、憲法《けんぽう》においてこれが満《み》たされることが保障《ほしょう》されています。

仕事《しごと》って、お金《かね》を稼《かせ》ぐためだけにするものじゃないよね。人生《じんせい》でたくさんの時間《じかん》を仕事《しごと》に費《つい》やすわけだし。

仕事《しごと》によって、「生活《せいかつ》の安定《あんてい》」と「達成感《たっせいかん》」が得《え》られる！

ここまで、お金《かね》を稼《かせ》ぐことを軸《じく》に「仕事《しごと》」について紹介《しょうかい》してきましたが、働《はたら》いて得《え》るものはお金《かね》だけではありません。それを解説《かいせつ》するにあたり、キャリア教育《きょういく》などで用《もち》いられる「マズローの欲求《よっきゅう》5段階説《だんかいせつ》」を紹介《しょうかい》します。

マズローの欲求《よっきゅう》5段階説《だんかいせつ》は、「自己《じこ》実現論《じつげんろん》」ともいわれています。心理《しんり》学者《がくしゃ》アブラハム・マズローが提唱《ていしょう》した、人間《にんげん》が「満《み》たされている」と感《かん》じるための欲求《よっきゅう》を5つの階層《かいそう》に分《わ》けて表《あらわ》したものです。上《うえ》の図《ず》のようなピラミッド型《がた》で紹介《しょうかい》されることが多《おお》く、下《した》の階層《かいそう》を満《み》たすと、次《つぎ》の階層《かいそう》アメリカの心理学者《しんりがくしゃ》アブラハム・マズローは著書《ちょしょ》*の中《なか》で、人間《にんげん》の欲求《よっきゅう》を5つの階層《かいそう》で理論化《りろんか》しました。下《した》のほうから順番《じゅんばん》に上《うえ》へ向《む》かってクリアすることで、自己実現《じこじつげん》を達成《たっせい》できるといわれています。

「働《はたら》きやすさ」は
欠乏欲求《けつぼうよっきゅう》、「やりがい」は
成長欲求《せいちょうよっきゅう》と関係《かんけい》している
のかな？

成長欲求《せいちょうよっきゅう》

成長自体《せいちょうじたい》が目的《もくてき》となるもの

仕事《しごと》の「やりがい」につながります。「もっと成長《せいちょう》したい！」と、ある程度《ていど》満《み》たされても満足《まんぞく》しないことが多《おお》いです。

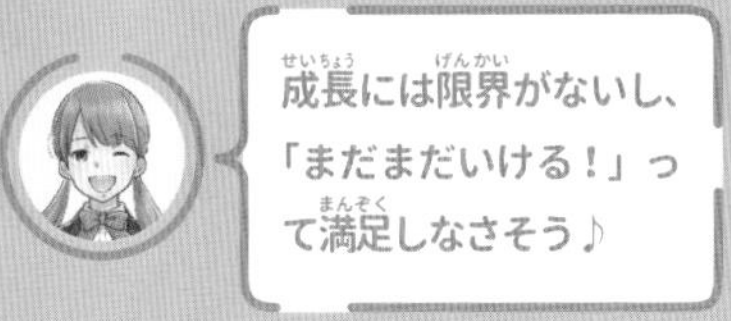
成長《せいちょう》には限界《げんかい》がないし、
「まだまだいける！」って満足《まんぞく》しなさそう♪

欠乏欲求《けつぼうよっきゅう》

足《た》りないと不満《ふまん》が出《で》るもの

仕事《しごと》の「働《はたら》きやすさ」につながります。生活《せいかつ》に支障《ししょう》が出《で》るため、足《た》りないと不満《ふまん》が生《しょう》じます。ある程度《ていど》満《み》たされると、次《つぎ》に成長欲求《せいちょうよっきゅう》を満《み》たそうとします。

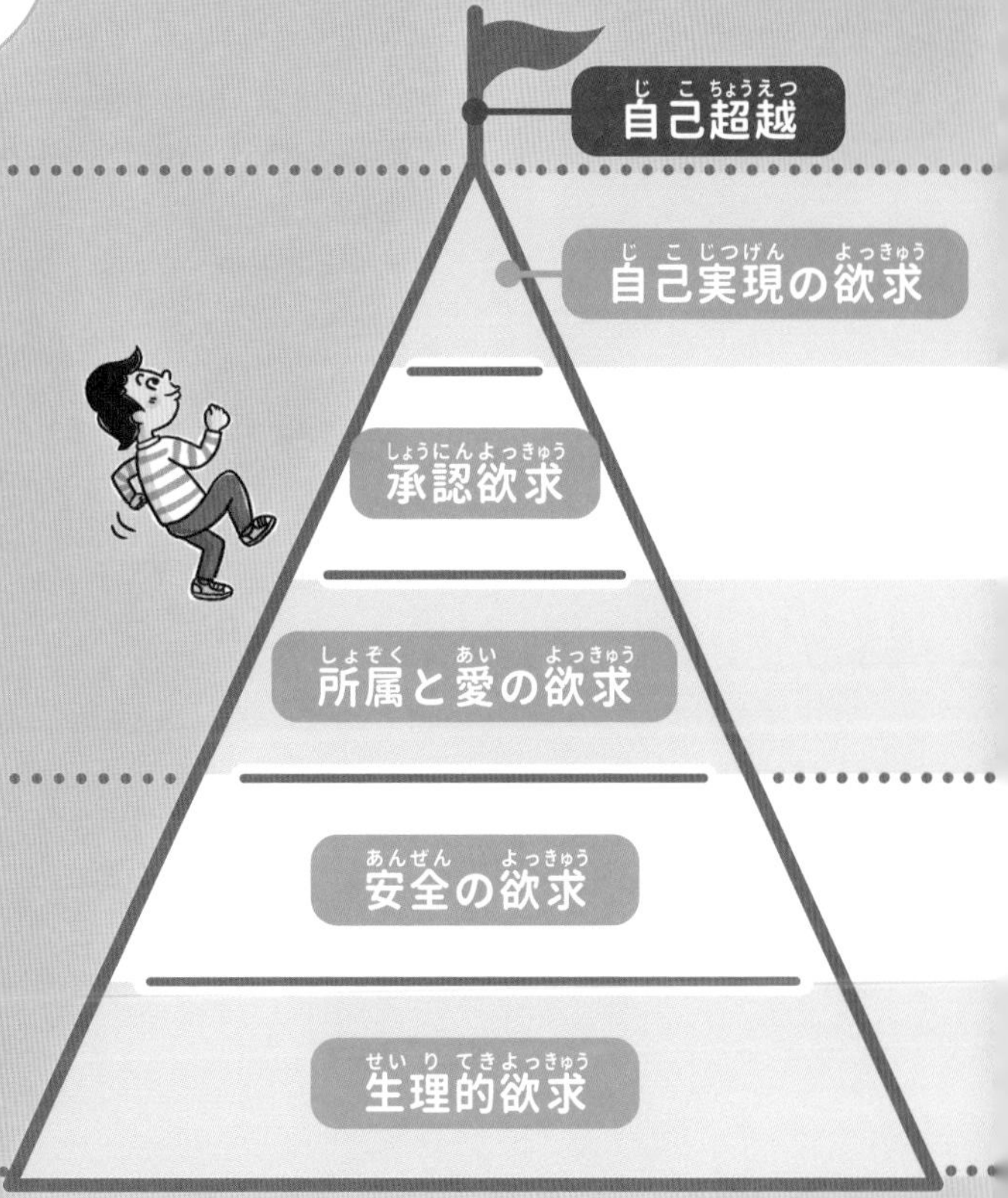
自己超越《じこちょうえつ》
自己実現《じこじつげん》の欲求《よっきゅう》
承認欲求《しょうにんよっきゅう》
所属《しょぞく》と愛《あい》の欲求《よっきゅう》
安全《あんぜん》の欲求《よっきゅう》
生理的欲求《せいりてきよっきゅう》

*『人間性《にんげんせい》の心理学《しんりがく》』（アブラハム・マズロ　著《ちょ》 小口忠彦《おぐちただひこ》訳《やく》 産能大出版部《さんのうだいしゅっぱんぶ》発行《はっこう》）

に進《すす》むことができるとされています。

下《した》の2階層《かいそう》は「欠乏欲求《けつぼうよっきゅう》」です。つまり、「命《いのち》を守《まも》るために、安全《あんぜん》な場《ば》所《しょ》で生活《せいかつ》したい」という欲求《よっきゅう》で、仕《し》事《ごと》に結《むす》びつけると、「食費《しょくひ》や住居費《じゅうきょひ》をまかなうために、〝収入《しゅうにゅう》〟をきちんと得《え》る」という、最低限《さいていげん》のことが叶《かな》えられていれば、満《み》たされます。

満《み》たされないと生活《せいかつ》に支障《ししょう》が出《で》る下《した》の2階層《かいそう》が叶《かな》うと、「所属《しょぞく》と愛《あい》の欲《よっ》求《きゅう》」が芽生《めば》えます。志《こころざし》を共《とも》にする仕《し》事仲間《ごとなかま》や取引先《とりひきさき》に出会《であ》うことで満《み》たされる欲求《よっきゅう》です。さらにその上《うえ》に、他者《たしゃ》に認《みと》められたいという「承認欲《しょうにんよっ》求《きゅう》」、「自己実現《じこじつげん》の欲求《よっきゅう》」があります。これらが満《み》たされると、「他者《たしゃ》に自分《じぶん》の実力《じつりょく》を評価《ひょうか》され、なりたい自分《じぶん》を実《じつ》現《げん》」した状態《じょうたい》になるというわけです。

「お金《かね》を稼《かせ》ぐ」だけでは、5つの欲《よっ》求《きゅう》は満《み》たされません。やりがいのある仕事《しごと》をし、自分《じぶん》の才能《さいのう》を発揮《はっき》して、この欲求《よっきゅう》を満《み》たすことで、不満《ふまん》の少《すく》ない幸福《こうふく》な人生《じんせい》を送《おく》れるといわれています。働《はたら》くうえで大切《たいせつ》にしたいことは何《なに》か――。この機会《きかい》に、ぜひ考《かんが》えてみてください。

しつもん

なぜ働《はたら》いているのですか？

うーん、端的《たんてき》にいえばお金《かね》のためかな。ほしいものがあるし、生活《せいかつ》にもお金《かね》がかかるし。稼《かせ》ぐためなら、少《すこ》しくらい嫌《いや》なこともがまんできるんだ。

もちろん、生活《せいかつ》の足《た》しになればという気持《きも》ちもあります。でもそれ以上《いじょう》に、介護《かいご》という仕事《しごと》を通《とお》して人《ひと》の役《やく》に立《た》つことに、喜《よろこ》びを感《かん》じるからですね。

みんな、いろいろな理由《りゆう》で働《はたら》いているんだな〜。オレも前向《まえむ》きに働《はたら》きたいぜ！

売《う》れない役者《やくしゃ》といわれても続《つづ》けていけるのは、表現《ひょうげん》することが好《す》きだからですね。演《えん》じているとき、とても幸《しあわ》せだと感《かん》じるんですよ。

「働《はたら》きがい」とikigai《イキガイ》を見《み》つけるには

働《はたら》きがいがあって、自己実現《じこじつげん》が叶《かな》う仕事《しごと》を見《み》つけるにはどうすればよいのでしょうか?

最近《さいきん》、海外《かいがい》では「ikigai《イキガイ》」という言葉《ことば》が注目《ちゅうもく》されています。日本語《にほんご》の「生《い》きがい」そのままの意味《いみ》です。働《はたら》きがいのある仕事《しごと》をして「生《い》きがい」を得《え》ることで、人生《じんせい》をイキイキと過《す》ごせるのではないでしょうか。

生《い》きがいは、「好《す》きなこと」「得意《とくい》なこと」「お金《かね》がもらえること」「社会《しゃかい》から必要《ひつよう》とされること」の4つの要素《ようそ》が混《ま》ざり合《あ》って生《う》まれるという考《かんが》え方《かた》があります。

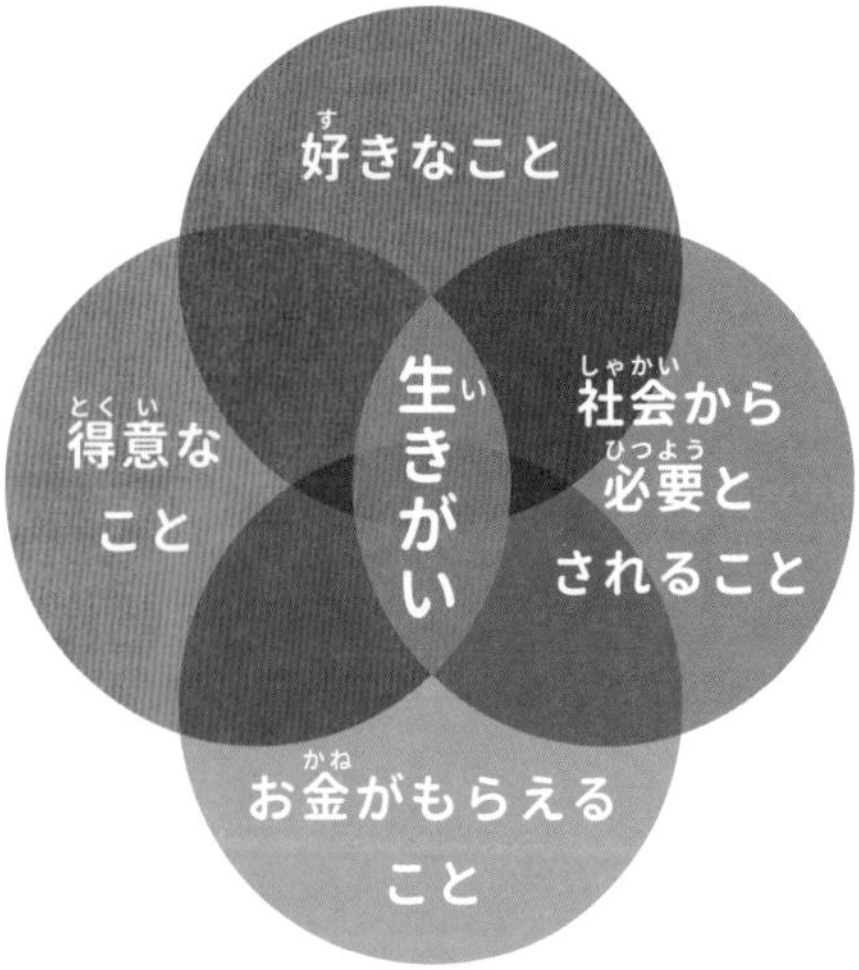

考《かんが》えてみよう

キミの今《いま》のikigai《イキガイ》は何《なに》？

キミの今《いま》の「ikigai《イキガイ》」が、未来《みらい》の仕事《しごと》や生《い》き方《かた》につながるかも!?
4つの要素《ようそ》のうち、「好《す》きなこと」と「得意《とくい》なこと」を考《かんが》えてみましょう！

キミが好《す》きなことは？

キミが得意《とくい》なことは？

想像《そうぞう》してみよう

好《す》きなこと、得意《とくい》なことをどうすれば仕事《しごと》にできるかな？

好《す》きなことを仕事《しごと》にして、それが社会《しゃかい》に必要《ひつよう》とされたら……イキイキ働《はたら》けるだろうなぁ。

会社《かいしゃ》で働《はたら》くということ

いろいろな職業《しょくぎょう》がありますが、働《はたら》いている多《おお》くの人《ひと》が会社《かいしゃ》に勤《つと》めています。「会《かい》社《しゃ》で働《はたら》く」のがどういうことか、少《すこ》し勉強《べんきょう》しましょう。

会社《かいしゃ》に所属《しょぞく》すると生活《せいかつ》が「安定《あんてい》」しやすい

働《はたら》き方《かた》が多様化《たようか》している今《いま》でも、会社《かいしゃ》に就職《しゅうしょく》して働《はたら》いている人《ひと》がたくさんいます。それは、いくつものメリットがあるからです。

最大《さいだい》のメリットが、毎月一定《まいつきいってい》の給《きゅう》与《よ》があり、安定《あんてい》した収入《しゅうにゅう》を得《え》られること。さらに、福利厚生《ふくりこうせい》が手厚《てあつ》く、社宅《しゃたく》や社員寮《しゃいんりょう》で暮《く》らせたり、家賃補《やちんほ》助《じょ》があったり、健康診断《けんこうしんだん》を会社《かいしゃ》のお金《かね》で受《う》けられるようになっていたりと、働《はたら》きやすい環境《かんきょう》づくりのためのしくみがたくさん用意《ようい》されています。また、社会保険《しゃかいほけん》の加入《かにゅう》や、税金《ぜいきん》などを管理《かんり》してくれること、社会的信用《しゃかいてきしんよう》

しつもん 会社《かいしゃ》で働《はたら》いてよかったことは？

福利厚生《ふくりこうせい》がしっかりしていて、厚生年金《こうせいねんきん》にも加入《かにゅう》できることでしょうか。以前《いぜん》フリーランスだったときは社会保険料《しゃかいほけんりょう》や税金《ぜいきん》を自《じ》分《ぶん》で管理《かんり》していたのですが、そういった支《し》払《はら》いを会社《かいしゃ》がやってくれるのもメリットですね（179ページ）。

現在派遣社員《げんざいはけんしゃいん》として働《はたら》いていますが、会社《かいしゃ》にいると自分《じぶん》より経験《けいけん》があって「すごい！」と思《おも》う人《ひと》がたくさんいます。先輩《せんぱい》に指導《しどう》していただきながら学《まな》び、成長《せいちょう》できているなぁと実感《じっかん》する日々《ひび》です。経験《けいけん》を積《つ》んで、いずれ正社員《せいしゃいん》になりたいです！

やはり、「安定《あんてい》」ではないでしょうか。毎月一《まいつきいっ》定《てい》の収入《しゅうにゅう》があるので、生活《せいかつ》が急《きゅう》に苦《くる》しくなる、ということは少《すく》ないと思《おも》います。その分《ぶん》、いきなり大金《たいきん》をもらえる、ということもほとんどありませんが。

会社《かいしゃ》には部署《ぶしょ》がある

多《おお》くの会社《かいしゃ》には、「部署《ぶしょ》」や「部門《ぶもん》」と呼《よ》ばれるものがあります。たとえばお菓子《かし》メーカーの場合《ばあい》、菓子《かし》の開発《かいはつ》、お金《かね》の管理《かんり》をする経理《けいり》、商品《しょうひん》を売《う》り込《こ》む営業《えいぎょう》など、さまざまな業務《ぎょうむ》があります。社員全員《しゃいんぜんいん》がお菓子《かし》の開発《かいはつ》ばかりしていては会社《かいしゃ》がまわらないので、やるべき仕事《しごと》を一人《ひとり》ひとりに割《わ》り当《あ》て、さらに業務《ぎょうむ》の内容《ないよう》や役割《やくわり》が近《ちか》い人《ひと》を「お菓子《かし》を開発《かいはつ》する人《ひと》たちの集《あつ》まり（開発部《かいはつぶ》）」「開発部《かいはつぶ》が生《う》み出《だ》したものを商品《しょうひん》として製造《せいぞう》する人《ひと》たちの集《あつ》まり（製造部《せいぞうぶ》）」というように、グループに分《わ》けます。簡単《かんたん》にいうと、このグループが「部署《ぶしょ》」や「部門《ぶもん》」と呼《よ》ばれているものです。

会社組織図《かいしゃそしきず》

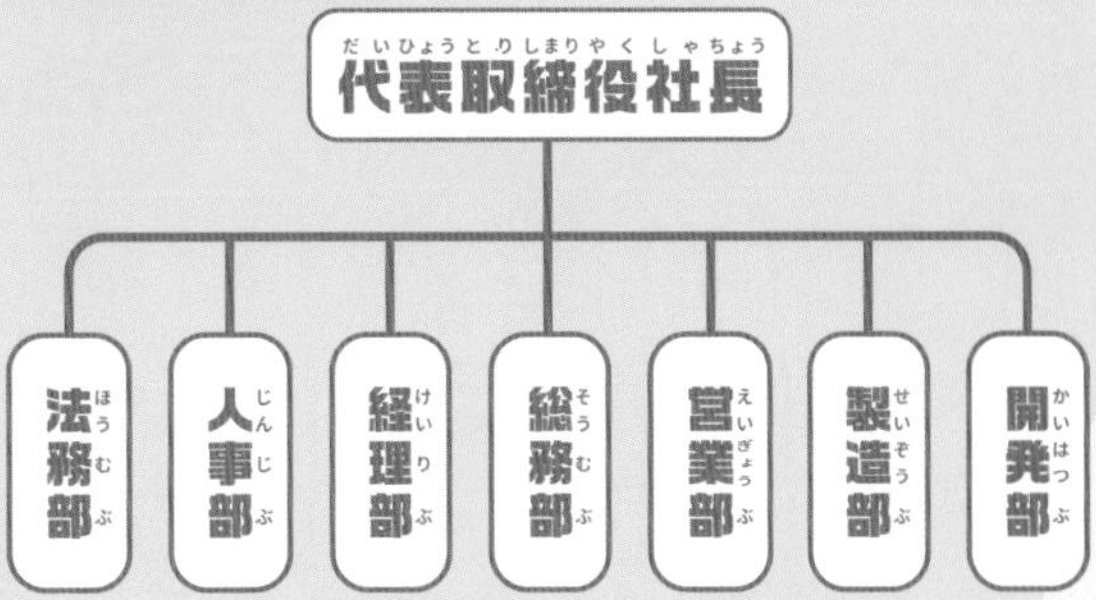
代表取締役社長《だいひょうとりしまりやくしゃちょう》
法務部《ほうむぶ》
人事部《じんじぶ》
経理部《けいりぶ》
総務部《そうむぶ》
営業部《えいぎょうぶ》
製造部《せいぞうぶ》
開発部《かいはつぶ》

上《うえ》のような「組織図《そしきず》」をホームページに載《の》せている企業《きぎょう》も多《おお》いので、気《き》になる企業《きぎょう》や業界《ぎょうかい》があれば調《しら》べてみましょう！

知《し》っておこう！

会社《かいしゃ》の給与《きゅうよ》の決《き》まり方《かた》

会社《かいしゃ》の給与《きゅうよ》は、「人事評価制度《じんじひょうかせいど》」での評価《ひょうか》によって決《き》まります。評価《ひょうか》のしくみは大《おお》きく分《わ》けて、「年功序列型《ねんこうじょれつがた》」と「成果主義型《せいかしゅぎがた》」があります。年《ねん》功序列型《こうじょれつがた》は、勤続年数《きんぞくねんすう》が長《なが》いほど給料《きゅうりょう》が上《あ》がっていきます。会社《かいしゃ》に長《なが》くいる社員《しゃいん》が増《ふ》え、ベテランの社員《しゃいん》が若手《わかて》を育成《いくせい》しやすくなる一方《いっぽう》、がんばっても収入《しゅうにゅう》が上《あ》がりにくいため、モチベーションが上《あ》がりづらい一面《いちめん》があります。「成果主義型《せいかしゅぎがた》」は、個人《こじん》が出《だ》した成果《せいか》を評価《ひょうか》して賃金《ちんぎん》に反映《はんえい》させるしくみです。チャレンジ精神《せいしん》やモチベーションが向《こう》上《じょう》する一方《いっぽう》で、評価基準《ひょうかきじゅん》があいまいだったり、成《せい》果《か》を重視《じゅうし》して個人《こじん》プレーに走《はし》る人《ひと》が増《ふ》えたりして、社内《しゃない》の人間関係《にんげんかんけい》が悪化《あっか》するリスクがあります。

どちらにもよし悪《あ》しがあるのね。私《わたし》は、成果主義《せいかしゅぎ》のほうがモチベーションが上《あ》がりそうで合《あ》ってる気《き》がする！

を得《え》やすいためローンなどが組《く》みやすくなる（131ページ）こともメリットといえます。会社《かいしゃ》の先輩《せんぱい》、上《じょう》司《し》に教《おし》えを受《う》け、スキルアップできるというのも、会社《かいしゃ》に所属《しょぞく》する利点《りてん》のひとつです。

もちろん、フリーランスにもよい点《てん》がたくさんあります。会社員《かいしゃいん》は仕《し》事《ごと》の成果《せいか》がそのまま収入《しゅうにゅう》に反映《はんえい》されないことがあり、フリーになって収《しゅう》入《にゅう》が大幅《おおはば》に上《あ》がる人《ひと》もいます。また、働《はたら》く場所《ばしょ》や時間《じかん》を自由《じゆう》に選《えら》べることも、メリットといえるでしょう。

MONEY

お金《かね》を稼《かせ》ぐほうがえらいの？

ここに、同《おな》じ調理学校《ちょうりがっこう》で学《まな》んだ二人《ふたり》の料理人《りょうりにん》がいます

都内老舗レストランに就職
高級ホテルに就職

二人《ふたり》ともそれぞれ就職《しゅうしょく》し、経験《けいけん》を積《つ》んで独立《どくりつ》を目指《めざ》しました

オレ、できるだけお金《かね》を稼《かせ》ぎたいと思《おも》ってるし、稼《かせ》げる人《ひと》ってすごいと思《おも》うけど……。でも、人《ひと》の価《か》値《ち》ってそれだけじゃないよな？

稼《かせ》ぐ力《ちから》があるのはすごい！
でも、お金《かね》を稼《かせ》ぐ人《ひと》がえらいわけではない

お金《かね》を稼《かせ》いでいる人《ひと》は、それなりの努力《どりょく》をして、その地位《ちい》を築《きず》いたのでしょう。それはもちろんすばらしいことですが、「お金《かね》を稼《かせ》ぐ人《ひと》は、お金《かね》を稼《かせ》いでいない人《ひと》よりえらい」といえるのでしょうか。

お金《かね》を稼《かせ》ぐ、稼《かせ》がないは、その個《こ》人《じん》の価値《かち》や地位《ちい》に影響《えいきょう》を与《あた》えるものではありません。稼《かせ》ぐ金額《きんがく》の差《さ》は、その人《ひと》が何《なに》を優先《ゆうせん》したかの選択《せんたく》の違《ちが》いでしかないからです。

上《うえ》で紹介《しょうかい》している二人《ふたり》はどちらも同《おな》じような技術《ぎじゅつ》をもっているとしま

一人前《いちにんまえ》になった二人《ふたり》。一人《ひとり》は都内《とない》の一等地《いっとうち》におしゃれなレストランをオープン！　従業員《じゅうぎょういん》もたくさんいて、1万《まん》5000円《えん》のコース料理《りょうり》が大人気《だいにんき》です

Organic Restaurant
Organic
LUNCH
Organic
もう一人《ひとり》は地元《じもと》に帰《かえ》りました。地元《じもと》のオーガニック野菜《やさい》をたくさんの人《ひと》に食《た》べてもらうための食堂《しょくどう》をオープン！気軽《きがる》に食《た》べられる1000円《えん》の定食《ていしょく》が話題《わだい》になりました

す。A《エー》さんは、「高級店《こうきゅうてん》を開《ひら》いてたくさん稼《かせ》ぎたい！」という夢《ゆめ》をもってお店《みせ》をオープンしました。B《ビー》さんは、「大好《だいす》きな地元《じもと》の食材《しょくざい》を広《ひろ》めたい！」という信念《しんねん》をもって、地元《じもと》に帰《かえ》りました。たとえ、A《エー》さんのほうが収入《しゅうにゅう》が多《おお》くても、A《エー》さんがえらいわけではありませんね？　もちろん、B《ビー》さんのほうがえらい、ということでもありません。どちらの選択《せんたく》も尊重《そんちょう》されるもので、優劣《ゆうれつ》をつけるものでは決《けっ》してないのです。

お金《かね》で人《ひと》の価値《かち》をはかるような考《かんが》え方《かた》をせず、それぞれの人《ひと》の選択《せんたく》を尊重《そんちょう》できるようになりたいですね。

eTALK

オレ、稼《かせ》いでる人《ひと》はすごいなーって漠然《ばくぜん》と思《おも》ってたけど、地元《じもと》の食材《しょくざい》を広《ひろ》めようとしてる人《ひと》もすごい、カッコいいな！

稼《かせ》いでいる額《がく》で人《ひと》の価値《かち》ははかれないもの。次《つぎ》のページでも、いろいろなケースを紹介《しょうかい》しているので見《み》てみましょう。

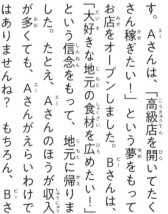

考《かんが》えてみよう

いろいろなケースで考《かんが》えよう

お金《かね》をたくさん稼《かせ》いでいる人《ひと》もいれば、そうでない人《ひと》もいます。ここでは、いろいろなケースを紹介《しょうかい》します。それぞれのケースについてどう思《おも》うか、考《かんが》えてみましょう。

CASE

子《こ》どものための格安食堂《かくやすしょくどう》を運営《うんえい》

子《こ》どもが一人《ひとり》でも来《こ》られるような、100円《えん》で定食《ていしょく》が食《た》べられる食堂《しょくどう》を経営《けいえい》しているA《エー》さん。「貧困《ひんこん》でおなかを空《す》かせた子《こ》どもにあたたかいごはんを食《た》べてほしい」という思《おも》いで運営《うんえい》していますが、材料費《ざいりょうひ》がかさみ、寄付金《きふきん》やボランティアの手《て》を借《か》りても、ほとんど利益《りえき》が出《で》ていません。それでも、困《こま》っている子《こ》どもたちのために、食堂《しょくどう》を毎日《まいにち》のように開《あ》けています。

キミはどう思《おも》う？

CASE

夢《ゆめ》を叶《かな》えるために仕事《しごと》はセーブしている

子《こ》どものころから、人《ひと》に夢《ゆめ》を与《あた》えるミュージシャンになりたいと考《かんが》えているB《ビー》さん。オーディションのために新曲《しんきょく》を作《つく》って録音《ろくおん》したり、ボイストレーニングに通《かよ》ったりしています。夢《ゆめ》を叶《かな》えるためには時間《じかん》が必要《ひつよう》で、昼間《ひるま》働《はたら》いている余裕《よゆう》がありません。そのため、夜《よる》のみ、警備員《けいびいん》としてアルバイトをしています。収入《しゅうにゅう》が少《すく》なく、ほとんど貯蓄《ちょちく》もできていません。

キミはどう思《おも》う？

CASE

妻《つま》がとても忙《いそが》しいので専業主夫《せんぎょうしゅふ》として家《いえ》を支《ささ》える

会社員《かいしゃいん》だったC《シー》さんは、数年前《すうねんまえ》に結婚《けっこん》し、子《こ》どもが二人《ふたり》生《う》まれました。あるとき、妻《つま》が大《おお》きなプロジェクトに抜擢《ばってき》されました。夫婦《ふうふ》二人《ふたり》、共働《ともばたら》きでがんばってきましたが、だんだん子《こ》どもとの時間《じかん》が取《と》れなくなり、家《いえ》はどんよりした雰囲気《ふんいき》に。そこでC《シー》さんは、妻《つま》には仕事《しごと》に専念《せんねん》してもらい、自分《じぶん》が主夫《しゅふ》として、家事《かじ》や育児《いくじ》の全般《ぜんぱん》を担当《たんとう》することにしました。

キミはどう思《おも》う？

CASE

事故《じこ》にあってしまい働《はたら》くことができない

犬《いぬ》のトリマーとして働《はたら》いていたD《ディー》さん。「この仕事《しごと》をずっと続《つづ》けたい！」と考《かんが》えていましたが、ある日《ひ》、信号《しんごう》を無視《むし》して突《つ》っ込《こ》んできた自動車《じどうしゃ》にはねられ、大《おお》ケガを負《お》ってしまいました。腕《うで》も骨折《こっせつ》して、トリマーとしては働《はたら》けないばかりか、そもそも歩《ある》くこともままなりません。残念《ざんねん》ですが仕事《しごと》を辞《や》め、再《ふたた》び歩《ある》けるようになるために、今《いま》はリハビリにはげんでいます。

キミはどう思《おも》う？

まとめ

人《ひと》にはさまざまな事情《じじょう》・役割《やくわり》があり「稼《かせ》いでいる＝えらい」わけではない！

世《よ》の中《なか》にはいろいろな事情《じじょう》、役割《やくわり》があって、たくさんの収入《しゅうにゅう》につながらない人《ひと》もいます。A《エー》さんのように多《おお》くは稼《かせ》げなくても信念《しんねん》をもって仕事《しごと》をしている人《ひと》もたくさんいるし、C《シー》さんのように家族《かぞく》と話《はな》し合《あ》って、やるべきことを分担《ぶんたん》した人《ひと》もいます。お金《かね》は人生《じんせい》に必要《ひつよう》なものですが、お金《かね》だけが人生《じんせい》ではありません。稼《かせ》いでいるからえらいわけではないのです。

たしかに、収入《しゅうにゅう》が人《ひと》の価値《かち》を決《き》めるわけじゃないよね。夢《ゆめ》に向《む》かって努力《どりょく》している人《ひと》も、リハビリをがんばっている人《ひと》も、みんなすごい……！

お金《かね》はどんな手段《しゅだん》で稼《かせ》いでもいい？

どんな手段《しゅだん》でもいいなんて、そんなわけないはず！　でも、世《よ》の中《なか》には犯罪《はんざい》でお金《かね》を稼《かせ》ぐ悪《わる》い人《ひと》もいるよね……。

eTALK

「闇《やみ》バイト」って、ニュースで見《み》たことがあるよ。でも、僕《ぼく》は犯罪《はんざい》に手《て》を染《そ》める気《き》はないし、関係《かんけい》ないって思《おも》ってた。

闇《やみ》バイトは「裏《うら》バイト」ともいうんだけど、近年《きんねん》では、SNS《エスエヌエス》などで大《おお》っぴらに募集《ぼしゅう》されているの。それも、犯罪行為《はんざいこうい》とはわかりにくいように募集《ぼしゅう》していることもあって、「ちょっとしたお金《かね》稼《かせ》ぎのつもりが、気《き》づいたら犯罪行為《はんざいこうい》をしてしまっていた」なんてケースも多発《たはつ》しているのよ。

危険《きけん》な闇《やみ》バイト……「バイト」という言葉《ことば》にだまされないで！

お金《かね》があれば、できることの選択肢《せんたくし》が増《ふ》えるのは事実《じじつ》です。では、お金《かね》はどんな方法《ほうほう》で稼《かせ》いでもよいのでしょうか？　答《こた》えはもちろんNO《ノー》です。

近年《きんねん》、いわゆる「闇《やみ》バイト」が社《しゃ》会的《かいてき》に問題《もんだい》となっています。闇《やみ》バイトでは、SNS《エスエヌエス》などで「短時間《たんじかん》で簡《かん》単《たん》に高収入《こうしゅうにゅう》が得《え》られるよ！」などと甘《あま》い言葉《ことば》で誘《さそ》い、犯罪行為《はんざいこうい》に加担《かたん》させようとします。政府《せいふ》や警察庁《けいさつちょう》は、「闇《やみ》バイトは単《たん》なるアルバイトではなく、犯罪実行者《はんざいじっこうしゃ》の募集《ぼしゅう》」などと警告《けいこく》しています。「高額《こうがく》バイト」「即日《そくじつ》お金《かね》がもらえる」「○○を受《う》け取《と》るだけ！」などの言葉《ことば》には注意《ちゅうい》が必要《ひつよう》です。

闇《やみ》バイトに申《もう》し込《こ》むと、詐欺《さぎ》や強盗《ごうとう》など、犯罪組織《はんざいそしき》の手先《てさき》として利用《りよう》されます。闇《やみ》バイトは、犯罪組織《はんざいそしき》にとっても「捨《す》て駒《ごま》」なので、警察《けいさつ》に捕《つか》まりそうになると、切《き》り捨《す》てられます。

闇《やみ》バイトによって、たしかにそのときはお金《かね》が得《え》られるかもしれません。ですが、その裏《うら》には、詐欺《さぎ》によって悲《かな》しい思《おも》いをする被害者《ひがいしゃ》が必《かなら》ずいます。また、闇《やみ》バイトをした後《あと》も、犯罪者《はんざいしゃ》として警察《けいさつ》に逮捕《たいほ》されて人生《じんせい》が台《だい》なしになったりします。

簡単《かんたん》にお金《かね》もうけができる……なんて甘《あま》い話《はなし》はあり得《え》ません。闇《やみ》バイトに手《て》を染《そ》めて逃《に》げられなくなり、自《みずか》ら命《いのち》を落《お》とした人《ひと》もいます。甘《あま》い言葉《ことば》には決《けっ》してだまされないようにしましょう。

危険《きけん》な闇《やみ》バイトの実態《じったい》

1. 甘《あま》い言葉《ことば》でバイトに誘《さそ》う

「大金《たいきん》を稼《かせ》げるよ」「キミの学校《がっこう》の子《こ》もやっている簡単《かんたん》なアルバイトだよ」など、甘《あま》い言葉《ことば》で闇《やみ》バイトに誘《さそ》います。SNS《エスエヌエス》などで募集《ぼしゅう》するケースもありますが、先輩《せんぱい》や友人《ゆうじん》に誘《さそ》われるケースも多《おお》いです。「信頼《しんらい》している○○先輩《せんぱい》がやっているなら」と、引《ひ》き受《う》けてしまうことも……。

2. 犯罪《はんざい》と気《き》づかせない 簡単《かんたん》な仕事《しごと》を与《あた》える

中身《なかみ》が見《み》えない封筒《ふうとう》を渡《わた》されて、「この封筒《ふうとう》をロッカーに入《い》れてくるだけだよ。中身《なかみ》は見《み》ないでね」「○○に置《お》いてあるバッグを、ここまで持《も》ってくるだけで1万円《まんえん》もらえるよ」など、犯罪《はんざい》とは気《き》づかないような簡単《かんたん》な仕事《しごと》をさせます。中身《なかみ》が違法薬物《いほうやくぶつ》だったり、詐欺《さぎ》でだまし取《と》ったお金《かね》だったりするケースが！

3. おどして、さらに危険《きけん》な仕事《しごと》をさせる

1万円《まんえん》は受《う》け取《と》れても、その後《あと》「あれは違法《いほう》な薬物《やくぶつ》だった。お前《まえ》は犯罪者《はんざいしゃ》だな」などとおどし、さらに危険《きけん》な仕事《しごと》をさせようとします。個人情報《こじんじょうほう》を聞《き》いたうえで、「逃《に》げ出《だ》したら、お前《まえ》の母親《ははおや》を狙《ねら》うぞ」など、家《か》族《ぞく》を人質《ひとじち》に脅迫《きょうはく》されるケースも……。

闇《やみ》バイトでは、ウソを見抜《みぬ》くことができない若者《わかもの》が狙《ねら》われるケースが多《おお》いです。「お前《まえ》の将来《しょうらい》は終《お》わりだ」などと脅迫《きょうはく》してきます。

考《かんが》えてみよう

犯罪行為《はんざいこうい》になるのはどれ？

これから、闇《やみ》バイトでよくある、4つのケースを紹介《しょうかい》します。
犯罪行為《はんざいこうい》になるのはどれでしょう？　理由《りゆう》もあわせて考《かんが》えてみてください。

CASE

身分《みぶん》を偽《いつわ》って電話《でんわ》をかける

高額《こうがく》なお金《かね》をもらえるアルバイトといわれ、電話《でんわ》をかけているA《エー》くん。指示《しじ》された通《とお》りに、「息子《むすこ》だよ。交通事故《こうつうじこ》にあってしまったから、相手《あいて》に払《はら》うお金《かね》を用意《ようい》してほしい」と身分《みぶん》を偽《いつわ》ってウソの電話《でんわ》をかけるようにいわれました。信《しん》じてもらえた場合《ばあい》は、「息子《むすこ》の弁護士役《べんごしやく》」に代《か》わって、お金《かね》を振《ふ》り込《こ》ませます。A《エー》くんが直接《ちょくせつ》お金《かね》をだまし取《と》っているわけではないので、犯罪《はんざい》ではないのでしょうか。

キミはどう思《おも》う？

□ 犯罪《はんざい》だと思《おも》う　・　□ 犯罪《はんざい》ではない

CASE

自分名義《じぶんめいぎ》の口座《こうざ》を他人《たにん》に売《う》る

銀行口座《ぎんこうこうざ》を作《つく》り、他人《たにん》に売《う》っているB《ビー》さん。とても高《たか》く売《う》れるので、いろいろな銀行《ぎんこう》で自分名義《じぶんめいぎ》の口座《こうざ》を作《つく》り、求《もと》められるままに売《う》っていました。その口座《こうざ》が何《なに》に使《つか》われているかは知《し》らないし、販売《はんばい》するだけなので、B《ビー》さん自身《じしん》はもちろん、詐欺《さぎ》などはしていないと断言《だんげん》できます。自分《じぶん》の持《も》ちものを売《う》るだけなので、犯罪《はんざい》ではないと思《おも》っているのですが……。

キミはどう思《おも》う？

□ 犯罪《はんざい》だと思《おも》う　・　□ 犯罪《はんざい》ではない

（参考《さんこう》）警察庁《けいさつちょう》「『闇《やみ》バイト』は犯罪実行者《はんざいじっこうしゃ》の募集《ぼしゅう》です」

CASE

おどされて仕方《しかた》なく闇《やみ》バイトをする

闇《やみ》バイトをはじめた友人《ゆうじん》が、C《シー》くんの個人情報《こじんじょうほう》を犯罪組織《はんざいそしき》に教《おし》えてしまいました。その後《あと》、ずるずると家《いえ》の場所《ばしょ》や家族構成《かぞくこうせい》などの情報《じょうほう》もにぎられ、「協力《きょうりょく》しなければお前《まえ》の家族《かぞく》を狙《ねら》うからな」とおどされてしまいます。家族思《かぞくおも》いのC《シー》くんは、家族《かぞく》を守《まも》るために、泣《な》く泣《な》く詐欺《さぎ》のお金《かね》の受《う》け子《こ》（お金《かね》を受《う》け取《と》って運《はこ》ぶ）をすることになりました。

キミはどう思《おも》う？

□犯罪《はんざい》だと思《おも》う ・ □犯罪《はんざい》ではない

CASE

中身《なかみ》を知《し》らずに違法薬物《いほうやくぶつ》を運《はこ》ぶ

軽《かる》い気持《きも》ちで闇《やみ》バイトに参加《さんか》したD《ディー》さん。「この封筒《ふうとう》を、駅《えき》のロッカーに入《い》れてくるように」と指示《しじ》され、それに従《したが》いました。D《ディー》さんは、封筒《ふうとう》の中身《なかみ》がなんなのかは一切《いっさい》知《し》りません。その後《ご》、「あの封筒《ふうとう》の中身《なかみ》は違法薬物《いほうやくぶつ》だったんだ。お前《まえ》は犯罪者《はんざいしゃ》だ」と聞《き》かされましたが、D《ディー》さんは「何《なに》も知《し》らずに運《はこ》んだのだから、犯罪行為《はんざいこうい》ではないはずだ」と考《かんが》えています。

キミはどう思《おも》う？

□犯罪《はんざい》だと思《おも》う ・ □犯罪《はんざい》ではない

正解《せいかい》は…

すべて犯罪行為《はんざいこうい》！

軽《かる》い気持《きも》ちでも、人生《じんせい》が変《か》わってしまう

ここで紹介《しょうかい》した事例《じれい》は、すべて犯罪行為《はんざいこうい》です。身分《みぶん》を偽《いつわ》ってウソの電話《でんわ》をかけたA《エー》くんは「詐欺罪《さぎざい》」、口座《こうざ》を他《ほか》の人《ひと》に渡《わた》したB《ビー》さんは「犯罪収益移転防止法違反《はんざいしゅうえきいてんぼうしほういはん》」、おどされたC《シー》くん、中身《なかみ》を知《し》らなかったD《ディー》さんも「詐欺罪《さぎざい》」などに問《と》われる可能性《かのうせい》があります。「知《し》らなかったから」「犯罪《はんざい》だと思《おも》わなかった」という言《い》い分《ぶん》は通用《つうよう》しないのです。

闇《やみ》バイトには関《かか》わらないのが一番《いちばん》です。もしも闇《やみ》バイトから抜《ぬ》け出《だ》せない、おどされている、個人情報《こじんじょうほう》を送《おく》ってしまった……という場合《ばあい》は、すぐに警察《けいさつ》に相談《そうだん》しましょう！

お金《かね》と幸福度《こうふくど》——ワーク・ライフ・バランス

しつもん 仕事《しごと》とプライベート、日々《ひび》をどんなふうに過《す》ごしていますか？

仕事《しごと》は… 広告代理店《こうこくだいりてん》で、WEB《ウェブ》デザイナーをしています。仕事量《しごとりょう》に応《おう》じたインセンティブ（報奨金《ほうしょうきん》）があるので、仕事《しごと》をたくさん入《い》れてしまい、残業《ざんぎょう》も多《おお》く深夜《しんや》まで働《はたら》くことも。でも、とてもやりがいがあります。

プライベートは… 夫《おっと》と、子《こ》どもが一人《ひとり》います。夫《おっと》も激務《げきむ》で子《こ》の保育園《ほいくえん》のお迎《むか》えに間《ま》に合《あ》わないことも多《おお》く、両親《りょうしん》を頼《たよ》っています。その分《ぶん》、世帯年収《せたいねんしゅう》は多《おお》いので、年末年始《ねんまつねんし》は毎年《まいとし》、海外旅行《かいがいりょこう》をしています。

年収《ねんしゅう》 800万円《まんえん》

仕事《しごと》は… 不動産会社《ふどうさんがいしゃ》で経理《けいり》や事務《じむ》の仕事《しごと》をしています。勤務時間《きんむじかん》は、朝《あさ》9時《じ》から夕方《ゆうがた》6時《じ》まで。決算《けっさん》の時期《じき》をのぞき、ほとんど残業《ざんぎょう》はありません。

プライベートは… 妻《つま》と、子《こ》どもが二人《ふたり》います。妻《つま》は昼間《ひるま》、パートタイムで働《はたら》いています。毎日《まいにち》、18時半《じはん》には家《いえ》に帰《かえ》れるので、妻《つま》や子《こ》どもたちと夕飯《ゆうはん》を食《た》べながら団《だん》らんするのが日課《にっか》です。休日《きゅうじつ》は、よく近《ちか》くの公園《こうえん》にピクニックに行《い》っています。

年収《ねんしゅう》 450万円《まんえん》

お金《かね》はあればいいと思《おも》うけど、たくさんあれば幸《しあわ》せ……なのかな？　それに、仕事《しごと》は人生《じんせい》の大《おお》きな割合《わりあい》を占《し》めるものだけど、人生《じんせい》ってそれだけじゃないよね。

お金持《かねも》ち＝幸《しあわ》せとは限《かぎ》らない！

仕事《しごと》をして、〝お金《かね》〟を得《え》るのはとても大切《たいせつ》なことです。一方《いっぽう》で、必《かなら》ずしも「お金《かね》がある＝幸《しあわ》せ」とはいいきれないという考《かんが》え方《かた》もあります。

上《うえ》では、年収《ねんしゅう》の異《こと》なる二人《ふたり》に仕事《しごと》とプライベートについて尋《たず》ねています。D《ディー》さんは夫婦《ふうふ》ともに収入《しゅうにゅう》が高《たか》く、子《こ》どもとの時間《じかん》はあまり取《と》れませんが、海外旅行《かいがいりょこう》をする余裕《よゆう》があります。一方《いっぽう》のA《エー》さん、収入《しゅうにゅう》はD《ディー》さんより低《ひく》いですが、残業《ざんぎょう》が少《すく》なく、毎日《まいにち》家族《かぞく》との時間《じかん》を取《と》れています。

左《ひだり》ページのグラフは、「幸福感《こうふくかん》」を

知《し》っておこう!

地位財《ちいざい》と非地位財《ひちいざい》、幸《しあわ》せが長続《ながつづ》きするのは?

アメリカの経済学者《けいざいがくしゃ》ロバート・フランクは、財産《ざいさん》を2つに分類《ぶんるい》しました。

①「地位財《ちいざい》」……お金《かね》や物《もの》、社会的《しゃかいてき》な地位《ちい》など、他人《たにん》との比較《ひかく》によって満足《まんぞく》を得《え》られるもの

②「非地位財《ひちいざい》」……健康《けんこう》や愛情《あいじょう》、社会《しゃかい》への帰属意《きぞくい》識《しき》など、他人《たにん》と比較《ひかく》するわけではなく、自分《じぶん》の中《なか》で満足《まんぞく》を得《え》られるもの

このうち、得《え》た幸福感《こうふくかん》が長続《ながつづ》きするのは、どちらだと思《おも》いますか? 正解《せいかい》は、②の「非地位財《ひちいざい》」です。たとえば、価値《かち》の高《たか》い宝石《ほうせき》を得《え》たうれしさや喜《よろこ》びは、一時的《いちじてき》なものです。でも、愛《あい》する人《ひと》と一緒《いっしょ》に選《えら》んで贈《おく》られた指輪《ゆびわ》とそのときの思《おも》い出《で》は、高価《こうか》なものでなくても、ずっとステキな思《おも》い出《で》として心《こころ》に残《のこ》るでしょう。

何《なに》に幸福《こうふく》を感《かん》じるかは、人《ひと》によって異《こと》なるものですが、お金《かね》で買《か》える幸福《こうふく》には限界《げんかい》があるもの。幸《こう》福《ふく》のヒントとして、お金《かね》では買《か》えない「非地位《ひちい》財《ざい》」があることも、ぜひ知《し》っておいてくださいね。

(参考文献《さんこうぶんけん》)ロバート・フランク著《ちょ》、金森重樹《かなもりしげき》監修《かんしゅう》
『幸《しあわ》せとお金《かね》の経済学《けいざいがく》』(フォレスト出版《しゅっぱん》)

幸福度《こうふくど》を判断《はんだん》するのに重視《じゅうし》するのは?

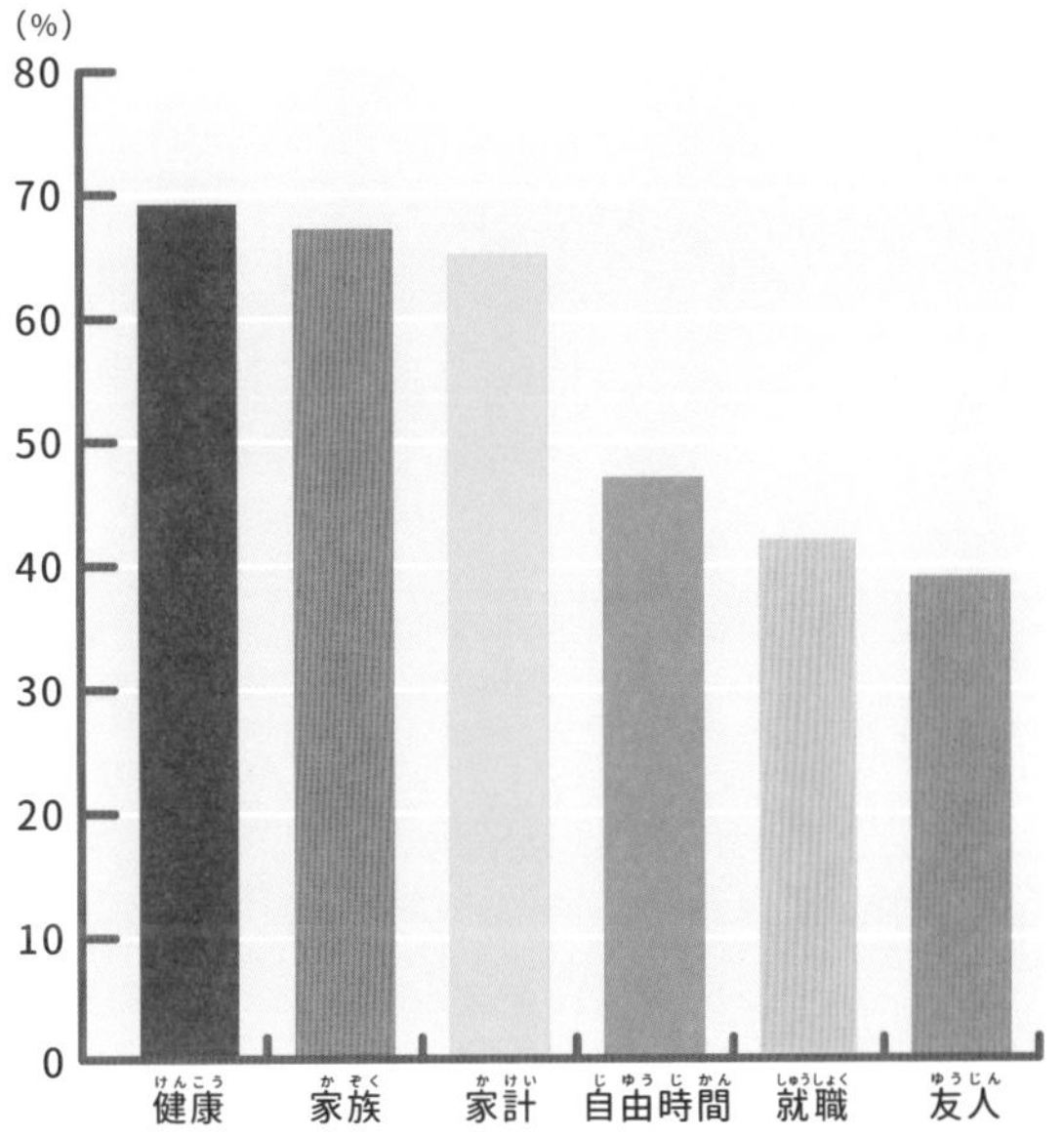

幸福《こうふく》であるかどうかを判断《はんだん》するときに、何《なに》を重視《じゅうし》するかの調査結《ちょうさけっ》果《か》です。男女《だんじょ》ともに、もっとも多《おお》かったのは「健康《けんこう》」でした。ちなみに、「友人《ゆうじん》」の後《あと》は、「生《い》きがい」「職場《しょくば》」「地域《ちいき》」と続《つづ》きます。

(出典《しゅってん》)内閣府経済社会総合研究所《ないかくふけいざいしゃかいそうごうけんきゅうしょ》
「国民生活選好度調査《こくみんせいかつせんこうどちょうさ》からみた幸福度《こうふくど》」をもとに作成《さくせい》
https://www5.cao.go.jp/keizai2/koufukudo/shiryou/2shiryou/2.pdf

判断《はんだん》するのに、何《なに》を重要視《じゅうようし》するかを表《あらわ》しています。「家計《かけい》」の状況《じょうきょう》と同《おな》じかそれ以上《いじょう》に、「健康《けんこう》」や「家族《かぞく》」が重視《じゅうし》されていることが読《よ》み取《と》れますね。たとえ年収《ねんしゅう》が高《たか》くても、体《からだ》に負《ふ》担《たん》のある働《はたら》き方《かた》をしたり、家族《かぞく》との仲《なか》がギスギスしていては、「幸《しあわ》せ」とは思《おも》えないのかもしれません。

「お金《かね》と幸《しあわ》せの関係《かんけい》」については、多《おお》くの専門家《せんもんか》によって議論《ぎろん》されており、正解《せいかい》があるわけではありませんが、〝お金《かね》〟だけが幸《しあわ》せの価値《かち》ではないということはいえそうです。

みんなのワーク・ライフ・バランス

A《エー》さんの場合《ばあい》

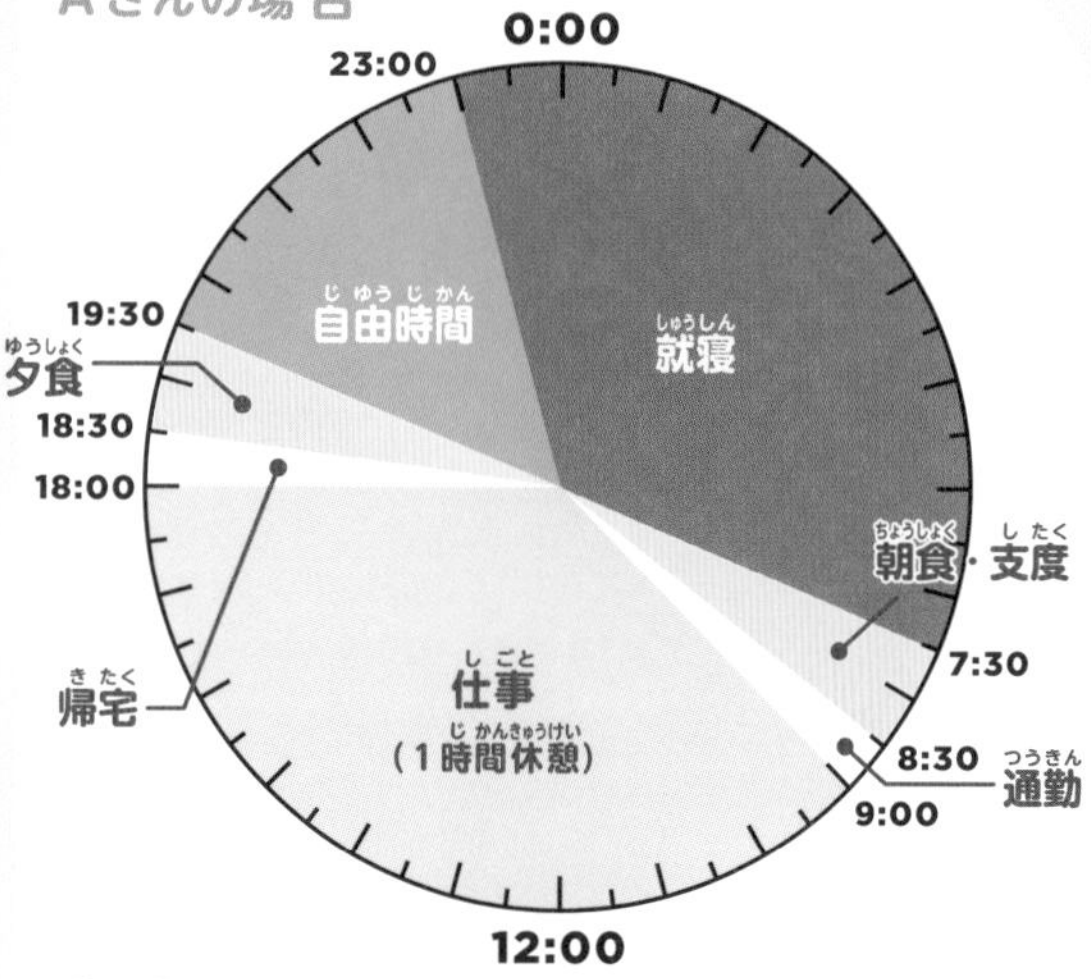
0:00
23:00
19:30
18:30
18:00
7:30
8:30
9:00
12:00
自由時間《じゆうじかん》
就寝《しゅうしん》
夕食《ゆうしょく》
朝食《ちょうしょく》・支度《したく》
帰宅《きたく》
仕事《しごと》
（1時間休憩《じかんきゅうけい》）
通勤《つうきん》

家族《かぞく》と暮《く》らしていて、会社《かいしゃ》までは30分《ぶん》ほど。フルタイムで働《はたら》いています。帰宅後《きたくご》、夕《ゆう》食《しょく》を食《た》べたら、21時《じ》ごろまで家族《かぞく》と団《だん》らん。その後《あと》は、のんびり過《す》ごしています。

B《ビー》さんの場合《ばあい》

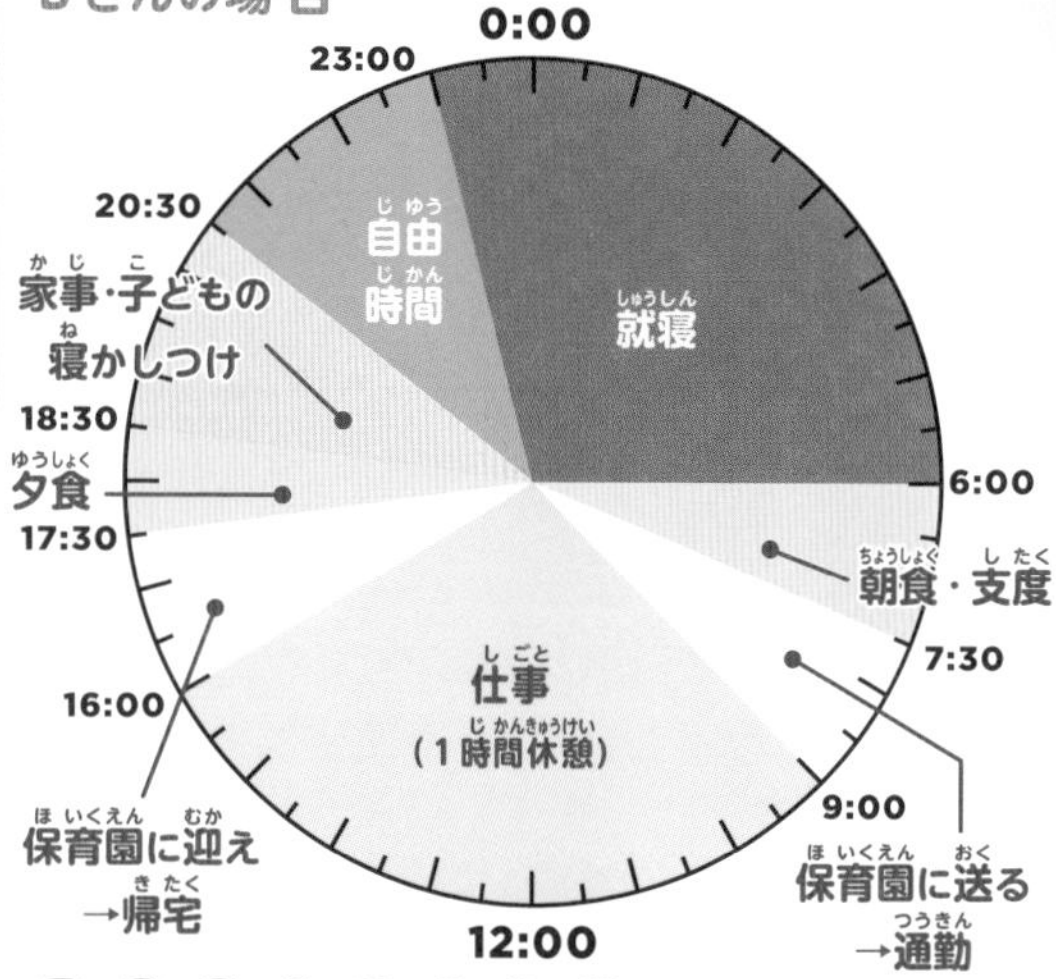
0:00
23:00
20:30
18:30
17:30
16:00
6:00
7:30
9:00
12:00
自由《じゆう》時間《じかん》
就寝《しゅうしん》
家事《かじ》・子《こ》どもの寝《ね》かしつけ
夕食《ゆうしょく》
朝食《ちょうしょく》・支度《したく》
仕事《しごと》
（1時間休憩《じかんきゅうけい》）
保育園《ほいくえん》に迎《むか》え→帰宅《きたく》
保育園《ほいくえん》に送《おく》る→通勤《つうきん》

保育園《ほいくえん》に通《かよ》う子《こ》どもが一人《ひとり》います。時短勤務《じたんきんむ》をしていて、働《はたら》くのは6時間《じかん》ほどです。家事《かじ》には、子《こ》どもと入《にゅう》浴《よく》したり、翌日《よくじつ》の保育園《ほいくえん》の準備《じゅんび》なども含《ふく》まれます。

充実《じゅうじつ》した生活《せいかつ》と仕事《しごと》のバランスを考《かんが》えてみよう

仕事《しごと》は生《い》きるうえで欠《か》かせませんが、だからといって、仕事《しごと》ばかりの生活《せいかつ》というのは考《かんが》えもの。健康《けんこう》で豊《ゆた》かな生活《せいかつ》を送《おく》るためには、「ワーク・ライフ・バランス」を見直《みなお》すことが大《たい》切《せつ》だとされています。これは、一人《ひとり》ひとりが、仕事《しごと》と生活《せいかつ》をどのような割合《わりあい》で分《わ》けるか、ということです。

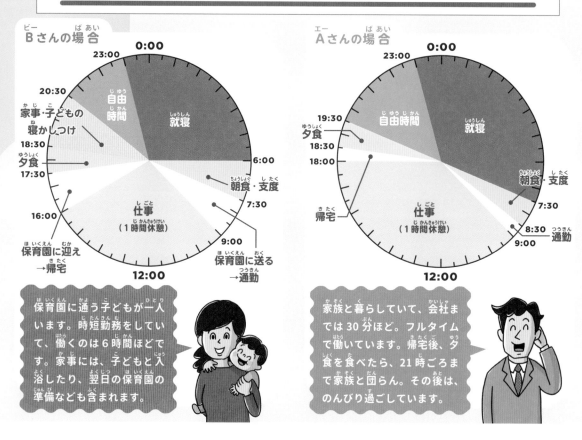

内閣府《ないかくふ》「『仕事《しごと》と生活《せいかつ》の調和《ちょうわ》』推進《すいしん》サイト」では、仕事《しごと》と生活《せいかつ》の調和《ちょうわ》（ワーク・ライフ・バランス）が実現《じつげん》した社会《しゃかい》について、「国民《こくみん》一人《ひとり》ひとりがやりがいや充実感《じゅうじつかん》を感《かん》じながら働《はたら》き、仕事上《しごとじょう》の責任《せきにん》を果《は》たすとともに、家《か》庭《てい》や地域生活《ちいきせいかつ》などにおいても、子《こ》育《そだ》て期《き》、中高年期《ちゅうこうねんき》といった人生《じんせい》の各段《かくだん》階《かい》に応《おう》じて多様《たよう》な生《い》き方《かた》が選択《せんたく》・実《じつ》現《げん》できる社会《しゃかい》」としています。

日本《にほん》は昔《むかし》から、勤勉《きんべん》で働《はたら》き者《もの》が多《おお》いといわれてきました。ですが、そのために自分《じぶん》の生活《せいかつ》を犠牲《ぎせい》にしたり、健康《けんこう》を損《そこ》なうような働《はたら》き方《かた》をしたり

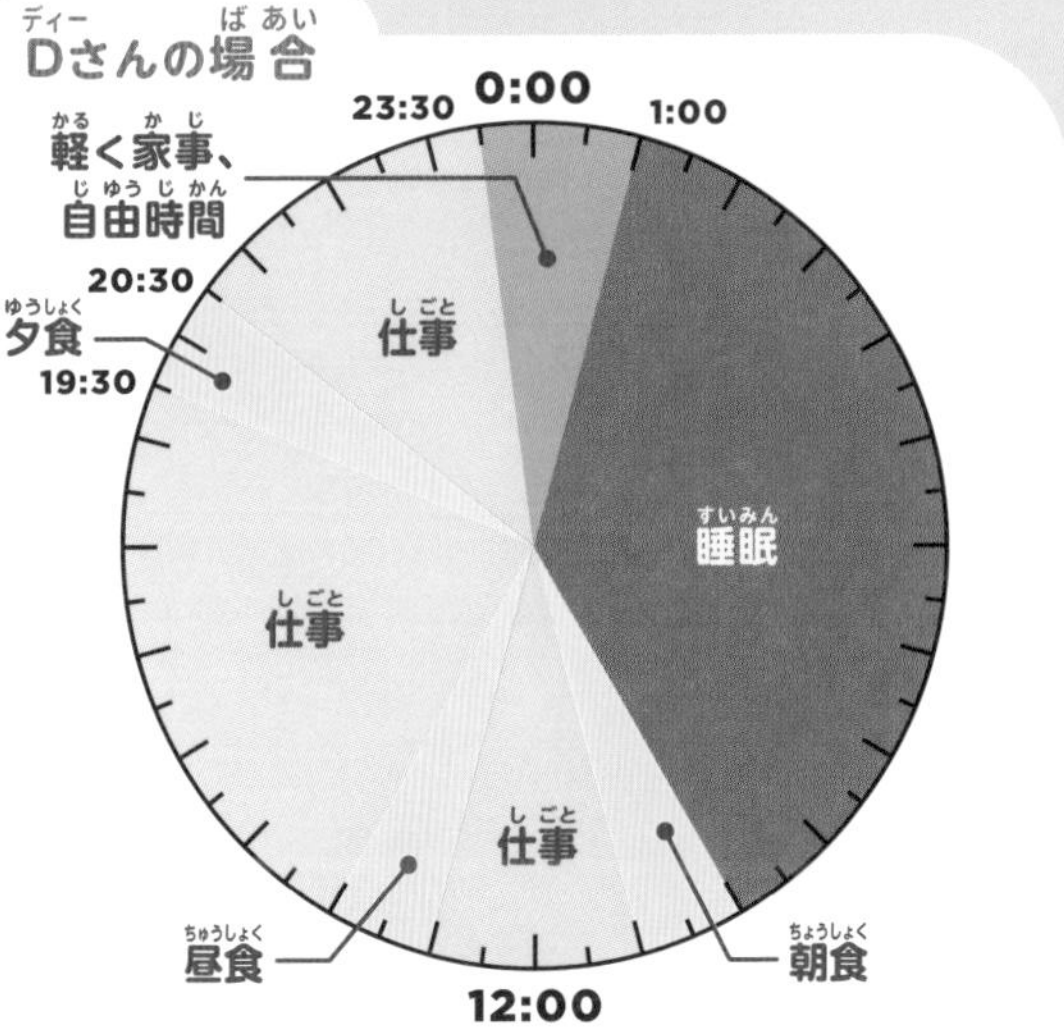
D《ディー》さんの場合《ばあい》
0:00
1:00
23:30
軽《かる》く家事《かじ》、自由時間《じゆうじかん》
20:30
夕食《ゆうしょく》
19:30
仕事《しごと》
睡眠《すいみん》
仕事《しごと》
仕事《しごと》
昼食《ちゅうしょく》
朝食《ちょうしょく》
12:00

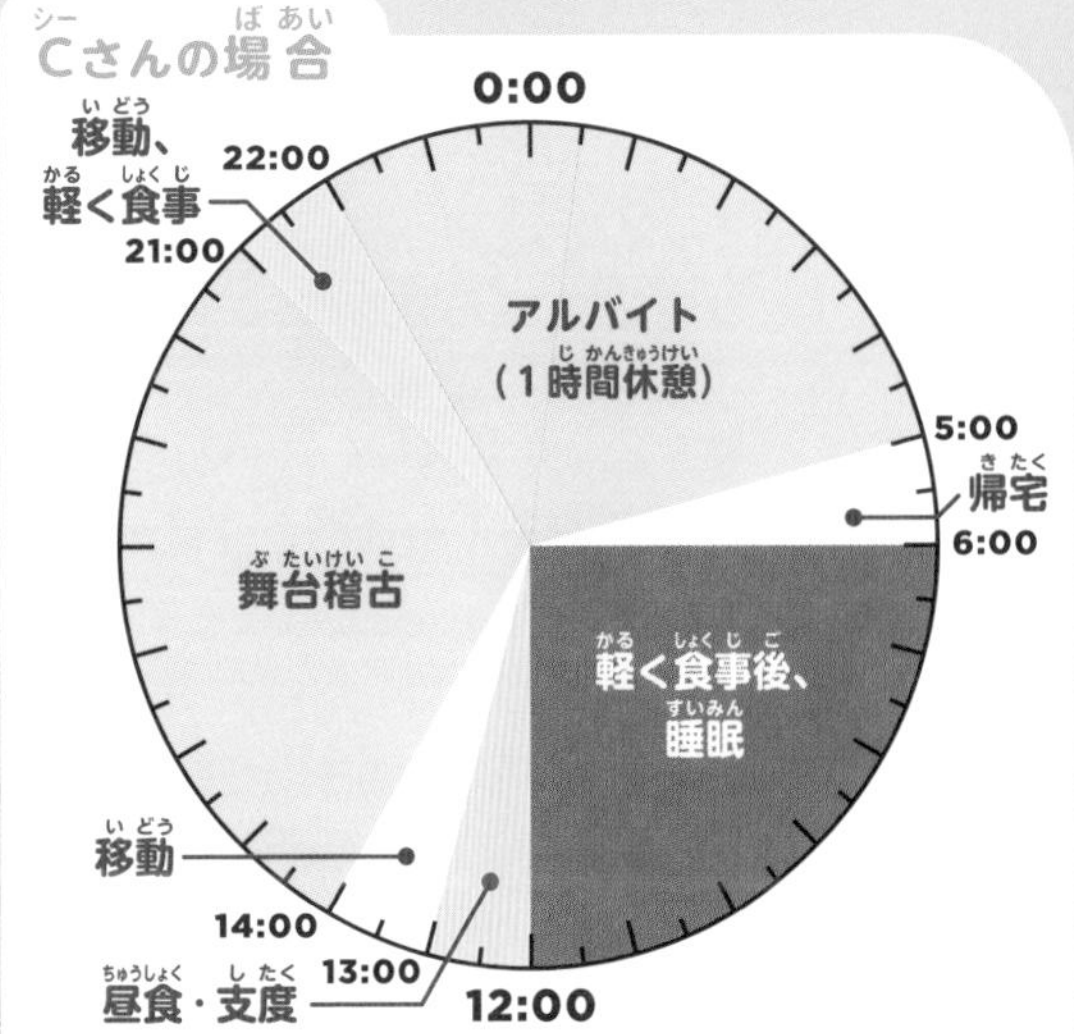
C《シー》さんの場合《ばあい》
0:00
移動《いどう》、軽《かる》く食事《しょくじ》
22:00
21:00
アルバイト（1時間休憩《じかんきゅうけい》）
5:00
帰宅《きたく》
6:00
舞台稽古《ぶたいけいこ》
軽《かる》く食事後《しょくじご》、睡眠《すいみん》
移動《いどう》
14:00
13:00
昼食《ちゅうしょく》・支度《したく》
12:00

これはフリーランス時代《じだい》（子《こ》どもがいないころ）のスケジュールです。自宅《じたく》で作業《さぎょう》していて、こんな風《ふう》に1日中《にちじゅう》仕《し》事《ごと》の日《ひ》もあれば、まったく仕事《ごと》をしない日《ひ》もありました。

今《いま》は舞台《ぶたい》の本番前《ほんばんまえ》なので、毎日昼過《まいにちひるす》ぎから夜《よる》まで稽古《けいこ》があります。その後《あと》、夜間《やかん》の警備員《けいびいん》のアルバイトをしているので、起床時間《きしょうじかん》が12時《じ》と遅《おそ》めになっています。

するのは問題《もんだい》です。

なお、ワーク・ライフ・バランスにはこれという正解《せいかい》があるわけではありません。仕事《しごと》と生活《せいかつ》の〝ちょうどよいバランス〟は、個人《こじん》の価値観《かちかん》やその時々《ときどき》の状況《じょうきょう》によって変《か》わるもの。上《うえ》で紹介《しょうかい》した4人《にん》のワーク・ライフ・バランスも参考《さんこう》に、自分《じぶん》に合《あ》ったバランスを考《かんが》えられるとよいですね。

eTALK

みんな、生活《せいかつ》と仕事《しごと》の割《わ》り振《ふ》りを考《かんが》えて暮《く》らしているのね。うちの父《ちち》は、ちょっと仕事《しごと》の割合《わりあい》が多《おお》いみたいで、体《からだ》が心配《しんぱい》なんだよね……。

アオイの父《とう》さん、休《やす》みの日《ひ》も働《はたら》いているっていってたもんなぁ。休日出勤《きゅうじつしゅっきん》した分《ぶん》は、平日《へいじつ》に休《やす》みが取《と》れたりするといいんだろうけど……。

「働《はたら》きすぎはよくない」っていいきるんじゃなくて、一人《ひとり》ひとりが自分《じぶん》に合《あ》ったバランスで働《はたら》けるといいよね！

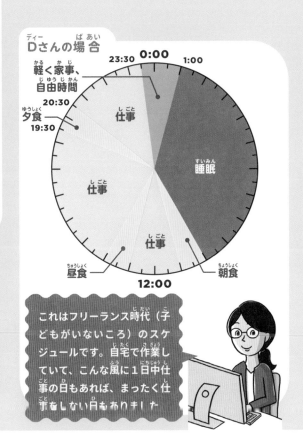

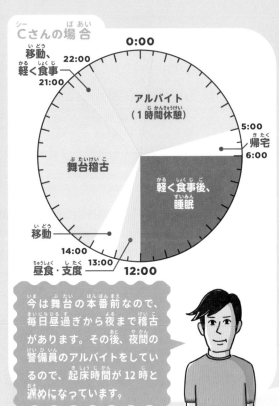

COLUMN 2

仕事《しごと》と社会《しゃかい》への貢献《こうけん》

仕事《しごと》を通《つう》じて、私《わたし》たちは助《たす》け合《あ》いながら生《い》きている

２章《しょう》では、「稼《かせ》ぐ」ことを軸《じく》に、仕事《しごと》について紹介《しょうかい》しました。ここで一度《いちど》、そもそも仕事《しごと》とはなんなのか、考《かんが》えてみましょう。

私《わたし》たちは、衣食住《いしょくじゅう》すべてを自分《じぶん》だけでまかなうことはできません。今《いま》住《す》んでいる家《いえ》を自分《じぶん》で建《た》てたという人《ひと》や、食事《しょくじ》で使《つか》っている食材《しょくざい》すべてを自分《じぶん》で育《そだ》てている人《ひと》はなかなかいないのではないでしょうか。家《いえ》を建《た》てる仕事《しごと》をしている人《ひと》、食材《しょくざい》を作《つく》る仕事《しごと》をしている人《ひと》がいるからこそ、生活《せいかつ》できているのです。

人《ひと》は、他《ほか》のだれかの仕事《しごと》に助《たす》けられながら生《い》きています。いいかえると、だれかが求《もと》めているから、その仕事《しごと》があるということ！　私《わたし》たちは仕事《しごと》を通《つう》じて社会《しゃかい》に貢献《こうけん》し、助《たす》け合《あ》っていることを、覚《おぼ》えておきたいですね。

仕事《しごと》を通《つう》じて社会《しゃかい》に貢献《こうけん》し、だれかの役《やく》に立《た》つ。その対価《たいか》として、お金《かね》を受《う》け取《と》る。みんなが、この輪《わ》の中《なか》にいるんだね！

貢献《こうけん》の仕方《しかた》がわかりやすいものもあるけど、見《み》えづらいものもあるよね。それぞれの仕事《しごと》が、どんなふうに社会《しゃかい》に貢献《こうけん》しているか、見《み》てみよう！

★たとえば…

学校《がっこう》の先生《せんせい》

小学校《しょうがっこう》、中学校《ちゅうがっこう》、高校《こうこう》などで、児童《じどう》や生徒《せいと》に、勉強《べんきょう》や社会《しゃかい》のルールを教《おし》える仕事《しごと》です。子《こ》どもたちの成長《せいちょう》に大《おお》きく貢献《こうけん》しています。

企業《きぎょう》の営業《えいぎょう》

自社《じしゃ》の商品《しょうひん》や技術《ぎじゅつ》をアピールする仕《し》事《ごと》。顧客《こきゃく》とやり取《と》りし、商品《しょうひん》を必要《ひつよう》としている人《ひと》のもとに届《とど》けたり、会《かい》社《しゃ》の売《う》り上《あ》げに貢献《こうけん》します。

YouTuber《ユーチューバー》

動画《どうが》を通《とお》して、観《み》ている人《ひと》に感動《かんどう》や元気《げんき》を与《あた》える仕事《しごと》です。私《わたし》たちは、娯楽《ごらく》にふれることで、笑顔《えがお》になったり、癒《いや》されたりします。

農家《のうか》

米《こめ》や、野菜《やさい》やくだものなどの作物《さくもつ》などを生産《せいさん》する仕事《しごと》です。安心《あんしん》して食《た》べられる農作《のうさく》物《ぶつ》を作《つく》り、私《わたし》たちの毎日《まいにち》の食《しょく》を支《ささ》えています。

バスの運転手《うんてんしゅ》

目的地《もくてきち》に人《ひと》を運《はこ》ぶ仕事《しごと》です。バスをはじめとする交通機関《こうつうきかん》があるから、私《わたし》たちは行《い》きたい場所《ばしょ》に、スムーズにたどり着《つ》くことができます。

MONEY

3章

お金《かね》と生活《せいかつ》の関係《かんけい》を考《かんが》えてみよう

人《ひと》が生活《せいかつ》していくには、お金《かね》がかかります。
みんな、限《かぎ》りがあるお金《かね》を管理《かんり》しながら使《つか》っています。
使《つか》い方《かた》には、貯蓄《ちょちく》や投資《とうし》といった選択肢《せんたくし》もあります。
暮《く》らしの中《なか》で、私《わたし》たちとお金《かね》に
どのような関《かか》わりがあるのかを見《み》ていきましょう。

Curry
にこにこカレー
国産!
○○産 和牛
598円
アオイのカレー、こだわりは感《かん》じるけど、“肉《にく》ゼロ”はオレ的《てき》にはなしだなぁ……。
ダイチだって、野菜《やさい》は玉《たま》ねぎだけになったじゃん！……っていいたいところだけど、たしかにお肉《にく》なしは味気《あじけ》なかったかも。予算《よさん》の中《なか》で買《か》い物《もの》するのって、難《むずか》しいよね。

Introduction

TALK

二人《ふたり》のカレー、お肉《にく》ドーンと、野菜《やさい》のみか……。極端《きょくたん》だなぁ。

そういうユウキは、鶏肉《とりにく》に、野菜《やさい》は少量《しょうりょう》ずつかぁ。お金《かね》、余《あま》らせたんだな？

お金《かね》を全部《ぜんぶ》使《つか》いきるのって、不安《ふあん》にならない？親《おや》に「無駄《むだ》づかいせず、かしこくお金《かね》を使《つか》いなさい」ってよくいわれるし。

うーん。そもそも、「かしこいお金《かね》の使《つか》い方《かた》」って、どんな使《つか》い方《かた》のことなんだろう？お母《かあ》さんが、「フェアトレード」とか「国産《こくさん》」にこだわっているから、私《わたし》もなんとなく真似《まね》していたけど……。

そういえば、今度町内会《こんどちょうないかい》のイベントがあるんだって。母《かあ》さんに、子《こ》ども部門《ぶもん》の委員《いいん》に参加《さんか》しないかっていわれて……。何《なに》を売《う》るかとか、予算内《よさんない》で買《か》い物《もの》をするとか、そういうことの勉強《べんきょう》になるかも！

おっ、おもしろそうじゃん！それじゃあその前《まえ》に、「お金《かね》の使《つか》い方《かた》」について勉強《べんきょう》しようぜ。

3章《しょう》を読《よ》む前《まえ》に知《し》っておこう

貯蓄《ちょちく》、貯金《ちょきん》、預金《よきん》 用語《ようご》の使《つか》い分《わ》け

この章《しょう》では、“お金《かね》を貯《た》める”という意味《いみ》をもつ言葉《ことば》がいくつか登場《とうじょう》します。それぞれの言葉《ことば》の意味《いみ》をおさらいしましょう。

貯蓄《ちょちく》
お金《かね》を蓄《たくわ》えること。銀行《ぎんこう》なら、普通預金《ふつうよきん》や定期預金《ていきよきん》に資金《しきん》を預《あず》けること、とするのが一般的《いっぱんてき》。大《おお》きく増《ふ》やすことはできないが、元《もと》のお金《かね》を確保《かくほ》しながら、安全《あんぜん》に資産形成《しさんけいせい》ができるもの。

預金《よきん》
銀行《ぎんこう》、信用金庫《しんようきんこ》、信用組合《しんようくみあい》、労働金庫《ろうどうきんこ》に預《あず》けたお金《かな》のこと。

貯金《ちょきん》
ゆうちょ銀行《ぎんこう》やJA《ジェイエー》バンク（農業協同組合《のうぎょうきょうどうくみあい》）、JF《ジェイエフ》マリンバンク（漁業協同組合《ぎょぎょうきょうどうくみあい》）に預《あず》けたお金《かね》。

本書《ほんしょ》では、原則《げんそく》として「貯蓄《ちょちく》」という用語《ようご》を使用《しよう》して解説《かいせつ》します。

生活《せいかつ》するにはお金《かね》がかかる!

1か月《げつ》にかかる生活費《せいかつひ》の例《れい》

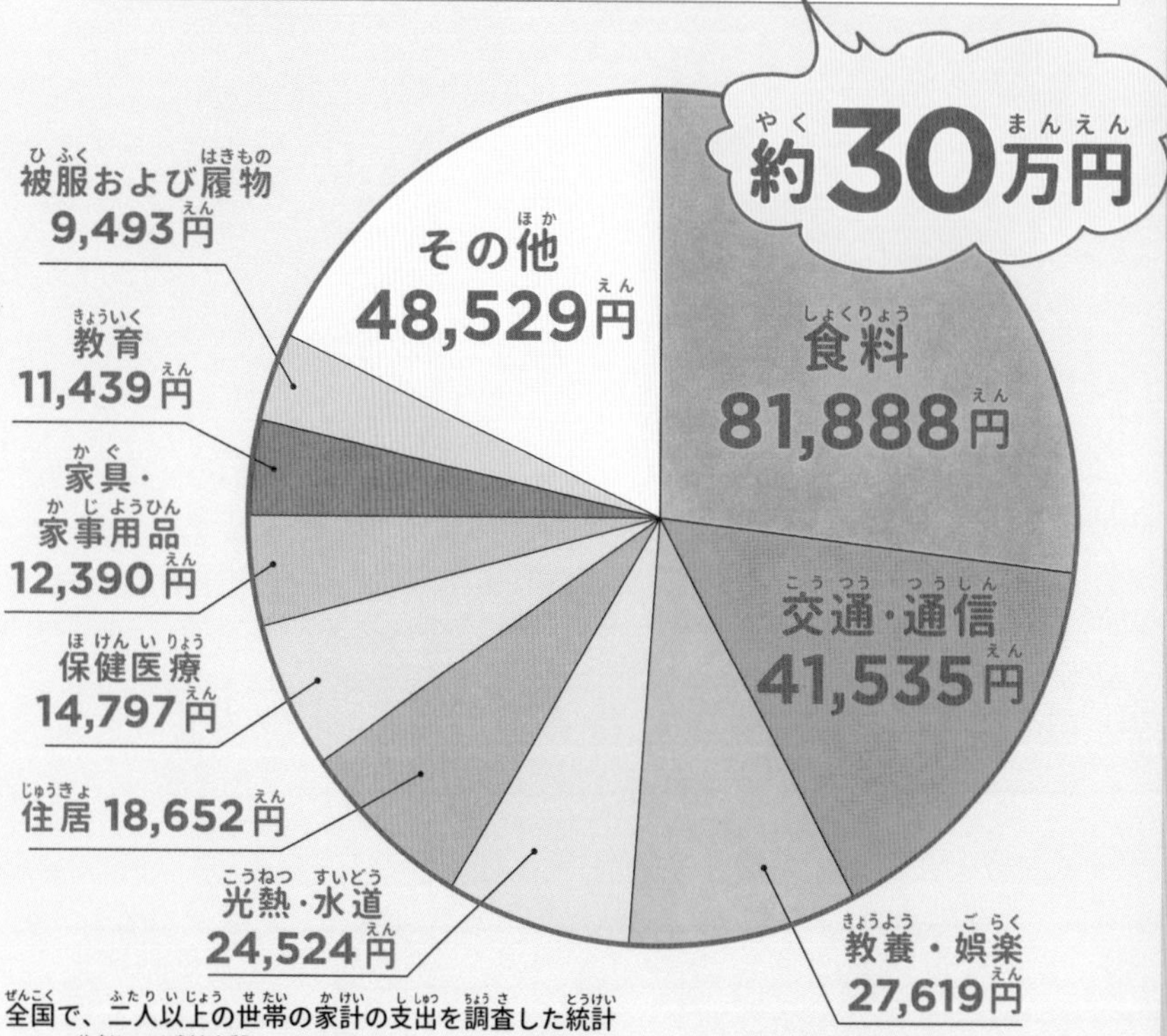
約《やく》30万円《まんえん》
食料《しょくりょう》
81,888円《えん》
交通《こうつう》・通信《つうしん》
41,535円《えん》
教養《きょうよう》・娯楽《ごらく》
27,619円《えん》
光熱《こうねつ》・水道《すいどう》
24,524円《えん》
住居《じゅうきょ》 18,652円《えん》
保健医療《ほけんいりょう》
14,797円《えん》
家具《かぐ》・
家事用品《かじようひん》
12,390円《えん》
教育《きょういく》
11,439円《えん》
被服《ひふく》および履物《はきもの》
9,493円《えん》
その他《ほか》
48,529円《えん》

全国《ぜんこく》で、二人以上《ふたりいじょう》の世帯《せたい》の家計《かけい》の支出《ししゅつ》を調査《ちょうさ》した統計《とうけい》です。世帯《せたい》の平均人数《へいきんにんずう》は2.91人《にん》でした。なお、住宅《じゅうたく》ローンの金額《きんがく》は住居費《じゅうきょひ》には含《ふく》まれません。

(出典《しゅってん》) 総務省《そうむしょう》「家計調査年報《かけいちょうさねんぽう》」(2022年《ねん》)
二人以上《ふたりいじょう》の世帯《せたい》の消費支出《しょうひししゅつ》をもとに作成《さくせい》

生《い》きていくには毎月一定《まいつきいってい》のお金《かね》が必要《ひつよう》!

生活《せいかつ》するには、当《あ》たり前《まえ》ですがお金《かね》が必要《ひつよう》です。上《うえ》の図《ず》は、二人以上《ふたりいじょう》で暮《く》らす家族《かぞく》の1か月《げつ》にかかる生活費《せいかつひ》の平均《へいきん》をまとめたものです。これは平均《へいきん》なので、「子《こ》どもがいないから教育費《きょういくひ》は0《ゼロ》」「住居費《じゅうきょひ》はもっと高《たか》い」など、世帯《せたい》によって違《ちが》いはあります。

仕事《しごと》をすると収入《しゅうにゅう》を得《え》られますが、稼《かせ》いだお金《かね》を超《こ》えた額《がく》を生活費《せいかつひ》に使《つか》うと、毎月赤字《まいつきあかじ》となり、借金生活《しゃっきんせいかつ》におちいってしまいます。

そうならないよう、稼《かせ》いだお金《かね》の中《なか》でどれくらい生活費《せいかつひ》や貯蓄《ちょちく》にまわすかを考《かんが》えて、支出《ししゅつ》を調整《ちょうせい》することを「やりくり」といいます。

ごはんを食《た》べたり、服《ふく》を買《か》ったり、生活《せいかつ》にはお金《かね》がかかるよね。私《わたし》の親《おや》も、「塾代《じゅくだい》がけっこうかかる」っていってたし……。

しつもん

一人暮《ひとりぐ》らしで1か月《げつ》にかかる生活費《せいかつひ》はおいくら？

都内《となFい》に住《す》んでいます

Aさんの場合《エーばあい》

家賃《やちん》	80,000円《えん》	趣味娯楽費《しゅみごらくひ》	3,000円《えん》
食費《しょくひ》	30,000円《えん》	日用品《にちようひん》	10,000円《えん》
水道光熱費《すいどうこうねつひ》	11,000円《えん》	保健医療費《ほけんいりょうひ》	5,000円《えん》
通信費《つうしんひ》	7,000円《えん》	交通費《こうつうひ》	5,000円《えん》
交際費《こうさいひ》	10,000円《えん》	被服《ひふく》・美容費《びようひ》	15,000円《えん》
その他《ほか》	20,000円《えん》	合計《ごうけい》	196,000円《えん》

都内《となの》で一人暮《ひとりぐ》らしをするA《エー》さん。家賃《やちん》が高《たか》い分《ぶん》、自炊《じすい》をして食費《しょくひ》を抑《おさ》えています。交通費《こうつうひ》は、会社《かいしゃ》から定期券代《ていきけんだい》をもらっているため抑《おさ》えられています。

地方都市《ちほうとし》で暮《く》らしています

Bさんの場合《ビーばあい》

家賃《やちん》	45,000円《えん》	趣味娯楽費《しゅみごらくひ》	15,000円《えん》
食費《しょくひ》	50,000円《えん》	日用品《にちようひん》	8,000円《えん》
水道光熱費《すいどうこうねつひ》	11,000円《えん》	保健医療費《ほけんいりょうひ》	5,000円《えん》
通信費《つうしんひ》	10,000円《えん》	交通費《こうつうひ》（車《くるま》）	30,000円《えん》
交際費《こうさいひ》	10,000円《えん》	被服《ひふく》・美容費《びようひ》	8,000円《えん》
その他《ほか》	10,000円《えん》	合計《ごうけい》	202,000円《えん》

車《くるま》が必要《ひつよう》な地方都市《ちほうとし》で一人暮《ひとりぐ》らしているB《ビー》さん。家賃《やちん》はA《エー》さんより低《ひく》いですが、食事《しょくじ》を外食《がいしょく》で済《す》ませるため、食費《しょくひ》が高《たか》いです。また、車《くるま》の維持費《いじひ》にお金《かね》がかかります。

eTALK

世帯《せたい》の平均値《へいきんち》だと、実際《じっさい》に自分《じぶん》が生活《せいかつ》するのにどれくらいお金《かね》がかかるか想像《そうぞう》しにくいかも？

子《こ》どもがいない家庭《かてい》は、教育費《きょういくひ》がかからなかったりするものね。それじゃあ、左《ひだり》の一人暮《ひとりぐ》らしの人《ひと》を例《れい》に、住《す》む場所《ばしょ》や暮《く》らしぶりと、生活費《せいかつひ》の関係《かんけい》を見《み》てみましょう！

住《す》んでいる場所《ばしょ》や暮《く》らし方《かた》によって生活費《せいかつひ》は変《か》わる

右《みぎ》ページで紹介《しょうかい》した生活費《せいかつひ》は、日《に》本《ほん》の全地域《ぜんちいき》の平均《へいきん》ですが、住《す》む場所《ばしょ》や生活《せいかつ》に必要《ひつよう》なものによって、かかる生活費《せいかつひ》はまったく変《か》わってきます。

左《ひだり》で紹介《しょうかい》しているA《エー》さんは都内《とない》、B《ビー》さんは地方都市《ちほうとし》に、それぞれ一人《ひとり》で住《す》んでいます。まず、家賃《やちん》が大《おお》きく違《ちが》いますね。都内《とない》は家賃《やちん》が高《たか》く、この金額差《きんがくさ》でも、B《ビー》さんのほうが広《ひろ》い家《いえ》に住《す》んでいます。日々《ひび》の買《か》い物《もの》も、都心《としん》は物価《ぶっか》が高《たか》くお金《かね》がかかるので、A《エー》さんは自炊《じすい》して食費《しょくひ》を抑《おさ》えています。

反対《はんたい》に、地方《ちほう》は車《くるま》が必須《ひっす》になることも多《おお》く、車《くるま》の駐車場代《ちゅうしゃじょうだい》やガソリン代《だい》などにお金《かね》がかかることもあります。そのため「絶対《ぜったい》に地方《ちほう》のほうが節約《せつやく》できる」ともいいきれないのです。

ライフスタイルによって必要《ひつよう》な生活費《せいかつひ》は変《か》わるもの！

103ページで紹介《しょうかい》したA《エー》さん、B《ビー》さんの生活費《せいかつひ》は、いずれも一人《ひとり》暮《ぐ》らしをしている人《ひと》のものでした。102ページで紹介《しょうかい》した生活費《せいかつひ》の平均《へいきん》を、今度《こんど》は「ライフスタイル」別《べつ》にひも解《と》きましょう。

働《はたら》きはじめて一人暮《ひとりぐ》らしをしている人《ひと》の中《なか》には、やがて結婚《けっこん》して家族《かぞく》をもつ人《ひと》もいます。また、会社《かいしゃ》に長《なが》く所属《しょぞく》したり、経験《けいけん》によって仕事《しごと》のスキルが上《あ》がることで、収入《しゅうにゅう》も変化《へんか》していきます。左《ひだり》ページのグラフは、男女《だんじょ》の年代別《ねんだいべつ》の平均給与《へいきんきゅうよ》を表《あらわ》したものです（男女《だんじょ》の収入差《しゅうにゅうさ》については、219ページを参照《さんしょう》してください）。

家族《かぞく》が増《ふ》えれば、生活費《せいかつひ》も変《か》わります。とはいえ、一人暮《ひとりぐ》らし→4人《にん》家族《かぞく》になったからといって、生活費《せいかつひ》が4倍《ばい》になるわけではありません。共同《きょうどう》で暮《く》らす以上《いじょう》、家賃《やちん》や水道光熱費《すいどうこうねつひ》は少《すこ》し上《あ》がるかもしれませんが、一人《ひとり》あたりの消費量《しょうひりょう》が減《へ》ることがあ

ライフスタイルによって変化《へんか》する生活費《せいかつひ》

一人暮《ひとりぐ》らし

仕事《しごと》をはじめて３年《ねん》、最近一人暮《さいきんひとりぐ》らしをはじめた。仕事《しごと》に飲《の》み会《かい》に趣味《しゅみ》に、毎日《まいにち》が充実《じゅうじつ》している！ 「家賃《やちん》って高《たか》いなぁ」と、日々実《ひびじっ》感《かん》している。

手取《てど》り 230,000円《えん》

家賃《やちん》	70,000円《えん》	趣味娯楽費《しゅみごらくひ》	20,000円《えん》
食費《しょくひ》	30,000円《えん》	日用品《にちようひん》	8,000円《えん》
水道光熱費《すいどうこうねつひ》	7,000円《えん》	保健医療費《ほけんいりょうひ》	5,000円《えん》
通信費《つうしんひ》	10,000円《えん》	交通費《こうつうひ》	10,000円《えん》
交際費《こうさいひ》	30,000円《えん》	被服《ひふく》・美容費《びようひ》	8,000円《えん》
その他《ほか》	10,000円《えん》	合計《ごうけい》	208,000円《えん》

二人暮《ふたりぐ》らし

30歳《さい》のときに結婚《けっこん》！ 少《すこ》し広《ひろ》めの家《いえ》に引《ひ》っ越《こ》して家賃《やちん》は高《たか》くなったけど、共働《ともばたら》きなので収入《しゅうにゅう》が増《ふ》え、貯金《ちょきん》にまわせる額《がく》が増《ふ》えた。将来《しょうらい》は子《こ》どもがほしいので、貯金《ちょきん》にはげむべく、趣味《しゅみ》にまわす金額《きんがく》をおさえている。

るからです。また、子《こ》どもが生《う》まれた場合《ばあい》は教育費《きょういくひ》などが増《ふ》えますが、結婚相手《けっこんあいて》も仕事《しごと》をすることで、収入《しゅうにゅう》そのものを増《ふ》やしたり、趣味《しゅみ》にかけていたお金《かね》を減《へ》らしたりして、「やりくり」していきます。

さらに年齢《ねんれい》を重《かさ》ね、60代《だい》になると、収入《しゅうにゅう》が減《へ》る人《ひと》も少《すく》なくありません。とはいえ、教育費《きょういくひ》がかからなくなったり、住居費《じゅうきょひ》のローンの支払《しはら》いが終《お》わったり、子《こ》どもが社会人《しゃかいじん》となって、家《いえ》を出《で》ることも多《おお》く、生活費《せいかつひ》は減《へ》っていく傾向《けいこう》にあります。

年代別平均給与《ねんだいべつへいきんきゅうよ》

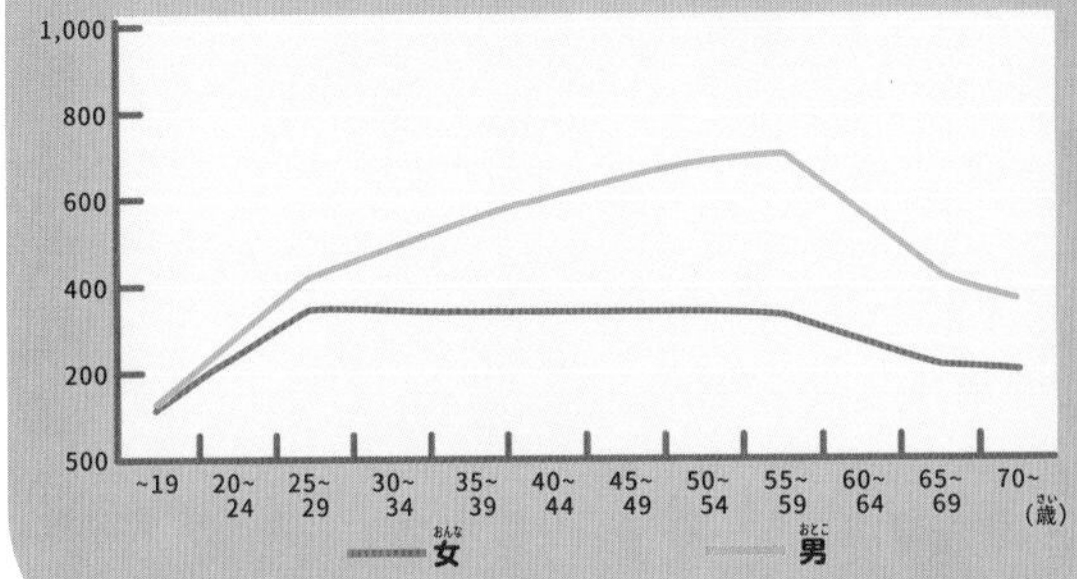
1,000
800
600
400
200
500
~19
20~24
25~29
30~34
35~39
40~44
45~49
50~54
55~59
60~64
65~69
70~
(歳《さい》)
女《おんな》
男《おとこ》

(出典《しゅってん》)「令和《れいわ》4年《ねん》 民間給与実態統計調査《みんかんきゅうよじったいとうけいちょうさ》」(国税庁《こくぜいちょう》)より作成《さくせい》

手取《てど》り 580,000円《えん》(二人分《ふたりぶん》)

住宅《じゅうたく》ローン	90,000円《えん》	趣味娯楽費《しゅみごらくひ》	40,000円《えん》
食費《しょくひ》	100,000円《えん》	日用品《にちようひん》	25,000円《えん》
水道光熱費《すいどうこうねつひ》	15,000円《えん》	保健医療費《ほけんいりょうひ》	15,000円《えん》
通信費《つうしんひ》	30,000円《えん》	交通費《こうつうひ》	25,000円《えん》
交際費《こうさいひ》	30,000円《えん》	被服《ひふく》・美容費《びようひ》	30,000円《えん》
教育費《きょういくひ》	60,000円《えん》	その他《ほか》	30,000円《えん》
		合計《ごうけい》	490,000円《えん》

手取《てど》り 520,000円《えん》(二人分《ふたりぶん》)

家賃《やちん》	110,000円《えん》	趣味娯楽費《しゅみごらくひ》	20,000円《えん》
食費《しょくひ》	60,000円《えん》	日用品《にちようひん》	15,000円《えん》
水道光熱費《すいどうこうねつひ》	8,000円《えん》	保健医療費《ほけんいりょうひ》	10,000円《えん》
通信費《つうしんひ》	20,000円《えん》	交通費《こうつうひ》	20,000円《えん》
交際費《こうさいひ》	40,000円《えん》	被服《ひふく》・美容費《びようひ》	20,000円《えん》
その他《ほか》	20,000円《えん》	合計《ごうけい》	343,000円《えん》

4人家族《にんかぞく》

子《こ》どもが二人《ふたり》生《う》まれ、一人《ひとり》は高校生《こうこうせい》、もう一人《ひとり》は中学生《ちゅうがくせい》。これから受験《じゅけん》があるので、塾代《じゅくだい》が月々《つきづき》かかる。自分《じぶん》の収入《しゅうにゅう》は上《あ》がったが、時短勤務《じたんきんむ》のため妻《つま》の収入《しゅうにゅう》が少《すこ》し下《さ》がっている。家《いえ》を買《か》ったので、家賃《やちん》→住宅《じゅうたく》ローンに変化《へんか》。

オレたちがもらってるおこづかいも、この中《なか》に入《はい》ってるんだよな？　やりくりって大変《たいへん》なんだな〜。

※「民間給与実態《みんかんきゅうよじったい》」や「家計調査年報《かけいちょうさねんぽう》」を参考《さんこう》に、編集部《へんしゅうぶ》で作成《さくせい》

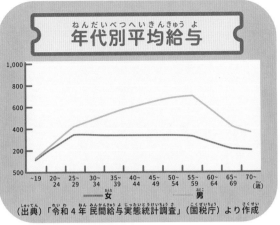

MONEY

貯蓄《ちょちく》したほうがいいのはどうして？

なぜ貯《た》めたいのか、目的《もくてき》意識《いしき》をもって貯蓄《ちょちく》することが大切《たいせつ》

　ここまで紹介《しょうかい》した1か月《げつ》の生活費《せいかつひ》以外《いがい》にも、人生《じんせい》で大《おお》きなお金《かね》がかかるタイミングはあります。たとえば、車《くるま》を買《か》ったり、旅行《りょこう》したり、家電《かでん》がこわれて買《か》い替《か》えたり……。さらに、人生《じんせい》の三大費用《さんだいひよう》と呼《よ》ばれる「教育《きょういく》」「住宅《じゅうたく》」「老後《ろうご》」のお金《かね》は、数千万円《すうせんまんえん》かかることも珍《めずら》しくありません。

　また、働《はたら》いて収入《しゅうにゅう》を得《え》ていても、毎日《まいにち》元気《げんき》に働《はたら》き続《つづ》けられるとは限《かぎ》りません。体調《たいちょう》をくずしたり、不慮《ふりょ》の事故《じこ》にあって体《からだ》を動《うご》かせなくなったりして働《はたら》けなくなれば、収入《しゅうにゅう》が断《た》たれてしまうかもしれません。

　そんな事態《じたい》におちいったとき、1か月《げつ》で稼《かせ》いだお金《かね》をすべて使《つか》いきってしまっていると、生活費《せいかつひ》をねん出《しゅつ》できなくなります。そのために、稼《かせ》いだお金《かね》をやりくりし、いくらかを貯蓄《ちょちく》にまわしていざというときに備《そな》える必要《ひつよう》があるのです。これが、一《いっ》般的《ぱんてき》に貯蓄《ちょちく》をしなければならないとされる理由《りゆう》です。

　年齢《ねんれい》や収入《しゅうにゅう》などにもよりますが、一般的《いっぱんてき》には手《て》取《ど》り収入《しゅうにゅう》の1～3割程《わりてい》度《ど》を目安《めやす》に貯蓄《ちょちく》するとよいとされます。貯蓄《ちょちく》するうえで大切《たいせつ》なのは、なんのために、いつまでにお金《かね》が必要《ひつよう》なのか意識《いしき》することです。

　ひとり立《だ》ちしたら、まずは生活費《せいかつひ》の半年《はんとし》～一年分《いちねんぶん》を「いざというときのお金《かね》」として貯蓄《ちょちく》することを目標《もくひょう》にしてみましょう。

ご入学

とりあえず
毎月3万ぐらい？

無駄《むだ》づかいを減《へ》らしてできるだけ貯蓄《ちょちく》を……っていわれるけど、ちゃんとした理《り》由《ゆう》って考《かんが》えたことないかも。

収支《しゅうし》を正《ただ》しく把握《はあく》するのが貯畜《ちょちく》の第一歩《だいいっぽ》！

貯畜《ちょちく》するために、まずすすべきなのが、いくら使《つか》っているのか、収支《しゅうし》をきちんと把握《はあく》すること。収入《しゅうにゅう》のうち、どれくらい使《つか》っているかがわかると、現実《げんじつ》的《てき》に貯畜《ちょちく》できる額《がく》が見《み》えてきます。

支出《ししゅつ》（消費支出《しょうひししゅつ》）を正確《せいかく》に把握《はあく》するために、家計簿《かけいぼ》をつけるとよいでしょう。ノートに手書《てが》きする方法《ほうほう》もありますが、最近《さいきん》は、スマートフォンのアプリで、収入《しゅうにゅう》や支出《ししゅつ》を一括管《いっかつかん》理《り》できるものもあり、こういったものを活用《かつよう》する人《ひと》も多《おお》いようです。

参考《さんこう》までに、左《ひだり》のグラフは、34歳以《さいい》下《か》の単身世帯《たんしんせたい》の収支《しゅうし》の平均《へいきん》を表《あらわ》したものです。支出《ししゅつ》に、「黒字《くろじ》のお金《かね》」という項目《こうもく》がありますね？　これが、毎《まい》月貯畜《つきちょちく》できる可能性《かのうせい》がある金額《きんがく》です。しかし、実際《じっさい》にこの額《がく》を貯蓄《ちょちく》できる人《ひと》は、あまり多《おお》くはないようです。

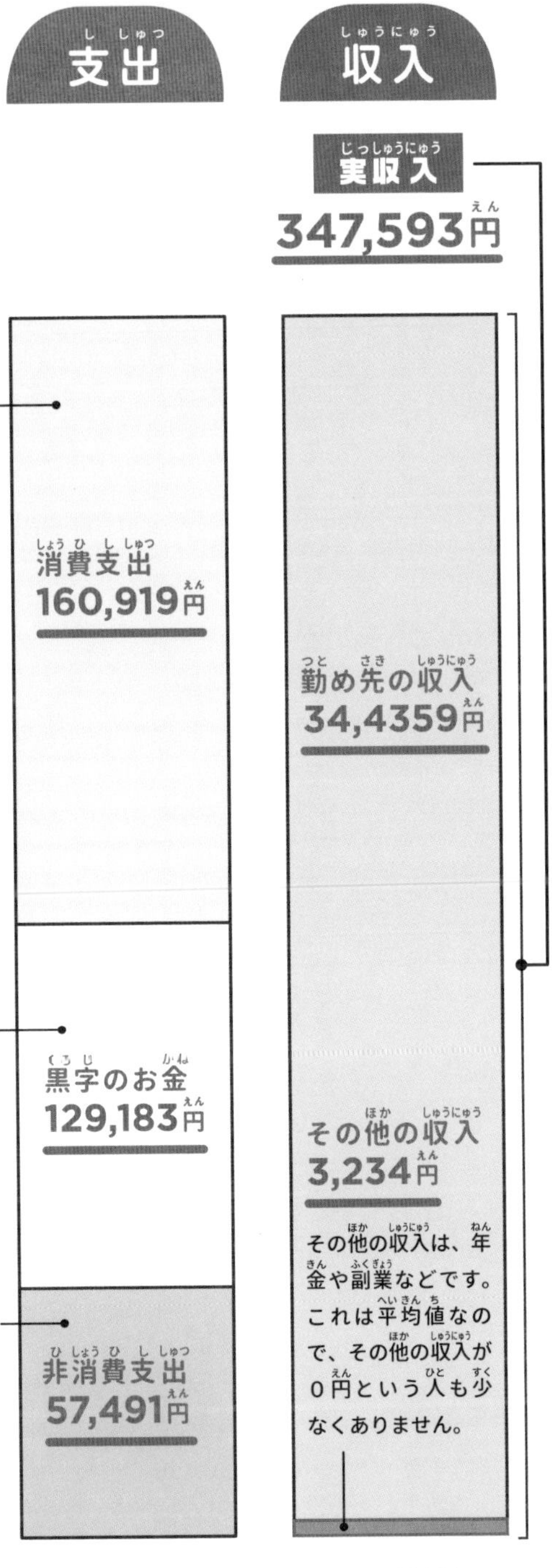
支出《ししゅつ》
収入《しゅうにゅう》
実収入《じっしゅうにゅう》
347,593円《えん》
消費支出《しょうひししゅつ》
160,919円《えん》
黒字《くろじ》のお金《かね》
129,183円《えん》
非消費支出《ひしょうひししゅつ》
57,491円《えん》
勤《つと》め先《さき》の収入《しゅうにゅう》
34,4359円《えん》
その他《ほか》の収入《しゅうにゅう》
3,234円《えん》
その他《ほか》の収入《しゅうにゅう》は、年金《ねんきん》や副業《ふくぎょう》などです。これは平均値《へいきんち》なので、その他《ほか》の収入《しゅうにゅう》が0円《えん》という人《ひと》も少《すく》なくありません。

生活《せいかつ》するうえで必要《ひつよう》な支出《ししゅつ》。102ページで紹《しょう》介《かい》した、食料《しょくりょう》や住居《じゅうきょ》などに関《かか》わる支出《ししゅつ》が、ここに含《ふく》まれます。

実収入《じっしゅうにゅう》から、消費《しょうひ》支出《ししゅつ》と非消費支出《ひしょうひししゅつ》を除《のぞ》いた額《がく》で、これが貯蓄《ちょちく》できる可《か》能性《のうせい》があるお金《かね》です。とはいえ、消《しょう》費支出《ひししゅつ》の住居費《じゅうきょひ》が非常《ひじょう》に少《すく》なく出《で》ていることなどもあり(→102ページ)、実際《じっさい》にこの額《がく》を貯《ちょ》蓄《ちく》するのは、現実《げんじつ》的《てき》ではない人《ひと》も多《おお》いです。

これらは、税金《ぜいきん》や社会保険料《しゃかいほけんりょう》など、給与《きゅうよ》から引《ひ》かれるお金《かね》です。支払《しはら》いが義務《ぎむ》なので、原《げん》則自由《そくじゆう》に使《つか》うことはできません。

（出典《しゅってん》）総務省《そうむしょう》「家計調査年報《かけいちょうさねんぽう》」（2022年《ねん》）をもとに作成《さくせい》。単身世帯《たんしんせたい》のうち勤労者世帯《きんろうしゃせたい》（34歳以下《さいいか》）の家計収支《かけいしゅうし》（税金《ぜいきん》や社会保険料《しゃかいほけんりょう》などを含《ふく》む）を参考《さんこう》。

家計簿

MONEY

お金《かね》をかしこく使《つか》うってどういうこと？

よく親《おや》に「お金《かね》はきちんと使《つか》いなさい」「かしこく使《つか》うんだよ」っていわれるけど……。どういう使《つか》い方《かた》が〝かしこい〟んだろう？

「必要《ひつよう》なもの」や「ほしいもの」を選択《せんたく》してお金《かね》を使《つか》う

お金《かね》の使《つか》い方《かた》は個人《こじん》の自由《じゆう》なので、「これを買《か》えば正解《せいかい》！」というものがあるわけではありません。そのうえで、「お金《かね》をかしこく使《つか》う」のがどういうことか、考《かんが》えてみましょう。

買《か》い物《もの》に出《で》かけると、魅力的《みりょくてき》な商品《しょうひん》がたくさんありますね。「ほしい！」という気持《きも》ちには際限《さいげん》がなく、当《あ》たり前《まえ》ですがほしいものをすべて買《か》うことはできません。5000円札《えんさつ》を持《も》って家電量販店《かでんりょうはんてん》に行《い》き、5000円《えん》のゲームソフトを1本《ぽん》買《か》ったとします。すると、当然《とうぜん》ですが他《ほか》のソフトはあきらめなければなりません。

つまり、私《わたし》たちは何《なに》を買《か》って、何《なに》を買《か》わないか「選択《せんたく》」しているということ。38ページでも「資源《しげん》」と「希少性《きしょうせい》」の話《はなし》をしましたが、お金《かね》にも限《かぎ》りがあります。

たとえば、1000円札《えんさつ》1枚《まい》を持《も》って、書店《しょてん》に行《い》ったとします。ここでは、「予算以内《よさんいない》か」「娯楽用《ごらくよう》であれば、長《なが》く使《つか》える本《ほん》か」「勉強《べんきょう》などに楽《たの》しめるか」など、さまざまな基準《きじゅん》をもとに考《かんが》え、1000円《えん》で買《か》える本《ほん》を選択《せんたく》しなければなりません。

それぞれのメリットデメリット、その本《ほん》を買《か》うことであきらめなければならないこと。これらすべてを理《り》解《かい》し、納得《なっとく》したうえで、「選択《せんたく》」して買《か》い物《もの》をする。これが、「かしこいお金《かね》の使《つか》い方《かた》」といえるのではないでしょうか。

資源《しげん》とは

経済学《けいざいがく》においては、経済活動《けいざいかつどう》でやり取《と》りされるものを「資源《しげん》」といいます。お金《かね》や時間《じかん》、水《みず》、石油《せきゆ》などのエネルギー、土地《とち》、働《はたら》く人《ひと》などは限《かぎ》りある貴重《きちょう》な資源《しげん》と考《かんが》えられます。

考《かんが》えてみよう

それぞれの「選択《せんたく》」をどう思《おも》う？

「選択《せんたく》」について、みなさんが知《し》っている童話《どうわ》を使《つか》って考《かんが》えてみましょう。
アリとキリギリス、それぞれの選択《せんたく》をどう思《おも》いますか？

アリの選択《せんたく》

夏《なつ》

「今《いま》」を楽《たの》しむのではなく、冬《ふゆ》に備《そな》えて働《はたら》き続《つづ》け、食《た》べ物《もの》を集《あつ》めます。

冬《ふゆ》

冬《ふゆ》に備《そな》えてマジメに働《はたら》いたおかげで、冬《ふゆ》になっても食料《しょくりょう》には困《こま》らず、のんびり過《す》ごせます。

キリギリスの選択《せんたく》

夏《なつ》

「今《いま》」を楽《たの》しむことを選《えら》びました。冬《ふゆ》の準備《じゅんび》はせず、楽《たの》しく過《す》ごします。

冬《ふゆ》

冬《ふゆ》は食《た》べ物《もの》が手《て》に入《はい》らず、備《そな》えていなかったため、食料《しょくりょう》が尽《つ》きてしまいました。

キミならどう「選択《せんたく》」する（夏《なつ》と冬《ふゆ》をどう過《す》ごす）？

買《か》い物《もの》は「選挙《せんきょ》」のように意思《いし》を示《しめ》す手段《しゅだん》にもなる！

買《か》い物《もの》をする際《さい》、みなさんは安《やす》いもの、カッコいいもの……など、いろいろな基準《きじゅん》で、「自分《じぶん》にとって」よい選択《せんたく》は何《なに》かを考《かんが》えて、購入《こうにゅう》するものを選《えら》んでいることでしょう。

一方《いっぽう》で、買《か》い物《もの》は「選挙《せんきょ》に似《に》ている」ともいわれています。選挙《せんきょ》で社会《しゃかい》をよくしてくれる政治家《せいじか》に一票《いっぴょう》を投《とう》じるように、「社会《しゃかい》にとって」よい商品《しょうひん》を買《か》うことで、よりよい社会《しゃかい》を目指《めざ》すことができるというわけです。

私《わたし》たちが一票《いっぴょう》を投《とう》じる、つまり商品《しょうひん》を買《か》うことで、その商品《しょうひん》を作《つく》った企業《きぎょう》は業績《ぎょうせき》が上《あ》がり、また多《おお》くの商品《しょうひん》を生産《せいさん》することができます。たとえば、環境《かんきょう》に配慮《はいりょ》した商品《しょうひん》などを選《えら》べば、環境保護《かんきょうほご》やゴミの削減《さくげん》をあと押《お》しすることができるのです。

このように、買《か》い物《もの》をするときは、「その企業《きぎょう》を応援《おうえん》したいか」「その取《と》り組《く》みを続《つづ》けてほしいか」という視《し》点《てん》で選択《せんたく》することもできます。そう

買《か》い物《もの》で意思《いし》表示《ひょうじ》をするということ

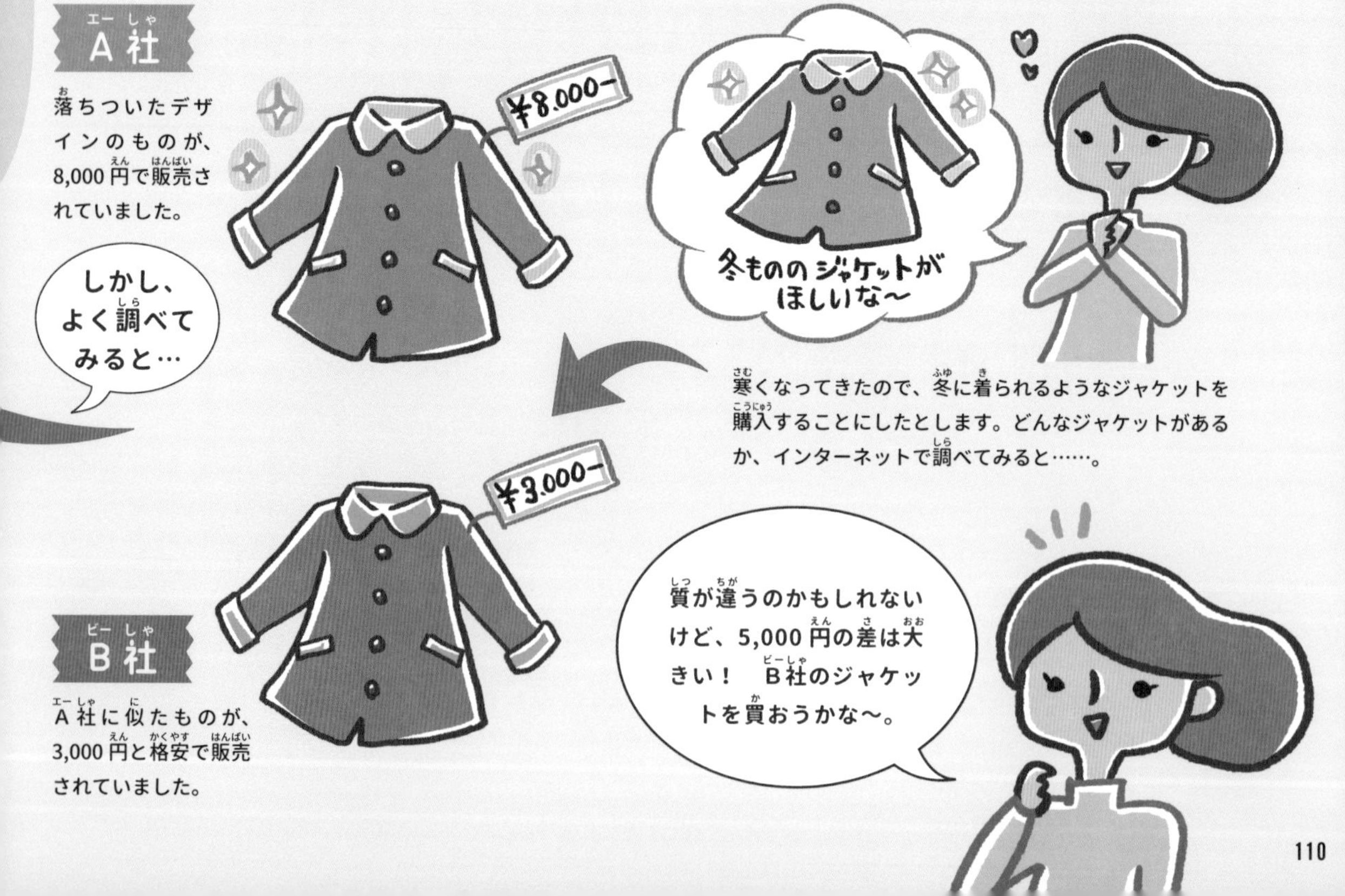
A社《エーしゃ》
落《お》ちついたデザインのものが、8,000円《えん》で販売《はんばい》されていました。
¥8.000-
冬もののジャケットがほしいな～
寒《さむ》くなってきたので、冬《ふゆ》に着《き》られるようなジャケットを購入《こうにゅう》することにしたとします。どんなジャケットがあるか、インターネットで調《しら》べてみると……。
しかし、よく調《しら》べてみると…
¥3.000-
B社《ビーしゃ》
A社《エーしゃ》に似《に》たものが、3,000円《えん》と格安《かくやす》で販売《はんばい》されていました。
質《しつ》が違《ちが》うのかもしれないけど、5,000円《えん》の差《さ》は大《おお》きい！　B社《ビーしゃ》のジャケットを買《か》おうかな～。

することで、あなたの買《か》い物《もの》が、この世界《せかい》をよい方向《ほうこう》に変《か》える手助《てだす》けになるかもしれません。

1980年代《ねんだい》に、イギリスで不買運《ふばいうん》動《どう》（ボイコット）がはじまりました。しかし近年《きんねん》は、「バイコット（購買運《こうばいうん》動《どう》）」に注目《ちゅうもく》が集《あつ》まっています。これは、買《か》う（BUY《バイ》）とボイコットを組《く》み合《あ》わせた造語《ぞうご》。つまり、より「応援《おうえん》」を重視《じゅうし》して、不買《ふばい》ではなく購《こう》入《にゅう》することによって、社会貢献《しゃかいこうけん》をしようということですね。

eTALK

今《いま》までほしいものをなんとなく買《か》っていたから、自分《じぶん》たちの買《か》い物《もの》が、企《き》業《ぎょう》の取《と》り組《く》みを応援《おうえん》することにつながるなんて、考《かんが》えたこともなかった！

一人《ひとり》ひとりの買《か》い物《もの》が世《せ》界《かい》を少《すこ》しずつよくしているともいえるの。そんなことを考《かんが》えながら、日々《ひび》の買《か》い物《もの》に向《む》き合《あ》ってみてほしいな。

A社《エーしゃ》

化学薬品《かがくやくひん》による健康負荷《けんこうふか》や環境負荷《かんきょうふか》を考《かんが》えて「オーガニックコットン」を選《えら》んで使用《しよう》しているため、値段《ねだん》が高《たか》め。労働者《ろうどうしゃ》の安全《あんぜん》や、児童労働《じどうろうどう》を禁止《きんし》しているなどの厳《きび》しい基準《きじゅん》をクリアしている海外《かいがい》の工場《こうじょう》で縫製《ほうせい》しています。

B社《ビーしゃ》

多《おお》くの人《ひと》が手《て》に取《と》りやすい安価《あんか》な値段《ねだん》にするために、海外《かいがい》の工場《こうじょう》で安《やす》く縫製《ほうせい》をしています。この工場《こうじょう》は、教育《きょういく》を受《う》けなければならない年齢《ねんれい》の子《こ》どもにも労働《ろうどう》を強《し》いていることが問題《もんだい》になっているようです。

A社
¥8,000

A社《エーしゃ》は環境《かんきょう》や、労働者《ろうどうしゃ》の健康《けんこう》に気《き》をつかっているんだ！　ちょっと高《たか》いけど、私《わたし》はA社《エーしゃ》を応援《おうえん》したいな♪

ありがとう！　我《わ》が社《しゃ》の取《と》り組《く》みに共感《きょうかん》してもらえて、とてもうれしいです！

A社《エーしゃ》とB社《ビーしゃ》の取《と》り組《く》みを調《しら》べたうえで、値段《ねだん》は高《たか》いですが、A社《エーしゃ》のジャケットを選《えら》ぶことにしました。これは「B社《ビーしゃ》ではなくA社《エーしゃ》を選《えら》び、応援《おうえん》した」ということです。

地球《ちきゅう》環境《かんきょう》や人権《じんけん》などに配慮《はいりょ》して選択《せんたく》する「エシカル消費《しょうひ》」

近年《きんねん》、「エシカル消費《しょうひ》」が注目《ちゅうもく》されています。簡単《かんたん》にいうと、「社会的課題《しゃかいてきかだい》」の解決《かいけつ》を考《かんが》えたり、そうした課題《かだい》に取《と》り組《く》む企業《きぎょう》を、応援《おうえん》する買《か》い物《もの》」ということ。110ページで紹介《しょうかい》した、「応援《おうえん》したい企業《きぎょう》の商品《しょうひん》を買《か》う」のと、基本的《きほんてき》な考《かんが》えは同《おな》じです。

さて、「買《か》い物《もの》は企業《きぎょう》を応援《おうえん》すること」「エシカル消費《しょうひ》でよりよい社会《しゃかい》に」といっても、「選択《せんたく》」の優先順位《ゆうせんじゅんい》は自《じ》身《しん》の考《かんが》え方《かた》や、また時《とき》と場合《ばあい》によっても変《か》わるもの。「エシカル消費《しょうひ》」も、自分《じぶん》がこだわりたい基準《きじゅん》も、どちらも大事《だいじ》にしてよく考《かんが》えながら、買《か》い物《もの》ができたらよいですね。

おうちの人《ひと》がどんな基準《きじゅん》で
商品《しょうひん》を選《えら》んでいるか、
聞《き》いてみてね！

Q.あなたならどの商品《しょうひん》を選《えら》ぶ?

スーパーマーケットなどで、どんな商品《しょうひん》があるか見《み》てみましょう！「この商品《しょうひん》を選《えら》ぶのが正解《せいかい》」というものはありません。何《なに》を選《えら》ぶか、自分《じぶん》の基準《きじゅん》で考《かんが》えるクセをつけてみましょう！

精肉コーナー
輸入
国産
PB※

「国産《こくさん》がいい」「有機野菜《ゆうきやさい》がいい」「環境《かんきょう》にやさしいものがいい」と思《おも》っても、予算的《よさんてき》に難《むずか》しいこともあるでしょう。予算《よさん》の中《なか》で、何《なに》を優先《ゆうせん》して商品《しょうひん》を選《えら》ぶのか、「選択《せんたく》」することが大切《たいせつ》です。

※ PB《ピービー》……プライベートブランド。スーパーやコンビニなど、本来《ほんらい》は商品《しょうひん》の製造《せいぞう》を行《おこな》わない事業者《じぎょうしゃ》が独自《どくじ》に企画《きかく》、開発《かいはつ》した商品《しょうひん》。消費者《しょうひしゃ》にとっては、リーズナブルに購入《こうにゅう》できる商品《しょうひん》が多《おお》い。

企業《きぎょう》の取《と》り組《く》みとエシカル消費《しょうひ》

エシカル消費《しょうひ》には、いろいろな形《かたち》があります。ここでは、そのいくつかを紹介《しょうかい》するので、自分《じぶん》の考《かんが》えに近《ちか》いものを知《し》り、「選択《せんたく》」の参考《さんこう》にしてください。

フェアトレード

「公正《こうせい》な貿易《ぼうえき》」という意味《いみ》です。フェアトレードは、発展途上国《はってんとじょうこく》などで生産《せいさん》された作物《さくもつ》や製品《せいひん》を、適正価格《てきせいかかく》で継続的《けいぞくてき》に取《と》り引《ひ》きすることで、生産者《せいさんしゃ》のよりよい暮《く》らしを持続的《じぞくてき》に支《ささ》えるしくみです。環境《かんきょう》や人権《じんけん》に配慮《はいりょ》しながら、立場《たちば》が弱《よわ》い生産者《せいさんしゃ》を守《まも》り、応援《おうえん》します。フェアトレード商品《しょうひん》には、右《みぎ》で紹介《しょうかい》するような「認証《にんしょう》ラベル」がつけられています。

世界的《せかいてき》に最《もっと》も認知《にんち》されているラベルのひとつ、「国際《こくさい》フェアトレード認証《にんしょう》ラベル」。社会的《しゃかいてき》、環境的《かんきょうてき》、経済的基準《けいざいてききじゅん》について定《さだ》めた基準《きじゅん》を満《み》たした製品《せいひん》につけられます。

「世界《せかい》フェアトレード連盟《れんめい》（WFTO《ダブリュエフティーオー》）マーク」。世界中《せかいじゅう》のフェアトレード組織《そしき》が結成《けっせい》した国際的《こくさいてき》なネットワーク WFTO《ダブリュエフティーオー》 に加盟《かめい》が認《みと》められた団体《だんたい》が取得《しゅとく》するマークです。

伝統工芸《でんとうこうげい》

長年《ながねん》受《う》け継《つ》がれてきた方法《ほうほう》を使《つか》って製造《せいぞう》された、歴史《れきし》のある工芸品《こうげいひん》のこと。天然《てんねん》の素材《そざい》により、手工業《てこうぎょう》で作《つく》られた伝統工芸品《でんとうこうげいひん》は、環境《かんきょう》への負荷《ふか》が少《すく》ないのが特徴《とくちょう》です。また、伝統工芸品《でんとうこうげいひん》を購入《こうにゅう》することで、日本《にほん》や地域《ちいき》の文化《ぶんか》や伝統《でんとう》を守《まも》ることができます。

寄付《きふ》つき商品《しょうひん》

商品《しょうひん》の売《う》り上《あ》げの一部《いちぶ》が、地域《ちいき》への貢献活動《こうけんかつどう》などに寄付《きふ》されます。たとえばミネラルウォーターの場合《ばあい》、売《う》り上《あ》げの一部《いちぶ》が、途上国《とじょうこく》に清潔《せいけつ》で安全《あんぜん》な水《みず》を届《とど》けるための資金《しきん》になっているものがあります。商品《しょうひん》を購入《こうにゅう》するだけで、寄付《きふ》ができるのがうれしいですね。

地産地消《ちさんちしょう》

文字通《もじどお》り、「地元《じもと》で産《う》まれたものを、その土地《とち》で消費《しょうひ》する」ということ。地元《じもと》でとれた野菜《やさい》やくだものなどは、新鮮《しんせん》なうちに手《て》に入《い》れることができ、また輸送《ゆそう》する際《さい》の環境負荷《かんきょうふか》が少《すく》なく済《す》むメリットがあります。地元生産者《じもとせいさんしゃ》を応援《おうえん》することにもつながります。

動物福祉《どうぶつふくし》

私《わたし》たちが食《た》べている牛肉《ぎゅうにく》や鶏肉《とりにく》などの食肉《しょくにく》は、動物《どうぶつ》の命《いのち》を犠牲《ぎせい》にして得《え》たものです。命《いのち》を消費《しょうひ》するものとして、たとえ食肉《しょくにく》にするとしても、人間《にんげん》が動物《どうぶつ》に与《あた》える痛《いた》みやストレス、苦《くる》しみを最小限《さいしょうげん》にしましょう、というのが、この取《と》り組《く》みです。

その他《ほか》、有機農産物《ゆうきのうさんぶつ》や福祉施設《ふくししせつ》で作《つく》られた製品《せいひん》などの購入《こうにゅう》も、エシカル消費《しょうひ》の一《ひと》つです。

MONEY

買《か》い物《もの》とは契約《けいやく》を結《むす》ぶこと！

買《か》い物《もの》が契約《けいやく》……ってどういうことだろう？　お金《かね》を払《はら》えば商品《しょうひん》が手《て》に入《はい》るのが、買《か》い物《もの》じゃないのかな？

消費者《しょうひしゃ》は、販売者《はんばいしゃ》と「売買契約《ばいばいけいやく》」を結《むす》んでいる！

私《わたし》たちが買《か》い物《もの》をするとき、売《う》り手《て》と「契約《けいやく》」を結《むす》んでいることを知《し》っていますか？　契約《けいやく》は、法律上《ほうりつじょう》の約束《やくそく》のこと。この契約《けいやく》は、「売買契約《ばいばいけいやく》」と呼《よ》ばれています。

「ふだん買《か》い物《もの》をしていて、そんな契約《けいやく》を結《むす》んだ覚《おぼ》えはない」と思《おも》うかもしれませんね。売買契約《ばいばいけいやく》は、必《かなら》ずしも契約書《けいやくしょ》がいるものではなく、売《う》りたい人《ひと》と買《か》いたい人《ひと》がいて、お互《たが》いが合意《ごうい》した時点《じてん》で成立《せいりつ》します。

いつ、だれと、どんな内容《ないよう》の契約《けいやく》を結《むす》ぶかは、売《う》りたい人《ひと》と買《か》いたい人《ひと》、当事者《とうじしゃ》の自由《じゆう》な意志《いし》で行《おこな》うことができます。

販売員
ありがとうございます
消費者

スマートフォンを買《か》いに来《き》た人《ひと》がいます。お客《きゃく》さんの「申《もう》し込《こ》み」と、お店《みせ》の「承《しょう》だく」という意志表示《いしひょうじ》が合致《がっち》することで、売買契約《ばいばいけいやく》は成立《せいりつ》します。

契約《けいやく》である以上《いじょう》、成立《せいりつ》すると、お互《たが》いに義務《ぎむ》と権利《けんり》が発生《はっせい》します。具《ぐ》体的《たいてき》には、消費者《しょうひしゃ》には「合意《ごうい》した代《だい》金《きん》を支払《しはら》う義務《ぎむ》」と「商品《しょうひん》を受《う》け取《と》る権利《けんり》」が、販売者《はんばいしゃ》には「商品《しょうひん》を消《しょう》費者《ひしゃ》に渡《わた》す義務《ぎむ》」と、「代金《だいきん》を受《う》け取《と》る権利《けんり》」がそれぞれ生《しょう》じます。

ところで、消費者《しょうひしゃ》が商品《しょうひん》や契約《けいやく》にくわしくないことを利用《りよう》して、粗悪《そあく》品《ひん》を売《う》ったり、強引《ごういん》に契約《けいやく》を結《むす》ばせたりする悪質《あくしつ》な販売者《はんばいしゃ》もいます。そういったトラブルから消費者《しょうひしゃ》を守《まも》るために、さまざまな法律《ほうりつ》が定《さだ》められています（150ページ）。

「消費者《しょうひしゃ》を守《まも》るさまざまな法律《ほうりつ》」についてもきちんと知《し》って、万《まん》が一《いち》のトラブルに備《そな》えたいな。

知《し》っておこう！

身《み》のまわりの契約《けいやく》

私《わたし》たちは生活《せいかつ》するうえで、買《か》い物《もの》の「売買契約《ばいばいけいやく》」以《い》外《がい》にもさまざまな契約《けいやく》を結《むす》んでいます。身《み》のまわりのいくつかの契約《けいやく》と、それにまつわる「義務《ぎむ》と権《けん》利《り》」を紹介《しょうかい》します。

☆運送契約《うんそうけいやく》

バスや電車《でんしゃ》に乗《の》るときなどに結《むす》ばれます。旅客《りょかく》運送契約《うんそうけいやく》では、定《さだ》められた交通費《こうつうひ》を払《はら》うことで、目的地《もくてきち》まで運《はこ》んでもらう権利《けんり》を得《え》ます。

☆賃貸借契約《ちんたいしゃくけいやく》

レンタカーや、レンタルショップでDVD《ディーブイディー》を借《か》りるときなどに結《むす》ばれます。料金《りょうきん》を払《はら》うと、定《さだ》められた日《ひ》まで、商品《しょうひん》を借《か》りられます。

☆労働契約《ろうどうけいやく》

雇《やと》われて働《はたら》く際《さい》に必《かなら》ず結《むす》ぶ契約《けいやく》で、正社員《せいしゃいん》、アルバイトは問《と》いません。定《さだ》められた条件通《じょうけんどお》りに働《はたら》くと、賃金《ちんぎん》を得《え》られます。雇用側《こようがわ》には、賃金《ちんぎん》を支払《しはら》う義務《ぎむ》が生《しょう》じます。

買いたい人
売りたい人
このスマホがほしいです
30,000円で販売します

お互《たが》いの合意《ごうい》のもと
契約《けいやく》が成立《せいりつ》

消費者《しょうひしゃ》		販売者《はんばいしゃ》
代金《だいきん》を払《はら》う	義務《ぎむ》	スマートフォンを渡《わた》す
スマートフォンを受《う》け取《と》る	権利《けんり》	代金《だいきん》を受《う》け取《と》る

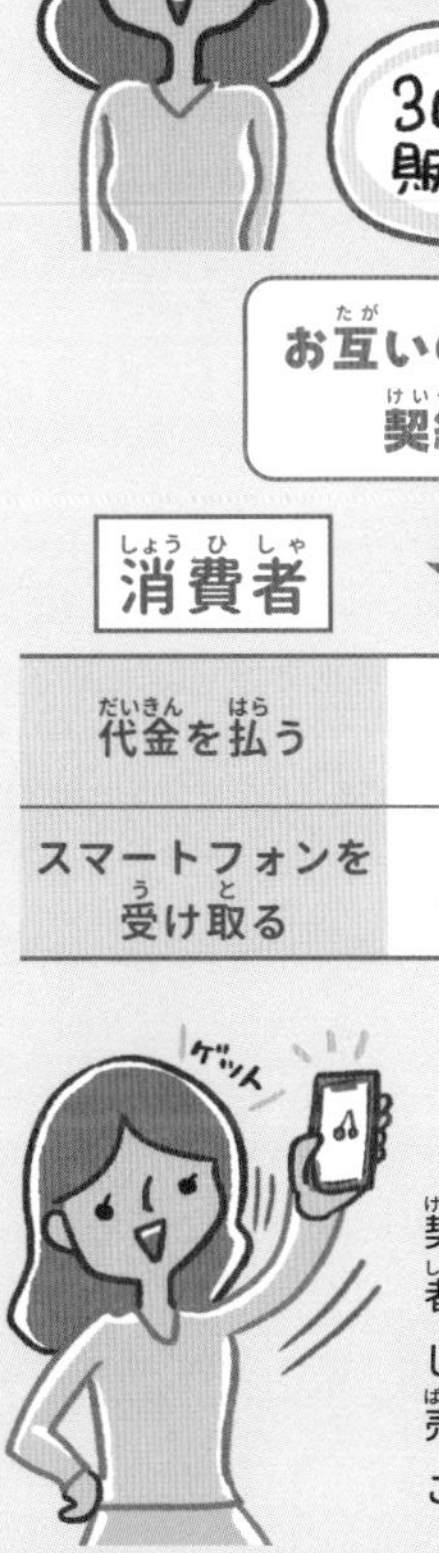
ゲット

契約《けいやく》が成立《せいりつ》すると、消費者《しょうひしゃ》と販売《はんばい》者《しゃ》には、それぞれ義務《ぎむ》と権利《けんり》が生《しょう》じます。消費者《しょうひしゃ》がお金《かね》を払《はら》う→販《はん》売者《ばいしゃ》がスマートフォンを引《ひ》き渡《わた》すことで、その契約《けいやく》が実行《じっこう》されます。

Q. 売買契約《ばいばいけいやく》が成立《せいりつ》するのはいつ？

売買契約《ばいばいけいやく》は、買《か》い物中《ものちゅう》のどの段階《だんかい》で結《むす》ばれると思《おも》いますか？　下《した》の４コマまんがの❶〜❹のどの段階《だんかい》で成立《せいりつ》するか、考《かんが》えてみましょう。

1 「これをください」と言い、店員さんが承だくした
2 契約書を書いた
契約書
3 お金を支払った
4 スマートフォンを受けとった

消費者《しょうひしゃ》と販売者《はんばいしゃ》の意志《いし》が合致《がっち》したら契約《けいやく》が成立《せいりつ》する

ここからは「売買契約《ばいばいけいやく》」について、もう少《すこ》しくわしく学《まな》びましょう。

契約《けいやく》が成立《せいりつ》するタイミングは、買《か》う人《ひと》と売《う》る人《ひと》が意志表示《いしひょうじ》をし、お互《たが》いが合意《ごうい》したら、という話《はなし》はしましたね。では、上《うえ》の❶〜❹のうち、「合意《ごうい》した」のは、どのタイミングだと思《おも》いますか？

正解《せいかい》は❶です。消費者《しょうひしゃ》が「これがほしい」と店員《てんいん》に伝《つた》え、店員《てんいん》が在庫《ざいこ》を確認《かくにん》し、「承知《しょうち》しました」といったその瞬間《しゅんかん》、契約《けいやく》は成立《せいりつ》していることになり、双方《そうほう》に義務《ぎむ》と権利《けんり》が生《しょう》じます。❷のように契約書《けいやくしょ》を取《と》り交《か》わしていなくても、じつは❶の段階《だんかい》ですでに契約《けいやく》は成立《せいりつ》しているのです。

スマホの契約《けいやく》などの重要《じゅうよう》な契約《けいやく》の場合《ばあい》、内容《ないよう》の確認《かくにん》や、契約《けいやく》を証拠《しょうこ》として残《のこ》すために、通常《つうじょう》、契約書《けいやくしょ》を交《か》わします。契約書《けいやくしょ》を取《と》り交《か》わすときには、内容《ないよう》をよく読《よ》み、理解《りかい》してから押印《おういん》・サインをするようにしましょう。

契約《けいやく》を実行《じっこう》できないと損害賠償《そんがいばいしょう》を請求《せいきゅう》される可能性《かのうせい》も

契約《けいやく》を結《むす》んだ以上《いじょう》、消費者《しょうひしゃ》にも契《けい》約《やく》を実行《じっこう》する責任《せきにん》があります。飲食《いんしょく》店《てん》の予約《よやく》を例《れい》に、考《かんが》えてみましょう。「○月《がつ》△日《にち》に15人《にん》で食事《しょくじ》したい」とお店《みせ》に予約《よやく》したとします。お店《みせ》が予約《よやく》を受《う》け付《つ》けた時点《じてん》で双方《そうほう》が合意《ごうい》しているため、契約《けいやく》が成立《せいりつ》して、消費者《しょうひしゃ》にはお金《かね》を払《はら》う義務《ぎむ》が生《しょう》じています。

ところが当日《とうじつ》、事情《じじょう》により消費者《しょうひしゃ》は「キャンセルしたい」と電話《でんわ》したとします。しかし、契約《けいやく》の成立後《せいりつご》は、原則《げんそく》として、一方的《いっぽうてき》に解除《かいじょ》することはできません。店側《みせがわ》が納得《なっとく》しない場《ば》合《あい》、契約違反《けいやくいはん》となり、消費者《しょうひしゃ》に損害《そんがい》賠償《ばいしょう》を請求《せいきゅう》する可能性《かのうせい》もあります。

なお、「3日前《かまえ》までならお金《かね》を受《う》け取《と》らずに取《と》り消《け》しを受《う》け付《つ》けます」といった、キャンセル規約《きやく》を設《もう》けている飲食店《いんしょくてん》もあります。こうした規《き》約《やく》の範囲内《はんいない》で取《と》り消《け》すのであれば、契約違反《けいやくいはん》には当《あ》たりません。

eTALK

そういえば、「飲食店《いんしょくてん》の予《よ》約《やく》やキャンセルをくり返《かえ》すイタズラが問題《もんだい》になっている」ってニュースで見《み》たことあるかも。これも、予約《よやく》した時点《じてん》で契約《けいやく》が成立《せいりつ》してるってこと?

その通《とお》り! だから店側《みせがわ》はイタズラしている人《ひと》に対《たい》し、契約違反《けいやくいはん》をされたとして損害賠償請求《そんがいばいしょうせいきゅう》ができるの。

消費者《しょうひしゃ》にも契約《けいやく》を実行《じっこう》する責任《せきにん》がある!

たとえば…
○月△日、15人かしきりで…
かしこまりました-!

仲《なか》のよい友《とも》だち15人《にん》と、同窓会《どうそうかい》を開《ひら》くことになりました。小《ちい》さな飲食店《いんしょくてん》を貸《か》し切《き》るために、電話《でんわ》で予約《よやく》を取《と》ります。

みんな都合がつかないみたい…今日、キャンセルで
ええ…!!

ところが、当日《とうじつ》になって体調不良者《たいちょうふりょうしゃ》が続出《ぞくしゅつ》……。みんなで集《あつ》まれないと意味《いみ》がないと思《おも》ったため、飲食店《いんしょくてん》をキャンセルすることにしました。

飲食店《いんしょくてん》は、貸《か》し切《き》りのため他《ほか》のお客《きゃく》さんを断《ことわ》っており、すでに材料《ざいりょう》も買《か》ってしまっています。これでは、お店《みせ》は大《おお》きな損失《そんしつ》が出《で》るため、簡単《かんたん》に「わかりました!」とうなずくことはできません。

MONEY

消費《しょうひ》と浪費《ろうひ》って何《なに》が違《ちが》うの？

使《つか》ったお金《かね》を見直《みなお》すと…

消費的《しょうひてき》

現在《げんざい》の満足《まんぞく》のためにお金《かね》を使《つか》うこと。住居《じゅうきょ》費《ひ》や光熱費《こうねつひ》、通信費《つうしんひ》、被服費《ひふくひ》など……。この中《なか》には娯楽費《ごらくひ》も含まれ、「お金《かね》を使《つか》った分《ぶん》、見合《みあ》った価値《かち》が得《え》られている」なら、それは消費的《しょうひてき》といえます。

投資的《とうしてき》

将来《しょうらい》の価値《かち》や満足《まんぞく》を高《たか》めるために使《つか》うお金《かね》のこと。たとえば大学《だいがく》の進学費用《しんがくひよう》など、さまざまな能力《のうりょく》を高《たか》めるために使《つか》ったお金《かね》を指《さ》します。

たとえば…

サッカー選手《せんしゅ》を目指《めざ》しているA《エー》くん。「今日《きょう》の昼食代《ちゅうしょくだい》」としてもらったお金《かね》で、栄養価《えいようか》の高《たか》い弁当《べんとう》と、おやつのケーキを買《か》いました。

弁当《べんとう》 …体《からだ》をつくる食事《しょくじ》は、消費的《しょうひてき》でもあり投資的《とうしてき》でもある。

ケーキ …どちらにも当《あ》てはまらなければ、「浪費《ろうひ》」の可能性《かのうせい》がある。

お金《かね》を使《つか》うとき、「今《いま》の満足《まんぞく》のためのもの＝“消費的《しょうひてき》”か、将来《しょうらい》のためのもの＝“投資的《とうしてき》”か」を考《かんが》えましょう。A《エー》くんの食事《しょくじ》の例《れい》のように、その境界線《きょうかいせん》はあいまいなもの。とはいえ、いずれにも当《あ》てはまらない場合《ばあい》、それは「浪費《ろうひ》」かもしれません。

「無駄《むだ》づかいはやめなさい」「浪費《ろうひ》ばかりしないの！」っていわれるけど……。どういう状況《じょうきょう》が無駄《むだ》づかいなんだろう？

お金《かね》の使《つか》い方《かた》を振《ふ》り返《かえ》ると消費的《しょうひてき》か浪費《ろうひ》かが見《み》えてくるはず

「かしこい買《か》い物《もの》」をしたり、きちんとやりくりして、貯蓄《ちょちく》をしている人《ひと》がいる一方《いっぽう》で、「浪費家《ろうひか》」と呼《よ》ばれる人《ひと》もいます。

浪費《ろうひ》とは、簡単《かんたん》にいうと「無駄《むだ》づかい」のことです。無駄《むだ》づかいは、必要《ひつよう》のないことや役《やく》に立《た》たないことにお金《かね》を使《つか》うこと。または、お金《かね》を使《つか》った分《ぶん》の価値《かち》を得《え》られないことをいいます。つまり、厳密《げんみつ》には、本人《ほんにん》が価値《かち》を見出《みいだ》しているなら、それは浪費《ろうひ》ではないということです。たとえば、大好《だいす》きなお菓子《かし》を買《か》って、その分《ぶん》の幸福《こうふく》をその人《ひと》が得《え》られたなら、

Q. 浪費《ろうひ》をしてしまう人《ひと》ってどんな人《ひと》？

いわゆる「浪費家《ろうひか》」と呼《よ》ばれる人《ひと》には、どんな特徴《とくちょう》があるのでしょうか？　この３つに限《かぎ》りませんが、いずれかが当《あ》てはまるという人《ひと》は、自分《じぶん》の生活《せいかつ》を見直《みなお》すといいかもしれませんね。

！「セール」や限定《げんてい》に弱《よわ》い

ほしいものがないのに、「セール」「限定《げんてい》」と聞《き》くと、つい買《か》ってしまうという人《ひと》は危険《きけん》！　買《か》うこと、手《て》に入《い》れることが目的《もくてき》になっている可能性《かのうせい》が高《たか》いです。「ほしいものをお得《とく》に買《か》うために、セールを活用《かつよう》する」のなら、問題《もんだい》ありませんが……。

！モチベーションが続《つづ》かない

たとえば、「ダイエットするために運動器具《うんどうきぐ》がほしい」と考《かんが》え、器具《きぐ》を買《か》ったとします。ところが、そのモチベーションが続《つづ》かず、器具《きぐ》をほとんど使《つか》わないとなると、購入分《こうにゅうぶん》の価値《かち》が得《え》られず、浪費《ろうひ》になってしまいます。

！細《こま》かい支払《しはら》いが多《おお》い

たとえば、１日《にち》１つ、なんとなく習慣《しゅうかん》でスナック菓子《がし》を買《か》う人《ひと》がいたとします。その金額《きんがく》がたとえ150円《えん》と小《ちい》さくても、１か月《げつ》で4,500円《えん》、１年《ねん》で54,750円《えん》もの出費《しゅっぴ》になります。「塵《ちり》も積《つ》もれば山《やま》となる」で、その積《つ》み重《かさ》ねが大《おお》きな金額《きんがく》になります。

それは浪費《ろうひ》ではなく、消費的《しょうひてき》といえるのかもしれません。

とはいえ、「自分《じぶん》にとっては価値《かち》があるから」と、使《つか》いたいだけお金《かね》を使《つか》ってしまっては、赤字《あかじ》になるし、貯畜《ちょちく》もできません。

自分《じぶん》の買《か》い物《もの》が、果《は》たして消費的《しょうひてき》なのか、浪費《ろうひ》なのか……。自分《じぶん》では消費的《しょうひてき》だと思《おも》っているものの中《なか》に、じつは無駄《むだ》なものがかくれているかもしれません。支出《ししゅつ》を見直《みなお》して、できるだけ浪費《ろうひ》しないようにしたいですね。

「貯畜《ちょちく》したいなら稼《かせ》げばいい」という人《ひと》もいますが、「浪費家《ろうひか》」と呼《よ》ばれる人《ひと》は、稼《かせ》いでもどんどん使《つか》ってしまうため、結局貯蓄《けっきょくちょちく》ができません。やはり、浪費《ろうひ》を減《へ》らすことが重要《じゅうよう》です。

しつもん
浪費《ろうひ》を減《へ》らすためにどんな工夫《くふう》をしていますか？

キャッシュレス決済《けっさい》をよく使《つか》うこともあって、使《つか》った金額《きんがく》がわからなくなるので、家計簿《かけいぼ》をつけて、何《なに》にいくら使《つか》ったか、自分《じぶん》のお金《かね》の使《つか》い道《みち》を振《ふ》り返《かえ》れるようにしています。

以前《いぜん》まで、見栄《みえ》もあって部《へ》屋数《やかず》の多《おお》いマンションに住《す》んでいたんですが、使《つか》わない部屋《へや》が多《おお》くて。家賃《やちん》も高《たか》く無駄《むだ》と感《かん》じたため、自分《じぶん》の生活《せいかつ》に合《あ》ったところに引《ひ》っ越《こ》しました。

キャッシュレス決済《けっさい》が便《べん》利《り》なのはわかっているのですが使用《しよう》を控《ひか》えています。以前《いぜん》は積極的《せっきょくてき》に使《つか》っていたのですが、現金《げんきん》がなくても買《か》えてしまうため、つい無駄《むだ》づかいをしてしまうことがあったからです。

キャッシュレス決済《けっさい》は使《つか》い方《かた》をまちがえると浪費《ろうひ》のもとに！

キャッシュレス決済《けっさい》（122ページ）の普及《ふきゅう》に伴《ともな》い、私《わたし》たちは便利《べんり》に買《か》い物《もの》ができるようになりました。しかし、浪費《ろうひ》の原因《げんいん》になってしまうこともあるのです。

クレジットカードやスマホ決済《けっさい》などのキャッシュレス決済《けっさい》は、現金《げんきん》を持《も》っていなくても買《か》い物《もの》ができるため、いくら使《つか》ったかを把握《はあく》せずに買《か》い物《もの》をしてしまいがちです。いざ請求《せいきゅう》のタイミングになって、想像以上《そうぞういじょう》の額《がく》が引《ひ》き落《お》とされて衝撃《しょうげき》を受《う》ける、ということになりかねません。さらに、支払《しはら》い方法《ほうほう》によっては手数料《てすうりょう》を取《と》られることもあります。

キャッシュレス決済《けっさい》であっても何《なに》にどれだけ使《つか》ったか、支払《しはら》い額《がく》が予算《よさん》に収《おさ》まっているかをきちんと把握《はあく》しましょう。

eTALK

キャッシュレス決済《けっさい》って便《べん》利《り》そうだけど、オレ、おこづかいも何《なに》に使《つか》ったかわからないうちになくなっているくらいだしなぁ。

今《いま》のうちから、おこづかいの収支《しゅうし》を把握《はあく》するクセをつけておきましょう。お金《かね》を管理《かんり》する力《ちから》が身《み》について、大人《おとな》になってからも役立《やく だ》つはず！

考《かんが》えてみよう

キミの浪費《ろうひ》、どう減《へ》らす？

浪費《ろうひ》を減《へ》らすために何《なに》ができるでしょうか？　自分《じぶん》の生活《せいかつ》を振《ふ》り返《かえ》りながら、具体的《ぐたいてき》に減《へ》らす方法《ほうほう》を考《かんが》えてみましょう。

Q. 最近買《さいきんか》ったもので、キミが浪費《ろうひ》だと思《おも》うものはある？

Q. どうすればその浪費《ろうひ》をしなかったと思《おも》う？

うーん……。この間《あいだ》のセールで、デザインが気《き》に入《い》って買《か》ったT《ティー》シャツ、家《いえ》に帰《かえ》って着《き》てみたら、サイズが合《あ》わなかったんだよね。全然着《ぜんぜんき》てないから、浪費《ろうひ》だったなぁ。きちんと試着《しちゃく》すれば防《ふせ》げたのに！

さまざまな支払《しはら》い方法《ほうほう》とそのしくみを知《し》ろう

支払《しはら》いは大《おお》きく分《わ》けて「現金《げんきん》」か、「キャッシュレス」かの2種類《しゅるい》

支払《しはら》いの方法《ほうほう》は、「財布《さいふ》に入《はい》っている紙幣《しへい》や硬貨《こうか》を手渡《てわた》す」というのが、これまでの常識《じょうしき》でした。しかし、近年《きんねん》、現金《げんきん》以外《いがい》の支払《しはら》い方法《ほうほう》が広《ひろ》まっています。それが「キャッシュレス決済《けっさい》」です。

キャッシュレスとは、「現金《げんきん》を使《つか》わない」支払《しはら》い方法《ほうほう》全般《ぜんぱん》のことです。クレジットカードや電子《でんし》マネー、スマホ決済《けっさい》などを、まとめて「キャッシュレス決済《けっさい》」といいます。

現金払《げんきんばら》いでもキャッシュレス決済《けっさい》でも、お金《かね》の価値《かち》は同《おな》じです。1万《まん》円《えん》の買《か》い物《もの》をしたとして、払《はら》う額《がく》は同《おな》じ1万円《まんえん》です。キャッシュレス決《けっ》

現金《げんきん》で払《はら》う

¥1000

手持《ても》ちの現金《げんきん》で支払《しはら》います。支払《しはら》うことで手元《てもと》にあるお金《かね》が減《へ》っていくことが、目《め》で見《み》て確認《かくにん》できます。キャッシュレスに対応《たいおう》していないお店《みせ》でも買《か》い物《もの》ができます。

ぼくたちはまだ現金《げんきん》で払《はら》うことが多《おお》いけど、いろいろな支払《しはら》い方法《ほうほう》を知《し》りたいな。電車《でんしゃ》に乗《の》るときのカード型《がた》の交通系《こうつうけい》電子《でんし》マネーは、使《つか》ったことがある！

済《さい》は現金《げんきん》が減《へ》らないので、つい使《つか》い過《す》ぎてしまいがちですが、お金《かね》を使《つか》ったことには変《か》わりません。

キャッシュレス化《か》は、ここ数年《すうねん》で急速《きゅうそく》に進《すす》んでいます。お隣《となり》の国《くに》、韓《かん》国《こく》ではなんと90%以上《いじょう》、中国《ちゅうごく》が約《やく》70%、イギリスは約《やく》64%と、支払《しはら》いの半分以上《はんぶんいじょう》をキャッシュレス決済《けっさい》が担《にな》っている国《くに》も少《すく》なくありません。*

それに対《たい》し、日本《にほん》は36%（2022年《ねん》。下《した》のグラフ参照《さんしょう》）ほどで、キャッシュレスの普及率《ふきゅうりつ》が低《ひく》い国《くに》だといわれています。現金《げんきん》への信頼度《しんらいど》が高《たか》いこと、日本人《にほんじん》が現金《げんきん》そのものに愛着《あいちゃく》を持《も》っていること、治安《ちあん》がいい国《くに》で、現金《げんきん》を落《お》としても戻《もど》ってくる可能性《かのうせい》が高《たか》いこと、キャッシュレス決済《けっさい》に不安《ふあん》がある高齢者《こうれいしゃ》が多《おお》いことなどが、理由《りゆう》として挙《あ》げられます。

現在《げんざい》、日本政府《にほんせいふ》はキャッシュレス化《か》のための政策《せいさく》を進《すす》めています。実《じっ》際《さい》、ここ数年《すうねん》で、キャッシュレスのサービスを利用《りよう》できるお店《みせ》が急激《きゅうげき》に増《ふ》えました。

＊経済産業省《けいざいさんぎょうしょう》「キャッシュレス更《さら》なる普及促進《ふきゅうそくしん》に向《む》けた方向性《ほうこうせい》」より

キャッシュレス化《か》は今後《こんご》も進《すす》む!

日本《にほん》は世界的《せかいてき》に見《み》ると、キャッシュレス化《か》が進《すす》んでいない国《くに》といわれていますが、それでも年々《ねんねん》キャッシュレス決済《けっさい》の比率《ひりつ》は上昇《じょうしょう》しています。2010年《ねん》が13.2%ほどだったのに対《たい》し、2022年《ねん》は約《やく》3倍《ばい》の36.0%と、着実《ちゃくじつ》にキャッシュレス化は進んでいます。経済産業省《けいざいさんぎょうしょう》は、2025年《ねん》までに4割《わり》、ゆくゆくは8割程度《わりていど》のキャッシュレス化《か》を目指《めざ》すとしています。

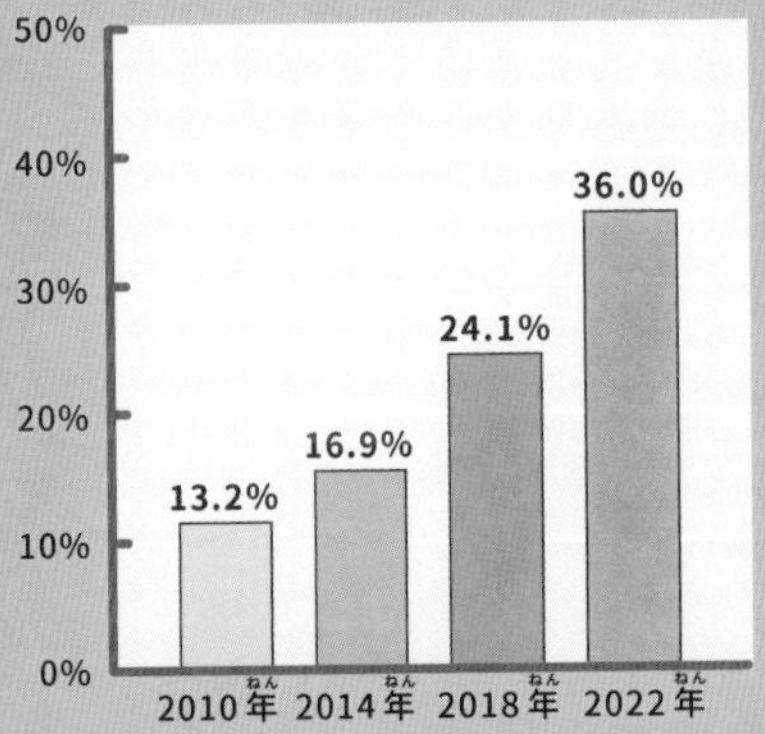
50%
40%
30%
20%
10%
0%
13.2%
16.9%
24.1%
36.0%
2010年《ねん》
2014年《ねん》
2018年《ねん》
2022年《ねん》

（出典《しゅってん》）経済産業省《けいざいさんぎょうしょう》「我《わ》が国《くに》のキャッシュレス決済額及《けっさいがくおよ》び比率《ひりつ》の推移《すいい》」（2022年《ねん》）から抜粋《ばっすい》

キャッシュレスで払《はら》う

財布《さいふ》から現金《げんきん》を出《だ》す手間《てま》がない分《ぶん》、支払《しはら》いがスムーズです。ポイントが貯《た》まることも多《おお》く、お得《とく》に買《か》い物《もの》できることも。キャッシュレス決済《けっさい》に対応《たいおう》していないお店《みせ》では、支払《しはら》えません。

キャッシュレス決済《けっさい》にはさまざまな種類《しゅるい》があります。次《つぎ》のページで具体的《ぐたいてき》に見《み》ていきましょう！

キャッシュレス決済《けっさい》の種類《しゅるい》としくみ

キャッシュレス決済《けっさい》にはいろいろな種類《しゅるい》があり、お金《かね》が動《うご》くしくみもさまざまです。身《み》のまわりで使《つか》われている、代表的《だいひょうてき》なものを見《み》ていきましょう。

CREDIT CARD
1234
0123 4567 8910
00/00
0000 00000

クレジットカード

クレジットカード会社《がいしゃ》から発行《はっこう》されるカードで、加盟《かめい》しているお店《みせ》で買《か》い物《もの》ができます。代金《だいきん》はカード会社《がいしゃ》が立《た》て替《か》えていて、後日《ごじつ》、銀行《ぎんこう》口座《こうざ》から引《ひ》き落《お》とされます。一度《いちど》に引《ひ》き落《お》とされる「一括払《いっかつばら》い」、複数回《ふくすうかい》に分《わ》けて払《はら》う「分割払《ぶんかつばら》い」のほか、あらかじめ設定《せってい》した一定《いってい》の金額《きんがく》を月々払《つきづきはら》う「リボ払《ばら》い」などの支払《しはら》い方法《ほうほう》があります。

メリット

現金《げんきん》がなくても買《か》い物《もの》できる。また、昔《むかし》からある支払《しはら》い方法《ほうほう》のため、加盟《かめい》店《てん》が多《おお》い。

デメリット

原則《げんそく》、18歳以上《さいいじょう》で信用《しんよう》がある人《ひと》しか持《も》つことができない。計画的《けいかくてき》に使《つか》わないと後《あと》で支払《しはら》いに困《こま》る。

デビットカード

買《か》い物《もの》をすると、即時《そくじ》に自分《じぶん》の口座《こうざ》から代金《だいきん》が引《ひ》き落《お》とされます。銀行口座《ぎんこうこうざ》の残高以上《ざんだかいじょう》の買《か》い物《もの》をする心配《しんぱい》がないのはメリットですが、反対《はんたい》に銀行口座《ぎんこうこうざ》に残高《ざんだか》がないと買《か》い物《もの》ができないデメリットもあります。

クレジットカードのしくみ

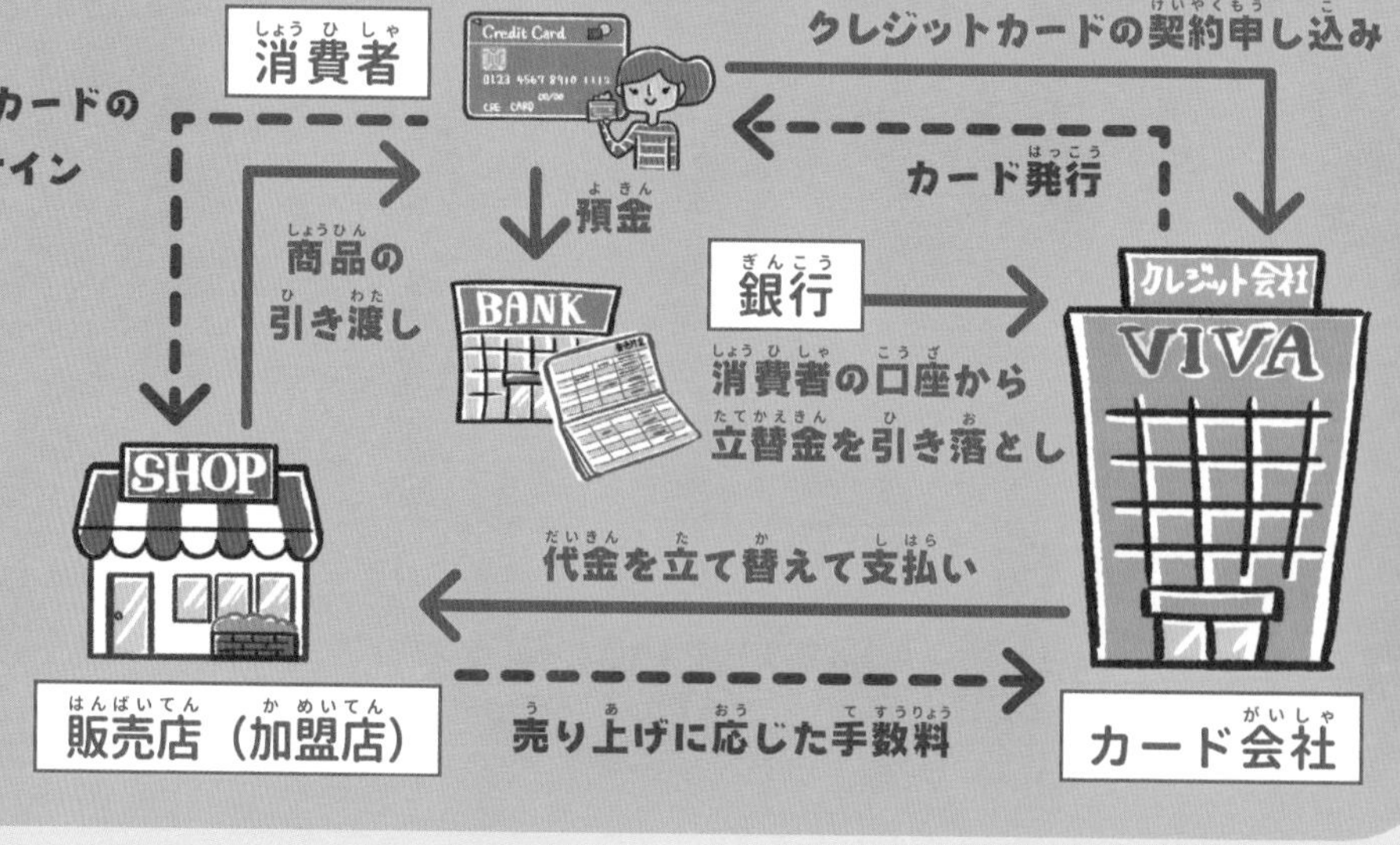

消費者《しょうひしゃ》
Credit Card
クレジットカードの契約申《けいやくもう》し込《こ》み
クレジットカードの提示《ていじ》・サイン
カード発行《はっこう》
預金《よきん》
商品《しょうひん》の引《ひ》き渡《わた》し
銀行《ぎんこう》
BANK
クレジット会社
VIVA
消費者《しょうひしゃ》の口座《こうざ》から立替金《たてかえきん》を引《ひ》き落《お》とし
SHOP
代金《だいきん》を立《た》て替《か》えて支払《しはら》い
売《う》り上《あ》げに応《おう》じた手数料《てすうりょう》
販売店《はんばいてん》（加盟店《かめいてん》）
カード会社《がいしゃ》

世界的《せかいてき》に加盟店《かめいてん》が多《おお》い「国際《こくさい》ブランド」のカード会社《がいしゃ》は5つあり、VISA《ビザ》、マスターカード、アメリカン・エクスプレス、JCB《ジェイシービー》、ダイナースクラブです。このうち、世界《せかい》でもっとも加盟店《かめいてん》が多《おお》いのはVISA《ビザ》。なお、JCB《ジェイシービー》は、日本生《にほんう》まれのカード会社《がいしゃ》です。

主《おも》なキャッシュレス決済《けっさい》

カードによる決済《けっさい》	スマホによる決済《けっさい》
● **磁気型《じきがた》プリペイドカード** 前払《まえばら》い QUO《クオ》カードなど。 ● **接触型《せっしょくがた》IC《アイシー》カード** クレジットカード 後払《あとばら》い／デビットカード 即時払《そくじばら》い クレジットカードやデビットカードなど。 ● **非接触型《ひせっしょくがた》IC《アイシー》カード（タッチ決済《けっさい》）** 前払《まえばら》いなど Suica《スイカ》といった交通系《こうつうけい》プリペイドカードや、nanaco《ナナコ》といった流通系《りゅうつうけい》プリペイドカードなど。	● **非接触型《ひせっしょくがた》（タッチ決済《けっさい》）** モバイル Suica《スイカ》やモバイル nanaco《ナナコ》、Apple Pay《アップルペイ》、Google Pay《グーグルペイ》など。 ● **バーコード型《がた》** Paypay《ペイペイ》、LINE Pay《ラインペイ》、楽天《らくてん》 Pay《ペイ》など。 123 ページのイラストは、このタイプの決済方法《けっさいほうほう》。

磁気型《じきがた》プリペイドカード

代金《だいきん》を前払《まえばら》い、商品《しょうひん》を後渡《あとわた》しする決済方式《けっさいほうしき》のカード。QUO《クオ》カード（商品券《しょうひんけん》）や、公衆電話《こうしゅうでんわ》で使《つか》えるテレフォンカードなどがこれに当《あ》たります。

非接触型《ひせっしょくがた》IC《アイシー》カード

電波《でんぱ》を使《つか》って読《よ》み取《と》る方式《ほうしき》のカード全般《ぜんぱん》を指《さ》します。Suica《スイカ》、Pasmo《パスモ》などの「交通系《こうつうけい》」や、nanaco《ナナコ》、楽天《らくてん》 Edy《エディ》などの「流通系《りゅうつうけい》」などがあります。近年《きんねん》、一部《いちぶ》のクレジットカードも一定金額《いっていきんがく》まで、この方法《ほうほう》で決済《けっさい》できるようになってきています。

スマホ決済《けっさい》

スマートフォンにクレジットカード、電子《でんし》マネー、銀行口座《ぎんこうこうざ》などを登録《とうろく》し、支払《しはら》う決済方法《けっさいほうほう》です。事前《じぜん》にインストールした専用《せんよう》のアプリを使《つか》って支払《しはら》います。お店《みせ》の端末《たんまつ》にスマホをかざして支払《しはら》う「非接触型《ひせっしょくがた》（タッチ決済《けっさい》）」、画面《がめん》のバーコードを読《よ》み取《と》って支払《しはら》う「バーコード型《がた》」のほかに、携帯電話《けいたいでんわ》の料金《りょうきん》とまとめて支払《しはら》う「キャリア決済《けっさい》」などもあります。

メリット

スマートフォン１台《だい》あれば買《か》い物《もの》ができ、スピーディー。クレジットカードと関連付《かんれんづ》けることもできる。

デメリット

サービスに対応《たいおう》していない店舗《てんぽ》では使《つか》えない。通信環境《つうしんかんきょう》が悪《わる》かったり、バッテリーが切《き》れて使用《しよう》できないことも。

キャッシュレス決《けっ》済《さい》ってこんなに種類《しゅるい》があるんだね……！自分《じぶん》の用途《ようと》に合《あ》ったものを選《えら》びたいな。

無料《むりょう》で使《つか》えるサービスがあるのはなぜ？

世《よ》の中《なか》には、お金《かね》を払《はら》わなくても受《う》けられるサービスがあります。
無料《むりょう》で使《つか》えて、販売者《はんばいしゃ》は損《そん》をしないのでしょうか？
なぜ無料《むりょう》なのか……。その大《おお》きな理由《りゆう》を２つ紹介《しょうかい》します。

理由《りゆう》 1. 購買意欲《こうばいいよく》をかき立《た》てるため

GAME
1章まで無料
へぇ〜 このゲーム新シリーズ出るんだ〜
無料ならやるか…
続きが気になるっ 発売したら絶対買う!!
く〜
体験版はここまで!!

よほど話題《わだい》になっているものなら別《べつ》ですが、ゲーム、漫画《まんが》や本《ほん》などは、知《し》らないタイトルのものを、やってみよう、読《よ》んでみようとはなりづらいですよね。そこで、ゲームの場合《ばあい》は「体験版《たいけんばん》」、漫画《まんが》の場合《ばあい》は「２巻《かん》まで」など、序盤《じょばん》までを無料《むりょう》で体験《たいけん》できるようにします。「続《つづ》きが気《き》になる！」というところで無料分《むりょうぶん》が終《お》わると、「続《つづ》きを買《か》ってでもやりたい」「もっと読《よ》みたいから３巻《かん》も買《か》う！」という人《ひと》が出《で》てきます。

たとえば

- ゲームの体験版《たいけんばん》
  「１章分無料《しょうぶんむりょう》！」
- 動画配信《どうがはいしん》サービス
  「放送後《ほうそうご》１週間《しゅうかん》は無料《むりょう》！」
- 漫画配信《まんがはいしん》サービス
  「２巻分無料《かんぶんむりょう》！」
- 化粧品《けしょうひん》などのサンプル
  「少量使《しょうりょうつか》ってみてね！」

わかるっ！　漫画《まんが》も、
無料分《むりょうぶん》の２巻《かん》がいいところで
終《お》わると、「続《つづ》きも読《よ》みたい！
買《か》いたい！」って
なるんだよな〜。

理由《りゆう》

2. 広告収入《こうこくしゅうにゅう》を得《え》ている

にゃんこゲームズ
うちのゲームの広告を入れて下さい！
おすすめゲーム！
にゃんこ育成！
次の話を読むには広告を見ないと…
にゃんこ育成ゲームだよ〜

スマートフォンでWeb《ウエブ》サイトを閲覧《えつらん》しているときや、アプリでゲームや漫画《まんが》を閲覧《えつらん》しているとき、急《きゅう》に広告動画《こうこくどうが》が流《なが》れることがあります。この場合《ばあい》、広告動画《こうこくどうが》を流《なが》したサイトやアプリの運営会《うんえいがい》社《しゃ》は、広告主《こうこくぬし》（右《みぎ》の例《れい》の場合《ばあい》、にゃんこゲームズ）から、広告費《こうこくひ》を得《え》られます。この広告費《こうこくひ》が収入《しゅうにゅう》となるため、視聴者《しちょうしゃ》には無料《むりょう》で提供《ていきょう》できるというわけです。これは、YouTube《ユーチューブ》も同《おな》じです。無《む》料《りょう》で視聴《しちょう》できる代《か》わりに、途中《とちゅう》の広告《こうこく》を見《み》なければなりません。つまり、「課金《かきん》すれば広告《こうこく》なしでスムーズに見《み》られます」という有料《ゆうりょう》プランがある場合《ばあい》、「広告《こうこく》を閲覧《えつらん》しない代《か》わりに、広告収入《こうこくしゅうにゅう》分《ぶん》の売《う》り上《あ》げを支払《しはら》ってくださいね」ということです。

知《し》っておこう！

広告《こうこく》が作《つく》られるしくみ

商品《しょうひん》を売《う》りたい企業《きぎょう》は、多《おお》くの場合《ばあい》、広告《こうこく》の製作《せいさく》を「広告《こうこく》代理店《だいりてん》」などに依頼《いらい》します。広告用《こうこくよう》の映像《えいぞう》や画像《がぞう》ができたら、広告代理店《こうこくだいりてん》などを通《とお》して、テレビやYouTube《ユーチューブ》などの動画配信《どうがはいしん》サイト、アプリなどにお金《かね》を払《はら》い、流《なが》してもらいます。

無料《むりょう》サービスばかりだと、いずれなくなるかも…

「広告多《こうこくおお》いな」って
思《おも》うこともあるけど、
サービスを続《つづ》けるためには
必要《ひつよう》なことなんだなぁ。

消費者《しょうひしゃ》の立場《たちば》からすると、「漫画《まんが》２巻《かん》までだと少《すく》ないから、５巻《かん》くらいまで無料《むりょう》にして！」「広告《こうこく》が多《おお》くて見《み》づらいから減《へ》らして！」と思《おも》ってしまうもの。ですが、作家《さっか》や出版社《しゅっぱんしゃ》、アプリの運営会社《うんえいがいしゃ》などにお金《かね》が入《はい》らなければ、漫画《まんが》を描《か》き続《つづ》け、出《しゅっ》版《ぱん》することはできません。サービスにお金《かね》を払《はら》う人《ひと》がいるから、商売《しょうばい》が成《な》り立《た》っていることは忘《わす》れずにいたいですね。

借金《しゃっきん》っていけないこと？

広い家で暮らしたーーい!!
わー
わー
!!
月日は経ち…
貯蓄貯蓄
コツコツ
借金はダメだ!
えー、!!
借金して家は買わんぞ!
お父さん…
もう家を出る年だよ…
エッ
よし
家買うぞーー!!
はぁ
22才サラリーマン
19才大学生
ガラガラ

「借金《しゃっきん》はダメよ」って、お母《かあ》さんにもよくいわれてるから、大人《おとな》になってもしないつもりでいたんだけど……。

借金《しゃっきん》は必《かなら》ずしもいけないものではない

借金《しゃっきん》＝いけないこと、と思《おも》っている人《ひと》も多《おお》いかもしれませんが、借金《しゃっきん》は意外《いがい》と身近《みぢか》なものです。

代表的《だいひょうてき》な借金《しゃっきん》のひとつに「住宅《じゅうたく》ローン」があります。住宅《じゅうたく》の購入資金《こうにゅうしきん》は数《すう》千万円《せんまんえん》といわれています。たとえば、「広《ひろ》い一軒家《いっけんや》を建《た》てたい」と考《かんが》えたとき、すぐに購入《こうにゅう》できるだけの現金《げんきん》を持《も》っている人《ひと》は多《おお》くないでしょう。だからといって、「絶対《ぜったい》に借金《しゃっきん》しない！」と、右《みぎ》ページのように現金《げんきん》を貯《た》めるまで家《いえ》の購入《こうにゅう》を見送《みおく》ると、家《か》族《ぞく》で楽《たの》しく暮《く》らすための家《いえ》を買《か》うタイミングを逃《のが》してしまいます。また、大学《だいがく》で勉強《べんきょう》したいけど、そのためのお金《かね》がないという学生《がくせい》のための「貸《たい》与型奨学金《よがたしょうがくきん》」（返済《へんさい》が必要《ひつよう》なもの）も、広義《こうぎ》には借金《しゃっきん》という扱《あつか》いになります。

今《いま》、必要《ひつよう》なお金《かね》を工面《くめん》するためにする借金《しゃっきん》は、決《けっ》して「いけないこと」ではありません。ただ、無理《むり》のない返済計画《へんさいけいかく》を立《た》てることはとても重要《じゅうよう》です。

お金《かね》を借《か》りる主《おも》な流《なが》れ

1 金融機関《きんゆうきかん》に審査《しんさ》の申《もう》し込《こ》み

住宅《じゅうたく》ローンなどのローンは、借《か》り入《い》れの希望《きぼう》や審査《しんさ》に必要《ひつよう》な情報《じょうほう》を、まず銀行《ぎんこう》などの金融機関《きんゆうきかん》に伝《つた》えます。仮審査後《かりしんさご》、必要《ひつよう》な書類《しょるい》をそろえて提出《ていしゅつ》するなどして、本審査《ほんしんさ》になります。なお、事業《じぎょう》のためにお金《かね》を借《か》りる場合《ばあい》は、事業計画書《じぎょうけいかくしょ》などを渡《わた》したうえで申《もう》し込《こ》みます。

家を
買いたくて…

2 金融機関《きんゆうきかん》の審査《しんさ》を待《ま》つ

金融機関《きんゆうきかん》も、返済《へんさい》できない人《ひと》にお金《かね》を貸《か》すわけにはいきません。勤《つと》め先《さき》は安定《あんてい》しているか、きちんと返済《へんさい》できる収入《しゅうにゅう》があるのか、過去《かこ》に借金《しゃっきん》を踏《ふ》み倒《たお》したりしていないか、事業《じぎょう》の場合《ばあい》は事業計画《じぎょうけいかく》が現実的《げんじつてき》であるかなどを審《しん》査《さ》します。

信用は…
ドッキドッキ
?

3 契約《けいやく》手続《てつづ》き後《ご》、融資実行《ゆうしじっこう》

審査《しんさ》の結果《けっか》、「信頼《しんらい》できる人《ひと》なので、お金《かね》を貸《か》します」ということが決《き》まれば、融資実行《ゆうしじっこう》となります。融資《ゆうし》とは、資金《しきん》を融通《ゆうずう》する、つまり、お金《かね》を貸《か》すことです。

お借しますよ!
ほっ
ありがとうございます〜
ニャー

借金《しゃっきん》と利子《りし》

利子《りし》のしくみと考《かんが》え方《かた》をシンプルに紹介《しょうかい》すると、次《つぎ》の通《とお》りになります。

車を買うために
100万円借りたい
お貸ししますが、
年5%の利子をつけて
返していただきます

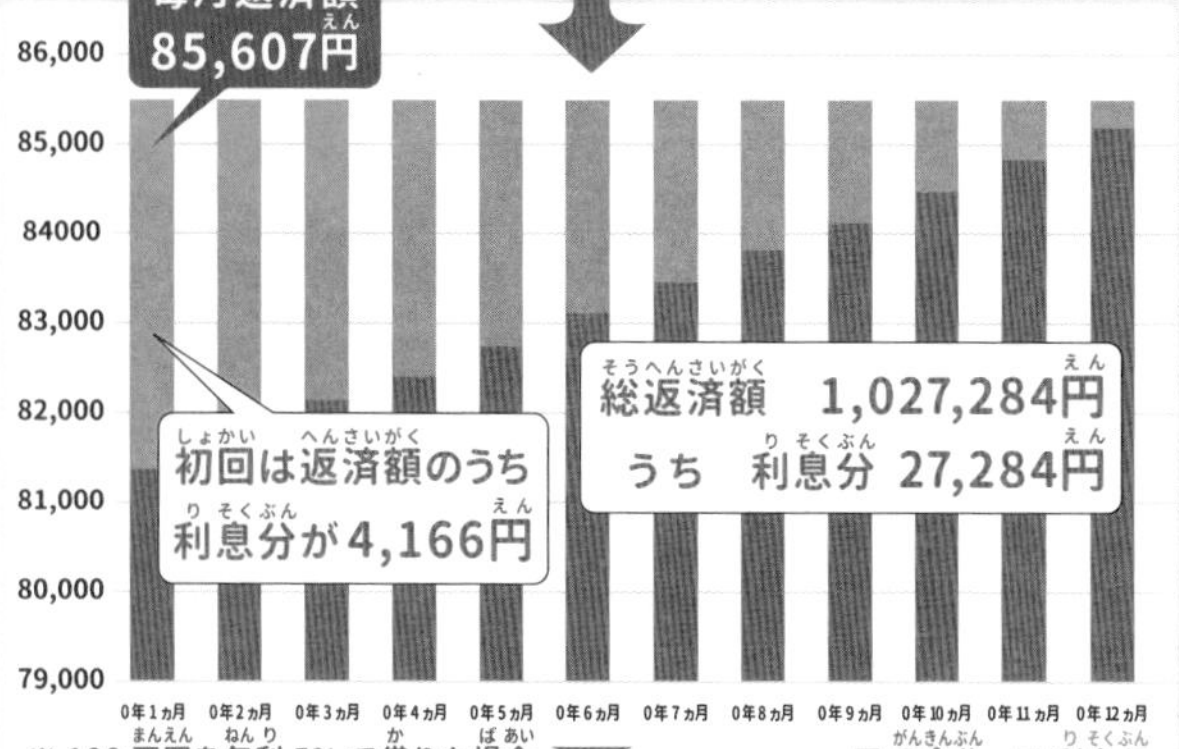
毎月返済額《まいつきへんさいがく》
85,607円《えん》
86,000
85,000
84000
83,000
82,000
81,000
80,000
79,000
初回《しょかい》は返済額《へんさいがく》のうち
利息分《りそくぶん》が4,166円《えん》
総返済額《そうへんさいがく》　1,027,284円《えん》
うち　利息分《りそくぶん》 27,284円《えん》
0年1ヵ月
0年2ヵ月
0年3ヵ月
0年4ヵ月
0年5ヵ月
0年6ヵ月
0年7ヵ月
0年8ヵ月
0年9ヵ月
0年10ヵ月
0年11ヵ月
0年12ヵ月
元金分《がんきんぶん》
利息分《りそくぶん》

※ 100 万円《まんえん》を年利《ねんり》 5% で借《か》りた場合《ばあい》
（元利均等《がんりきんとう》・1 年《ねん》で返済《へんさい》）

1年後《ねんご》…
借金を返して
車が完全に
自分のものに！

おつかれ
さまでした！

借金《しゃっきん》をして購入《こうにゅう》した場合《ばあい》、その商品《しょうひん》が完全《かんぜん》に自分《じぶん》のものになるのは、借金《しゃっきん》の総額《そうがく》（借《か》りたお金《かね》＋利子《りし》）を返済《へんさい》し終《お》えてからです。

借《か》りたお金《かね》には「利子《りし》」がつく

金融機関《きんゆうきかん》は１００万円《まんえん》を貸《か》して、そのまま１００万円返《まんえんかえ》してもらうのではなく、借《か》りたお金《かね》にいくらかお金《かね》を上乗《うわの》せして、返済《へんさい》してもらいます。この上乗《うわの》せするお金《かね》のことを「利子《りし》」といいます。この利子《りし》や手数料《てすうりょう》などが、金融機関《きんゆうきかん》の利益《りえき》になります。

利子《りし》でいくら払《はら》うかは、利子率《りしりつ》（金利《きんり》）によって決《き》まります。借金《しゃっきん》の返済総額《へんさいそうがく》は、借《か》りたお金《かね》（元本《がんぽん》）＋利子《りし》となります。家《いえ》のように高《たか》い買《か》い物《もの》をするときには、数千万単位《すうせんまんたんい》の高額《こうがく》ローンを組《く》むことがあるため、35年《ねん》かけて返済《へんさい》するというケースも少《すく》なくありません。「長期《ちょうき》ローン」と呼《よ》ばれ、貸《か》した銀行《ぎんこう》としても、長《なが》く定期的《ていきてき》にお金《かね》が入《はい》るため、安定《あんてい》した経営《けいえい》につながるメリットがあります。

知《し》っておこう！

利子《りし》と利息《りそく》

利子《りし》と似《に》た言葉《ことば》に、「利息《りそく》」があります。利子《りし》と利息《りそく》は、じつは同《おな》じ意味《いみ》の言葉《ことば》で、いずれもお金《かね》を貸《か》し借《か》りする際《さい》に、一定《いってい》の割合《わりあい》で上乗《うわの》せされるお金《かな》のこと。明確《めいかく》な基準《きじゅん》はありませんが、一般的《いっぱんてき》には、支《し》払《はら》う必要《ひつよう》があるものは「利息《りそく》」、受《う》け取《と》れるものは「利子《りし》」と使《つか》い分《わ》けることが多《おお》いです。

お金《かね》はだれでも借《か》りられるわけではない

金融機関《きんゆうきかん》は、貸《か》したお金《かね》を必《かなら》ず返《へん》済《さい》してもらわなければなりません。そのため、安定《あんてい》した収入《しゅうにゅう》があり、返《へん》済計画《さいけいかく》に無理《むり》がないかを審査《しんさ》したうえで、融資《ゆうし》の実行《じっこう》を決《き》めます。

返済計画《へんさいけいかく》に無理《むり》がないか、というのは、たとえば月収《げっしゅう》が30万円《まんえん》の人《ひと》の毎月《まいつき》の返済額《へんさいがく》が20万円《まんえん》だとしたら、無理《むり》のある返済計画《へんさいけいかく》なので、破綻《はたん》する可能性《かのうせい》が高《たか》くなります※。

一方《いっぽう》、たとえ高収入《こうしゅうにゅう》で、返済計画《へんさいけいかく》に無理《むり》がなかったとしても、お金《かね》を貸《か》してもらえないケースがあります。たとえば、過去《かこ》にクレジットカードの返済《へんさい》が滞《とどこお》っていたり、家賃《やちん》を払《はら》っていなかったりして、その人《ひと》の「信《しん》用《よう》が低《ひく》い」場合《ばあい》です。こういった、その人《ひと》への信用《しんよう》を調査《ちょうさ》する基準《きじゅん》が「信用評価《しんようひょうか》」です。どういった基準《きじゅん》で信用《しんよう》を評価《ひょうか》するか、その内容《ないよう》は、金《きん》融機関《ゆうきかん》によって異《こと》なります。

※消費者金融《しょうひしゃきんゆう》やクレジットカード会社《かいしゃ》（キャッシング）などからの借《か》り入《い》れは、年収《ねんしゅう》の3分《ぶん》の1までが上限《じょうげん》とされています（総量規制《そうりょうきせい》）。

信用情報《しんようじょうほう》が関《かか》わるタイミングの例《れい》

18歳《さい》で成人《せいじん》すると、自分《じぶん》で契約《けいやく》できるようになります。いろいろなシーンで、信用情《しんようじょう》報《ほう》が関《かか》わっていることがわかりますね。

スマートフォンの購入《こうにゅう》

スマートフォンを分割払《ぶんかつばら》いで契約《けいやく》する場合《ばあい》、支払《しはら》い能力《のうりょく》があるか信用《しんよう》を調《しら》べることも！

アパートの契約《けいやく》

家賃《やちん》を払《はら》い続《つづ》けることができるか、管理会社《かんりがいしゃ》などによる審査《しんさ》が入《はい》ることも。

クレジットカードの契約《けいやく》

キャッシング機能《きのう》がついているものも多《おお》く、契約《けいやく》できるかは審《しん》査《さ》しだいに！

自動車《じどうしゃ》ローンの契約《けいやく》

自動車《じどうしゃ》は、数百万円《すうひゃくまんえん》するもの。ローンを組《く》む際《さい》、審査《しんさ》が必要《ひつよう》になります。

住宅《じゅうたく》ローンの契約《けいやく》

数千万円《すうせんまんえん》もの借《か》り入《い》れをする住宅《じゅうたく》ローン。数十年後《すうじゅうねんご》もきちんと払《はら》ってもらえるか、審査《しんさ》が入《はい》ります。

教育《きょういく》ローンの契約《けいやく》

子《こ》どもの入学《にゅうがく》の際《さい》に借《か》りる教育《きょういく》ローン。契約《けいやく》の前《まえ》に、審査《しんさ》が入《はい》ります。

知《し》っておこう！

担保《たんぽ》とは

お金《かね》を借《か》りた人《ひと》が借金《しゃっきん》を返済《へんさい》できないと、貸《か》した金融機関《きんゆうきかん》に損害《そんがい》が出《で》てしまいます。それを補《おぎな》うために、「お金《かね》を返《かえ》せなければ、○○を手放《てばな》すように」と取《と》り決《き》めをすることがあります。たとえば住宅《じゅうたく》ローンの場合《ばあい》は、住宅《じゅうたく》が担保《たんぽ》（物《ぶっ》的担保《てきたんぽ》）になります。返済不能《へんさいふのう》になった場合《ばあい》、金融機関《きんゆうきかん》は住宅《じゅうたく》を売《う》ったお金《かね》で、優先的《ゆうせんてき》に貸《か》したお金《かね》を回収《かいしゅう》します。

複利《ふくり》とそのしくみ

130ページで、借《か》りたお金《かね》には利息《りそく》（利子《りし》）がつくという話《はなし》をしましたね。利息《りそく》（利子《りし》）は、お金《かね》を借《か》りた場合《ばあい》だけでなく、お金《かね》を預《あず》けた場合《ばあい》にもつきます。利息《りそく》には、「単利《たんり》」と「複利《ふくり》」の２つの計算方法《けいさんほうほう》があります。

単利《たんり》は、元本《がんぽん》（預《あず》けた、借《か》りた元《もと》の金額《きんがく》）に、毎年同《まいとしおな》じ額《がく》の利息《りそく》がつく計算方法《けいさんほうほう》。たとえば、元本《がんぽん》が100万円《まんえん》の場合《ばあい》、１年間《ねんかん》の金利《きんり》が２％だと、毎年《まいとし》２万円《まんえん》の利息《りそく》がつきます。一方《いっぽう》の複利《ふくり》とは、利息《りそく》（利子《りし》）に、さらに利息《りそく》を上乗《うわの》せする計算方法《けいさんほうほう》です。元本《がんぽん》が100万円《まんえん》の場合《ばあい》、１年目《ねんめ》に金利《きんり》２％の２万円《まんえん》がつくのは同《おな》じですが、２年目《ねんめ》は１年目《ねんめ》の利息《りそく》を元本《がんぽん》に加《くわ》えてその年《とし》の利息《りそく》を計算《けいさん》します。つまり、102万円《まんえん》の２％＝２万《まん》400円《えん》がつくということ！

金利《きんり》が高《たか》く、年数《ねんすう》が長《なが》くなるほど“複利《ふくり》の力《ちから》”が大《おお》きく働《はたら》きます。お金《かね》を預《あず》ける場合《ばあい》、複利《ふくり》の力《ちから》で大《おお》きく稼《かせ》げますが、逆《ぎゃく》にお金《かね》を借《か》りる場合《ばあい》は注意《ちゅうい》が必要《ひつよう》。よく「雪《ゆき》だるま式《しき》に借金《しゃっきん》が増《ふ》える」といいますが、これは複利《ふくり》で計算《けいさん》されるローンなどで返済《へんさい》がとどこおり、借金《しゃっきん》の総額《そうがく》がふくれ上《あ》がっていく状態《じょうたい》です。

複利《ふくり》の伸《の》び方《かた》

元本《がんぽん》100万円《まんえん》で、金利《きんり》1%～18%の場合《ばあい》の複利《ふくり》の伸《の》び方《かた》を表《あらわ》したもの。

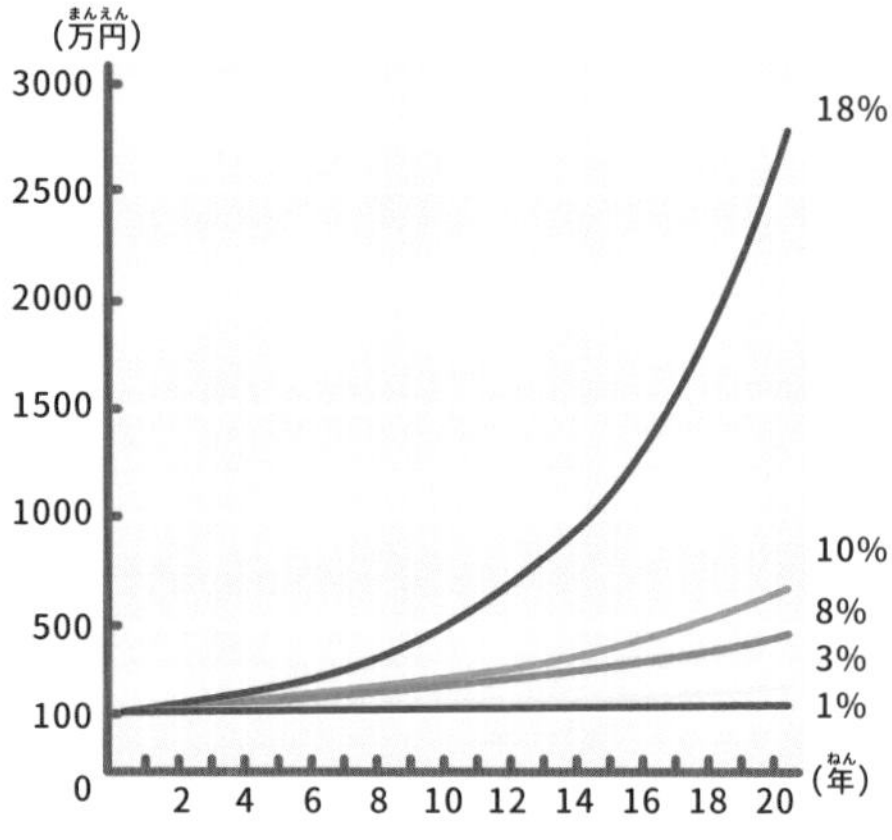
(万円《まんえん》)
3000
2500
2000
1500
1000
500
100
0
2
4
6
8
10
12
14
16
18
20
(年《ねん》)
18%
10%
8%
3%
1%

期間が長いほど…
複利の力で
利子が毎月
ふくらんでいく
￥
よいしょ

72の法則《ほうそく》って？

「72 ÷ 金利《きんり》」を計算《けいさん》すると、複利《ふくり》の力《ちから》によって、お金《かね》が2倍《ばい》になるおおよその年数《ねんすう》がわかります。たとえば、金利《きんり》4％の場合《ばあい》、「72 ÷ 4 ≒ 18」。つまり、お金《かね》を運用《うんよう》する場合《ばあい》も、借《か》りる場合《ばあい》も、18年《ねん》で元《もと》のお金《かね》の2倍《ばい》になるということです※。

※借金《しゃっきん》の金利《きんり》が元金《がんきん》にかかる、毎月返済《まいつきへんさい》する……といった場合《ばあい》、上記《じょうき》のペースでは増《ふ》えません。

銀行《ぎんこう》は何《なに》をするところ？

一般的《いっぱんてき》な銀行《ぎんこう》は民間金融機関《みんかんきんゆうきかん》に分類《ぶんるい》される

銀行《ぎんこう》は、「金融機関《きんゆうきかん》」の一《ひと》つです。金融機関《きんゆうきかん》とは、余《あま》っている人《ひと》からお金《かね》を集《あつ》めて、必要《ひつよう》とする人《ひと》に渡《わた》す、仲介《ちゅうかい》の役割《やくわり》を担《にな》う機関《きかん》のことで、国《こっ》家《か》や特定《とくてい》の地域《ちいき》の金融機構《きんゆうきこう》の中核《ちゅうかく》となる「中央銀行《ちゅうおうぎんこう》」と、その他《た》「民間《みんかん》金融機関《きんゆうきかん》」に分《わ》かれます。日本《にほん》の中《ちゅう》央銀行《おうぎんこう》は、日本銀行《にっぽんぎんこう》ただ一《ひと》つです。

民間金融機関《みんかんきんゆうきかん》は、さらにお金《かね》を預《あず》かる（預金《よきん》）業務《ぎょうむ》を行《おこな》っているか、そうではないかに分《わ》かれます。預金《よきん》を扱《あつか》う「預金取扱金融機関《よきんとりあつかいきんゆうきかん》」に分類《ぶんるい》される中《なか》で、「一般社団法人全国銀行《いっぱんしゃだんほうじんぜんこくぎんこう》協会《きょうかい》（略称《りゃくしょう》・全銀協《ぜんぎんきょう》）」に加盟《かめい》しているところを、一般的《いっぱんてき》に「銀行《ぎんこう》」と呼《よ》んでいます。

主《おも》な金融機関《きんゆうきかん》の種類《しゅるい》

中央銀行《ちゅうおうぎんこう》 → **日本銀行《にっぽんぎんこう》**
紙幣《しへい》を発行《はっこう》する、日本《にほん》でただ一《ひと》つの中央銀行《ちゅうおうぎんこう》。

民間金融機関《みんかんきんゆうきかん》
都市銀行《としぎんこう》、信託銀行《しんたくぎんこう》など、民《みん》間《かん》の資本《しほん》によって運営《うんえい》されている金融機関《きんゆうきかん》のこと。

→ **預金取扱《よきんとりあつかい》金融機関《きんゆうきかん》**
預金《よきん》、または貯金《ちょきん》を取《と》り扱《あつか》う金融機関《きんゆうきかん》のこと。

→ → **全国銀行《ぜんこくぎんこう》**
これが銀行《ぎんこう》！
「全銀協《ぜんぎんきょう》」に加盟《かめい》している、都市銀行《としぎんこう》、地方銀《ちほうぎん》行《こう》、第二地方銀行《だいにちほうぎんこう》、信託《しんたく》銀行《ぎんこう》110行《こう》の総称《そうしょう》。

→ → ・協同組織金融機関《きょうどうそしききんゆうきかん》
・協同組織《きょうどうそしき》の中央機関等《ちゅうおうきかんとう》

→ **非預金取扱金融機関《ひよきんとりあつかいきんゆうきかん》**
預金《よきん》または貯金《ちょきん》を扱《あつか》わない、証券関連《しょうけんかんれん》や保険関《ほけんかん》連《れん》などが含《ふく》まれる。

→ **特殊会社《とくしゅがいしゃ》**
日本郵政《にほんゆうせい》や、日本政策《にほんせいさく》投資銀行《とうしぎんこう》など。

（参考《さんこう》）金融広報中央委員会《きんゆうこうほうちゅうおういいんかい》「知《し》るぽると」の「金融機関《きんゆうきかん》とは」を参考《さんこう》に図《ず》を作成《さくせい》
https://www.shiruporuto.jp/public/document/container/yogo/k/kinyu_kikan.html

これは、かなり簡略《かんりゃく》した表《ひょう》です。「金融機関《きんゆうきかん》にもいろいろある」ということを覚《おぼ》えてくださいね。

銀行《ぎんこう》は、お金《かね》の動《うご》きの中心《ちゅうしん》となる場所《ばしょ》です。お金《かね》のことをきちんと理解《りかい》するには、銀行《ぎんこう》の種類《しゅるい》や役割《やくわり》をおさえる必要《ひつよう》があります。

銀行《ぎんこう》を中心《ちゅうしん》に社会《しゃかい》にお金《かね》が巡《めぐ》る

銀行《ぎんこう》が行《おこな》う業務《ぎょうむ》には、どういった役割《やくわり》があるのでしょうか。

世《よ》の中《なか》には、たくさんの企業《きぎょう》があります。経営《けいえい》を続《つづ》けていくにはお金《かね》が必要《ひつよう》ですが、急《きゅう》な支払《しはら》いがあったり、設備投資《せつびとうし》に大量《たいりょう》のお金《かね》が必要《ひつよう》だったりすると、手持《ても》ちの資金《しきん》だけですべてのお金《かね》をまかなうのは難《むずか》しいことがあります。

多《おお》くの企業《きぎょう》は、銀行《ぎんこう》とつき合《あ》いがあります。必要《ひつよう》なときにお金《かね》を借《か》りて、会社《かいしゃ》を運営《うんえい》していきます。銀行《ぎんこう》はその利子《りし》で儲《もう》けを出《だ》していますから、個人《こじん》への貸付《かしつけ》と同《おな》じく、その企《き》業《ぎょう》が信用《しんよう》できるか、無理《むり》なく返済《へんさい》してもらえるかを審査《しんさ》しています。

企業《きぎょう》は、お金《かね》を借《か》りて「資金《しきん》」を得《え》ることで、必要《ひつよう》な設備《せつび》に投資《とうし》したり、事業《じぎょう》を拡大《かくだい》していきます。そして、そこで働《はたら》く社員《しゃいん》への給与《きゅうよ》の支払《しはら》いも、銀行《ぎんこう》を経由《けいゆ》して行《おこな》われます。

社員《しゃいん》は銀行《ぎんこう》から振《ふ》り込《こ》まれた給与《きゅうよ》で、物《もの》を買《か》ったり、投資《とうし》（136ページ）などで、経済活動《けいざいかつどう》に参加《さんか》します。

ボーナス出た!!
ATM
振込《ふりこみ》・預金《よきん》の引《ひ》き出《だ》し
銀行口座《ぎんこうこうざ》に振《ふ》り込《こ》まれた給与《きゅうよ》や預金《よきん》を引《ひ》き出《だ》す。
BANK
○×銀行
預金《よきん》
返済《へんさい》
貸出《かしだし》
利子《りし》をつけて返済《へんさい》。
預金《よきん》
預金《よきん》の引《ひ》き出《だ》し
社員《しゃいん》の給与《きゅうよ》の振込《ふりこみ》など、会社《かいしゃ》の運営《うんえい》に必《ひつ》要《よう》なお金《かね》を預金《よきん》。
返済《へんさい》
貸出《かしだし》
○×カンパニー
借りたお金で会社を大きくできたぞ!!
社員も増えました!

場合《ばあい》によっては、銀行《ぎんこう》で住宅《じゅうたく》ローンを組《く》んで家《いえ》を買《か》うこともあるでしょう。さらに、銀行口座《ぎんこうこうざ》は、公共料金《こうきょうりょうきん》の引《ひ》き落《お》としに使《つか》われたり、キャッシュレス決済《けっさい》に使用《しよう》されたりすることもあります。

つまり、銀行《ぎんこう》を中心《ちゅうしん》に、社会《しゃかい》にお金《かね》が巡《めぐ》り、経済活動《けいざいかつどう》が潤滑《じゅんかつ》に行《おこな》われているということ！　銀行《ぎんこう》が社会《しゃかい》や経済《けいざい》に与《あた》えている影響《えいきょう》は、非常《ひじょう》に大《おお》きいといえますね。

給与《きゅうよ》を振《ふ》り込《こ》まれた社員《しゃいん》が消費活動《しょうひかつどう》を行《おこな》うことで、お金《かね》はどんどん世《よ》の中《なか》をまわります。

決済《けっさい》をしたり
ローンを組《く》んだり
キャッシュレス決済で買っちゃおう！
がんばってローンを返すぞー!!

知《し》っておこう！

銀行《ぎんこう》がつぶれたらどうなるの？

銀行《ぎんこう》は、集《あつ》めた預金《よきん》を使《つか》って貸出《かしだ》しています。では、預金《よきん》している人全員《ひとぜんいん》がお金《かね》をおろそうとしたらどうなるでしょう？　じつは、それだけのお金《かね》は銀行《ぎんこう》には残《のこ》っていません。なぜなら、一定額《いっていがく》を手元《てもと》に残《のこ》し(準備預金《じゅんびよきん》)、残《のこ》りを貸付《かしつけ》に回《まわ》しているから。

たとえば、預金者《よきんしゃ》3人《にん》から、合計《ごうけい》1,000万円《まんえん》を預《あず》かったとします。銀行《ぎんこう》はこのうち、準備預金《じゅんびよきん》を100万円残《まんえんのこ》して、900万円《まんえん》をだれかに貸出《かしだ》したとします。すると、預《あず》かったのは1000万円《まんえん》でも、預金口座《よきんこうざ》の合計額《ごうけいがく》は、1900万円《まんえん》になります。

このように、銀行《ぎんこう》が、信用《しんよう》があること、貸《か》したお金《かね》がきちんと返済《へんさい》されることを前提《ぜんてい》に、預金《よきん》を元手《もとで》に貸付《かしつけ》をし、見《み》かけ上《じょう》の預金《よきん》を増《ふ》やしてまた貸付《かしつけ》を行《おこな》うことを「信用創造《しんようそうぞう》」といいます。

なお、景気《けいき》が悪化《あっか》して、借金《しゃっきん》を踏《ふ》み倒《たお》す人《ひと》や破産《はさん》する人《ひと》ばかりになるなどして、万《まん》が一銀行《いちぎんこう》がつぶれたときは、「預金保険制度《よきんほけんせいど》」という、一定額《いっていがく》の預金《よきん》などを保護《ほご》する保険制度《ほけんせいど》が、法律《ほうりつ》で定《さだ》められています。

○○銀行倒産!!
○×新聞
ガーン

投資《とうし》ってなんだろう？

お金《かね》は、貯蓄《ちょちく》するだけではなく、投資《とうし》することで、増《ふ》やせる可能《かのう》性《せい》があります。投資《とうし》とは何《なに》か、その基本《きほん》を学《まな》びましょう。

投資《とうし》で資《し》産運用《さんうんよう》するとお金《かね》が増《ふ》える可能性《かのうせい》も、減《へ》る可《か》能性《のうせい》もある

投資《とうし》とは、将来的《しょうらいてき》に資本《しほん》（お金《かね》など）を〝増《ふ》やす〟ために、今《いま》あるお金《かね》を投《とう》じることをいいます。

銀行《ぎんこう》にお金《かね》を預《あず》ける（貯蓄《ちょちく》する）と「利息《りそく》」がつき、預《あず》けた金額《きんがく》に応《おう》じてお金《かね》が増《ふ》えます。しかし、現在《げんざい》は金《きん》利《り》が低《ひく》いため、数百万円預《すうひゃくまんえんあず》けても、増《ふ》えるのは数百円《すうひゃくえん》ほど。預《あず》けたお金《かね》（元《がん》金《きん》）が減《へ》るリスクがない分《ぶん》リターンも少《すく》ないのが貯蓄《ちょちく》です。

こうした銀行《ぎんこう》などへの預金《よきん》と投資《とうし》との違《ちが》いは、たとえば1万円《まんえん》で買《か》った株式《かぶしき》などが、必《かなら》ずしも1万円《まんえん》以上《いじょう》で売《う》れるわけではないという点《てん》です。

投資《とうし》と貯蓄《ちょちく》の違《ちが》い

リスク

大《だい》

小《しょう》

投資

投資《とうし》はお金《かね》を育《そだ》てていくものです。もうかる可能性《かのうせい》がありますが、逆《ぎゃく》に値下《ねさ》がりして損《そん》をしてしまうこともあります。

貯蓄

貯蓄《ちょちく》はお金《かね》を守《まも》るものです。原則《げんそく》、預《あず》けたお金《かね》が減《へ》ることはありません。その分《ぶん》、金利《きんり》が低《ひく》いとお金《かね》が増《ふ》える機会《きかい》は少《すく》なくなります。

Q.投資《とうし》をするうえで気《き》をつけることは？

投資《とうし》は、いざお金《かね》が必要《ひつよう》になったときに値下《ねさ》がりしている可能性《かのうせい》があります。生活《せいかつ》に必要《ひつよう》なお金《かね》をつぎ込《こ》んで、困《こま》ることがないよう、リスクをきちんと理解《りかい》し、なおかつ次《つぎ》の３つを守《まも》ることが大切《たいせつ》です。

1.なくなっても困《こま》らない分《ぶん》を投資《とうし》

投資《とうし》は、お金《かね》が増《ふ》える可能性《かのうせい》もありますが、企業《きぎょう》の業績低下《ぎょうせきていか》などさまざまな要因《よういん》で価値《かち》が下《さ》がるなど、リスクがつきものです。生活《せいかつ》に必要《ひつよう》なお金《かね》や、家《いえ》を買《か》う、教育費《きょういくひ》など、この先使《さきつか》う予定《よてい》があるお金《かね》には手《て》をつけずに、長期運用《ちょうきうんよう》できるよう「しばらく使《つか》う予定《よてい》がないお金《かね》」を投資《とうし》にあてるようにしましょう。

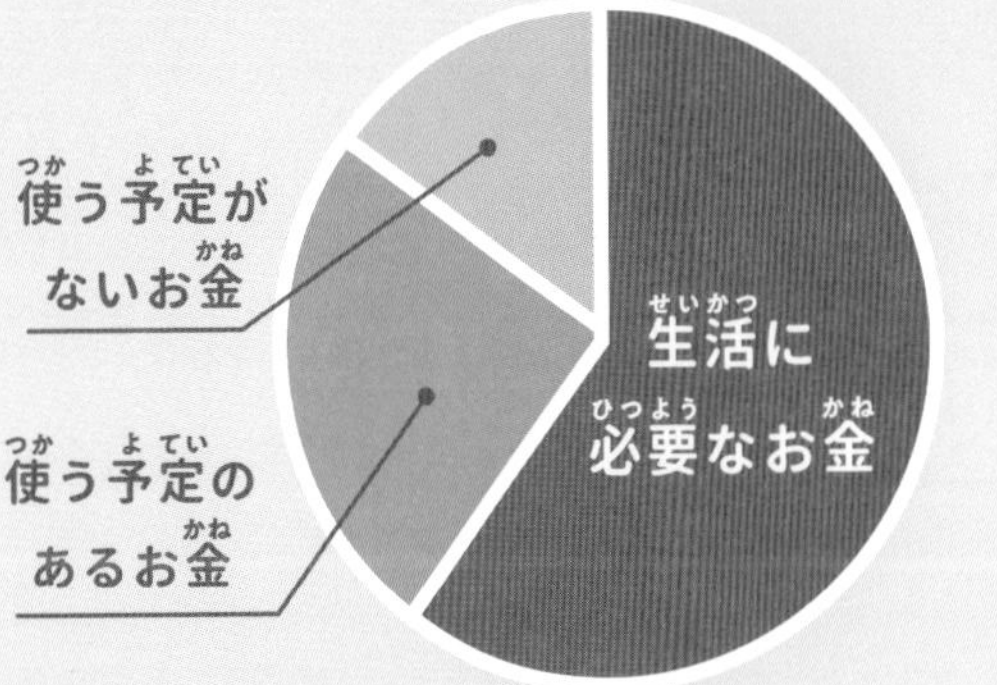

2.分散《ぶんさん》・積《つ》み立《た》て・長期《ちょうき》で

たとえば株《かぶ》を買《か》うにしても、１つの会社《かいしゃ》にお金《かね》を一度《いちど》にすべてつぎ込《こ》むのは危険《きけん》！　その会社《かいしゃ》が倒産《とうさん》したとき、投《とう》じたお金《かね》をすべて失《うしな》ってしまいます。地域《ちいき》や対象《たいしょう》、時間《じかん》などを分散《ぶんさん》して投資《とうし》しましょう。

3.投資《とうし》と貯蓄《ちょちく》を組《く》み合《あ》わせる

貯蓄《ちょちく》は「安全性《あんぜんせい》」が高《たか》く、お金《かね》が減《へ》りません。しかし、ずっとお金《かね》の価値《かち》が同《おな》じかどうかは別《べつ》で、インフレが進《すす》み、実質的《じっしつてき》な価値《かち》（実質価値《じっしつかち》）が下《さ》がることもあります。実質価値《じっしつかち》の維持《いじ》についても考《かんが》えながら、長期的《ちょうきてき》な視点《してん》で、貯蓄《ちょちく》と投資《とうし》をうまく組《く》み合《あ》わせられるとよいですね。

5000円《えん》になってしまうこともあれば、1万《まん》5000円《えん》になることもある。このように、銀行《ぎんこう》の預金《よきん》と比《くら》べて手元《てもと》に戻《もど》ってくる額《がく》が増《ふ》えるとは限《かぎ》らず、減《へ》るリスクがある一方《いっぽう》で、儲《もう》け（リターン）が出《で》る可能性《かのうせい》もあるのが、投資《とうし》です。

投資先《とうしさき》の種類《しゅるい》はさまざまです。代表的《だいひょうてき》なのは、企業《きぎょう》が発行《はっこう》する「株《かぶ》」を購入《こうにゅう》する「株式投資《かぶしきとうし》」です（138ページでくわしく解説《かいせつ》）。

その他《ほか》、「債券投資《さいけんとうし》」と「投資信託《とうししんたく》」などがあります。債券投資《さいけんとうし》は、「債券《さいけん》」を購入《こうにゅう》する（＝発行体《はっこうたい》にお金《かね》を貸《か》す）ことで、定期的《ていきてき》に利息《りそく》を受《う》け取《と》れ、途中《とちゅう》で売《う》ることもでき、満期《まんき》になれば元本《がんぽん》が戻《もど》ってきます。国《くに》が発行《はっこう》する「国債《こくさい》」や、企業《きぎょう》が発行《はっこう》する「社債《しゃさい》」などがあります。

投資信託《とうししんたく》は、投資《とうし》したい人《ひと》から集《あつ》めた資金《しきん》を、投資《とうし》のプロ（ファンドマネージャー）が株式《かぶしき》や債券《さいけん》などに投資《とうし》・運用《うんよう》するしくみです。一般的《いっぱんてき》に手数料《てすうりょう》などのコストは高《たか》めですが、少額《しょうがく》の資金《しきん》で分散投資《ぶんさんとうし》することができます。

株式投資《かぶしきとうし》のしくみ

投資《とうし》にはいろいろな種類《しゅるい》がありますが、代表的《だいひょうてき》なものに「株式投資《かぶしきとうし》」があります。株式投資《かぶしきとうし》のしくみを勉強《べんきょう》してみましょう！

配当金《はいとうきん》や
株主優待券《かぶぬしゆうたいけん》
おもしろい事業だ！
この会社は
きっと伸びるぞ！
投資家

キャピタルゲイン
（売買差益《ばいばいさえき》）

株式《かぶしき》が値上《ねあ》がりしたときに売《う》れば利益《りえき》が得《え》られる。
（↔キャピタルロス 売買差損《ばいばいさそん》）

投資家《とうしか》は、「今後発展《こんごはってん》していきそう」「応援《おうえん》したい」と考《かんが》える企業《きぎょう》が発行《はっこう》する株式《かぶしき》を購入《こうにゅう》します。株式《かぶしき》を持《も》っている人《ひと》を「株主《かぶぬし》」といいます。

従業員をやとう
工場に設備投資
WEB広告

株式《かぶしき》を発行《はっこう》したお金《かね》で、会社《かいしゃ》を発展《はってん》させていきます。より事業《じぎょう》を発展《はってん》させるために設備《せつび》を充実《じゅうじつ》させたり人《ひと》を雇用《こよう》したりするほか、商品《しょうひん》を知《し》ってもらうために広告《こうこく》を出《だ》したりします。

会社《かいしゃ》に出資《しゅっし》してくれる人《ひと》を探《さが》すための方法《ほうほう》

代表的《だいひょうてき》な投資《とうし》のひとつに「株式投資《かぶしきとうし》」があります。株式会社《かぶしきがいしゃ》が発行《はっこう》する「株《かぶ》」を購入《こうにゅう》するというものですが、そもそも株式会社《かぶしきがいしゃ》とは、一体《いったい》どういう会社《かいしゃ》なのでしょうか？

株式会社《かぶしきがいしゃ》が誕生《たんじょう》したのは、17世紀《せいき》のはじめ、オランダが「東《ひがし》インド会社《がいしゃ》」を設立《せつりつ》したのがきっかけといわれています。アジアの香辛料《こうしんりょう》を輸入《ゆにゅう》できれば大儲《おおもう》けできるけど、そのための船《ふね》をつくるお金《かね》もないし、船《ふね》が沈没《ちんぼつ》して大損《おおぞん》するリスクがある……。

そこで、「株《かぶ》」を発行《はっこう》して、事業《じぎょう》に賛同《さんどう》してくれる人《ひと》に買《か》ってもらったのです。事業《じぎょう》に失敗《しっぱい》した場合《ばあい》、株《かぶ》を買《か》った人《ひと》（株主《かぶぬし》）は少《すこ》しずつ損《そん》をしますが、成功《せいこう》したら、購入《こうにゅう》した株数《かぶすう》に応《おう》じた利益《りえき》を受《う》け取《と》れます。

このように、会社《かいしゃ》を応援《おうえん》してくれる人《ひと》から資金《しきん》を集《あつ》めて、社会《しゃかい》に必要《ひつよう》とされるものやサービスを生《う》み出《だ》す。成功《せいこう》して利益《りえき》が出《で》たら、お礼《れい》として「配当《はいとう》」を支払《しはら》う。これが、株式《かぶしき》の基本的《きほんてき》な考《かんが》えです。株式《かぶしき》は売《う》り買《か》いも可能《かのう》。株《かぶ》にお金《かね》を出《だ》す人《ひと》がいるから、いろいろな事業《じぎょう》に挑戦《ちょうせん》でき、社会《しゃかい》が発展《はってん》しているともいえますね。

知《し》っておこう！

投資《とうし》と投機《とうき》の違《ちが》いとは？

投資《とうし》に似《に》た言葉《ことば》に「投機《とうき》」がありますが、この2つは似《に》て非《ひ》なるものです。投資《とうし》が、企業《きぎょう》の成長《せいちょう》によって“長期的《ちょうきてき》に”利益《りえき》を得《え》るものであるのに対《たい》し、投機《とうき》とは、価格《かかく》の変動《へんどう》に着目《ちゃくもく》して、“短期的《たんきてき》に”利益《りえき》を得《え》ようとするものです。投機《とうき》は、短期間《たんきかん》で大《おお》きな利益《りえき》を得《え》られる可能性《かのうせい》がありますが、短《みじか》い時間《じかん》で大《おお》きな損失《そんしつ》を出《だ》してしまうこともあります。

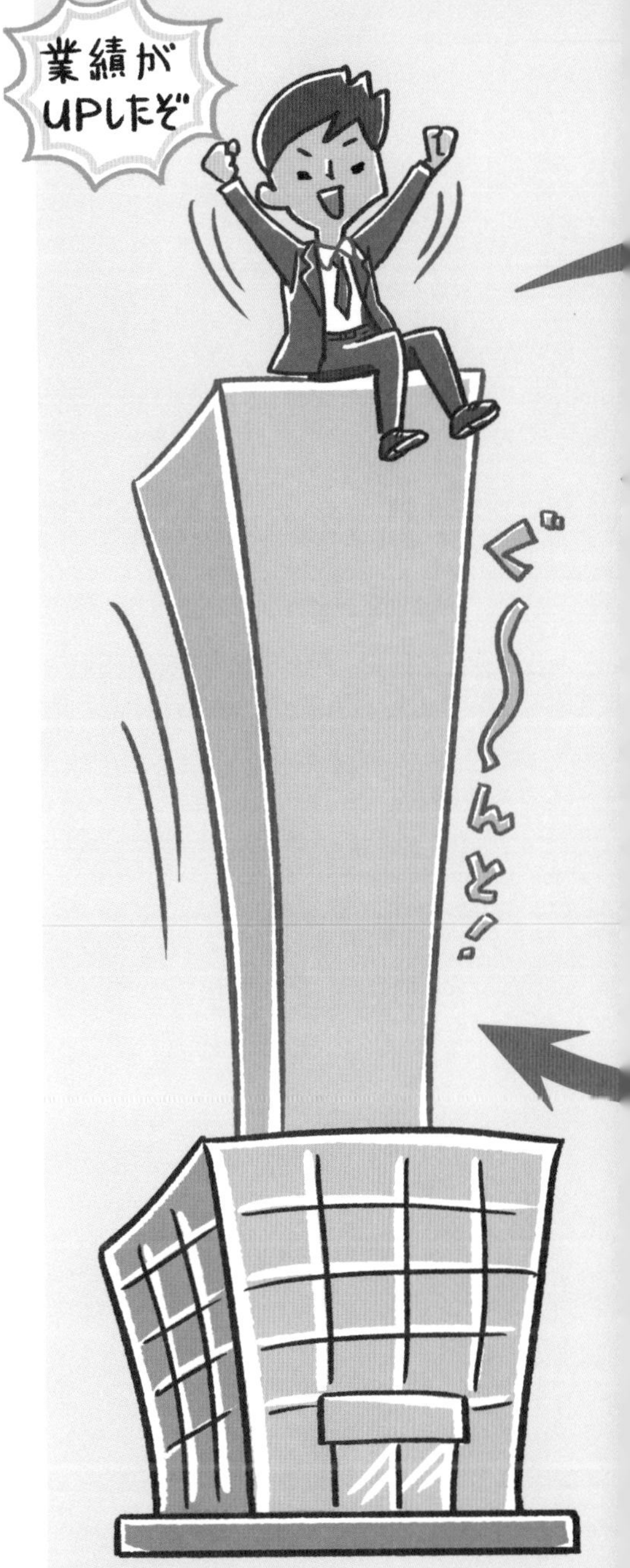
業績がUPしたぞ
ぐ〜んと！

事業《じぎょう》がうまくいくと、業績《ぎょうせき》が上《あ》がって会社《かいしゃ》が成長《せいちょう》！この会社《かいしゃ》の株式《かぶしき》の価値《かち》も上《あ》がっていきます。一方《いっぽう》、赤字《あかじ》が続《つづ》けば株価《かぶか》は下《さ》がり、経営《けいえい》が破綻《はたん》して株価《かぶか》はゼロになることも。

株主《かぶぬし》になると会社《かいしゃ》の経営《けいえい》に参加《さんか》するなどさまざま権利《けんり》が

株式《かぶしき》を購入《こうにゅう》した人《ひと》のことを「株主《かぶぬし》」といいます。株主《かぶぬし》には右《みぎ》のように、主《おも》に３つの権利《けんり》があります。

まず株主《かぶぬし》は、単《たん》にお金《かね》を出資《しゅっし》するだけでなく、その会社《かいしゃ》の事業《じぎょう》に賛同《さんどう》し、応援《おうえん》するために、経営方針《けいえいほうしん》を聞《き》いたり意見《いけん》したりできる、「株主総会《かぶぬしそうかい》」に参加《さんか》できます。たとえば、「この事《じ》業《ぎょう》はやめて、新《あたら》しい事業《じぎょう》をはじめる」と企業《きぎょう》の経営方針《けいえいほうしん》が変《か》わったとします。それに納得《なっとく》できなければ「反対《はんたい》」と意見《いけん》を伝《つた》えることができます。

配当金《はいとうきん》などの利益分配《りえきぶんぱい》を受《う》け取《と》れる権利《けんり》は「利益配当請求権《りえきはいとうせいきゅうけん》」と呼《よ》ばれるものです。

３つ目《め》の「残余財産分配請求権《ざんよざいさんぶんぱいせいきゅうけん》」は、会社《かいしゃ》が倒産《とうさん》して株価《かぶか》がゼロになった場《ば》合《あい》に、最低限《さいていげん》のお金《かね》を受《う》け取《と》るための権利《けんり》となります。その他《ほか》、自社《じしゃ》の商品《しょうひん》や割引券《わりびきけん》などがもらえる「株主優待《かぶぬしゆうたい》」があることも！

知《し》っておこう！

証券会社《しょうけんがいしゃ》とは？

株式《かぶしき》などの取引《とりひき》は、原則《げんそく》企業《きぎょう》と直接行《ちょくせつおこな》うことができず、「証券取引所《しょうけんとりひきじょ》」で行《おこな》われます。ところが、証券《しょうけん》取引所《とりひきじょ》では、取引参加資格《とりひきさんかしかく》をもっていないと、売買《ばいばい》ができません。そこで、株式《かぶしき》などを売買《ばいばい》したい場《ば》合《あい》、参加資格《さんかしかく》をもった証券会社《しょうけんがいしゃ》に口座《こうざ》を開設《かいせつ》して、取引《とりひき》をしてもらう必要《ひつよう》があります。つまり証券会社《しょうけんがいしゃ》は、投資家《とうしか》と株式《かぶしき》などの発行元《はっこうもと》（企業《きぎょう》や国《くに》）をつなぐ役割《やくわり》を担《にな》っているのです。

株主《かぶぬし》の主《おも》な権利《けんり》

1. 議決権《ぎけつけん》

株主《かぶぬし》は、「企業《きぎょう》の経営《けいえい》に参加《さんか》する権利《けんり》」をもっています。株主総会《かぶぬしそうかい》に参加《さんか》し、発言《はつげん》したり、重要《じゅうよう》な議題《ぎだい》に賛成《さんせい》、反対《はんたい》の投票《とうひょう》をすることができます。

2. 利益配当請求権《りえきはいとうせいきゅうけん》

企業《きぎょう》が利益《りえき》を得《え》たときに、持《も》っている株式《かぶしき》の数《かず》に応《おう》じた配当金《はいとうきん》を受《う》け取《と》る権利《けんり》です。業績《ぎょうせき》が上《あ》がるほど、株主《かぶぬし》がもらえる配当金《はいとうきん》も増《ふ》えます。

3. 残余財産分配請求権《ざんよざいさんぶんぱいせいきゅうけん》

株式《かぶしき》を持《も》っている企業《きぎょう》が解散《かいさん》した際《さい》、まだ財産《ざいさん》が残《のこ》っていた場合《ばあい》に、持《も》っている株《かぶ》の数《かず》に応《おう》じて財産《ざいさん》を分配《ぶんぱい》するよう、請求《せいきゅう》できます。

考《かんが》えてみよう

キミならどの会社《かいしゃ》に投資《とうし》する？

株式投資《かぶしきとうし》の基本《きほん》を学《まな》んだところで、簡単《かんたん》に投資《とうし》のシミュレーションをしてみましょう！　架空《かくう》の3つの会社《かいしゃ》のうち、キミならどの会社《かいしゃ》に投資《とうし》したいと思《おも》う？　理由《りゆう》も一緒《いっしょ》に考《かんが》えてみましょう。

★A《エー》株式会社《かぶしきがいしゃ》

- アプリゲームの開発会社《かいはつがいしゃ》
- 最近株式会社《さいきんかぶしきがいしゃ》になったばかり
- キミが興味《きょうみ》がありそうなゲームを作《つく》っている

★B《ビー》株式会社《かぶしきがいしゃ》

- 世界的《せかいてき》に有名《ゆうめい》な自動《じどう》車《しゃ》メーカー
- 大企業《だいきぎょう》で、株価《かぶか》（株《かぶ》の値段《ねだん》）が高《たか》い
- 最近《さいきん》は円安傾向《えんやすけいこう》にある

★C《シー》株式会社《かぶしきがいしゃ》

- 海外《かいがい》に拠点《きょてん》があるシステムウエア開発会社《かいはつがいしゃ》
- 株式《かぶしき》は円《えん》ではなくドルで購入《こうにゅう》する
- 業績《ぎょうせき》は上々《じょうじょう》らしい

オレはここを応援《おうえん》したいかな～。利益《りえき》が出《で》るかはわからないし、今《いま》は株価《かぶか》が低《ひく》いけど、後《あと》ですごい得《とく》するかも!?
私《わたし》は、B株式会社《ビーかぶしきがいしゃ》かな。今後円安《こんごえんやす》が進《すす》むってことは、輸出《ゆしゅつ》が多《おお》い自動車《じどうしゃ》メーカーの売《う》り上《あ》げがUP《アップ》しそう！
ぼくは、思《おも》いきって海外《かいがい》の会社《かいしゃ》にしようかな。円安《えんやす》が進《すす》むなら、今買《いまか》っておけば利益《りえき》が増《ふ》えるかもしれない！

キミならどうする？

だれかのために寄付《きふ》をするという選択肢《せんたくし》も

この章《しょう》では、お金《かね》と生活《せいかつ》、貯蓄《ちょちく》や投資《とうし》のことなど「お金《かね》を使《つか》う」ことを学《まな》んできました。もう一《ひと》つ、お金《かね》を「寄付《きふ》」するという選択肢《せんたくし》について、考《かんが》えてみましょう。

寄付《きふ》は、自分《じぶん》以外《いがい》のためにお金《かね》を使《つか》うこと

ここまで、生活《せいかつ》のための消費《しょうひ》や貯蓄《ちょちく》、投資《とうし》でお金《かね》を増《ふ》やすなど、さまざまなお金《かね》の使《つか》い道《みち》を紹介《しょうかい》しました。もう一《ひと》つ、「自分《じぶん》以外《いがい》の人《ひと》のためにお金《かね》を使《つか》うこと」も、選択肢《せんたくし》として考《かんが》えることができます。友《とも》だちや家族《かぞく》といった、身近《みぢか》な人《ひと》にお金《かね》を使《つか》うのも素敵《すてき》ですが、もう一歩《いっぽ》踏《ふ》み込《こ》んで、世界《せかい》で困《こま》っている人《ひと》に「寄付《きふ》」することも、お金《かね》の使《つか》い道《みち》の一《ひと》つです。あなたのお金《かね》で世界《せかい》がいい方向《ほうこう》に進《すす》んだり、幸《しあわ》せな人《ひと》が増《ふ》えるなんて、すばらしいことだと思《おも》いませんか？

「自分《じぶん》のためにお金《かね》を使《つか》うと物質的《ぶっしつてき》に満《み》たされる。他《ほか》の人《ひと》のためにお金《かね》

さまざまな寄付方法《きふほうほう》

募金活動《ぼきんかつどう》に参加《さんか》する

「寄付《きふ》」と聞《き》いて最初《さいしょ》に思《おも》い浮《う》かぶのが、募金箱《ぼきんばこ》にお金《かね》を入《い》れる方法《ほうほう》ではないでしょうか。駅前《えきまえ》で募金活動《ぼきんかつどう》を呼《よ》びかける人《ひと》を見《み》かけたり、コンビニエンスストアのレジ横《よこ》に募金箱《ぼきんばこ》が置《お》いてあるのを見《み》たことがある人《ひと》も多《おお》いと思《おも》います。

募金

寄付《きふ》したお金《かね》は、困《こま》っている人《ひと》にちゃんと届《とど》いてほしいな。きちんと調《しら》べてから募金《ぼきん》しなきゃ！

詐欺《さぎ》に注意《ちゅうい》しよう！

「動物《どうぶつ》の福祉《ふくし》」や「災害支援《さいがいしえん》」などとウソをついてお金《かね》を集《あつ》め、お金《かね》をだまし取《と》ろうとする「募金詐欺《ぼきんさぎ》」に注意《ちゅうい》を！　善意《ぜんい》を悪用《あくよう》されないために、信頼《しんらい》できる寄付先《きふさき》を選《えら》びましょう。

クラウドファンディングに参加《さんか》

クラウドファンディングとは、活動《かつどう》のための資金《しきん》を、インターネットを通《つう》じてたくさんの人《ひと》から集《あつ》めるしくみです。リターンがない寄付型《きふがた》のほか、金額《きんがく》に応《おう》じた見返《みかえ》り（金銭《きんせん》や返礼品《へんれいひん》など）をもらえるものもあります。

NPO《エヌピーオー》へ寄付《きふ》する

NGO《エヌジーオー》（非政府組織《ひせいふそしき》）やNPO《エヌピーオー》（非営利組織《ひえいりそしき》）は、社会《しゃかい》の課題《かだい》を解決《かいけつ》するために活動《かつどう》している団体《だんたい》のことです。NGO《エヌジーオー》やNPO《エヌピーオー》に寄付《きふ》をすると、そのお金《かね》は団体《だんたい》の活動資金《かつどうしきん》となります。つまり、寄付《きふ》によって間接的《かんせつてき》によりよい社会《しゃかい》づくりに参加《さんか》できるのです。

知《し》っておこう！

NGO《エヌジーオー》、NPO《エヌピーオー》とは？

NGO《エヌジーオー》、NPO《エヌピーオー》は、非営利団体《ひえいりだんたい》、つまり、利益《りえき》を出《だ》すことを目的《もくてき》としていない団体《だんたい》のことです。ただし、NGO《エヌジーオー》、NPO《エヌピーオー》のスタッフも無償《むしょう》で働《はたら》いているわけではありません。「人件費《じんけんひ》」として、働《はたら》いた分《ぶん》はきちんと給与《きゅうよ》が支払《しはら》われます。

いろいろな活動《かつどう》をしている
NGO《エヌジーオー》やNPO《エヌピーオー》があるんだって。
就職先《しゅうしょくさき》としても考《かんが》えられるし、
調《しら》べてみよう！

を使《つか》うと精神的《せいしんてき》に満《み》たされる」という言葉《ことば》があります。この本《ほん》を読《よ》んでいるみなさんの多《おお》くは、まだ若《わか》くて、お金《かね》に余裕《よゆう》がある人《ひと》は少《すく》ないでしょう。でも、大人《おとな》になって、生活《せいかつ》に余《よ》裕《ゆう》が出《で》たとき……。「寄付《きふ》」も選択肢《せんたくし》に入《い》れるとよいかもしれません。

eTALK

ぼく、寄付《きふ》って募金箱《ぼきんばこ》にお金《かね》を入《い》れるものだってイメージしていたんだ。でも最近《さいきん》は、キャッシュレス決済《けっさい》で募金《ぼきん》できるしくみもあるんだって！

そういえば、お母《かあ》さんがファストフードで、スマホのアプリを使《つか》って注文《ちゅうもん》したとき、「追加《ついか》で○円《えん》を寄付《きふ》する」っていうボタンがあるっていってた！

へぇー。寄付《きふ》って意外《いがい》と身近《みぢか》なところでできるんだな。今《いま》すぐ寄付《きふ》するのは難《むずか》しいかもしれないけど、お金《かね》を稼《かせ》げるようになったら考《かんが》えたいな！

「これだ！」と思《おも》うところに寄《き》付《ふ》するために

世《よ》の中《なか》には、さまざまな方法《ほうほう》で、社会《しゃかい》をよりよくしようとしている人《ひと》がいます。このような活動《かつどう》を、「慈《じ》善《ぜん》事《じ》業《ぎょう》」といいます。

さて、当《あ》たり前《まえ》ですが、人《ひと》の価《か》値《ち》観《かん》はさまざまで、社会問題《しゃかいもんだい》を解決《かいけつ》するためのアプローチのしかたも、人《ひと》によって異《こと》なります。たとえば、「海《うみ》のゴミを減《へ》らす」ことを目的《もくてき》にしている慈善事業《じぜんじぎょう》には、「ゴミを拾《ひろ》う」「教育《きょういく》をすることでゴミを削減《さくげん》する」「ゴミを捨《す》てないように監視《かんし》を置《お》く」などが考《かんが》えられます。「ゴミを拾《ひろ》っても、捨《す》てる人《ひと》がいれば変《か》わらない」という人《ひと》もいれば、「だからといって、落《お》ちているゴミを放置《ほうち》できない」という人《ひと》もいるでしょう。どちらも、尊重《そんちょう》されるべき大切《たいせつ》な意見《いけん》です。

寄《き》付《ふ》は、大切《たいせつ》なお金《かね》をその事業《じぎょう》に託《たく》す行動《こうどう》です。どのような目的《もくてき》で慈《じ》善事業《ぜんじぎょう》をしているのか、寄付金《きふきん》は具《ぐ》体的《たいてき》に何《なに》に使《つか》われるのかを把握《はあく》し、「これだ！」と思《おも》うところに寄《き》付《ふ》したいですね。

考《かんが》えてみよう

キミならどっちに寄《き》付《ふ》する？

「どんな活動《かつどう》をしているか」「寄付《きふ》したお金《かね》は何《なに》に使《つか》われるのか」を理解《りかい》したうえで、寄付先《きふさき》を考《かんが》えるシミュレーションをしましょう。

★スクールを運営《うんえい》する！

貧《まず》しい家庭《かてい》の子《こ》どもたちに勉強《べんきょう》を教《おし》えるスクールを開《ひら》いています

塾《じゅく》に通《かよ》いたくても通《かよ》えない子《こ》どもたちが無償《むしょう》で学《まな》べるスクールを全国《ぜんこく》に展開《てんかい》し、約《やく》500人《にん》の子《こ》どもたちに教《おし》えています。1万円《まんえん》寄付《きふ》いただいた場合《ばあい》の内訳《うちわけ》は、新《あたら》しいスクールを作《つく》るための積立金《つみたてきん》が6,000円《えん》、テキストの作成代《さくせいだい》が1,000円《えん》、人件費《じんけんひ》が3,000円《えん》です。うちは従業員《じゅうぎょういん》も多《おお》いので、月《つき》に600万円《まんえん》ほど集《あつ》まる寄付金《きふきん》はとてもありがたいです。

★アニマルセラピー活動《かつどう》を！

セラピー犬《けん》との触《ふ》れ合《あ》いを通《とお》して、闘病中《とうびょうちゅう》の人《ひと》をいやす活動《かつどう》をしています

病院《びょういん》で長期入院《ちょうきにゅういん》している方《かた》のストレスを緩和《かんわ》するために、訓練《くんれん》した犬《いぬ》を病院《びょういん》に連《つ》れていく、アニマルセラピーの活動《かつどう》をしています。毎月《まいつき》、平均《へいきん》10か所《しょ》の病院《びょういん》を訪問《ほうもん》しています。セラピー犬《けん》の食費《しょくひ》や訓練代《くんれんだい》、飼育施設《しいくしせつ》の維持費《いじひ》として、月《つき》に30万円《まんえん》かかるのですが、集《あつ》まる寄付金《きふきん》は月《つき》に25万円《まんえん》ほどです。クラウドファンディングや、訪問先《ほうもんさき》の施設《しせつ》からの募金《ぼきん》によって、運営費《うんえいひ》をまかなっています。

キミならどうする？

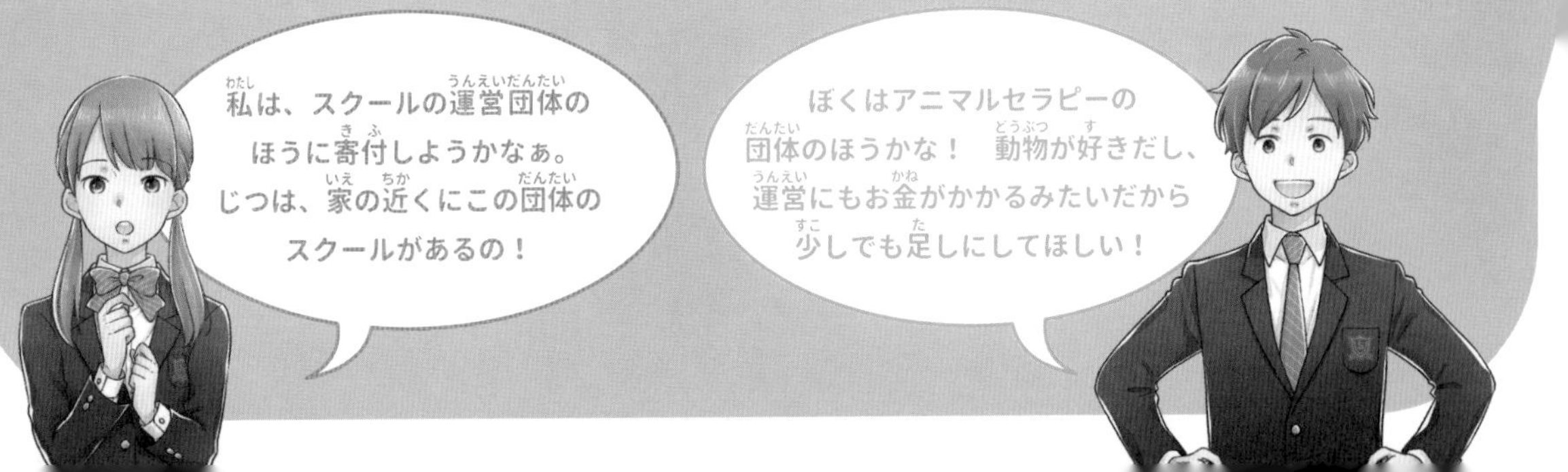
私《わたし》は、スクールの運営団体《うんえいだんたい》のほうに寄付《きふ》しようかなぁ。じつは、家《いえ》の近《ちか》くにこの団体《だんたい》のスクールがあるの！
ぼくはアニマルセラピーの団体《だんたい》のほうかな！　動物《どうぶつ》が好《す》きだし、運営《うんえい》にもお金《かね》がかかるみたいだから少《すこ》しでも足《た》しにしてほしい！

お金《かね》のトラブルに注意《ちゅうい》しよう

だれもがお金《かね》のトラブルに巻《ま》き込《こ》まれる可能性《かのうせい》がある

お金《かね》は、生活《せいかつ》するうえで必要《ひつよう》なものであり、持《も》っていると使《つか》う選択肢《せんたくし》が増《ふ》えるものです。残念《ざんねん》ながら、世《よ》の中《なか》には、甘《あま》い儲《もう》け話《ばなし》でお金《かね》をだまし取《と》ろうとする人《ひと》、犯罪行為《はんざいこうい》をする人《ひと》がいます。

そういったトラブルや犯罪《はんざい》から自《じ》分《ぶん》を守《まも》るためには、具体的《ぐたいてき》にどんなお金《かね》のトラブルがあるのか、知《し》っておくことが大切《たいせつ》です。

また、くれぐれも頭《あたま》に入《い》れておいてほしいのが、「楽《らく》をしてお金《かね》を稼《かせ》げる」などという甘《あま》い話《はなし》はないということです。「次《つぎ》は勝《か》てるかもしれない！」とギャンブルにお金《かね》をつぎ込《こ》

寄付《きふ》のページで、「募金詐欺《ぼきんさぎ》」を紹介《しょうかい》しましたが、お金《かね》にまつわるトラブルは他《ほか》にもたくさんあります。お金《かね》のトラブルを知《し》って、巻《ま》き込《こ》まれないようにしましょう。

さまざまなお金《かね》のトラブル

悪質商法《あくしつしょうほう》

消費者《しょうひしゃ》に対《たい》し、違法《いほう》、または不当《ふとう》な手段《しゅだん》・方法《ほうほう》で販売《はんばい》することを、悪質商法《あくしつしょうほう》といいます。たとえば、点検《てんけん》といって家《いえ》を訪問《ほうもん》してきて、「工事《こうじ》しないと危険《きけん》です」とウソをついたりして、商品《しょうひん》やサービスを押《お》しつけ、お金《かね》を払《はら》わせようとします。

詐欺《さぎ》

ウソでお金《かね》をだまし取《と》ることです。電話《でんわ》で息子《むすこ》と偽《いつわ》り、「助《たす》けてくれないと死《し》ぬ！」などとウソをついて、お金《かね》を振《ふ》り込《こ》ませる「振《ふ》り込《こ》め詐欺《さぎ》」などがあります。

んでしまったり、「絶対《ぜったい》もうかる！」という あやしい投資《とうし》の話《はなし》にだまされたり、「〇〇するだけで10万円《まんえん》」といった勧誘《かんゆう》にのって闇《やみ》バイト（90ページ）に関《かか》わり、人生《じんせい》を台無《だいな》しにしてしまったり……。

お金《かね》のトラブルは、だれにでも起《お》こり得《え》ることです。困《こま》ったときは自《じ》分《ぶん》だけで解決《かいけつ》しようとせず、信頼《しんらい》できる大人《おとな》にどう対処《たいしょ》するべきか相談《そうだん》したり、相談窓口《そうだんまどぐち》に問《と》い合《あ》わせましょう（150、270ページ）。

犯罪《はんざい》も、お金《かね》にまつわるものが多《おお》いよなぁ。自分《じぶん》のお金《かね》をきちんと守《まも》るための知《ち》識《しき》を身《み》につけないと！

お金《かね》の貸《か》し借《か》りのトラブル

¥10000

お金《かね》を返《かえ》してもらえなかったり、何度《なんど》も貸《か》してほしいといわれたり、「返《かえ》して！」と催促《さいそく》したことで関係《かんけい》がこじれたり……。親《した》しい友人《ゆうじん》でも、お金《かね》の貸《か》し借《か》りはトラブルのもとです。

カードの不正使用《ふせいしよう》

他人《たにん》のクレジットカードを不正《ふせい》に利用《りよう》することです。カードを盗《ぬす》み取《と》る、落《お》としたカードを拾《ひろ》って使用《しよう》するほか、カード情《じょう》報《ほう》を特殊《とくしゅ》な機械《きかい》で読《よ》み取《と》り、偽造《ぎぞう》カードを複製《ふくせい》する「スキミング」などにも注意《ちゅうい》が必要《ひつよう》です。

架空請求《かくうせいきゅう》

未払い金
¥100.000
支払わなければうったえます!!

実際《じっさい》には利用《りよう》していないのに、架空《かくう》の請求書《せいきゅうしょ》などを送《おく》りつけて、お金《かね》をだまし取《と》る手口《てぐち》です。「支払《しはら》わないと裁判《さいばん》を起《お》こします」などと不安《ふあん》をあおろうとしますが、心当《こころあ》たりがないなら、支払《しはら》ったり、連絡《れんらく》を取《と》ったりしないでください。

昔《むかし》、父《とう》さんに「借金《しゃっきん》は人間関係《にんげんかんけい》をこわす」って教《おそ》わったんだ。
お金《かね》の貸《か》し借《か》りには気《き》をつけなきゃだね。

お金《かね》のトラブル

スマートフォンの普及《ふきゅう》によってトラブルが増加《ぞうか》

スマートフォンはとても便利《べんり》ですが、残念《ざんねん》ながらさまざまなお金《かね》のトラブルの原因《げんいん》にもなります。

SNS《エスエヌエス》の普及《ふきゅう》により、世界中《せかいじゅう》の人《ひと》とつながれるようになりました。一方《いっぽう》で、悪《わる》い人《ひと》もまた、みなさんに接触《せっしょく》しやすくなっています。実際《じっさい》、SNS《エスエヌエス》を通《つう》じて闇《やみ》バイト（90ページ）に誘《さそ》われた事例《じれい》が数多《かずおお》くあります。

また、オンラインゲームなどへの高額課金《こうがくかきん》も問題《もんだい》になっています。「独立行政法人 国民生活《どくりつぎょうせいほうじん こくみんせいかつ》センター」の集計《しゅうけい》の資料《しりょう》によると、オンラインゲームの課金《かきん》に関《かん》する小学生《しょうがくせい》～高校生《こうこうせい》の相談件数《そうだんけんすう》は、2016年度《ねんど》には1171件《けん》だったのに対《たい》し、2020年度《ねんど》には、なんと約《やく》3倍《ばい》の3723件《けん》まで増加《ぞうか》しています。友《とも》だちに「キャリア決済《けっさい》ならお金《かね》がかからない」といわれて高額課金《こうがくかきん》してしまったり、年齢《ねんれい》を偽《いつわ》って何万円《なんまんえん》も課金《かきん》してしまったケースも……。

トラブルに巻《ま》き込《こ》まれないよう、スマートフォンの使《つか》い方《かた》にも注意《ちゅうい》しましょう。

フィッシング詐欺《さぎ》

ログインしてください
ログインID
パスワード

電子《でんし》メールやSNS《エスエヌエス》にURL《ユーアールエル》をのせ、「〇〇銀行《ぎんこう》」「キャンペーンに当選《とうせん》！」など、偽《にせ》のホームページに誘導《ゆうどう》します。そのうえで、個人情報《こじんじょうほう》やクレジットカードの情報《じょうほう》を入力《にゅうりょく》させるなどして、情報《じょうほう》を盗《ぬす》み取《と》ろうとする犯罪《はんざい》です。

eTALK

スマホを手《て》に入《い》れて、いろいろなことができるようになったけど、その分《ぶん》トラブルのもとにもなるのね。気《き》をつけなきゃ。

オレ、ちょっと前《まえ》に「携帯料金振《けいたいりょうきんふ》り込《こ》みのお知《し》らせ」ってメッセージが来《き》たんだけど、ウソのサイトだったみたい。母《かあ》ちゃんに止《と》められたけど、危《あや》うくアクセスするところだったんだよな。

母《かあ》さんにスマホに制限《せいげん》をかけられたときは「なんで？」って思《おも》ったけど、そういうトラブルからぼくたちを守《まも》るためなんだね！

便利《べんり》だけど危険《きけん》もいっぱい！

しつもん スマホでお金《かね》のトラブルにあったことはある？

無料《むりょう》だと思《おも》ってWEB《ウェブ》マンガを読《よ》んでいたら、途中《とちゅう》から有料《ゆうりょう》だったみたい。お母《かあ》さんのスマホだったんだけど、ポイントを使《つか》っちゃって怒《おこ》られたよ。

動画広告《どうがこうこく》で見《み》かけた、500円《えん》のダイエットサプリ。安《やす》いと思《おも》って申《もう》し込《こ》んじゃったんだけど、よく見《み》たら2回目《かいめ》から5,000円《えん》だったの。取《と》り消《け》すために慌《あわ》てて窓口《まどぐち》に電話《でんわ》したけどつながらなくて、キャンセルできないの。

推《お》しの配信者《はいしんしゃ》かいて、投《な》げ銭《せん》すると反応《はんのう》をもらえるの！　うれしくてつい課金《かきん》してたら、今月《こんげつ》の請求《せいきゅう》が20,000円《えん》オーバー！　ちょっとやりすぎちゃった。

SNS《エスエヌエス》で「お金《かね》を10万円《まんえん》あげます」って投稿《とうこう》を見《み》かけたんだ。住所《じゅうしょ》と名前《なまえ》を送《おく》れっていわれて入力《にゅうりょく》していたら、親《おや》に見《み》つかって。「これ、詐欺《さぎ》だぞ！」って怒《おこ》られたんだ。

スマホ（インターネット）と

ネット通販《つうはん》のトラブル

ネットショップを利用《りよう》して、お金《かね》を支払《しはら》ったのに商品《しょうひん》が送《おく》られてこない、または写真《しゃしん》とは異《こと》なる商品《しょうひん》だったということがあります。支払《しはら》い方法《ほうほう》が前払《まえばら》いなどに限定《げんてい》されていたり、極端《きょくたん》に安《やす》い場合《ばあい》、詐欺《さぎ》の可能性《かのうせい》も。

高額課金《こうがくかきん》

オンラインゲームや、動画配信《どうがはいしん》サイトの「投《な》げ銭《せん》」などで、高額《こうがく》な課金《かきん》をしてしまい、トラブルになることがあります。

消費者《しょうひしゃ》を守《まも》る法律《ほうりつ》

悪質《あくしつ》な販売者《はんばいしゃ》との契約《けいやく》から消費者《しょうひしゃ》を守《まも》る、さまざまな法律《ほうりつ》があります。
いくつか紹介《しょうかい》するので、どんな内容《ないよう》かチェックしてみましょう。

(出典《しゅってん》)消費者庁《しょうひしゃちょう》のサイトを参考《さんこう》に作成《さくせい》　https://www.caa.go.jp/business/law_and_system/

消費者契約法《しょうひしゃけいやくほう》

事業者《じぎょうしゃ》に比《くら》べ、持《も》っている情報《じょうほう》の質《しつ》・量《りょう》や、交渉力《こうしょうりょく》に格差《かくさ》がある消《しょう》費者《ひしゃ》を守《まも》るための法律《ほうりつ》です。事業《じぎょう》者《しゃ》の不当《ふとう》な勧誘《かんゆう》により結《むす》ばれた契《けい》約《やく》の「取《と》り消《け》し」や、消費者《しょうひしゃ》の利《り》益《えき》を不当《ふとう》に害《がい》する契約条項《けいやくじょうこう》の「無《む》効《こう》」といったことなどが定《さだ》められています。

消費者安全法《しょうひしゃあんぜんほう》

消費者《しょうひしゃ》の消費生活《しょうひせいかつ》での被害防止《ひがいぼうし》、安全《あんぜん》を確保《かくほ》するために作《つく》られた法《ほう》律《りつ》です。「消費生活《しょうひせいかつ》センター」の設置《せっち》や、消費者事故《しょうひしゃじこ》などの情報《じょうほう》の集約《しゅうやく》、消費者被害《しょうひしゃひがい》の発生《はっせい》や拡大《かくだい》の防止《ぼうし》のための措置《そち》をすることなどが定《さだ》められています。

特定商取引法《とくていしょうとりひきほう》

契約《けいやく》トラブルがおきやすい、訪問《ほうもん》販売《はんばい》、通信販売《つうしんはんばい》、連鎖販売取引《れんさはんばいとりひき》など7つの取引形態《とりひきけいたい》を対象《たいしょう》に規制《きせい》などを定《さだ》めた法律《ほうりつ》です。通信販売以《つうしんはんばいい》外《がい》の6つは、一定《いってい》の期間《きかん》であれば契約《けいやく》の申《もう》し込《こ》みを撤回《てっかい》したり、契《けい》約《やく》を解除《かいじょ》したりできる「クーリング・オフ」が認《みと》められています。

景品表示法《けいひんひょうじほう》

正式《せいしき》には「不当景品類及《ふとうけいひんるいおよ》び不当表《ふとうひょう》示防止法《じぼうしほう》」。実際《じっさい》よりよく見《み》せかける表示《ひょうじ》や、過大《かだい》な景品《けいひん》つき販売《はんばい》により消費者《しょうひしゃ》が不利益《ふりえき》を被《こうむ》ることがないよう定《さだ》められた法律《ほうりつ》です。商品《しょうひん》やサービスについて偽《いつわ》って表《ひょう》示《じ》することの規制《きせい》や、景品類《けいひんるい》の最《さい》高額《こうがく》の制限《せいげん》などがされています。

消費者裁判手続特例法《しょうひしゃさいばんてつづきとくれいほう》

「消費者《しょうひしゃ》の財産的被害《ざいさんてきひがい》の集団的《しゅうだんてき》な回復《かいふく》のための民事《みんじ》の裁判手続《さいばんてつづき》の特《とく》例《れい》に関《かん》する法律《ほうりつ》」のこと。ある事《じ》業者《ぎょうしゃ》との契約《けいやく》に対《たい》し、多《おお》くの消費《しょうひ》者《しゃ》が共通《きょうつう》の被害《ひがい》を受《う》けた場合《ばあい》に、その被害回復《ひがいかいふく》のための裁判《さいばん》を集団《しゅうだん》で行《おこな》えるよう定《さだ》められた法律《ほうりつ》です。

トラブルにあったら、一人《ひとり》で抱《かか》え込《こ》まずに、消費者《しょうひしゃ》みんなの味《み》方《かた》「消費生活《しょうひせいかつ》センター」に相談《そうだん》を。消費生活《しょうひせいかつ》センターに寄《よ》せられた被害情報《ひがいじょうほう》は、新《あら》たな被害《ひがい》を防《ふせ》ぐことにもつながりますよ!

万《まん》が一《いち》トラブルにあったら…

146〜149ページで紹介《しょうかい》したようなお金《かね》のトラブルに巻《ま》き込《こ》まれてしまったときは、地方公共団体《ちほうこうきょうだんたい》が設置《せっち》している「消費生活《しょうひせいかつ》センター」や「消費者生活相談窓《しょうひしゃせいかつそうだんまど》口《ぐち》」に相談《そうだん》しましょう。身近《みぢか》な相談窓口《そうだんまどぐち》がわからない場合《ばあい》は、消費者《しょうひしゃ》ホットラインを利用《りよう》してください。

消費者《しょうひしゃ》ホットライン(全国統一番号《ぜんこくとういつばんごう》)

188(いやや!)

188番《ばん》にかけることで、消費者《しょうひしゃ》ホットラインにつながり、身近《みぢか》な消費生活《しょうひせいかつ》センターなどを案内《あんない》してもらえます。

MONEY

4章

お金《かね》と社会《しゃかい》のつながりを考《かんが》えてみよう

私《わたし》たちがお金《かね》を使《つか》うか使《つか》わないかの選択《せんたく》によって、
ものの値段《ねだん》が決《き》まったり、景気《けいき》がよくなったり悪《わる》くなったりしています。
お金《かね》を介《かい》して、私《わたし》たちがどのように
社会《しゃかい》とつながっているのかを見《み》ていきましょう。

新星町内会　夏祭り
こども実行委員会
◦出店…カレーの店
今年《ことし》は カレーライスを 作《つく》って売《う》ることに なりました！
はい！
それなら お肉《にく》いっぱいの カレーにしようよ！
そのほうが 売《う》れるよ！
肉《にく》は高《たか》いから あまり増《ふ》やせない かもなー
野菜《やさい》も 必要《ひつよう》だし
予算《よさん》が決《き》まっていて そのへんは 「トレード・オフ」だから よく考《かんが》えないとな！
トレード・オフ？ ダイチくんが 難《むずか》しい言葉《ことば》 使《つか》ってる…
ふふん
使《つか》ってみた かったのね…

具《ぐ》の内容《ないよう》もだけど エシカル消費《しょうひ》も 意識《いしき》したいな
あ、エシカル消費《しょうひ》って いうのはね…
「値段《ねだん》」だけ じゃなく 「地球環境《ちきゅうかんきょう》や 人《ひと》、社会《しゃかい》に やさしいものか」 も考《かんが》えて 買《か》ったり使《つか》ったり することだよ
たとえば 近《ちか》いところで 作《つく》られた野菜《やさい》なら 運《はこ》ぶ距離《きょり》が 短《みじか》い分《ぶん》 エネルギーを 使《つか》わないし
CO_2
少
スーパー
短距離
トラックの CO_2《シーオーツー》排出量《はいしゅつりょう》も 少《すく》ないよね
そっか！ 地域《ちいき》にも 地球《ちきゅう》にも やさしいんだ
そう！
新星町内会 夏祭り
こども実行委員会
○出店…カレー
じゃあ 産地《さんち》もよく見《み》て 選《えら》ぼう！
賛成《さんせい》ー！

にんじん 1袋 238円
あれ？
いつもより野菜《やさい》の値段《ねだん》が上《あ》がっているかも…
この間《あいだ》の台風《たいふう》の影響《えいきょう》かなぁ
天候《てんこう》の影響《えいきょう》ならしかたないね
予算内《よさんない》で買《か》う数《かず》を調整《ちょうせい》しよう
だけど最近《さいきん》いろいろ高《たか》くなってない？
アイスやジュースも値上《ねあ》げしてるよね
はあ…おこづかいは変《か》わらないのにな～
安くなれ～！

—こんにちは
あっ あんびる先生《せんせい》！
偶然だねー
やっぱり 商品《しょうひん》の値段《ねだん》は 安《やす》くなるほうが いいと思《おも》う？
そりゃあ まあ…
なぁ
安《やす》く なるほうが お金《かね》が 助《たす》かるしな
そうだよね
でもね 商品《しょうひん》の値段《ねだん》が どんどん安《やす》くなったら めぐりめぐって みんなの家庭《かてい》が 困《こま》ることになるかも…
どういう こと？
え？ なんで？
ふふっ ちょっとこの本《ほん》 読《よ》んでみない？
お金の図鑑
お金の使い方 × 自分らしい人生の歩き方

MONEY

ものの価格《かかく》はどうやって決《き》まるの？

この章《しょう》では、お金《かね》と社会《しゃかい》のつながりを学《まな》んでいきます。まずは、身近《みぢか》なものの価格《かかく》がどう決《き》まるか、値段《ねだん》が変《か》わるのはなぜかを見《み》ていきましょう。

値段《ねだん》にはいろいろな費用《ひよう》が含《ふく》まれている

お店《みせ》で売《う》っている商品《しょうひん》には、みなそれぞれに価格《かかく》（値段《ねだん》）がついています。この価格《かかく》のうち、お店《みせ》の利益《りえき》はごく一部《いちぶ》でしかありません。

たとえば、スーパーマーケットに新商品《しんしょうひん》のスナック菓子《がし》が入荷《にゅうか》したとします。この新商品《しんしょうひん》は、お菓子《かし》メーカーの社員《しゃいん》がさまざまなアイデアを出《だ》し、レシピを研究《けんきゅう》して作《つく》ったもので、そこには研究《けんきゅう》・開発費《かいはつひ》、人件費《じんけんひ》などがかかっています。また、そのお菓子《かし》を商品化《しょうひんか》するには、食材《しょくざい》や調味料《ちょうみりょう》などを仕入《しい》れるほかに、パッケージも作《つく》らなければなりません。できあがった商品《しょうひん》をインターネットやテレビで宣伝《せんでん》するときは広告宣伝費《こうこくせんでんひ》も

Q. スナック菓子《がし》の値段《ねだん》、どう決《き》まる？

ポテトチップスが店頭《てんとう》で販売《はんばい》されるまでにかかる、さまざまな費用《ひよう》が、値段《ねだん》を決《き》める重要《じゅうよう》な要素《ようそ》になります。ポテトチップスの材料《ざいりょう》や製造工程《せいぞうこうてい》を想像《そうぞう》しながら、値段《ねだん》がどう決《き》まるのか考《かんが》えてみましょう。

ポテトチップスの袋《ふくろ》の裏《うら》を見《み》てみましょう。「製造所《せいぞうしょ》」や「原材料《げんざいりょう》」が表示《ひょうじ》されています。お菓子《かし》メーカーが、原材料《げんざいりょう》を加工《かこう》して商品化《しょうひんか》するまでに、何《なに》が使《つか》われているか、どんな人《ひと》が関《かか》わっているかなどを見《み》ることができます。

裏を見ると…
スーパー!!
ポテト!
うまさバクハツ味
ファイヤー
名称 スナック菓子
原材料名 馬鈴薯(日本：遺伝子組換えでない)、植物油、食塩、砂糖、ぶどう糖、香辛料、調味料
内容料 90g
賞味期限 この面の右下部に記載
保存方法 直射日光、高温、多湿をさけてください。
株式会社

お菓子《かし》メーカー「ニュースター」の「スーパー!! ポテト」の販売価格《はんばいかかく》の内訳《うちわけ》（例《れい》）※1 直接仕入《ちょくせつしい》れの場合《ばあい》

お菓子《かし》メーカー ニュースター社《しゃ》

材料費《ざいりょうひ》	30円《えん》
労務費《ろうむひ》（製造者《せいぞうしゃ》の給与《きゅうよ》など）	7円《えん》
運送費《うんそうひ》	8円《えん》
その他販売管理費《たはんばいかんりひ》	20円《えん》
メーカーの利益《りえき》	2円《えん》
合計《ごうけい》	67円《えん》

67円《えん》で販売《はんばい》!

67円《えん》で仕入《しい》れ

＋

スーパー シンセー

人件費《じんけんひ》	14円《えん》
お店《みせ》の場所代《ばしょだい》、水道光熱費《すいどうこうねつひ》	6円《えん》
その他販売管理費《たはんばいかんりひ》	10円《えん》
スーパーの利益《りえき》	3円《えん》
合計《ごうけい》	33円《えん》

店頭《てんとう》にて100円《えん》で販売《はんばい》!

かかります。さらに、その商品《しょうひん》をお店《みせ》で売《う》るためには、商品《しょうひん》を運《はこ》ぶための輸送費《ゆそうひ》などもかかります。お菓子《かし》メーカーは、これらの費用《ひよう》（原価《げんか》）に利益《りえき》を加《くわ》えて、スーパーなどのお店《みせ》に商品《しょうひん》を売《う》ります。

そして、スーパーマーケットは、仕《し》入《い》れた値段《ねだん》に、さらに経費《けいひ》や利益《りえき》を上乗《うわの》せして販売《はんばい》します。なぜなら、商品《しょうひん》を販売《はんばい》するスーパーも、人件費《じんけんひ》や水道光熱費《すいどうこうねつひ》、家賃《やちん》といった、お店《みせ》を運《うん》営《えい》するための費用《ひよう》がかかるからです。

※1 流通《りゅうつう》の一般的《いっぱんてき》な流《なが》れでは、メーカー（生産者《せいさんしゃ》）とスーパー（小売業者《こうりぎょうしゃ》）の間《あいだ》に、卸売業者《おろしうりぎょうしゃ》が入《はい》ります。近年《きんねん》、流通《りゅうつう》の合理化《ごうりか》により、上記《じょうき》のような「直《ちょく》接《せっ》仕《し》入《い》れ」も増《ふ》えています。

知《し》っておこう!

いろいろな“価格《かかく》”

価格《かかく》にはいくつかの種類《しゅるい》があります。「定価《ていか》」※2 は、メーカーが定《さだ》め、小売店《こうりてん》が自由《じゆう》に上《あ》げ下《さ》げできない価格《かかく》です。「メーカー希望小売価格《きぼうこうりかかく》」は、メーカーが提示《ていじ》する価格《かかく》ですが、小売店《こうりてん》は守《まも》る必要《ひつよう》はなく、価格《かかく》を自由《じゆう》に設定《せってい》できます。「オープン価《か》格《かく》」は、メーカーが具体的《ぐたいてき》に小売価格《こうりかかく》を定《さだ》めていないもの。「参考小売価格《さんこうこうりかかく》」は、小売業者《こうりぎょうしゃ》以外《いがい》の者《もの》が、小売業者《こうりぎょうしゃ》に対《たい》して示《しめ》す価格《かかく》で、カタログやパンフレットに記載《きさい》されています。

※2 メーカーが「定価《ていか》」を定《さだ》めるのは、書籍《しょせき》や新聞《しんぶん》など一部《いちぶ》の商品《しょうひん》を除《のぞ》き、原則《げんそく》、独占禁止法違反《どくせんきんしほういはん》となります。

価格《かかく》の変動《へんどう》は「需要《じゅよう》」と「供給《きょうきゅう》」によって起《お》こる

売《う》る人《ひと》は、利益《りえき》を出《だ》すためにできるだけ高《たか》く売《う》りたいと考《かんが》えます。一方《いっぽう》、一般的《いっぱんてき》に買《か》う側《がわ》は、できるだけ安《やす》く買《か》いたいと考《かんが》えます。売《う》り手側《てがわ》が希望《きぼう》する値段《ねだん》をつけても、買《か》う人《ひと》が「高《たか》い」と感《かん》じて買《か》わなかったら、商品《しょうひん》は売《う》れ残《のこ》ってしまいますから、売《う》る側《がわ》はその気持《きも》ちを考《かんが》えて値段《ねだん》をつけないと、売買《ばいばい》は成立《せいりつ》しにくくなります。

買《か》う人《ひと》がほしいと思《おも》う量《りょう》を「需要《じゅよう》(量《りょう》)」といい、売《う》る人《ひと》が商品《しょうひん》などを市場《しじょう》に出《だ》す量《りょう》を「供給《きょうきゅう》(量《りょう》)」といいます（市場《しじょう》とは、売《う》り手《て》と買《か》い手《て》が、「さまざまな商品《しょうひん》を自由《じゆう》に売《う》り買《か》いする場《ば》」のこと）。

ほしいという「需要《じゅよう》」が多《おお》ければ、「高《たか》くても買《か》う」という人《ひと》が現《あらわ》れて価《か》格《かく》はだんだん上《あ》がります。一方《いっぽう》、ほしい人《ひと》が少《すく》なく、「供給《きょうきゅう》」される商品《しょうひん》が余《あま》ると、売《う》る側《がわ》は「安《やす》くても売《う》りたい」と考《かんが》えるため、価格《かかく》はだんだ

需要《じゅよう》と供給《きょうきゅう》の関係《かんけい》

「買《か》いたい！」と思《おも》う人《ひと》の数《かず》（需要《じゅよう》）が、「売《う》ります」といって出《だ》したものの数《かず》（供給《きょうきゅう》）より多《おお》いと、ものが足《た》りなくなり、「高《たか》くても買《か》う」という人《ひと》が現《あらわ》れて、価格《かかく》が上《あ》がっていきます。

値段がUP
とれたて野菜だよ！
供給
少
ほしい！
需要
多
買いたい！
お母《かあ》さんが、
「最近野菜《さいきんやさい》が高《たか》いな」って
いいながら買《か》い物《もの》していること
があるんだけど、その理由《りゆう》が
わかってきたかも！

ん下《さ》がっていきます。

また、一般的《いっぱんてき》に価格《かかく》が上《あ》がると需《じゅ》要量《ようりょう》は減《へ》り、供給量《きょうきゅうりょう》は増《ふ》えます。反《はん》対《たい》に、価格《かかく》が下《さ》がると需要量《じゅようりょう》が増《ふ》え、供給量《きょうきゅうりょう》は減《へ》ります。

このようにして需要量《じゅようりょう》と供給量《きょうきゅうりょう》は、自然《しぜん》に調節《ちょうせつ》されていき、両者《りょうしゃ》が釣《つ》り合《あ》うところで価格《かかく》が決《き》まります。これを「均衡価格《きんこうかかく》」といいます。


知《し》っておこう！

農産物《のうさんぶつ》をお得《とく》に買《か》うには どうすればいい？

お店《みせ》で、ものの値段《ねだん》を観察《かんさつ》すると、同《おな》じものでも、日《ひ》によって値段《ねだん》が違《ちが》うことに気《き》づくと思《おも》います。特《とく》に、野菜《やさい》などの農産物《のうさんぶつ》の値段《ねだん》は、季節《きせつ》や天候《てんこう》によって左右《さゆう》されやすいものです。

農林水産省《のうりんすいさんしょう》は毎月《まいつき》、「野菜《やさい》の生育状況及《せいいくじょうきょうおよ》び価格見通《かかくみとお》し」を発表《はっぴょう》して、ホームページに掲載《けいさい》しています。こういった情報《じょうほう》を定期的《ていきてき》に確認《かくにん》することで、旬《しゅん》のおいしい野菜《やさい》を、安《やす》く購入《こうにゅう》できるかもしれません。おうちの人《ひと》と一《いっ》緒《しょ》にチェックしてみては？

値段《ねだん》が上《あ》がると、「買《か》いたい！」と思《おも》う人《ひと》の数《かず》（需要《じゅよう》）が減《へ》ってきます。一方《いっぽう》で供給量《きょうきゅうりょう》が増《ふ》えると、売《う》りたいもの（供《きょう》給《きゅう》）が余《あま》ってしまいます。そこで「安《やす》くするから買《か》ってほしい」と考《かんが》えるため、価格《かかく》が下《さ》がっていきます。

景《け》気《き》ってなんだろう?

よくニュースで、「景気《けいき》がいい」とか「景気《けいき》が悪《わる》い」とかいうよね?　なんとなく、景気《けいき》が悪《わる》い＝よくないことだとは思《おも》うんだけど……。その「景気《けいき》」がなんなのかって、よく知《し》らないかも。

景気《けいき》が「いい」「悪《わる》い」は波《なみ》のようにくり返《かえ》す

「景気《けいき》がいい」「景気《けいき》が悪《わる》い」という言葉《ことば》は、日常的《にちじょうてき》によく使《つか》われています。しかし、みなさんは「景気《けいき》がいい」「景気《けいき》が悪《わる》い」とは、どんな状態《じょうたい》か説明《せつめい》できますか?

そもそも景気《けいき》とは経済活動《けいざいかつどう》の状態《じょうたい》を指《さ》しています。つまり、「景気《けいき》がいい」とは経済活動《けいざいかつどう》が良好《りょうこう》な状態《じょうたい》のことで、「景気《けいき》が悪《わる》い」とは、経済活動《けいざいかつどう》が停滞《ていたい》した状態《じょうたい》をいうのです。

ものやサービスがよく売《う》れると、それらを作《つく》って販売《はんばい》する企業《きぎょう》が生産《せいさん》を増《ふ》やし、利益《りえき》が増《ふ》えます。働《はたら》く人《ひと》は仕事《しごと》が増《ふ》えて収入《しゅうにゅう》も上《あ》がります。

商品《しょうひん》が売《う》れると景気《けいき》がよくなりますが、「よく売《う》れるから」と商品《しょうひん》の生《せい》産《さん》を増《ふ》やすと、供給過多《きょうきゅうかた》となって商《しょう》品《ひん》が売《う》れなくなり、不景気《ふけいき》になります。しかし、作《つく》る量《りょう》を調整《ちょうせい》すると、再《ふたた》び買《か》う人《ひと》（需要《じゅよう》）が増《ふ》えて、景気《けいき》も回復《かいふく》します。その後《あと》、また作《つく》る量《りょう》を増《ふ》やすと……というように、景気《けいき》は「いい」「悪《わる》い」を波《なみ》のようにくり返《かえ》すといわれています。

収入《しゅうにゅう》が増《ふ》えるとお金《かね》を使《つか》う人《ひと》も増《ふ》え、ものやサービスがさらに売《う》れるため利益《りえき》も増《ふ》えます。このように経済活《けいざいかつ》動《どう》が活発《かっぱつ》になり、お金《かね》の巡《めぐ》りがよい状態《じょうたい》を「景気《けいき》がいい」といいます。

ものやサービスが売《う》れないと、企業《きぎょう》は仕事《しごと》が減《へ》りもうからなくなってしまいます。働《はたら》く人《ひと》の収入《しゅうにゅう》も上《あ》がらず仕事《しごと》を失《うしな》う人《ひと》も出《で》てきて、お金《かね》がないのでものやサービスがますます売《う》れなくなります。このように経済活《けいざいかつ》動《どう》が停滞《ていたい》し、お金《かね》の巡《めぐ》りが鈍《にぶ》くなる状態《じょうたい》を「景気《けいき》が悪《わる》い」といいます。

不思議《ふしぎ》なことに、景気《けいき》がいい、悪《わる》いは波《なみ》のようにくり返《かえ》す性質《せいしつ》があります。これは、社会全体《しゃかいぜんたい》の「需要《じゅよう》」と「供給《きょうきゅう》」の動《うご》きに関係《かんけい》しています。好景気《こうけいき》になると消費《しょうひ》が増《ふ》え、需要《じゅよう》が供給《きょうきゅう》を上回《うわまわ》ります。ですが、商品《しょうひん》の生産《せいさん》を増《ふ》やすと、やがて供給《きょうきゅう》が需要《じゅよう》を上回《うわまわ》り、商品《しょうひん》が売《う》れなくなって、景気《けいき》が後退《こうたい》します。不景気《ふけいき》になると、需要《じゅよう》が供給《きょうきゅう》を下回《したまわ》るので企業《きぎょう》が生産《せいさん》を控《ひか》えるようになり、供給《きょうきゅう》が減《へ》って需要《じゅよう》との均衡《きんこう》が取《と》れてきます。すると企業《きぎょう》はまた生産《せいさん》を増《ふ》やすので、景《けい》気《き》が回復《かいふく》していくというわけです。

インフレ、デフレってなんだろう？

「インフレ」「デフレ」ってよく聞《き》くけど、どういう違《ちが》いがあるのかな？　そもそも、日本《にほん》は今《いま》どっちなんだろう？

インフレ・デフレは景気《けいき》の動向《どうこう》を左右《さゆう》する

「物価《ぶっか》」とは、さまざまな商品《しょうひん》の平《へい》均《きん》のことです。物価《ぶっか》が上《あ》がり続《つづ》ける現象《げんしょう》を「インフレーション（インフレ）」、物価《ぶっか》が下《さ》がり続《つづ》ける現象《げんしょう》を「デフレーション（デフレ）」といいます。

好景気《こうけいき》で、需要《じゅよう》が供給《きょうきゅう》を上回《うわまわ》ると、価格《かかく》が高《たか》くても購入《こうにゅう》したいという人《ひと》が増《ふ》えます。すると、物価《ぶっか》が上《あ》がり続《つづ》けるインフレが起《お》きます。インフレだと賃金《ちんぎん》も上《あ》がりますが、物価《ぶっか》も上《あ》がるので、貯蓄《ちょちく》など手持《ても》ちのお金《かね》の価値《かち》は減《へ》っていきます。そのため、急激《きゅうげき》なインフレは、生活《せいかつ》を不安定《ふあんてい》にします。

反対《はんたい》に、不景気《ふけいき》になると、需要《じゅよう》が供給《きょうきゅう》を下回《したまわ》り、価格《かかく》を低《ひく》くしても消《しょう》費者《ひしゃ》は購入《こうにゅう》を控《ひか》え、物価《ぶっか》が下《さ》がり続《つづ》けてデフレになります。そして、企《き》業《ぎょう》の売《う》り上《あ》げ低下《ていか》→賃金《ちんぎん》の低下《ていか》→消《しょう》費者《ひしゃ》が消費《しょうひ》を控《ひか》える→価格《かかく》を下《さ》げる→さらなる企業《きぎょう》の売《う》り上《あ》げの低下《ていか》を招《まね》く……と、物価《ぶっか》の下落《げらく》と企業《きぎょう》の利《り》益《えき》減少《げんしょう》が起《お》こり続《つづ》ける「デフレスパイラル」におちいることもあります。

日本《にほん》は、１９９０年代《ねんだい》はじめにバブルが崩壊《ほうかい》して以降《いこう》、30年近《ねんちか》くデフレが続《つづ》き、政府《せいふ》と日銀《にちぎん》は、さまざまな政策《せいさく》を通《とお》してデフレ脱却《だっきゃく》を目指《めざ》してきました。近年《きんねん》日本《にほん》は、原材料《げんざいりょう》の高騰《こうとう》、円安《えんやす》などで値上《ねあ》げラッシュが続《つづ》いたため、物価《ぶっか》が上昇傾向《じょうしょうけいこう》にあります。しかし残念《ざんねん》ながら賃金《ちんぎん》があまり上《あ》がらず、生活《せいかつ》が苦《くる》しくなっている傾向《けいこう》にあります（２０２３年現在《ねんげんざい》）。

知《し》っておこう！

不景気《ふけいき》なのに物価《ぶっか》が上《あ》がる理由《りゆう》

景気《けいき》が悪《わる》く、給料《きゅうりょう》も上《あ》がらないのに物価《ぶっか》が上昇《じょうしょう》してしまう場合《ばあい》があります。これは、原油《げんゆ》や原材料《げんざいりょう》価格《かかく》の高騰《こうとう》によって、商品《しょうひん》を作《つく》る費用《ひよう》（コスト）が上昇《じょうしょう》し、それが価格《かかく》に上乗《うわの》せされる場合《ばあい》などです。物価《ぶっか》が上《あ》がり、ものが売《う》れず、給与《きゅうよ》は上《あ》がらず、景気《けいき》の停滞《ていたい》が続《つづ》く現象《げんしょう》で、「スタグフレーション」と呼《よ》ばれます。

物価上昇《ぶっかじょうしょう》にもいろいろな理由《りゆう》があるんだね……。

ボクが作《つく》ったクマ印《じるし》のハチミツ
自信作《じしんさく》だ！1本《ぼん》300円《えん》で売《う》ろう
森直送！クマのハチミツ屋さん
試食してみてくださ〜い
おいしい！
1本《ぼん》もらうわ
かわいい〜
1本くださーい
私は2本ほしい！
たちまち人気店《にんきてん》になったけど、在庫《ざいこ》がなくなってきちゃった…
こうなったら…
値上げしました！
1本500円
バーン
500円《えん》…高《たか》いけどまぁおいしいから…
「価値」
500
くださーい
まだまだイケる!!
よ〜し
バッ
工場《こうじょう》ができた
くまさんのハチミツ工場
ここでバンバン作《つく》ってジャンジャン売《う》るぞ！
ハチミツ700円《えん》！
どんどん買《か》ってくださ〜い!!
ずらっ
そんなにいらないなぁ
ほかでも似《に》たようなのあったしねぇ…
値段《ねだん》を戻《もど》しても売《う》れない…
ボクもごはんが買《か》えなくなってきた…
ぐ〜

MONEY

円《えん》高《だか》、円《えん》安《やす》ってなんだろう？

今は
1ドル=100円
だから1ドルの
バナナは100円《えん》
だけど…
1ドル=80円《えん》に
1ドル=120円《えん》に
円高《えんだか》
円《えん》の価値《かち》が上《あ》がる
円安《えんやす》
円《えん》の価値《かち》が下《さ》がる
安い！
80円
やめとこ…
120円

円《えん》の価値《かち》は毎日《まいにち》変《か》わるもの

経済《けいざい》ニュースなどで「本日《ほんじつ》の東京《とうきょう》外国為替《がいこくかわせ》市場《しじょう》の円相場《えんそうば》は1ドル＝〇〇円《えん》で取《と》り引《ひ》きされています」というコメントが、毎日《まいにち》読《よ》み上《あ》げられます。海外旅行《かいがいりょこう》の予定《よてい》でもない限《かぎ》り、「1ドルいくらなんて自分《じぶん》には関係《かんけい》ない」と思《おも》うかもしれませんね。

しかし、為替相場《かわせそうば》の値動《ねうご》きは、ふだんの買《か》い物《もの》や企業《きぎょう》の業績《ぎょうせき》などに大《おお》きな影響《えいきょう》を与《あた》えるものです。なぜなら、日本《にほん》で売《う》られている多《おお》くの商品《しょうひん》は、海外《かいがい》から輸入《ゆにゅう》されているから。また日本《にほん》の企業《きぎょう》も、多《おお》くの商品《しょうひん》を海《かい》外《がい》に輸出《ゆしゅつ》しています。輸出入《ゆしゅつにゅう》の取《と》り引《ひ》きの多《おお》くはドルで行《おこな》われるため、

これも、ニュースとかで聞《き》いたことがある言葉《ことば》だ！ こう考《かんが》えると、意外《いがい》と単語《たんご》の意味《いみ》を知《し》らずにニュースを見《み》ていたんだなって思《おも》っちゃう。

Q.円《えん》の価値《かち》が変《か》わるのはなぜ?

円《えん》の価値《かち》が高《たか》くなったり低《ひく》くなったりするのは、なぜだと思《おも》いますか？　じつは、ここにも「需要《じゅよう》」と「供給《きょうきゅう》」が関係《かんけい》しています。

景気《けいき》の動向《どうこう》

景気《けいき》がいいと、企業《きぎょう》の株式《かぶしき》や、不動産《ふどうさん》などの価格《かかく》が上昇《じょうしょう》していきます。すると、外国《がいこく》の投資家《とうしか》がその株式《かぶしき》、不動産《ふどうさん》などを買《か》うために円《えん》がほしくなり、円高《だか》になっていきます。反対《はんたい》に、景気《けいき》が悪《わる》くなると円安《えんやす》になります。

貿易《ぼうえき》の収支《しゅうし》

輸入品《ゆにゅうひん》は、その国《くに》の通貨《つうか》で支払《しはら》わなければなりません。アメリカからの輸入《ゆにゅう》が増《ふ》えれば、円《えん》を売《う》ってドルを買《か》うので円安《えんやす》が進《すす》みます。反対《はんたい》に、輸出《ゆしゅつ》が増《ふ》えると円高傾向《えんだかけいこう》に。そのため一般的《いっぱんてき》に、貿易収支《ぼうえきしゅうし》が赤字《あかじ》だと円《えん》安《やす》に、黒字《くろじ》だと円高《えんだか》になります。

中央銀行《ちゅうおうぎんこう》(日銀《にちぎん》)の為替介入《かわせかいにゅう》

急激《きゅうげき》な円高《えんだか》や円安《えんやす》が起《お》こると、物価《ぶっか》や企業活動《きぎょうかつどう》などに大《おお》きな影響《えいきょう》が出《で》るので、中央銀行《ちゅうおうぎんこう》(日銀《にちぎん》)が円《えん》の価格《かかく》を安定《あんてい》させるために外国《がいこく》為替市場《かわせしじょう》で通貨《つうか》の売買《ばいばい》を行《おこな》うことがあります。円高《えんだか》には「ドル買《が》い・円売《えんう》り介入《かいにゅう》」、円《えん》安《やす》には「ドル売《う》り・円買《えんが》い介入《かいにゅう》」を行《おこな》います。

金利《きんり》の影響《えいきょう》

預金《よきん》をするときは、「利息《りそく》が高《たか》いほうに預《あず》けたい」と思《おも》うもの。たとえば、日本《にほん》の銀行《ぎんこう》の金利《きんり》が低《ひく》く、アメリカの銀行《ぎんこう》の金利《きんり》が高《たか》いといった場合《ばあい》、「円《えん》をドルに交換《こうかん》して預《あず》けたい」という人《ひと》が増《ふ》えます。その結果《けっか》、円安《えんやす》ドル高《だか》になっていきます。

外国為替相場《がいこくかわせそうば》の変動《へんどう》には、いろいろな要因《よういん》が絡《から》み合《あ》っています。そのため、断片的《だんぺんてき》な見方《みかた》ではなく、総合的《そうごうてき》に見《み》ていく必要《ひつよう》があります。

円《えん》とドルを交換《こうかん》するための為替相場《かわせそうば》（為替《かわせ》レート）が重要《じゅうよう》になります。

為替相場《かわせそうば》では、よく円高《えんだか》、円安《えんやす》という言葉《ことば》が使《つか》われます。円高《えんだか》とは、ドルに対《たい》して円《えん》の価値《かち》が上《あ》がった状態《じょうたい》です。円高《えんだか》になると、少《すく》ない円《えん》で海外《かいがい》のものやサービスを買《か》えるため、輸入企業《ゆにゅうきぎょう》に有利《ゆうり》になります。

一方《いっぽう》、円安《えんやす》は、ドルに対《たい》して円《えん》の価値《かち》が下《さ》がった状態《じょうたい》です。海外《かいがい》から見《み》れば日本《にほん》のものが安《やす》く買《か》えるため、輸出企業《ゆしゅつきぎょう》の需要《じゅよう》が増《ふ》えます。また、代金《だいきん》として支払《しはら》われたドルを円《えん》に交換《こうかん》するときも円安《えんやす》が有利《ゆうり》です。

では、なぜ、円高《えんだか》や円安《えんやす》が起《お》こるのでしょうか。

ものやサービスは、需要《じゅよう》と供給《きょうきゅう》のバランスで価格《かかく》が決《き》まりますが、じつは、通貨《つうか》も同《おな》じです。「円《えん》がほしい」と思《おも》う人《ひと》が多《おお》ければ円高《えんだか》になり、「円《えん》はいらない、ドルに換《か》えたい」という人《ひと》が増《ふ》えれば、円安《えんやす》になります。こうした通貨《つうか》の交換《こうかん》が、為替市場《かわせしじょう》を通《とお》して行《おこな》われるため、円《えん》の価値《かち》は常《つね》に変動《へんどう》するのです。

円高《えんだか》と円安《えんやす》、どちらがお得《とく》……とはいいきれない!?

日本《にほん》は、肉《にく》、野菜《やさい》、果物《くだもの》などの食料《しょくりょう》の62%＊を海外《かいがい》から輸入《ゆにゅう》しています。また、原油《げんゆ》、電子部品《でんしぶひん》、衣類《いるい》、医薬品《いやくひん》、鉄鉱石《てっこうせき》など、多《おお》くのものを輸入《ゆにゅう》に頼《たよ》っています。

円高《えんだか》では、これらの輸入品《ゆにゅうひん》が安《やす》く買《か》えるというメリットがあります。一方《いっぽう》で円高《えんだか》は、日本《にほん》のものを海外《かいがい》に輸出《ゆしゅつ》する企業《きぎょう》にとってはデメリットです。「日本《にほん》のものは高《たか》い」となって、海外《かいがい》でものが売《う》れなくなり業績《ぎょうせき》が下《さ》がってしまうからです。

反対《はんたい》に、円安《えんやす》になると、輸入品《ゆにゅうひん》が高《たか》くなり消費者《しょうひしゃ》には大打撃《だいだげき》です。しかし、海外《かいがい》から見《み》ると日本《にほん》のものが安《やす》く買《か》えるため、輸出品《ゆしゅつひん》がどんどん売《う》れます。さらに売《う》れた代金《だいきん》を円《えん》に戻《もど》すとき、円安《えんやす》だと利益《りえき》も増《ふ》えます。

たとえば、車《くるま》を1台《だい》3万《まん》ドルで売《う》った場合《ばあい》、1ドル100円《えん》ならば、1台《だい》300万円《まんえん》で売《う》れたことになります。これが円安《えんやす》で1ドル150

（出典《しゅってん》）＊農林水産省《のうりんすいさんしょう》「食料需給表《しょくりょうじゅきゅうひょう》（2022年《ねん》）」よりカロリーベースの場合《ばあい》。

円《えん》になると、1台《だい》450万円《まんえん》になり、150万円《まんえん》もの差《さ》になるのです。円高《えんだか》・円安《えんやす》はどちらにもメリット・デメリットがあり、立場《たちば》によって異《こと》なるため、一概《いちがい》にどちらがいいとはいえないのです。

eTALK

オレ、ものの値段《ねだん》が安《やす》くなるんだから、円高《えんだか》のほうがいいって思《おも》ってたよ。そういえば、ユウキのお父《とう》さんって家電《かでん》メーカーに勤務《きんむ》しているよな?

うん。この間《あいだ》、円高《えんだか》と円安《えんやす》についてどう思《おも》うか聞《き》いてみたんだ。家電《かでん》の部《ぶ》品《ひん》は輸入《ゆにゅう》のものも多《おお》いから、円安《えんやす》だとコストがかかるんだって。でも、家《か》電《でん》を輸出《ゆしゅつ》するうえでは、円安《えんやす》だと利益《りえき》が増《ふ》えるっていってたよ。

円高《えんだか》と円安《えんやす》についていろいろな立場《たちば》の人《ひと》に聞《き》くのもおもしろそうだね!

政府《せいふ》と日本《にっぽん》銀行《ぎんこう》の経済《けいざい》における役割《やくわり》とは

経済《けいざい》を安定《あんてい》させるために、政府《せいふ》と日本《にっぽん》銀行《ぎんこう》が担《にな》う役割《やくわり》を学《まな》びましょう。

景気《けいき》の安定《あんてい》のため 政府《せいふ》と日銀《にちぎん》が動《うご》く

日本《にほん》は1955年《ねん》～1973年《ねん》の高度経済成長期《こうどけいざいせいちょうき》という好景気《こうけいき》の後《あと》に、原油価格高騰《げんゆかかくこうとう》によるオイルショックで不景気《ふけいき》に突入《とつにゅう》しました。その後《ご》、1980年代後半《ねんだいこうはん》から1990年代《ねんだい》前半《ぜんはん》に、不動産《ふどうさん》や株価《かぶか》が高騰《こうとう》するバブル景気《けいき》が訪《おとず》れますが、その崩壊後《ほうかいご》、「失《うしな》われた30年《ねん》」といわれる長《なが》い経済《けいざい》の停滞《ていたい》が続《つづ》いています。

景気《けいき》を安定《あんてい》させるために、政府《せいふ》と日本銀行《にっぽんぎんこう》（日銀《にちぎん》）は、景気対策《けいきたいさく》を行《おこな》います。政府《せいふ》が行《おこな》う景気対策《けいきたいさく》を「財政政策《ざいせいせいさく》」といい、日本銀行《にっぽんぎんこう》が行《おこな》う景気対策《けいきたいさく》を「金融政策《きんゆうせいさく》」といいます。

政府《せいふ》が行《おこな》う財政政策《ざいせいせいさく》は、主《おも》に歳入《さいにゅう》・

政府《せいふ》 → 財政政策《ざいせいせいさく》を行《おこな》う

政府《せいふ》は国《くに》の収入《しゅうにゅう》（歳入《さいにゅう》）と支出《ししゅつ》（歳出《さいしゅつ》）を増減《ぞうげん》させて、景気《けいき》の安定《あんてい》をはかります。歳入《さいにゅう》は、減税《げんぜい》や増税《ぞうぜい》、国債《こくさい》の発行《はっこう》で調整《ちょうせい》し、歳出《さいしゅつ》は、公共事業《こうきょうじぎょう》の拡大《かくだい》・縮小《しゅくしょう》により需要《じゅよう》の拡大《かくだい》や抑制《よくせい》をコントロールします。

公共事業《こうきょうじぎょう》の拡大《かくだい》

公共事業《こうきょうじぎょう》は、国《くに》や地方公共団体《ちほうこうきょうだんたい》が、公共《こうきょう》の利益《りえき》のために行《おこな》う事業《じぎょう》で、公立《こうりつ》の病院《びょういん》や学校《がっこう》、橋《はし》や公園《こうえん》、道路《どうろ》の建設《けんせつ》や整備《せいび》などです。公共事業《こうきょうじぎょう》を増《ふ》やすことで、その地域《ちいき》の業者《ぎょうしゃ》が活性化《かっせいか》し、雇用《こよう》や住民《じゅうみん》が増《ふ》え、さまざまな需要《じゅよう》が拡大《かくだい》するという、好循環《こうじゅんかん》が期待《きたい》できます。

減税《げんぜい》・国債発行《こくさいはっこう》

不景気《ふけいき》のときは、税金《ぜいきん》を減《へ》らして国民《こくみん》の手元《てもと》に残《のこ》るお金《かね》を増《ふ》やします。税金《ぜいきん》が減《へ》った分《ぶん》は国債《こくさい》を発行《はっこう》して、国民《こくみん》から借金《しゃっきん》をし、公共《こうきょう》サービスや公共事業《こうきょうじぎょう》に使《つか》うお金《かね》を調達《ちょうたつ》するなどします。

日銀《にちぎん》 金融政策《きんゆうせいさく》を行《おこな》う

日本《にほん》の中央銀行《ちゅうおうぎんこう》である日銀《にちぎん》は、政《せい》府《ふ》から独立《どくりつ》した機関《きかん》として、金融《きんゆう》政策《せいさく》を決定《けってい》します。政策金利《せいさくきんり》や国《こく》債《さい》の買《か》い入《い》れなどにより、世《よ》の中《なか》に出回《でまわ》るお金《かね》の量《りょう》を調整《ちょうせい》します。

公開市場操作《こうかいしじょうそうさ》

日銀《にちぎん》が世《よ》の中《なか》に出回《でまわ》るお金《かね》の量《りょう》を増減《ぞうげん》させ、金利《きんり》の水準《すいじゅん》を調整《ちょうせい》するために行《おこな》う金融機関《きんゆうきかん》との取《と》り引《ひ》きのことで、オペレーション（オペ）とも呼《よ》ばれます。現在《げんざい》は、国債《こくさい》を買《か》い入《い》れて、金利上昇《きんりじょうしょう》を抑《おさ》えています。日銀《にちぎん》の金融政策《きんゆうせいさく》の中《ちゅう》心《しん》となる操作《そうさ》です。

政策金利操作《せいさくきんりそうさ》

政策金利《せいさくきんり》とは、景気《けいき》や物価《ぶっか》の安定《あんてい》などを達成《たっせい》するために、中央銀行《ちゅうおうぎんこう》（日銀《にちぎん》）が設定《せってい》する誘導目標金利《ゆうどうもくひょうきんり》のこと。一般《いっぱん》的《てき》に、好景気《こうけいき》でインフレ傾向《けいこう》のときは政策金利《せいさくきんり》を引《ひ》き上《あ》げ、不景気《ふけいき》でデフレ傾向《けいこう》のときは引《ひ》き下《さ》げられます。

預金準備率操作《よきんじゅんびりつそうさ》

金融機関《きんゆうきかん》は、預金《よきん》の一定比率《いっていひりつ》（預金準備《よきんじゅんび》率《りつ》）以上《いじょう》の金額《きんがく》を日銀《にちぎん》に預《あず》け入《い》れるよう義務《ぎむ》づけられています。日銀《にちぎん》は、この預《よ》金準備率《きんじゅんびりつ》を引《ひ》き上《あ》げたり引《ひ》き下《さ》げたりすることで、金融緩和《きんゆうかんわ》、金融引《きんゆうひ》き締《し》めを操《そう》作《さ》してきましたが、1990年代以降《ねんだいいこう》行《おこな》われていません。

歳出《さいしゅつ》（170ページ）を通《とお》して行《おこな》います。景気《けいき》の回復《かいふく》を促《うなが》す際《さい》は、雇用《こよう》を生《う》むために公共事業《こうきょうじぎょう》を拡大《かくだい》したり、税《ぜい》を減《へ》らしたりします。景気《けいき》の行《い》き過《す》ぎを防《ふせ》ぐ必要《ひつよう》が出《で》てくると、公共事業《こうきょうじぎょう》を縮小《しゅくしょう》したり、増税《ぞうぜい》したりします。

日本銀行《にっぽんぎんこう》は、金融政策《きんゆうせいさく》を通《とお》して、極端《きょくたん》な景気《けいき》や物価《ぶっか》の変動《へんどう》を抑《おさ》えます。日本銀行《にっぽんぎんこう》が、国債《こくさい》などを売買《ばいばい》することで、世《よ》の中《なか》に出回《でまわ》るお金《かね》の量《りょう》を調《ちょう》整《せい》することを「公開市場操作《こうかいしじょうそうさ》」といいます。景気《けいき》がよいときは金融引《きんゆうひ》き締《し》めを行《おこな》い、世《よ》の中《なか》に出回《でまわ》るお金《かね》の量《りょう》を減《へ》らします。景気《けいき》が悪《わる》くなると、世《よ》の中《なか》に出回《でまわ》るお金《かね》の量《りょう》を増《ふ》やすための金融緩和《きんゆうかんわ》が行《おこな》われます。金融緩《きんゆうかん》和《わ》でお金《かね》に余裕《よゆう》ができた金融機関《きんゆうきかん》は、貸出金利《かしだしきんり》を下《さ》げるため、個人《こじん》や企業《きぎょう》がお金《かね》を借《か》りやすくなり、消費《しょうひ》や設《せつ》備《び》投資《とうし》が活発化《かっぱつか》して、景気《けいき》は上向《うわむ》くことになります。

日本《にほん》では、1999~2000年《ねん》に、政策金利《せいさくきんり》をほぼ0にする「ゼロ金利《きんり》政策《せいさく》」という金融緩和《きんゆうかんわ》が行《おこな》われました。その後《あと》もさまざまな量的《りょうてき》・質的《しつてき》な金融緩和《きんゆうかんわ》が行《おこな》われましたが、本格《ほんかく》的《てき》な景気回復《けいきかいふく》には至《いた》りませんでした。

あれ？　収入《しゅうにゅう》の３割《わり》が公債金《こうさいきん》って
いうのは、国《くに》の借金《しゃっきん》ってこと？
それって大丈夫《だいじょうぶ》なのかな？

国《くに》の歳入《さいにゅう》と歳出《さいしゅつ》

国《くに》の支出《ししゅつ》（歳出《さいしゅつ》）

国《くに》の一般会計歳出《いっぱんかいけいさいしゅつ》の構成《こうせい》（令和《れいわ》５年度当初予算《ねんどとうしょよさん》）

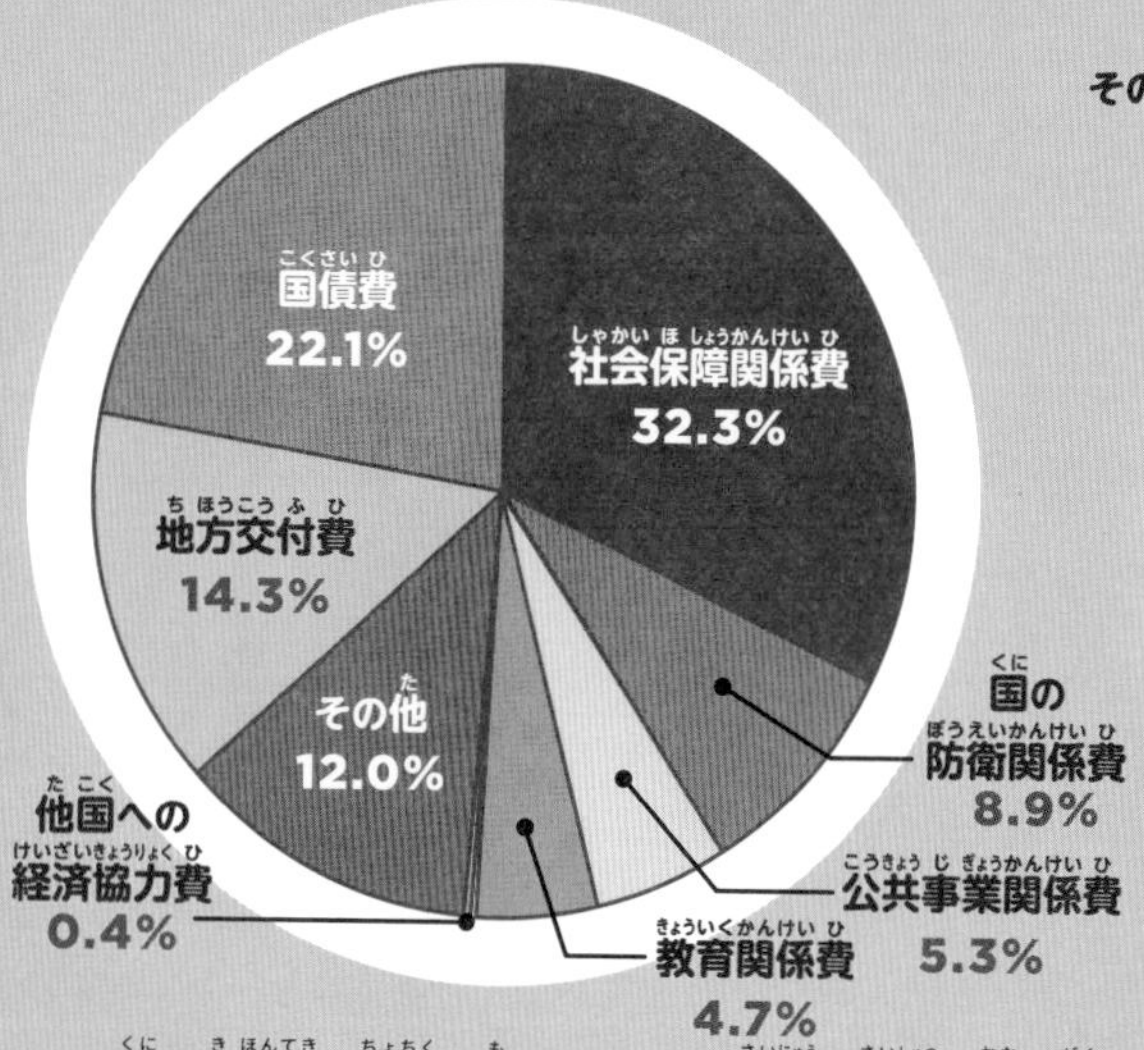
国債費《こくさいひ》
22.1%
社会保障関係費《しゃかいほしょうかんけいひ》
32.3%
地方交付費《ちほうこうふひ》
14.3%
その他《た》
12.0%
国《くに》の
防衛関係費《ぼうえいかんけいひ》
8.9%
他国《たこく》への
経済協力費《けいざいきょうりょくひ》
0.4%
公共事業関係費《こうきょうじぎょうかんけいひ》
5.3%
教育関係費《きょういくかんけいひ》
4.7%

国《くに》の収入《しゅうにゅう》（歳入《さいにゅう》）

国《くに》の一般会計歳入《いっぱんかいけいさいにゅう》の構成《こうせい》（令和《れいわ》５年度当初予算《ねんどとうしょよさん》）

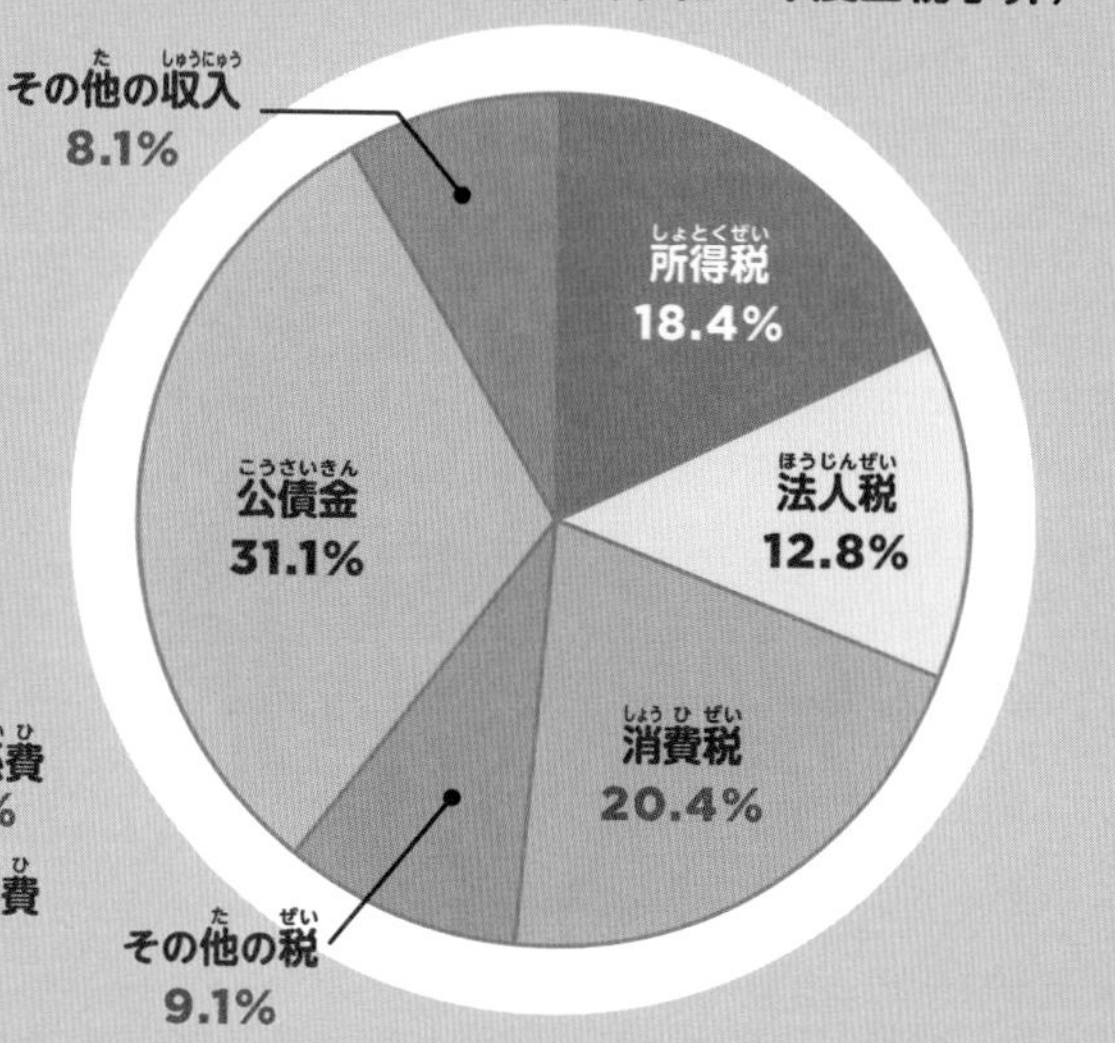
その他《た》の収入《しゅうにゅう》
8.1%
所得税《しょとくぜい》
18.4%
公債金《こうさいきん》
31.1%
法人税《ほうじんぜい》
12.8%
消費税《しょうひぜい》
20.4%
その他《た》の税《ぜい》
9.1%

国《くに》は基本的《きほんてき》に貯蓄《ちょちく》を持《も》たないため、歳入《さいにゅう》と歳出《さいしゅつ》は同《おな》じ額《がく》になります。毎年《まいとし》予算《よさん》を使《つか》い切《き》るしくみです。

（出典《しゅってん》）国税庁《こくぜいちょう》ホームページ https://www.nta.go.jp/taxes/kids/hatten/page03.htm をもとに作成《さくせい》

国《くに》の予算《よさん》は税金《ぜいきん》の使《つか》い道《みち》などを決《き》めるもの

私《わたし》たちの生活《せいかつ》は、自分《じぶん》で稼《かせ》いだ収入《しゅうにゅう》だけで成《な》り立《た》っているわけではありません。公共施設《こうきょうしせつ》や医療《いりょう》、教育《きょういく》などの公共《こうきょう》サービスは、国《くに》がお金《かね》を払《はら》って整備《せいび》・提供《ていきょう》し、それを私《わたし》たちが利用《りよう》しています。

では、そうした国《くに》のお金《かね》は、どこから生《う》まれるのでしょう？　国《くに》の一《いち》年間《ねんかん》の収入《しゅうにゅう》を「歳入《さいにゅう》」、一年間《いちねんかん》の支出《ししゅつ》を「歳出《さいしゅつ》」といいます。たとえば、２０２３年度《ねんど》（令和《れいわ》5年度《ねんど》）の当初《とうしょ》予算《よさん》は約《やく》１１４兆円《ちょうえん》で、そのうちの約《やく》61％は、国民《こくみん》や法人《ほうじん》などが納《おさ》める税金《ぜいきん》です。また、公債金《こうさいきん》と呼《よ》ばれる国《くに》の借金《しゃっきん》が約《やく》31％を占《し》めます。私《わたし》たちが納《おさ》める税金《ぜいきん》のうち、もっとも多《おお》いのは消費税《しょうひぜい》で、次《つぎ》に所得税《しょとくぜい》、法人税《ほうじんぜい》と続《つづ》きます。集《あつ》めた税金《ぜいきん》は、すべて国民《こくみん》のためになるよう考《かんが》えて使《つか》われなければなりません。

上《うえ》で紹介《しょうかい》しているような、一年間《ねんかん》の歳入《さいにゅう》と歳出《さいしゅつ》の予定《よてい》を示《しめ》した計画《けいかく》の知《し》っておこう！

国債《こくさい》のしくみ

国《くに》の経済《けいざい》や国民《こくみん》の生活《せいかつ》のためには、歳入《さいにゅう》が不足《ふそく》していても、政策《せいさく》や事業《じぎょう》を実行《じっこう》しなければなりません。そこで、歳入《さいにゅう》が足《た》りないときには、国《くに》が国債《こくさい》を発行《はっこう》し公債金《こうさいきん》（借金《しゃっきん》）で収入《しゅうにゅう》を得《え》て歳出《さいしゅつ》にあてます。「個人向《こじんむ》け国債《こくさい》」は、証券会社《しょうけんかいしゃ》や銀行《ぎんこう》などの金融機関《きんゆうきかん》で購入《こうにゅう》できる金融商品《きんゆうしょうひん》として知《し》られています。国《くに》の借金《しゃっきん》の残高《ざんだか》は、2023年度末《ねんどまつ》で約《やく》1,068兆円《ちょうえん》になる見込《みこ》みです。

日本《にほん》は「借金《しゃっきん》が多《おお》い」って
よくいわれるよね。
この借金《しゃっきん》って、
国債《こくさい》のこと
だったんだ……！

さまざまな目的《もくてき》で発行《はっこう》される国債《こくさい》（例《れい》）

建設国債《けんせつこくさい》

道路《どうろ》や橋《はし》、ダムなどを建設《けんせつ》する公共事業《こうきょうじぎょう》の資金《しきん》を調達《ちょうたつ》するために発行《はっこう》される国債《こくさい》のことです。

借換債《かりかえさい》

過去《かこ》に発行《はっこう》した国債《こくさい》が満期《まんき》になると、国債《こくさい》を買《か》った金融機関等《きんゆうきかんなど》にお金《かね》を償還《しょうかん》＊しなければなりません。借換債《かりかえさい》は、償還《しょうかん》する資金《しきん》を調達《ちょうたつ》するために新《あら》たに発行《はっこう》される債券《さいけん》のことです。

特例国債《とくれいこくさい》

建設国債《けんせつこくさい》を発行《はっこう》しても、まだ歳入不足《さいにゅうふそく》が見込《みこ》まれるとき、政府《せいふ》が公共事業《こうきょうじぎょう》以外《いがい》の歳出《さいしゅつ》にあてる資金《しきん》を調達《ちょうたつ》するために発行《はっこう》する国債《こくさい》です。別名《べつめい》「赤字《あかじ》国債《こくさい》」と呼《よ》ばれます。

復興債《ふっこうさい》

東日本大震災《ひがしにほんだいしんさい》からの復興《ふっこう》のための施策《しさく》を実施《じっし》するために、必要《ひつよう》な資金《しきん》となる税収《ぜいしゅう》などが入《はい》るまでのつなぎとして発行《はっこう》される国債《こくさい》。平成《へいせい》23年度《ねんど》から、令和《れいわ》7年度《ねんど》まで発行《はっこう》されます。

＊償還《しょうかん》……債券《さいけん》や投資信託《とうししんたく》が満期《まんき》を迎《むか》えるなどして、投資家《とうしか》にお金《かね》を返還《へんかん》すること。

ことを「予算《よさん》」といいます。予算《よさん》が成立《せいりつ》するまでの流《なが》れは、おおよそ次《つぎ》の通《とお》りです。

①夏《なつ》ごろまでに、国《くに》のための仕事《しごと》をする各省庁《かくしょうちょう》が、一年《いちねん》にどれだけのお金《かね》が必要《ひつよう》かを財務省《ざいむしょう》に提出《ていしゅつ》する。

②9月《がつ》に、提出《ていしゅつ》された金額《きんがく》が適切《てきせつ》かどうか財務省《ざいむしょう》が調《しら》べ、内閣《ないかく》に報告《ほうこく》する。

③12月《がつ》に、財務省《ざいむしょう》の報告《ほうこく》をもとに内《ない》閣《かく》が「予算案《よさんあん》」を作成《さくせい》する。

④1月《がつ》に、通常国会《つうじょうこっかい》で、選挙《せんきょ》で選《えら》ばれた政治家《せいじか》たちが、予算《よさん》について話《はな》し合《あ》い、議決《ぎけつ》する。

税金《ぜいきん》の使《つか》い道《みち》は最終的《さいしゅうてき》に議会《ぎかい》で話《はな》し合《あ》われ、決定《けってい》します。国《くに》の場合《ばあい》は国会議員《こっかいぎいん》が、都道府県《とどうふけん》や市区町村《しくちょうそん》など自治体《じちたい》の場合《ばあい》は地方議員《ちほうぎいん》が参加《さんか》します。いずれも選挙《せんきょ》で選《えら》ばれるので、みなさんも選挙権《せんきょけん》を得《え》たら、必《かなら》ず投《とう》票《ひょう》に行《い》き、お金《かね》を正《ただ》しく使《つか》おうとする候補者《こうほしゃ》に一票《いっぴょう》を投《とう》じたいですね。

税金《ぜいきん》についてのくわしい
説明《せつめい》は、174ページを
チェックしてください！

日本銀行《にっぽんぎんこう》の3つの役割《やくわり》

1 発券銀行《はっけんぎんこう》

銀行券《ぎんこうけん》（紙幣《しへい》）を発行《はっこう》する権限《けんげん》のある銀行《ぎんこう》のこと。日本《にほん》においては日本銀行《にっぽんぎんこう》が唯一《ゆいいつ》の発券銀行《はっけんぎんこう》です。お札《さつ》をよく見《み》ると「日本銀行券《にっぽんぎんこうけん》」と印刷《いんさつ》されています。一万円《いちまんえん》、五千円《ごせんえん》、千円《せんえん》の３種《しゅ》は、2024年《ねん》７月前半《がつぜんはん》をめどに、20年《ねん》ぶりに新《あたら》しいデザインに変《か》わります。

新《あたら》しい一万円札《いちまんえんさつ》。（出典《しゅってん》）国立印刷局《こくりついんさつきょく》ホームページ（https://www.npb.go.jp/ja/n_banknote/）

新《あたら》しいお札《さつ》には、偽造防止《ぎぞうぼうし》の３Ｄ《ディー》ホログラムや指《ゆび》でさわって識別《しきべつ》できるユニバーサルデザインなどが採用《さいよう》されています。

知《し》っておこう！

日銀《にちぎん》は国債《こくさい》を買《か》い取《と》っている

金利自由化以降《きんりじゆうかいこう》、日本銀行《にっぽんぎんこう》は主《おも》に短期市場金利《たんきしじょうきんり》を誘導《ゆうどう》する公開市場操作《こうかいしじょうそうさ》を行《おこな》ってきました。しかし、度重《たびかさ》なる金融緩和《きんゆうかんわ》の必要性《ひつようせい》から、2016年《ねん》の「長短金利操作付《ちょうたんきんりそうさつ》き量的《りょうてき》・質的金融緩和《しつてききんゆうかんわ》」では、短期《たんき》の政策金利《せいさくきんり》については、日本銀行当《にっぽんぎんこうとう》座預金《ざよきん》のうち政策金利残高《せいさくきんりざんだか》にマイナス金利《きんり》を適《てき》用《よう》することが定《さだ》められました。また、長期金利《ちょうききんり》についても、目標《もくひょう》とする10年物国債金利《ねんものこくさいきんり》が実《じつ》現《げん》できるように、長期国債《ちょうきこくさい》の買《か》い入《い》れを行《おこな》うことが具体的《ぐたいてき》に示《しめ》されました。長短両方《ちょうたんりょうほう》の金利《きんり》を操作《そうさ》することで、物価安定《ぶっかあんてい》の目標《もくひょう》を実現《じつげん》させる狙《ねら》いがあります。こういった金融政策《きんゆうせいさく》は、年《ねん》に8回開催《かいかいさい》される「金融政策決定会合《きんゆうせいさくけっていかいごう》」で適宜見《てきぎみ》直《なお》され、決定《けってい》されます。

日本銀行《にっぽんぎんこう》の目的《もくてき》は物価《ぶっか》と金融《きんゆう》の安定《あんてい》をはかること

日本銀行《にっぽんぎんこう》（日銀《にちぎん》）は、日本《にほん》でただ一《ひと》つの中央銀行《ちゅうおうぎんこう》です。中央銀行《ちゅうおうぎんこう》は、一《ひと》つの国《くに》や同《おな》じ通貨《つうか》を使用《しよう》する地域《ちいき》の中心《ちゅうしん》となる機関《きかん》を指《さ》します。銀行《ぎんこう》といっても、一般《いっぱん》の人《ひと》が口座《こうざ》を持《も》つことはできません。

日本銀行《にっぽんぎんこう》は、中央銀行《ちゅうおうぎんこう》として主《おも》に次《つぎ》の3つの役割《やくわり》を担《にな》っています。

まず一《ひと》つ目《め》は、「発券銀行《はっけんぎんこう》」であるということ。日本銀行券《にっぽんぎんこうけん》（紙幣《しへい》）を発行《はっこう》し、金融機関《きんゆうきかん》を通《つう》じて、世《よ》の中《なか》に安定供給《あんていきょうきゅう》しています。また、紙幣《しへい》の信用《しんよう》が損《そこ》なわれないように、偽造《ぎぞう》券《けん》や汚損《おそん》したものをチェックする「鑑《かん》査《さ》」をしています。

２つ目《め》は、「政府《せいふ》の銀行《ぎんこう》」であるということ。日本銀行《にっぽんぎんこう》は、政府預金《せいふよきん》として国庫金《こっこきん》（国《くに》の資金《しきん》）を預《あず》かり、収入《しゅうにゅう》や支出《ししゅつ》を管理《かんり》しています。年金《ねんきん》や公共事業費《こうきょうじぎょうひ》の支払《しはら》い、国税《こくぜい》や社会《しゃかい》保険料《ほけんりょう》などの受《う》け入《い》れを行《おこな》います。

３つ目《め》は、「銀行《ぎんこう》の銀行《ぎんこう》」という役《やく》

2 政府《せいふ》の銀行《ぎんこう》

これでよろしく
預かりますよ

国《くに》（政府《せいふ》）は、日本銀行《にっぽんぎんこう》に口座《こうざ》を持《も》ち、国庫金《こっこきん》を預《あず》けています。日本銀行《にっぽんぎんこう》は、国庫金《こっこきん》に関《かん》する事務《じむ》（税金《ぜいきん》や社会保険料《しゃかいほけんりょう》を受《う》け入《い》れ、年金《ねんきん》や公共事業《こうきょうじぎょう》の資金《しきん》の支払《しはら》いなど）を行《おこな》っています。また、国債《こくさい》の発行《はっこう》や国債元《こくさいがん》利金《りきん》の支払《しはら》い、外国為替市場《がいこくかわせしじょう》での為替介入事務《かわせかいにゅうじむ》といった国《くに》の事務《じむ》も取《と》り扱《あつか》っています。

日銀《にちぎん》は、政府《せいふ》から独立《どくりつ》した機関《きかん》です。中央銀行《ちゅうおうぎんこう》として、金融政策《きんゆうせいさく》の独立性《どくりつせい》と透明性《とうめいせい》が求《もと》められます。

3 銀行《ぎんこう》の銀行《ぎんこう》

銀行《ぎんこう》などの金融機関《きんゆうきかん》は、日本銀行《にっぽんぎんこう》にそれぞれ口座《こうざ》を持《も》っています。日本銀行《にっぽんぎんこう》は、この口座《こうざ》を通《とお》して民間《みんかん》の銀行《ぎんこう》にお金《かね》を貸《か》したり、お金《かね》を預《あず》かったりしています。また、民間《みんかん》の銀行同士《ぎんこうどうし》が送金《そうきん》やお金《かね》の貸《か》し借《か》りを行《おこな》うこともあります。日本銀行《にっぽんぎんこう》は、日銀《にちぎん》ネット（日本銀行金融《にっぽんぎんこうきんゆう》ネットワークシステム）によって、これらの取引《とりひき》を管理《かんり》しています。

日本銀行
A銀行
B銀行
仕送《しおく》りするよ
ありがとう

割《わり》です。民間《みんかん》の金融機関《きんゆうきかん》は、日本銀行《にっぽんぎんこう》に口座《こうざ》を持《も》っています。この口座《こうざ》は金融機関同士《きんゆうきかんどうし》が資金《しきん》の貸《か》し借《か》りを行《おこな》うときや、日本銀行《にっぽんぎんこう》が金融政策《きんゆうせいさく》として行《おこな》う金融機関《きんゆうきかん》との国債《こくさい》の売買《ばいばい》などに利用《りよう》されています。

日本銀行《にっぽんぎんこう》は、これらの３つの役割《やくわり》を果《は》たしながら「物価《ぶっか》の安定《あんてい》」と「金融《きんゆう》システムの安定《あんてい》」という２つの目的達成《もくてきたっせい》のため、金融政策《きんゆうせいさく》を決定《けってい》し実行《じっこう》しています。具体的《ぐたいてき》には、金融機関《きんゆうきかん》に国債《こくさい》を売買《ばいばい》することなどを通《とお》して、世《よ》の中《なか》に出回《でまわ》るお金《かね》の量《りょう》を調整《ちょうせい》する公開市場操作《こうかいしじょうそうさ》（１６９ページ）などを行《おこな》います。

eTALK

うーん、難《むずか》しい……。でも、日本銀行《にっぽんぎんこう》が独立《どくりつ》した立場《たちば》で、いろいろな金融《きんゆう》政策《せいさく》を通《とお》して経済《けいざい》を安定《あんてい》させているってことはわかった気《き》がする！

私《わたし》も、完全《かんぜん》には理解《りかい》できていないけど……。これからは、少《すこ》し違《ちが》った視点《してん》でニュースを見《み》られそう！

税金《ぜいきん》ってなんだろう？

直接税《ちょくせつぜい》｜税金《ぜいきん》を納《おさ》める人《ひと》と、負担《ふたん》する人《ひと》が同《おな》じ税金《ぜいきん》のこと。
法人税《ほうじんぜい》 国税《こくぜい》
会社《かいしゃ》などの法人《ほうじん》の所得《しょとく》（利益《りえき》）にかかる税《ぜい》。
所得税《しょとくぜい》 国税《こくぜい》
個人《こじん》の所得《しょとく》に対《たい》してかかる税《ぜい》。
給料
住民税《じゅうみんぜい》 地方税《ちほうぜい》
住《す》むことにかかる税《ぜい》。（都《と》）道府《どうふ》県民税《けんみんぜい》と、市《し》（区《く》）町村民税《ちょうそんみんぜい》がある。
相続税《そうぞくぜい》 国税《こくぜい》
亡《な》くなった人《ひと》から財《ざい》産《さん》（お金《かね》や土地《とち》など）を相続《そうぞく》したときなどにかかる税《ぜい》。
固定資産税《こていしさんぜい》 地方税《ちほうぜい》
持《も》っている土地《とち》や家《いえ》などにかかる税《ぜい》。市《し》（区《く》）町村税《ちょうそんぜい》。
PIZZA
自動車税《じどうしゃぜい》 地方税《ちほうぜい》
自動車《じどうしゃ》などを持《も》っているときに納《おさ》める税《ぜい》。（都《と》）道府県税《どうふけんぜい》。
事業税《じぎょうぜい》 地方税《ちほうぜい》
会社《かいしゃ》や個人《こじん》が行《おこな》う事業《じぎょう》の所得《しょとく》（利《り》益《えき》）にかかる税《ぜい》。（都《と》）道府県税《どうふけんぜい》。

ここまで、歳入《さいにゅう》の多《おお》くは税金《ぜいきん》だって勉強《べんきょう》してきたけど……。税金《ぜいきん》のことも、もっとくわしく知《し》りたいな。

税金《ぜいきん》が国民《こくみん》の生活《せいかつ》を支《ささ》えている

「税金《ぜいきん》」というと、大人《おとな》が納《おさ》めているものというイメージがあるかもしれません。しかし、買《か》い物《もの》したときの消費税《しょうひぜい》は、年齢《ねんれい》や収入《しゅうにゅう》に関係《かんけい》なくだれでも払《はら》うことになっています。

税金《ぜいきん》を納《おさ》めることは、憲法《けんぽう》で定《さだ》められた国民《こくみん》の義務《ぎむ》です。国民《こくみん》の生活《せいかつ》は税金《ぜいきん》によって支《ささ》えられており、税《ぜい》金《きん》がないと国《くに》の運営《うんえい》が成《な》り立《た》たなくなってしまいます。

私《わたし》たちが納《おさ》めた税金《ぜいきん》は、警察《けいさつ》や消《しょう》防《ぼう》など安全《あんぜん》を守《まも》る組織《そしき》や、道路《どうろ》、公《こう》園《えん》などのみんなが使《つか》うもの、そして、年金《ねんきん》、医療《いりょう》、福祉《ふくし》、教育《きょういく》などだれもが必要《ひつよう》とすることに使《つか》われています。

間接税《かんせつぜい》 税金《ぜいきん》を納《おさ》める人《ひと》と、負担《ふたん》する人《ひと》が異《こと》なる税金《ぜいきん》のこと。

関税《かんぜい》 国税《こくぜい》

海外《かいがい》からの輸入品《ゆにゅうひん》全般《ぜんぱん》にかかる税《ぜい》。

たばこ税《ぜい》 地方税《ちほうぜい》

たばこにかかる税《ぜい》。(都《と》)道府県税《どうふけんぜい》と、市《し》(区《く》)町村税《ちょうそんぜい》がある。

酒税《しゅぜい》 国税《こくぜい》

ビールなど、お酒《さけ》全《ぜん》般《ばん》にかかる税《ぜい》。

ゴルフ場利用税《じょうりようぜい》 地方税《ちほうぜい》

ゴルフ場《じょう》を利用《りよう》するのにかかる税《ぜい》。(都《と》)道府県税《どうふけんぜい》。

消費税《しょうひぜい》 国税《こくぜい》 地方税《ちほうぜい》

ものやサービスを消費《しょうひ》(購入《こうにゅう》)したときにかかる税《ぜい》。2023年現在《ねんげんざい》の税率《ぜいりつ》は10%で(飲食料品《いんしょくりょうひん》などを除《のぞ》く)、そのうち7.8%が国税《こくぜい》、2.2%が地方税《ちほうぜい》。

揮発油税《きはつゆぜい》 国税《こくぜい》 地方税《ちほうぜい》

自動車《じどうしゃ》のガソリンなどを製造場《せいぞうじょう》から出荷《しゅっか》したときにかかる税《ぜい》。

知《し》っておこう! なぜ消費税《しょうひぜい》ばかり上《あ》がるの?

消費税《しょうひぜい》は、もともと働《はたら》く現役世代《げんえきせだい》だけでなく、国民《こくみん》が公《こう》平《へい》に負担《ふたん》する税制《ぜいせい》が望《のぞ》ましいという考えから導入《どうにゅう》されました。消費税《しょうひぜい》がはじまった1989年当初《ねんとうしょ》は3%でしたが、1997年《ねん》に5%、2014年《ねん》に8%、そして2019年《ねん》に10%(一部軽減税率《いちぶけいげんぜいりつ》8%)とどんどん上《あ》がっています。その大《おお》きな理由《りゆう》が少子高齢化《しょうしこうれいか》で、高齢者《こうれいしゃ》が増《ふ》える中《なか》で社会保《しゃかいほ》障費《しょうひ》の財源《ざいげん》が足《た》りないことがあげられます。
しかし、消費税《しょうひぜい》の引《ひ》き上《あ》げは、消費者《しょうひしゃ》の支出削減《ししゅつさくげん》につながり、景気《けいき》を抑制《よくせい》することや、低所得者《ていしょとくしゃ》ほど負担《ふたん》が重《おも》いことなども指摘《してき》されています。

これらすべての活動《かつどう》の費用《ひよう》をまかなうために、みんなが税金《ぜいきん》を国《くに》や地方《ちほう》公共団体《こうきょうだんたい》に納《おさ》めるのです。

税金《ぜいきん》の種類《しゅるい》はさまざまです。

納《おさ》める場所《ばしょ》によって分類《ぶんるい》すると、国《くに》に納《おさ》める「国税《こくぜい》」と、地方公共団《ちほうこうきょうだん》体《たい》に納《おさ》める「地方税《ちほうぜい》」があり、地方《ちほう》税《ぜい》にはさらに「(都《と》)道府県税《どうふけんぜい》」と「市《し》(区《く》)町村税《ちょうそんぜい》」があります。

また、納《おさ》め方《かた》で分類《ぶんるい》すると、「直接《ちょくせつ》税《ぜい》」と「間接税《かんせつぜい》」に分《わ》けられます。

直接税《ちょくせつぜい》は、「税金《ぜいきん》を納《おさ》める人《ひと》と負担《ふたん》する人《ひと》が同《おな》じ税金《ぜいきん》」です。個人《こじん》の所《しょ》得《とく》(収入《しゅうにゅう》から経費《けいひ》を引《ひ》いたもの)にかかる所得税《しょとくぜい》が代表的《だいひょうてき》です。所得税《しょとくぜい》には、所得《しょとく》が多《おお》いほど税率《ぜいりつ》が高《たか》くなる「累進課税《るいしんかぜい》」が採用《さいよう》されています。

間接税《かんせつぜい》は、税金《ぜいきん》を納《おさ》める人《ひと》と負担《ふたん》する人《ひと》が異《こと》なる税金《ぜいきん》です。間接税《かんせつぜい》でもっとも身近《みぢか》なものは、消費税《しょうひぜい》です。消費税《しょうひぜい》は、ものやサービスの提供《ていきょう》にかかる税金《ぜいきん》で、消費者《しょうひしゃ》が負担《ふたん》します。しかし、納税《のうぜい》するのはものやサービスの製造業者《せいぞうぎょうしゃ》や販売業者《はんばいぎょうしゃ》です。

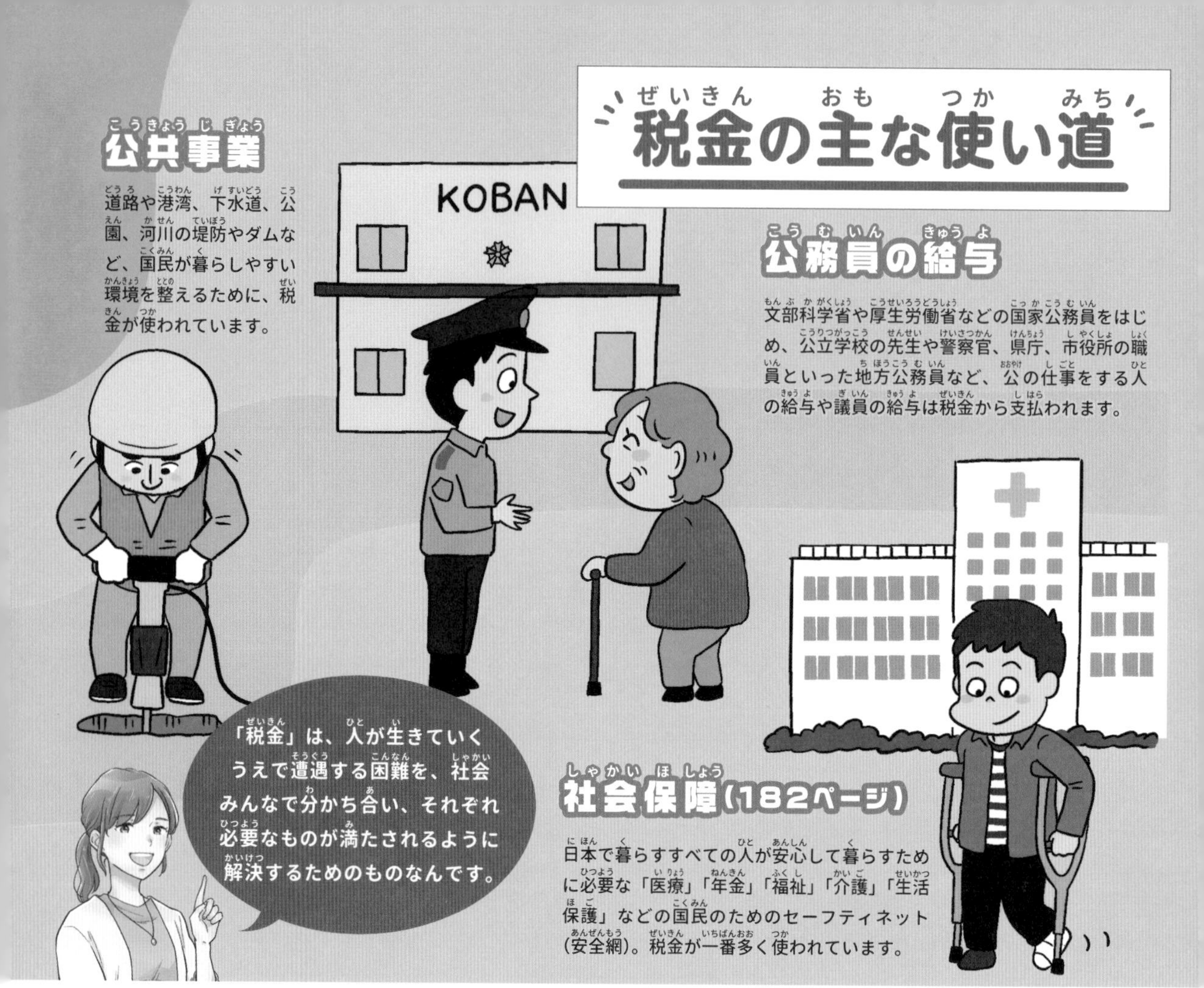
税金《ぜいきん》の主《おも》な使《つか》い道《みち》
KOBAN
公共事業《こうきょうじぎょう》
道路《どうろ》や港湾《こうわん》、下水道《げすいどう》、公《こう》園《えん》、河川《かせん》の堤防《ていぼう》やダムなど、国民《こくみん》が暮《く》らしやすい環境《かんきょう》を整《ととの》えるために、税《ぜい》金《きん》が使《つか》われています。
公務員《こうむいん》の給与《きゅうよ》
文部科学省《もんぶかがくしょう》や厚生労働省《こうせいろうどうしょう》などの国家公務員《こっかこうむいん》をはじめ、公立学校《こうりつがっこう》の先生《せんせい》や警察官《けいさつかん》、県庁《けんちょう》、市役所《しやくしょ》の職《しょく》員《いん》といった地方公務員《ちほうこうむいん》など、公《おおやけ》の仕事《しごと》をする人《ひと》の給与《きゅうよ》や議員《ぎいん》の給与《きゅうよ》は税金《ぜいきん》から支払《しはら》われます。
「税金《ぜいきん》」は、人《ひと》が生《い》きていくうえで遭遇《そうぐう》する困難《こんなん》を、社会《しゃかい》みんなで分《わ》かち合《あ》い、それぞれ必要《ひつよう》なものが満《み》たされるように解決《かいけつ》するためのものなんです。
社会保障《しゃかいほしょう》（182ページ）
日本《にほん》で暮《く》らすすべての人《ひと》が安心《あんしん》して暮《く》らすために必要《ひつよう》な「医療《いりょう》」「年金《ねんきん》」「福祉《ふくし》」「介護《かいご》」「生活《せいかつ》保護《ほご》」などの国民《こくみん》のためのセーフティネット(安全網《あんぜんもう》)。税金《ぜいきん》が一番多《いちばんおお》く使《つか》われています。

身近《みぢか》なところで税金《ぜいきん》が使《つか》われている

みなさんが納《おさ》めた税金《ぜいきん》は、国《くに》の歳入《さいにゅう》になり、予算《よさん》が組《く》まれ、国民《こくみん》のために使《つか》われます。

もっとも多《おお》く使《つか》われているのは、社会保障費《しゃかいほしょうひ》です。社会保障制度《しゃかいほしょうせいど》とは、医療《いりょう》、介護《かいご》、福祉《ふくし》、年金《ねんきん》、雇用《こよう》など、国民《こくみん》が安心《あんしん》して暮《く》らすために必要《ひつよう》なセーフティネットのことです（182ページ）。

その他《ほか》、道路《どうろ》や橋《はし》の整備《せいび》、公園《こうえん》、港湾《こうわん》、空港《くうこう》の建設《けんせつ》や森林《しんりん》を守《まも》る活動《かつどう》などの公共事業《こうきょうじぎょう》にも、税金《ぜいきん》が使《つか》われています。公共事業《こうきょうじぎょう》には、国民《こくみん》が暮《く》らしやすい環境《かんきょう》を作《つく》る役割《やくわり》があります。世《よ》の中《なか》の治安《ちあん》を守《まも》る警察《けいさつ》や消防《しょうぼう》、きれいなまちづくりのためのゴミ処理《しょり》費用《ひよう》など、身近《みぢか》なところにも税金《ぜいきん》が使《つか》われています。

また、税金《ぜいきん》は、公立学校《こうりつがっこう》の設備《せつび》や教材《きょうざい》、私立学校《しりつがっこう》への補助金《ほじょきん》など教育《きょういく》のためにも使《つか》われています。公立《こうりつ》学校《がっこう》の先生《せんせい》は、地方公務員《ちほうこうむいん》として給与《きゅうよ》が税金《ぜいきん》から支払《しはら》われています。

知《し》っておこう！

税金《ぜいきん》は日本以外《にほんいがい》の国《くに》にも使《つか》われている

日本《にほん》は、貧《まず》しい国《くに》や食糧不足《しょくりょうふそく》で困《こま》っている国《くに》に対《たい》し、税金《ぜいきん》を使《つか》って、ダムや道路《どうろ》、病院《びょういん》の建設《けんせつ》や医薬品《いやくひん》の提供《ていきょう》、技術協力《ぎじゅつきょうりょく》などを行《おこな》っています。このような活動《かつどう》を「ＯＤＡ《オーディーエー》（政府開発援助《せいふかいはつえんじょ》）」といいます（→ 208 ページ）。ＯＤＡ《オーディーエー》の目的《もくてき》は、開発途上国《かいはつとじょうこく》を経済的《けいざいてき》・社会的《しゃかいてき》に支援《しえん》し福祉《ふくし》の向上《こうじょう》を目指《めざ》すものです。日本《にほん》の援助額《えんじょがく》は、174 億《おく》 7,533 万《まん》ドル（2022 年《ねん》）でアメリカ、ドイツに次《つ》ぐ３番目《ばんめ》となっています。

あっ、
ニュースでときどき
「首相《しゅしょう》が、○○へ
10 億円《おくえん》の支援《しえん》を表明《ひょうめい》」
とかってやってるよね。
あれのことか！

その他公共《たこうきょう》サービス

地方公共団体《ちほうこうきょうだんたい》が行《おこな》う、ゴミの収集《しゅうしゅう》、消防《しょうぼう》や救急車《きゅうきゅうしゃ》の出動《しゅつどう》などの公共《こうきょう》サービスに地域格差《ちいきかくさ》をなくすため、税金《ぜいきん》の一部《いちぶ》を「地方交付税交付金等《ちほうこうふぜいこうふきんとう》」として、地方公共団体《ちほうこうきょうだんたい》に支給《しきゅう》しています。

教育《きょういく》

「文教及《ぶんきょうおよ》び科学振興費《かがくしんこうひ》」として、公立学校《こうりつがっこう》の教育費《きょういくひ》や、宇宙開発《うちゅうかいはつ》、海洋開発《かいようかいはつ》、コンピュータなどのＩＴ研究費《アイティーけんきゅうひ》などに税金《ぜいきん》を使《つか》い、学校教育《がっこうきょういく》や科学技術《かがくぎじゅつ》の発展《はってん》に役立《やくだ》てられています。

国《くに》の仕事《しごと》をする国会議員《こっかいぎいん》などの選挙《せんきょ》で選《えら》ばれた人《ひと》や国家公務員《こっかこうむいん》、その他《ほか》、県庁《けんちょう》や市役所《しやくしょ》で働《はたら》く地方公務員《ちほうこうむいん》や警察《けいさつ》、消防署《しょうぼうしょ》で働《はたら》く人《ひと》たちの給与《きゅうよ》にも税金《ぜいきん》が使《つか》われています。

TALK

税金《ぜいきん》の使《つか》い道《みち》って、こんなにあるんだね！　学校《がっこう》や道路《どうろ》って、どれも私《わたし》たちの生活《せいかつ》に欠《か》かせないものだし、今《いま》まであって当然《とうぜん》のものだと思《おも》ってた！

道路《どうろ》や橋《はし》がボロボロだったり、学校《がっこう》の先生《せんせい》に賃金《ちんぎん》が出《で》なかったりしたら、みんな混乱《こんらん》するよなぁ。

ここでいう「主《おも》な使《つか》い道《みち》」というのが、１７０ページでも紹介《しょうかい》した「歳出《さいしゅつ》」にあたるの。１８８ページからの「考《かんが》えてみよう」の中《なか》でも、歳出《さいしゅつ》の内訳《うちわけ》を紹介《しょうかい》しているから、あわせて確認《かくにん》してね。

考《かんが》えてみよう 税金《ぜいきん》の使《つか》い道《みち》

～赤字《あかじ》列車《れっしゃ》に税金《ぜいきん》を使《つか》う？～

税金《ぜいきん》の使《つか》い道《みち》を考《かんが》えるのは難《むずか》しいものです。税金《ぜいきん》について、実際《じっさい》に議論《ぎろん》されている問題《もんだい》をもとに考《かんが》えてみましょう。

人口《じんこう》が減《へ》っている地方《ちほう》で、民間《みんかん》の鉄道会社《てつどうがいしゃ》が運営《うんえい》している列車《れっしゃ》があります。ところが、その土地《とち》は車《くるま》で移動《いどう》する人《ひと》が多《おお》く、列車《れっしゃ》は赤字《あかじ》続《つづ》き。続《つづ》けていくのが厳《きび》しいと判断《はんだん》した鉄道会社《てつどうがいしゃ》は、この列車《れっしゃ》の廃止《はいし》を決《き》めました。これに対《たい》し、地域住民《ちいきじゅうみん》の一部《いちぶ》は列車《れっしゃ》の継続《けいぞく》を望《のぞ》み、税金《ぜいきん》を使《つか》って列車《れっしゃ》を維持《いじ》してほしいと声《こえ》をあげました。ですが、列車《れっしゃ》の維持《いじ》に関《かん》しては、賛成意見《さんせいいけん》と反対意見《はんたいいけん》の両方《りょうほう》があるようです。

地域《ちいき》の人《ひと》の声《こえ》

学生《がくせい》で、列車《れっしゃ》は毎日通学《まいにちつうがく》に利用《りよう》しています。車《くるま》の運転《うんてん》ができないので、列車《れっしゃ》が廃止《はいし》されたら困《こま》ってしまいます。 16歳《さい》

列車《れっしゃ》を利用《りよう》している人《ひと》は、住民《じゅうみん》のうち１割《わり》もいないというデータがあります。もっと、大多数《だいたすう》の住民《じゅうみん》が納得《なっとく》できるような税金《ぜいきん》の使《つか》い方《かた》をするべきではないでしょうか。 45歳《さい》

貴重《きちょう》な税金《ぜいきん》なので、赤字列《あかじれっ》車《しゃ》より、未来《みらい》を担《にな》う子《こ》どもたちのための教育費《きょういくひ》などにまわしてほしいです。子《こ》どもたちの学校《がっこう》の老朽化《ろうきゅうか》も進《すす》んでいると聞《き》いていますし……。 36歳《さい》

このあたりはタクシーの数《かず》も少《すく》ないため、病院《びょういん》に行《い》くには列車《れっしゃ》を使《つか》わなければなりません。そもそも年金暮《ねんきんぐ》らしなので、高《たか》いタクシー代《だい》を支払《しはら》うのは難《むずか》しいです。 75歳《さい》

キミはどう思《おも》う？

会社員《かいしゃいん》は給与《きゅうよ》から税金《ぜいきん》や保険料《ほけんりょう》が天引《てんび》きされる

企業《きぎょう》に勤《つと》める会社員《かいしゃいん》は、給与《きゅうよ》から税金《ぜいきん》や社会保険料《しゃかいほけんりょう》を納《おさ》めています。ただし、これらは自分《じぶん》で納《おさ》めるのではなく、天引《てんび》き（あらかじめ差《さ》し引《ひ》かれること）されます。いくら納《おさ》めているかは、給与明細《きゅうよめいさい》を見《み》ればわかります。

給与《きゅうよ》から天引《てんび》きされる税金《ぜいきん》は「所《しょ》得税《とくぜい》」と「住民税《じゅうみんぜい》」の2つです。

所得税《しょとくぜい》は、税率《ぜいりつ》が5～45％で所得《しょとく》が多《おお》いほど税率《ぜいりつ》が高《たか》くなります。住《じゅう》民税《みんぜい》の税率《ぜいりつ》は、前年《ぜんねん》の所得《しょとく》の10％となります。さらに「均等割《きんとうわり》」と呼《よ》ばれる、定額《ていがく》の標準税率分《ひょうじゅんぜいりつぶん》も、地方自《ちほうじ》治体《ちたい》に納《おさ》める必要《ひつよう》があります。

給与《きゅうよ》から天引《てんび》きされる社会保険料《しゃかいほけんりょう》には「健康保険料《けんこうほけんりょう》」「厚生年金保険《こうせいねんきんほけん》料《りょう》」「雇用保険料《こようほけんりょう》」などがあります。このうち、健康保険《けんこうほけん》と厚生年金《こうせいねんきん》は半《はん》額《がく》を会社《かいしゃ》が負担《ふたん》します。雇用保険料《こようほけんりょう》は一般事業《いっぱんじぎょう》の場合《ばあい》、給与《きゅうよ》の1・55％を、会社《かいしゃ》が0・95％、従業員《じゅうぎょういん》が0・6％負担《ふたん》します（2023年現在《ねんげんざい》）。

勤怠《きんたい》

勤怠《きんたい》は、1か月《げつ》の出勤日数《しゅっきんにっすう》や欠勤日数《けっきんにっすう》、残業時間《ざんぎょうじかん》など、実際《じっさい》に働《はたら》いた日数《にっすう》や時間数《じかんすう》が書《か》かれている欄《らん》です。

支給《しきゅう》

基本給《きほんきゅう》は給与《きゅうよ》のベースとなる金額《きんがく》です。残業《ざんぎょう》手当《てあて》は雇用契約《こようけいやく》で定《さだ》められた時間以外《じかんいがい》で働《はたら》いた時間外労働《じかんがいろうどう》に対《たい》する手当《てあて》のこと。通勤手当《つうきんてあて》は会社《かいしゃ》に来《く》るために発生《はっせい》する交通費《こうつうひ》です。

差引合計《さしひきごうけい》

「控除《こうじょ》」が天引《てんび》きされて、実際《じっさい》に支払《しはら》われる給与《きゅうよ》の手取《てど》り額《がく》です。支給額《しきゅうがく》がすべて手元《てもと》に入《はい》るわけではありません。

令和《れいわ》○年《ねん》10月度《がつど》　給与明細書《きゅうよめいさいしょ》

支給日《しきゅうび》:令和《れいわ》○年《ねん》10月《がつ》25日《にち》

株式会社《かぶしきがいしゃ》 にこにこオフィス ○○○○様《さま》

勤怠《きんたい》	
出勤日数《しゅっきんにっすう》	20.0
欠勤日数《けっきんにっすう》	0.0
遅刻回数《ちこくかいすう》	0.0
残業時間《ざんぎょうじかん》	18.0
有給使用《ゆうきゅうしよう》日数《にっすう》	1.0
有給残日数《ゆうきゅうざんにっすう》	6.0

支給《しきゅう》	
基本給《きほんきゅう》	240,000
残業手当《ざんぎょうてあて》	33,000
通勤手当《つうきんてあて》	9,800
合計《ごうけい》	282,800

控除《こうじょ》	
健康保険《けんこうほけん》	12,490
厚生年金《こうせいねんきん》	22,482
雇用保険《こようほけん》	749
所得税《しょとくぜい》	4,280
住民税《じゅうみんぜい》	12,000
合計《ごうけい》	52,001

差引合計《さしひきごうけい》	
差引支給額《さしひきしきゅうがく》	230,799
差引合計《さしひきごうけい》	230,799

控除《こうじょ》

給与《きゅうよ》から天引《てんび》きされている金額《きんがく》です。「健康保険《けんこうほけん》」「厚生《こうせい》年金保険《ねんきんほけん》」「雇用保険《こようほけん》」などの保険料《ほけんりょう》や「所得税《しょとくぜい》」「住民《じゅうみん》税《ぜい》」の金額《きんがく》が具体的《ぐたいてき》に記載《きさい》されています。

健康保険《けんこうほけん》 … 保険料《ほけんりょう》は会社《かいしゃ》と従業員《じゅうぎょういん》が半分《はんぶん》ずつ負担《ふたん》します。

介護保険《かいごほけん》 … 40～64歳《さい》の会社員《かいしゃいん》は、介護保険料《かいごほけんりょう》も給与《きゅうよ》から天引《てんび》きされます。介護保険料《かいごほけんりょう》も半分《はんぶん》を会社《かいしゃ》が負担《ふたん》します。

厚生年金《こうせいねんきん》 … 将来支給《しょうらいしきゅう》される年金《ねんきん》の保険料《ほけんりょう》です。厚生年金《こうせいねんきん》の保険料《ほけんりょう》は、会社《かいしゃ》と従業員《じゅうぎょういん》が半分《はんぶん》ずつ負担《ふたん》します。

雇用保険《こようほけん》 … 失業《しつぎょう》したときに給付金《きゅうふきん》の支給《しきゅう》などが受《う》けられる制度《せいど》です。

所得税《しょとくぜい》 …… その年《とし》の所得《しょとく》に応《おう》じて納《おさ》める税金《ぜいきん》です。会社《かいしゃ》が毎月《まいつき》おおよその金額《きんがく》を計算《けいさん》し、月割《つきわ》りで天引《てんび》きされます。

住民税《じゅうみんぜい》 …… 前年《ぜんねん》の所得《しょとく》を元《もと》に計算《けいさん》されて月割《つきわ》りで天引《てんび》きされます。

税金《ぜいきん》は安《やす》いほうがいい……とはいいきれない？

国民《こくみん》が負担《ふたん》する税金《ぜいきん》と社会保険料《しゃかいほけんりょう》の合計《ごうけい》を国民負担率《こくみんふたんりつ》といいます。日《に》本《ほん》の２０２３年度《ねんど》の国民負担率《こくみんふたんりつ》は４６・８％になる見通《みとお》しです。つまり、給料《きゅうりょう》の約半分《やくはんぶん》を国《くに》に納《おさ》めている状態《じょうたい》です。この中《なか》には、買《か》い物《もの》で払《はら》う10％の消費税《しょうひぜい》も含《ふく》まれています。

「高《たか》い！」と思《おも》いますよね？　ですが、この数字《すうじ》は諸外国《しょがいこく》と比《くら》べて特別《とくべつ》高《たか》いというわけではありません。たとえばデンマークは、消費税《しょうひぜい》が25％で、国民負担率《こくみんふたんりつ》は60％を超《こ》えています。ただし、こういった税金《ぜいきん》が高《たか》い国《くに》は、おおむね社会保障制度《しゃかいほしょうせいど》がしっかりしています。教育費《きょういくひ》は大学《だいがく》まで無料《むりょう》で、医療費《いりょうひ》も無料《むりょう》。そのため、国民《こくみん》も高《たか》い税金《ぜいきん》を支払《しはら》うことに納得《なっとく》しているのだとか。

つい「税金《ぜいきん》が高《たか》い！　安《やす》くしろ」といいたくなるもの。しかし、それよりも大切《たいせつ》なのは、税金《ぜいきん》がどんな使《つか》われ方《かた》をしているか、税金《ぜいきん》が私《わたし》たちの生活《せいかつ》をよりよいものにしているかをチェックすることです。

eTALK

ニュースとかを見《み》て、税《ぜい》金《きん》ってなんとなくイヤなイメージだったんだ。でも、税金《ぜいきん》を払《はら》った分《ぶん》、生《せい》活《かつ》が豊《ゆた》かになる実感《じっかん》があれば、納得《なっとく》して支払《しはら》えるんだね。

なんで税金《ぜいきん》を上《あ》げるのか、その税金《ぜいきん》を何《なに》に使《つか》っているのかを調《しら》べて、もし納《なっ》得《とく》いかなかったら……。大人《おとな》なら、選挙《せんきょ》で意志表《いしひょう》示《じ》すればいいんだよね！

COLUMN 6

本当《ほんとう》にあった！？ おもしろい税金《ぜいきん》

税金《ぜいきん》は所得税《しょとくぜい》や消費税《しょうひぜい》といったおなじみのものだけではありません。日本《にほん》を含《ふく》む世界各国《せかいかっこく》には、意外《いがい》な目的《もくてき》でかけられているユニークな税金《ぜいきん》があります。

入湯税《にゅうとうぜい》

温泉《おんせん》に行《い》くときに、支払《しはら》う税金《ぜいきん》です。入湯税《にゅうとうぜい》は温泉《おんせん》などがある市町村《しちょうそん》が、環境衛生施設《かんきょうえいせいしせつ》の整備《せいび》、鉱泉源《こうせんげん》の保護管理施設《ほごかんりしせつ》の整備《せいび》、消防施設《しょうぼうしせつ》の整備《せいび》、観光《かんこう》の振興《しんこう》の費用《ひよう》として集《あつ》めている目的税《もくてきぜい》です。税率《ぜいりつ》は1人《ひとり》1日《にち》150円《えん》を標準《ひょうじゅん》として、市町村《しちょうそん》が定《さだ》めています。日本《にほん》だけにある税金《ぜいきん》で、外国《がいこく》から見《み》ると不思議《ふしぎ》なのだとか。

渋滞税《じゅうたいぜい》

イギリスのロンドンで導入《どうにゅう》されている税金《ぜいきん》で「コンジェスチョン・チャージ」といいます。ロンドンの中心街《ちゅうしんがい》は交通渋滞《こうつうじゅうたい》が激《はげ》しいため、混雑《こんざつ》を減《へ》らすために一部《いちぶ》のエリアに税金《ぜいきん》がかけられています。2003年《ねん》に始《はじ》まり、翌年《よくねん》には渋滞《じゅうたい》が30%解消《かいしょう》されたそうです。

ポテトチップス税《ぜい》

ハンガリーでは、肥満防止《ひまんぼうし》を目的《もくてき》とした国民健康製品税《こくみんけんこうせいひんぜい》が、2011年に導入《どうにゅう》されました。通称《つうしょう》ポテトチップス税《ぜい》と呼《よ》ばれ、スナック菓子《かし》だけでなく、加糖飲料《かとういんりょう》、フルーツ味《あじ》のビールやジャム類《るい》も課税対象《かぜいたいしょう》です。

独身税《どくしんぜい》

今《いま》では廃止《はいし》されていますが、ブルガリアでは少子化対策《しょうしかたいさく》として、1968年《ねん》～1989年《ねん》まで、結婚《けっこん》していない独身者《どくしんしゃ》から収入《しゅうにゅう》の5～10%の税金《ぜいきん》を徴収《ちょうしゅう》していました。しかし出生率《しゅっしょうりつ》は上《あ》がらず、この税制《ぜいせい》は失敗《しっぱい》に終《お》わりました。

犬税《いぬぜい》

1982年《ねん》まで実際《じっさい》に日本《にほん》にあった税金《ぜいきん》です。犬《いぬ》を飼育《しいく》する飼《か》い主《ぬし》が払《はら》う税金《ぜいきん》で、犬《いぬ》の種類《しゅるい》や飼育目的《しいくもくてき》によって税率《ぜいりつ》を変《か》えている市町村《しちょうそん》もありました。ドイツでは現在《げんざい》も犬税《いぬぜい》があり、飼育《しいく》している頭数《とうすう》が多《おお》いほど税金《ぜいきん》が高《たか》くなるようです。

MONEY

社会保障制度《しゃかいほしょうせいど》ってなんだろう？

社会全体《しゃかいぜんたい》で困難《こんなん》な状況《じょうきょう》を助《たす》け合《あ》うしくみ

みんなが元気《げんき》で働《はたら》き、お金《かね》に困《こま》らず一生暮《いっしょうく》らしていければよいのですが、実際《じっさい》はそうはいきません。病気《びょうき》になって働《はたら》けなくなることや、高齢《こうれい》になって介護《かいご》が必要《ひつよう》になるなど、人生《じんせい》にはさまざまな困難《こんなん》が起《お》こる可能性《かのうせい》があります。

そこで国《くに》などは、国民《こくみん》が安心《あんしん》して暮《く》らせるように、すべての人《ひと》の生活《せいかつ》を生涯《しょうがい》に渡《わた》って支《ささ》えるしくみを用意《ようい》しています。それが、「社会保障制度《しゃかいほしょうせいど》」です。

たとえば、よく耳《みみ》にする「健康保険《けんこうほけん》」や「年金《ねんきん》」も社会保障《しゃかいほしょう》の一《ひと》つです。病気《びょうき》にかかったとき、医療費《いりょうひ》がたくさんかかっても、病院《びょういん》などの窓口《まどぐち》で支払《しはら》うお金《かね》は、健康保険《けんこうほけん》により年齢《ねんれい》や収入《しゅうにゅう》に応《おう》じて1割《わり》～3割《わり》に抑《おさ》えられています。また、一定以上《いっていいじょう》の年齢《ねんれい》（原則《げんそく》65歳以上《さいいじょう》）の人《ひと》にお金《かね》を支給《しきゅう》する老齢年金《ろうれいねんきん》は、何歳《なんさい》まで長生《ながい》きしてもずっと支給《しきゅう》されます。

これらの費用《ひよう》として、社会保険料《しゃかいほけんりょう》や税金《ぜいきん》が徴収《ちょうしゅう》されています。社会保険料《しゃかいほけんりょう》や税金《ぜいきん》は収入《しゅうにゅう》が多《おお》い人《ひと》ほどたくさん払《はら》うこともありますが、それが生活《せいかつ》に困《こま》った人《ひと》や病気《びょうき》になった人《ひと》を支《ささ》える財源《ざいげん》となります。これは助《たす》け合《あ》いであるとともに、社会保障《しゃかいほしょう》を通《とお》して所得《しょとく》が再配分《さいはいぶん》され、裕福《ゆうふく》な人《ひと》とそうでない人《ひと》の所得格差《しょとくかくさ》を緩和《かんわ》するしくみにもなっているのです。

次《つぎ》のページで社会保障制度《しゃかいほしょうせいど》の大《おお》きな4つの柱《はしら》を紹介《しょうかい》していきます。

社会保障制度《しゃかいほしょうせいど》って、よく〝セーフティーネット〟といわれるけど、どんなときに使《つか》えるのかな……？

知《し》っておこう！

みんなも持《も》っているマイナンバー

マイナンバーとは、日本《にほん》に住民票《じゅうみんひょう》のあるすべての人《ひと》（外国人《がいこくじん》を含《ふく》む）が持《も》つ12桁《けた》の番号《ばんごう》です。社会保障《しゃかいほしょう》、税《ぜい》、災害対策《さいがいたいさく》の3つの分野《ぶんや》で個人情報《こじんじょうほう》の特定《とくてい》・確認《かくにん》がすぐにできるよう導入《どうにゅう》されました。

マイナンバーが記載《きさい》された、顔写真《かおじゃしん》つきのカードを「マイナンバーカード」といいます。プラスチック製《せい》のカードで、氏名《しめい》や住所《じゅうしょ》、生年月日《せいねんがっぴ》などの個人情報《こじんじょうほう》が表示《ひょうじ》され、身分証明書《みぶんしょうめいしょ》として利用《りよう》できます。

マイナンバーカード

マイナンバーカードには、情報《じょうほう》を記録《きろく》するＩＣ《アイシー》チップがついています。

社会保障制度《しゃかいほしょうせいど》の4つの柱《はしら》

社会保障制度《しゃかいほしょうせいど》には4つの分野《ぶんや》があり、国民《こくみん》の生活《せいかつ》を生涯《しょうがい》に渡《わた》って支《ささ》えています。

1 社会保険《しゃかいほけん》

病気《びょうき》、ケガ、障害《しょうがい》、老齢《ろうれい》、介護《かいご》、死亡《しぼう》、失業《しつぎょう》などに備《そな》えて国民全員《こくみんぜんいん》が強制加入《きょうせいかにゅう》する保険制度《ほけんせいど》です。生活《せいかつ》に影響《えいきょう》を及《およ》ぼす状況《じょうきょう》が起《お》きたとき、お金《かね》を支給《しきゅう》して生活《せいかつ》を安定《あんてい》させることが目的《もくてき》です。病気《びょうき》やケガに備《そな》える「医療保険《いりょうほけん》」、高齢者《こうれいしゃ》や障害者《しょうがいしゃ》、遺族《いぞく》の生活《せいかつ》を支《ささ》える「年金保険《ねんきんほけん》」、介護《かいご》が必要《ひつよう》な人《ひと》を助《たす》ける「介護保険《かいごほけん》」などがあります。

2 公的扶助《こうてきふじょ》

なんらかの事情《じじょう》で働《はたら》くことができない人《ひと》や、働《はたら》いても生活《せいかつ》に困窮《こんきゅう》してしまう人《ひと》に対《たい》するセーフティネットです。国《くに》が定《さだ》めた最低生活費《さいていせいかつひ》よりも収入《しゅうにゅう》が少《すく》ない人《ひと》に、生活《せいかつ》に必要《ひつよう》な費用《ひよう》を給付《きゅうふ》する「生活保護制度《せいかつほごせいど》」などがあります。憲法《けんぽう》25条《じょう》に定《さだ》められた「健康《けんこう》で文化的《ぶんかてき》な最低限《さいていげん》度《ど》の生活《せいかつ》」を保障《ほしょう》し、自立《じりつ》を助《たす》けることが目的《もくてき》です。

3 社会福祉《しゃかいふくし》

障害《しょうがい》がある人《ひと》や母子家庭《ぼしかてい》など、社会生活《しゃかいせいかつ》で困難《こんなん》の多《おお》い国民《こくみん》が、安心《あんしん》して生活《せいかつ》できるように公的《こうてき》な援助《えんじょ》を行《おこな》います。高齢者《こうれいしゃ》や障害者《しょうがいしゃ》、介護《かいご》が必要《ひつよう》な人などが利用《りよう》する在宅《ざいたく》サービス、施設《しせつ》サービスを整備《せいび》したり、児童《じどう》が健《すこ》やかに育《そだ》つためや子育《こそだ》てを支援《しえん》するサービスなどを行《おこな》ったりします。

4 保健医療《ほけんいりょう》・公衆衛生《こうしゅうえいせい》

国民《こくみん》が健康《けんこう》に生活《せいかつ》できるよう、さまざまなことについて予防《よぼう》や衛生管理《えいせいかんり》をする制度《せいど》です。病院《びょういん》などで受《う》けられる「医療《いりょう》サービス」、予防接種《よぼうせっしゅ》の実施《じっし》や健康《けんこう》づくりなどの「保健事業《ほけんじぎょう》」、母親《ははおや》と乳児《にゅうじ》・幼児《ようじ》の心身《しんしん》の健康《けんこう》を守《まも》る「母子保健《ぼしほけん》」のほか、食品《しょくひん》や医薬品《いやくひん》の安全性《あんぜんせい》を確保《かくほ》することや、公害対策《こうがいたいさく》やゴミ対策《たいさく》などの「公衆衛生《こうしゅうえいせい》」も含《ふく》まれます。

いざというときのための保険《ほけん》について知《し》ろう

テレビやネットのCM《シーエム》で、「保険《ほけん》に入《はい》ると安心《あんしん》」ってよく流《なが》れているよな～。そもそも、保険《ほけん》ってどんなしくみなんだろう？

保険《ほけん》には公的《こうてき》保険《ほけん》と民間《みんかん》保険《ほけん》がある

保険《ほけん》は、簡単《かんたん》にいうと「もしかしたら起《お》こるかもしれない」「起《お》こったらお金《かね》が足《た》りなくなる」といった不《ふ》安《あん》に備《そな》えるしくみのことです。

具体的《ぐたいてき》には、あらかじめみんなで少《すこ》しずつお金《かね》（保険料《ほけんりょう》）を出《だ》し合《あ》い、その中《なか》で困《こま》ったことが起《お》こった人《ひと》にお金《かね》（保険金《ほけんきん》）を支払《しはら》います。

みんなでお金《かね》を出《だ》し合《あ》わなくても、自分《じぶん》で貯金《ちょきん》をしていればいいと思《おも》うかもしれませんが、病気《びょうき》や災害《さいがい》にあったとき、十分《じゅうぶん》なお金《かね》が貯《た》まっているとは限《かぎ》りません。

貯蓄《ちょちく》は年月《ねんげつ》とともに金額《きんがく》は増《ふ》えますが、貯《た》めるのに時間《じかん》がかかります。

Q. 保険《ほけん》にはどんな種類《しゅるい》があるの？

家族《かぞく》がどんな保険《ほけん》に入《はい》っているか知《し》っていますか？　保険《ほけん》には、全員《ぜんいん》が必《かなら》ず入《はい》るものと、入《はい》りたい人《ひと》だけが契約《けいやく》しているものがあります。2つの保険《ほけん》の違《ちが》いを確認《かくにん》してみましょう。

民間保険《みんかんほけん》

民間企業《みんかんきぎょう》が運営《うんえい》し加入《かにゅう》は任意《にんい》

民間企業《みんかんきぎょう》が運営《うんえい》している保険《ほけん》には、公的保険《こうてきほけん》ではまかないきれない費用《ひよう》をカバーできるものがあります。人《ひと》の生死《せいし》に関《かん》する保障《ほしょう》がある「生命保険《せいめいほけん》」、偶発的《ぐうはつてき》な事故《じこ》に関《かん》する保障《ほしょう》がある「損害保険《そんがいほけん》」のほか、生命保険《せいめいほけん》、損害保険《そんがいほけん》のどちらともいえない医療《いりょう》や介護《かいご》などを保障《ほしょう》する「第三分野《だいさんぶんや》の保険《ほけん》」があります。保険会《ほけんがい》社《しゃ》によって、保険料《ほけんりょう》や保障《ほしょう》や契約内容《けいやくないよう》が異《こと》なります。

公的保険《こうてきほけん》

国《くに》などが運営《うんえい》しており原則加入《げんそくかにゅう》が義務《ぎむ》

社会保険《しゃかいほけん》には、病気《びょうき》やケガに備《そな》える「公的医《こうてきい》療保険《りょうほけん》」、高齢《こうれい》や障害《しょうがい》になったときの収入《しゅうにゅう》を保障《ほしょう》する「公的年金《こうてきねんきん》」、介護《かいご》サービスが受《う》けられる「公的介護保険《こうてきかいごほけん》」などがあり、いずれも原則《げんそく》として強制加入《きょうせいかにゅう》です。また、働《はたら》く人《ひと》が失業《しつぎょう》したときに備《そな》える「雇用保険《こようほけん》」も社会保《しゃかいほ》険《けん》（広義《こうぎ》）の一《ひと》つです。

公的保険《こうてきほけん》と民間《みんかん》の保険《ほけん》は、リスクに備《そな》えるという点《てん》では同《おな》じです。ただし公的保険《こうてきほけん》ではカバーしきれないものもあるため、民間保険《みんかんほけん》が補《おぎな》う役割《やくわり》を果《は》たしています。

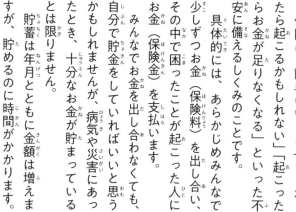

公的保険《こうてきほけん》のしくみ

国民《こくみん》
病気《びょうき》になってしまった！
入院《にゅういん》や治療《ちりょう》にお金《かね》がかかったけど、保険《ほけん》でなんとかなった！
保険料《ほけんりょう》を支払《しはら》う
社会保険
必要《ひつよう》なお金《かね》やサービスを与《あた》える
国《くに》の税金《ぜいきん》など（歳出《さいしゅつ》から）
なるほど～！ みんなが納《おさ》めている社会保険料《しゃかいほけんりょう》と税金《ぜいきん》が、いざというときの助《たす》けになってくれるんだね！

一方《いっぽう》、保険《ほけん》は、もしものときに受《う》け取《と》れるお金《かね》があらかじめ決《き》まっています。契約《けいやく》すれば、困《こま》ったことがいつ起《お》こっても一定《いってい》のお金《かね》が準備《じゅんび》できるしくみなのです。

保険《ほけん》にはいろいろな種類《しゅるい》がありますが、大《おお》きく分《わ》けて国《くに》などが運営《うんえい》する「公的保険《こうてきほけん》」と、民間《みんかん》の保険会社《ほけんがいしゃ》が運営《うんえい》する「民間保険《みんかんほけん》」があります。

公的保険《こうてきほけん》は、医療保険《いりょうほけん》（健康保険《けんこうほけん》など）や、年金保険《ねんきんほけん》、介護保険《かいごほけん》などの「社会保険《しゃかいほけん》」のことで、国民《こくみん》は原則《げんそく》として全員加入《ぜんいんかにゅう》します。

民間保険《みんかんほけん》は、定期保険《ていきほけん》や終身保険《しゅうしんほけん》などの「生命保険《せいめいほけん》」、自動車保険《じどうしゃほけん》や火災保険《かさいほけん》などの「損害保険《そんがいほけん》」、がん保険《ほけん》や医療《いりょう》、介護保険《かいごほけん》などの「第三分野《だいさんぶんや》の保険《ほけん》」があります。

保険《ほけん》に入《はい》ると何《なに》かあったときにお金《かね》がもらえるんだ！

日本《にほん》の公的保険《こうてきほけん》は世界的《せかいてき》に見《み》ても充実《じゅうじつ》している！

日本《にほん》の公的保険《こうてきほけん》は、世界《せかい》の国々《くにぐに》の制度《せいど》と比《くら》べても、かなり充実度《じゅうじつど》が高《たか》いといわれています。

たとえば、健康保険《けんこうほけん》などの医療保険《いりょうほけん》は、自分《じぶん》の好《す》きな医療機関《いりょうきかん》を選《えら》んで受診《じゅしん》することができ、保険証《ほけんしょう》を見《み》せると、医療費《いりょうひ》の自己負担額《じこふたんがく》が原則《げんそく》1～3割《わり》になるため、実際《じっさい》に窓口《まどぐち》で払《はら》うお金《かね》がかなり少《すく》なくなります。海外《かいがい》では、そもそも公的保険《こうてきほけん》がなかったり、自分《じぶん》で医療機関《いりょうきかん》を選《えら》べない国《くに》もあります。

また、年金制度《ねんきんせいど》も国民全員《こくみんぜんいん》に加入《かにゅう》義務《ぎむ》があるのは、世界《せかい》でも少数《しょうすう》です。

年金《ねんきん》も保険《ほけん》の一種《いっしゅ》です。ある年齢《ねんれい》以上《いじょう》になると支給《しきゅう》がはじまる老齢年《ろうれいねん》金《きん》は、老後《ろうご》、いつまで生《い》きるかわからないという〝長生《ながい》き〟のリスクに備《そな》えて、死《し》ぬまでずっとお金《かね》が支給《しきゅう》されます。それに加《くわ》えて、遺族年金《いぞくねんきん》や障害年金《しょうがいねんきん》といった生命保険《せいめいほけん》のようなしくみも含《ふく》まれます。

社会保険《しゃかいほけん》がまかなっているもの

医療保険《いりょうほけん》 高額《こうがく》な医療費《いりょうひ》や、出産《しゅっさん》・育児《いくじ》にも保障《ほしょう》がある

病院《びょういん》の窓口《まどぐち》で払《はら》う医療費《いりょうひ》は、原則《げんそく》3割《わり》です。6歳未満《さいみまん》（義務教育就学前《ぎむきょういくしゅうがくまえ》）は2割《わり》、一定《いってい》の収入以下《しゅうにゅういか》の70歳以上《さいいじょう》は2割《わり》、75歳以上《さいいじょう》は1割《わり》となります。子《こ》どもの医療費《いりょうひ》を無料《むりょう》にしている自治体《じちたい》も。なお、1か月《げつ》に窓口《まどぐち》で払《はら》う医療費《いりょうひ》が上限《じょうげん》額《がく》を超《こ》えると払《はら》い戻《もど》してもらえる制度《せいど》もあります。また、出産《しゅっさん》すると、出産育《しゅっさんいく》児一時金《じいちじきん》として、子《こ》ども一人《ひとり》につき50万円程度《まんえんていど》(2023年現在《ねんげんざい》)が支給《しきゅう》されます。出産《しゅっさん》した人《ひと》が会社員《かいしゃいん》などの場合《ばあい》、産前産後休《さんぜんさんごきゅう》などを取得《しゅとく》し、給与《きゅうよ》の受《う》け取《と》りがなかったときに、出産手当金《しゅっさんてあてきん》としておおよそ日額《にちがく》の3分《ぶん》の2が支給《しきゅう》されます。

年金保険《ねんきんほけん》 老後《ろうご》、障害《しょうがい》のほか、死亡後《しぼうご》の遺族《いぞく》の生活《せいかつ》も支《ささ》える

公的年金保険《こうてきねんきんほけん》の加入期間《かにゅうきかん》が10年以上《ねんいじょう》の人《ひと》は、原則《げんそく》65歳《さい》から、死《し》ぬまで一生《いっしょう》「老齢年金《ろうれいねんきん》」がもらえます。また、病気《びょうき》やケガなどで心身《しんしん》に障害《しょうがい》が残《のこ》り、生活《せいかつ》や仕事《しごと》などが制限《せいげん》されるようになった場合《ばあい》、年齢《ねんれい》にかかわらず「障害《しょうがい》年金《ねんきん》」が支給《しきゅう》されます。さらに、公的年金《こうてきねんきん》に加入《かにゅう》している人《ひと》が亡《な》くなると、残《のこ》された遺族《いぞく》に「遺族年金《いぞくねんきん》」が支給《しきゅう》される場合《ばあい》があります。支給《しきゅう》される範《はん》囲《い》や条件《じょうけん》は、亡《な》くなった人《ひと》が国民年金《こくみんねんきん》のみの加入《かにゅう》か、厚生年金《こうせいねんきん》などに加入《かにゅう》していたかによって変《か》わります。

いずれも、自営業《じえいぎょう》などの国民年金《こくみんねんきん》の加入《かにゅう》者《しゃ》は基礎年金《きそねんきん》のみ、会社員《かいしゃいん》で厚生年金《こうせいねんきん》に加入《かにゅう》していた人《ひと》などは、厚生年金《こうせいねんきん》が上乗《うわの》せで支給《しきゅう》されます。

公的保険《こうてきほけん》の足《た》りない部分《ぶぶん》を民間保険《みんかんほけん》でカバー

公的保険《こうてきほけん》は、保障《ほしょう》される範囲《はんい》が必要最低限《ひつようさいていげん》に設計《せっけい》されているため、適用《てきよう》されないものや、カバーしきれないリスクも存在《そんざい》します。

たとえば、入院《にゅういん》の場合《ばあい》でも、個室代《こしつだい》（差額《さがく》ベッド代《だい》）や食事代《しょくじだい》、先進医療《せんしんいりょう》の治療費《ちりょうひ》などに公的保険《こうてきほけん》は使《つか》えません。このような出費《しゅっぴ》に備《そな》えたい場合《ばあい》に加入《かにゅう》するのが民間保険《みんかんほけん》です。

民間保険《みんかんほけん》には公的保険《こうてきほけん》にはない種類《しゅるい》の保険《ほけん》もあります。死亡後《しぼうご》に遺族《いぞく》がお金《かね》を受《う》け取《と》れる「終身保険《しゅうしんほけん》」、火事《かじ》や地震《じしん》、津波《つなみ》などによる損害《そんがい》を補償《ほしょう》する「火災保険《かさいほけん》」や「地震保険《じしんほけん》」、自動車《じどうしゃ》を運転《うんてん》する人《ひと》が加入《かにゅう》する「自動車保険《じどうしゃほけん》」、がんによる高額《こうがく》な医療費《いりょうひ》に備《そな》える「がん保険《ほけん》」などです。

保険《ほけん》があれば安心《あんしん》ですが、保険料《ほけんりょう》負担《ふたん》が増《ふ》えます。民間保険《みんかんほけん》に加入《かにゅう》する際《さい》は、その必要性《ひつようせい》をよく検討《けんとう》することが大切《たいせつ》です。

介護保険《かいごほけん》　1～3割《わり》の自己負担《じこふたん》で介護《かいご》サービスが受《う》けられる

介護保険《かいごほけん》は40歳以上《さいいじょう》が保険料《ほけんりょう》を納《おさ》めます。原則《げんそく》65歳以上《さいいじょう》で介《かい》護《ご》が必要《ひつよう》な人《ひと》が利用《りよう》でき、要介護度《ようかいごど》に応《おう》じた支給額《しきゅうがく》の範囲内《はんいない》で介《かい》護《ご》サービスに保険《ほけん》が適用《てきよう》され、自己負担額《じこふたんがく》を1～3割《わり》に抑《おさ》えられます。介護保険《かいごほけん》にも自己負担限度額《じこふたんげんどがく》が設定《せってい》されており、介護《かいご》サービス費《ひ》が限度額《げんどがく》を超《こ》えると、払《はら》い戻《もど》しが受《う》けられます。

雇用保険《こようほけん》　再就職《さいしゅうしょく》を目指《めざ》す人《ひと》は失業給付《しつぎょうきゅうふ》を受《う》け取《と》れる

失業《しつぎょう》すると、次《つぎ》の仕事《しごと》が見《み》つかるまで収入《しゅうにゅう》がなくなり生活《せいかつ》に困《こま》ってしまいます。雇用保険《こようほけん》に入《はい》っていると、失業《しつぎょう》しても次《つぎ》の仕事《しごと》を探《さが》す間《あいだ》に、手当《てあて》が支給《しきゅう》され生活《せいかつ》の心配《しんぱい》をすることなく、就職活動《しゅうしょくかつどう》が行《おこな》えます。給付《きゅうふ》される金額《きんがく》は、前《まえ》に働《はたら》いていた会社《かいしゃ》の賃金《ちんぎん》や、働《はたら》いていた期間《きかん》の長《なが》さによって異《こと》なります。

労災保険《ろうさいほけん》　労働者《ろうどうしゃ》の業務中《ぎょうむちゅう》のケガや病気《びょうき》に対《たい》する保障《ほしょう》

働《はたら》いている人《ひと》が、業務中《ぎょうむちゅう》または通勤時《つうきんじ》などにケガをしたり、労働《ろうどう》が原因《げんいん》で病気《びょうき》にかかったときなどに、必要《ひつよう》なお金《かね》を受《う》け取《と》れる保《ほ》険《けん》です。あわせて、ケガや病気《びょうき》によって労働《ろうどう》や生活《せいかつ》に支障《ししょう》が出《で》た人《ひと》が、社会復帰《しゃかいふっき》できるようにサポートします。労働者《ろうどうしゃ》であれば雇《こ》用《よう》の形《かたち》は関係《かんけい》なく、アルバイトの人《ひと》にも適用《てきよう》されます。

考《かんが》えてみよう

もしもキミが予算《よさん》を決《き》めるなら？

国《くに》の予算《よさん》は、内閣《ないかく》が予算《よさん》を作成《さくせい》し、議会《ぎかい》で議論《ぎろん》して決《き》めます。キミなら、何《なに》にお金《かね》を使《つか》いたいと思《おも》いますか？　予算《よさん》をわかりやすく 100 万円《まんえん》にしてシミュレーションしましょう！

キミは、歳出費《さいしゅつひ》 100 万円《まんえん》の使《つか》い道《みち》を決《き》める権限《けんげん》をもつ、「日本村《にほんむら》」の村長《そんちょう》です。

（188~192ページの出典《しゅってん》）財務省《ざいむしょう》ウェブサイト「教育《きょういく》プログラム」小学生向《しょうがくせいむ》け～日本村《にほんむら》の予算《よさん》を作《つく》ろう～

https://www.mof.go.jp/public_relations/zaisei_kyouiku/elementary_and_junior/ をもとに編集部《へんしゅうぶ》で作成《さくせい》

日本村《にほんむら》はこんなところ！

日本村《にほんむら》の人口《じんこう》と村《むら》の特徴《とくちょう》を紹介《しょうかい》します。予算《よさん》を組《く》む参考《さんこう》にしましょう。

村《むら》の住民《じゅうみん》について

- 村《むら》に住《す》んでいるのは 100 人《にん》
- 男性《だんせい》は 49 人《にん》、女性《じょせい》は 51 人《にん》
- 村民《そんみん》のうち、小《ちい》さな子《こ》どもは 12 人《にん》、小学生《しょうがくせい》～高校生《こうこうせい》が 11 人《にん》、大学生《だいがくせい》が 2 人《り》
- 村民《そんみん》のうち、65 歳以上《さいいじょう》のお年寄《としよ》りは 29 人《にん》
- 仕事《しごと》をしているのは 100 人《にん》のうち 44 人《にん》

村《むら》の特徴《とくちょう》

- 村《むら》は、毎年《まいとし》 480 万円《まんえん》を稼《かせ》いでいる
- 世界《せかい》でも、アメリカ村《むら》と中国村《ちゅうごくむら》に続《つづ》き、3 番目《ばんめ》にお金《かね》を稼《かせ》ぐ村《むら》である
- 村《むら》は人《ひと》が多《おお》い中心地《ちゅうしんち》と、人《ひと》が少《すく》ない地方《ちほう》に分《わ》かれている。中心地《ちゅうしんち》と地方《ちほう》にちょうど 50人《にん》ずつ人《ひと》が住《す》んでいる
- 日本村《にほんむら》は自動車《じどうしゃ》などのものづくりが有名《ゆうめい》だったが、最近《さいきん》は村人《むらびと》へのサービス業《ぎょう》が盛《さか》ん

村《むら》のいいところ

- 世界《せかい》の他《ほか》の村《むら》と比《くら》べ、とても安全《あんぜん》な村《むら》である
- 村人同士《むらびとどうし》で助《たす》け合《あ》って生活《せいかつ》している
- 医療《いりょう》が発達《はったつ》していて、病気《びょうき》やケガをしても、安《やす》い金額《きんがく》で診察《しんさつ》を受《う》けられる
- 地方《ちほう》に住《す》んでいても、中心地《ちゅうしんち》と同《おな》じサービスを受《う》けられる
- 働《はたら》けなくなっても、若《わか》いころから村《むら》に税金《ぜいきん》、社会保険料《しゃかいほけんりょう》を納《おさ》めていた人《ひと》は、お金《かね》を受《う》け取《と》れる
- 村《むら》が運営《うんえい》している小学校《しょうがっこう》と中学校《ちゅうがっこう》には無料《むりょう》で通《かよ》うことができる
- 保育園《ほいくえん》や幼稚園《ようちえん》、高校《こうこう》や大学《だいがく》も、村《むら》の子《こ》どもたちが安《やす》く通《かよ》うために村《むら》が支援《しえん》している

日本村《にほんむら》の特徴《とくちょう》って、日本《にほん》と同《おな》じなんだ！　100 人単位《にんたんい》で考《かんが》えると、わかりやすいね。

日本村《にほんむら》の歳入《さいにゅう》と歳出《さいしゅつ》

村《むら》を運営《うんえい》するための予算《よさん》は100万円《まんえん》。去年《きょねん》の歳入《さいにゅう》と歳出《さいしゅつ》は次《つぎ》の通《とお》りです。

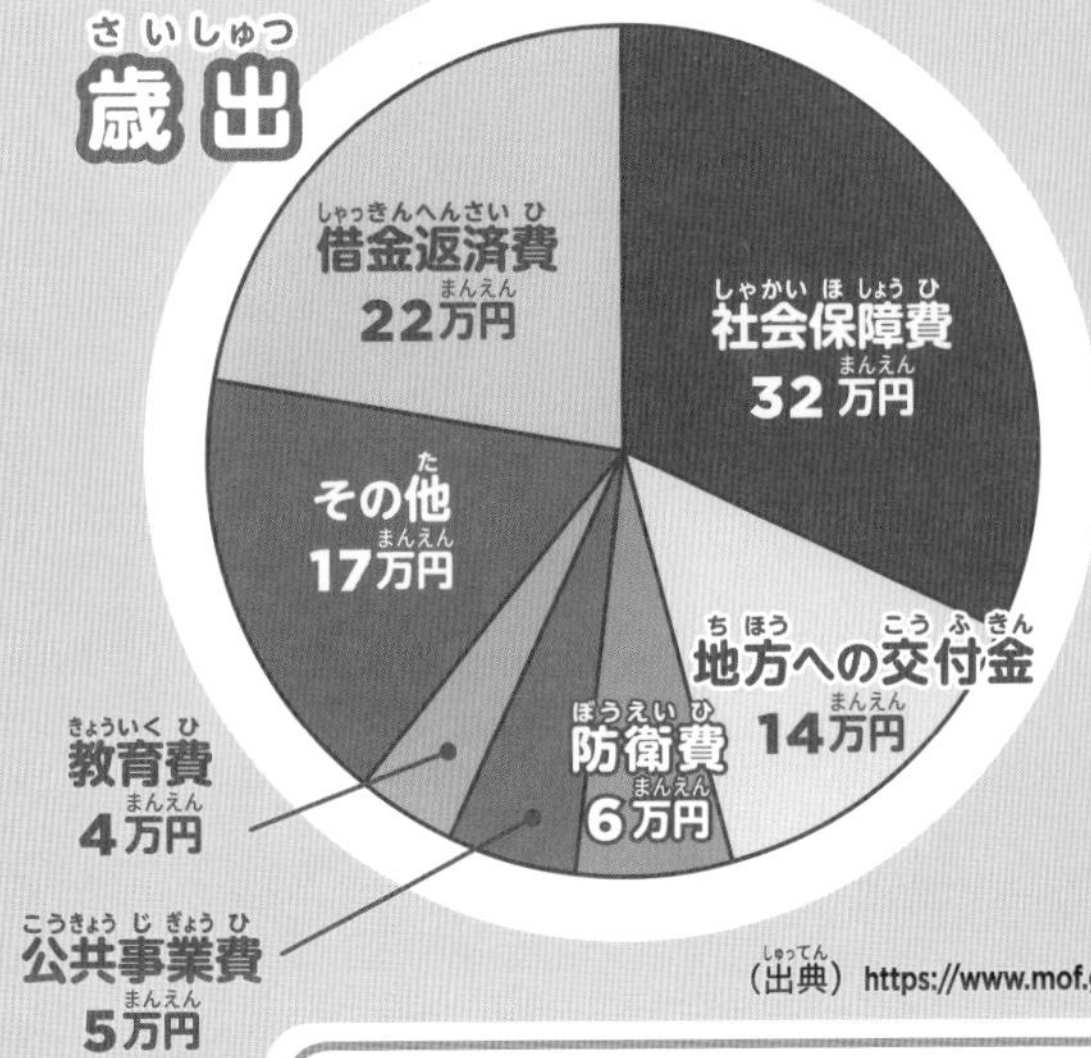
歳出《さいしゅつ》
借金返済費《しゃっきんへんさいひ》
22万円《まんえん》
社会保障費《しゃかいほしょうひ》
32万円《まんえん》
その他《た》
17万円《まんえん》
地方《ちほう》への交付金《こうふきん》
14万円《まんえん》
防衛費《ぼうえいひ》
6万円《まんえん》
教育費《きょういくひ》
4万円《まんえん》
公共事業費《こうきょうじぎょうひ》
5万円《まんえん》

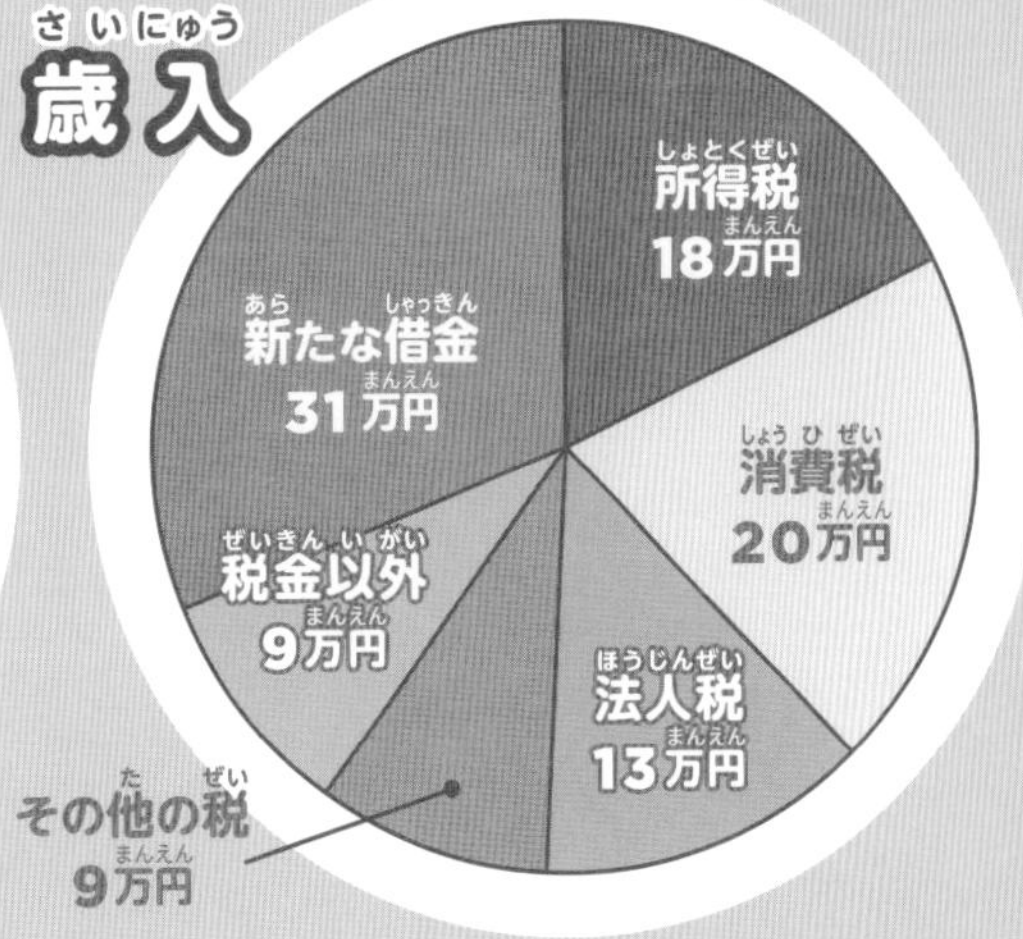
歳入《さいにゅう》
所得税《しょとくぜい》
18万円《まんえん》
新《あら》たな借金《しゃっきん》
31万円《まんえん》
消費税《しょうひぜい》
20万円《まんえん》
税金以外《ぜいきんいがい》
9万円《まんえん》
法人税《ほうじんぜい》
13万円《まんえん》
その他《た》の税《ぜい》
9万円《まんえん》

（出典《しゅってん》）https://www.mof.go.jp/public_relations/zaisei_kyouiku/zaisei_kyouiku_program/R5outline_nihonmura.pdf

170ページの歳入《さいにゅう》と歳出《さいしゅつ》のグラフを100万円《まんえん》にして簡略化《かんりゃくか》したものだよ。
兆《ちょう》っていわれても想像《そうぞう》しにくかったけど、これならわかりやすいね！

日本村《にほんむら》の課題《かだい》

よいところもたくさんありますが、日本村《にほんむら》は大《おお》きな問題《もんだい》も抱《かか》えています。

1 子《こ》どもの数《かず》が少《すく》なくなっている

村《むら》では、生《う》まれる子《こ》どもの数《かず》が年々《ねんねん》減《へ》っています。そのため、30年後《ねんご》には、人口《じんこう》が100人《にん》から83人《にん》まで減《へ》るといわれています。また、子《こ》どもの数《かず》が減《へ》ることで、将来働《しょうらいはたら》く人《ひと》の数《かず》が減《へ》り、大人一人《おとなひとり》あたりが支《ささ》えなければならない子《こ》どもや高齢者《こうれいしゃ》の数《かず》がぐんと増《ふ》えてしまいます。

2 借金《しゃっきん》がどんどんふくらんでいる

日本村《にほんむら》では、毎年《まいとし》31万円《まんえん》もお金《かね》を借《か》りています。毎年《まいとし》22万円《まんえん》ほど返《かえ》してはいますが、、借金《しゃっきん》がどんどんふくれ上《あ》がっている状態《じょうたい》です。以下《いか》は、借金《しゃっきん》の水準《すいじゅん》（借金《しゃっきん》の総額《そうがく》を経済《けいざい》の規模《きぼ》で割《わ》ったもの）のグラフですが、世界《せかい》の他《ほか》の村《むら》と比《くら》べても、借金《しゃっきん》の水準《すいじゅん》が非常《ひじょう》に高《たか》いことがわかります。

現在《げんざい》
30年後《ねんご》

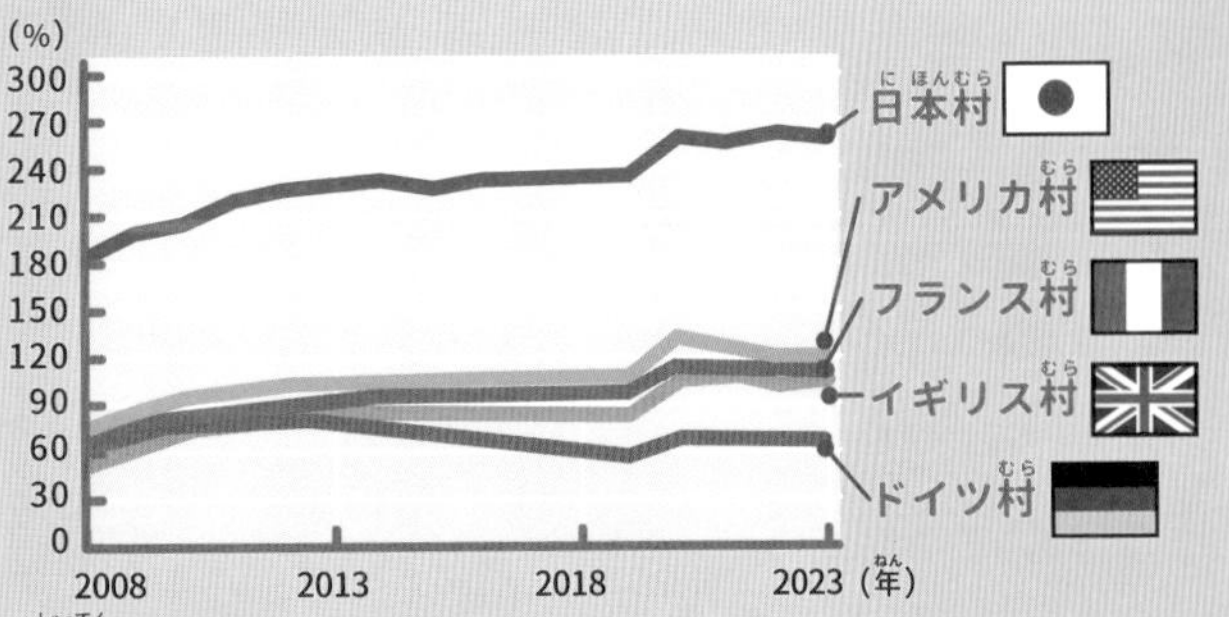
(%)
300
270
240
210
180
150
120
90
60
30
0
2008
2013
2018
2023（年《ねん》）
日本村《にほんむら》
アメリカ村《むら》
フランス村《むら》
イギリス村《むら》
ドイツ村《むら》

（出典《しゅってん》）https://www.mof.go.jp/public_relations/zaisei_kyouiku/zaisei_kyouiku_program/R5gw_manual_nihonmura_ss.pdf

前村長《ぜんそんちょう》の予算《よさん》の内訳《うちわけ》を見《み》てみよう

予算《よさん》を決《き》める参考《さんこう》にするために、
現状《げんじょう》の予算《よさん》をくわしく見《み》てみましょう。

社会保障費《しゃかいほしょうひ》＝32万円《まんえん》

11万円《まんえん》
11万円《まんえん》
3万円《まんえん》
3万円《まんえん》
4万円《まんえん》

年金《ねんきん》

仕事《しごと》ができなくなった後《あと》の生活《せいかつ》を支援《しえん》する目的《もくてき》で、主《おも》に65歳以上《さいいじょう》の高齢者《こうれいしゃ》に支払《しはら》うお金《かね》。

医療《いりょう》

ケガや病気《びょうき》になったとき、病院《びょういん》にかかったり薬《くすり》を購入《こうにゅう》したりする費用《ひよう》が安《やす》く済《す》むようにするためのお金《かね》。

介護《かいご》

高齢者《こうれいしゃ》や障《しょう》がい者《しゃ》など、日常生活《にちじょうせいかつ》が困難《こんなん》な人《ひと》に対《たい》して、生活全般《せいかつぜんぱん》を支援《しえん》するためのお金《かね》。

子《こ》ども

子育《こそだ》てにかかる費用《ひよう》を支援《しえん》するためのお金《かね》。保育園《ほいくえん》を建《た》てたり、子育《こそだ》てしやすい環境《かんきょう》づくりにも使《つか》われる。

生活保護《せいかつほご》

事情《じじょう》によって働《はたら》けず、生活《せいかつ》に困《こま》っている人《ひと》が生活《せいかつ》できるように支《ささ》えるためのお金《かね》。

地方《ちほう》への交付金《こうふきん》＝14万円《まんえん》

中心地《ちゅうしんち》は経済活動《けいざいかつどう》が盛《さか》んな分《ぶん》、税収《ぜいしゅう》もたくさん入《はい》ります。地方《ちほう》は、高齢者《こうれいしゃ》も多《おお》く、税収《ぜいしゅう》が多《おお》くありません。どの地域《ちいき》に住《す》んでいても、警察《けいさつ》や消防《しょうぼう》の活動《かつどう》、ゴミ収集《しゅうしゅう》など、最低限《さいていげん》のサービスを受《う》けられるように、地方《ちほう》に交付《こうふ》するお金《かね》です。

公共事業費《こうきょうじぎょうひ》＝5万円《まんえん》

村人《むらびと》が快適《かいてき》に生活《せいかつ》できるよう、必要《ひつよう》な施設《しせつ》やインフラを整備《せいび》するためのお金《かね》です。道路《どうろ》や河川《かせん》の工事《こうじ》＆老朽化対策《ろうきゅうかたいさく》、農業《のうぎょう》や林業《りんぎょう》、漁業《ぎょぎょう》に必要《ひつよう》な施設《しせつ》の整備《せいび》、鉄道《てつどう》や空港《くうこう》など人《ひと》やものを運《はこ》ぶためのインフラの整備《せいび》、住宅《じゅうたく》や水道《すいどう》の整備《せいび》など、さまざまな使《つか》い道《みち》があります。

防衛費《ぼうえいひ》＝6万円《まんえん》

大《おお》きな災害《さいがい》への対応《たいおう》や、村《むら》を守《まも》るのに必要《ひつよう》なお金《かね》。また、自衛隊《じえいたい》を運営《うんえい》するためのお金《かね》です。

教育費《きょういくひ》＝4万円《まんえん》

先生《せんせい》の給料《きゅうりょう》や、大学《だいがく》の設立《せつりつ》、幼稚園《ようちえん》～高校《こうこう》の教育《きょういく》や施設《しせつ》の整備《せいび》をするためのお金《かね》です。平等《びょうどう》に教育《きょういく》を受《う》ける支援《しえん》をします。

その他《た》＝17万円《まんえん》

ロケットの開発《かいはつ》、食料《しょくりょう》の安定《あんてい》、エネルギーの対策《たいさく》、中小企業《ちゅうしょうきぎょう》の応援《おうえん》、国際協力《こくさいきょうりょく》……など、さまざまな目的《もくてき》で使《つか》われる予算《よさん》。今回《こんかい》は増減《ぞうげん》しないものとします。

「借金返済費《しゃっきんへんさいひ》」は、返《かえ》す時期《じき》や金額《きんがく》が決《き》まっているので、増減《ぞうげん》することはできません。

キミなら合計《ごうけい》100万円《まんえん》の予算《よさん》をどうする？

グラフの中《なか》に、「社会保障費《しゃかいほしょうひ》」「地方《ちほう》への交付金《こうふきん》」「防衛費《ぼうえいひ》」「公共事業費《こうきょうじぎょうひ》」「教育費《きょういくひ》」の金額《きんがく》を書《か》き込《こ》んでみよう！

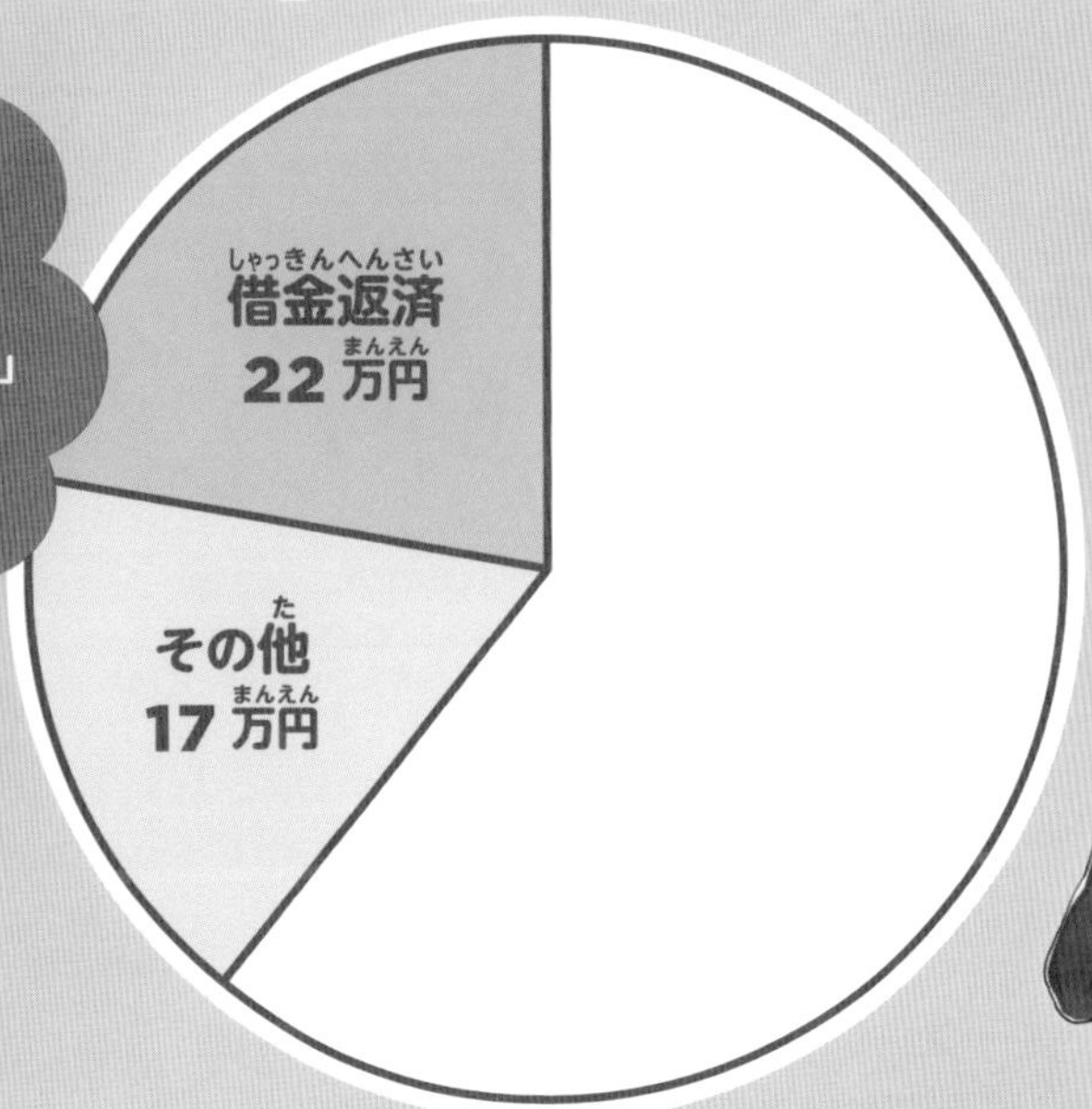

「借金返済《しゃっきんへんさい》」と「その他《た》」以外《いがい》を考《かんが》えればいいんだよな？ 難《むずか》しいな〜。

どう振《ふ》り分《わ》けた？

前村長《ぜんそんちょう》の予算《よさん》と比較《ひかく》して、どのようにしたか……当《あ》てはまるものに○をつけましょう。

★ 社会保障費《しゃかいほしょうひ》は…（現状《げんじょう》32万円《まんえん》）　（ 増《ふ》やした ・ 現状維持《げんじょういじ》 ・ 減《へ》らした ）

★ 地方《ちほう》への交付金《こうふきん》は…（現状《げんじょう》14万円《まんえん》）　（ 増《ふ》やした ・ 現状維持《げんじょういじ》 ・ 減《へ》らした ）

★ 防衛費《ぼうえいひ》は…（現状《げんじょう》6万円《まんえん》）　（ 増《ふ》やした ・ 現状維持《げんじょういじ》 ・ 減《へ》らした ）

★ 公共事業費《こうきょうじぎょうひ》は…（現状《げんじょう》5万円《まんえん》）　（ 増《ふ》やした ・ 現状維持《げんじょういじ》 ・ 減《へ》らした ）

★ 教育費《きょういくひ》は…（現状《げんじょう》4万円《まんえん》）　（ 増《ふ》やした ・ 現状維持《げんじょういじ》 ・ 減《へ》らした ）

次《つぎ》のページで、それぞれの理由《りゆう》を書《か》いてみてくださいね！

予算《よさん》を組《く》み直《なお》したことで、何《なに》が起《お》こるかな？

予算《よさん》を増《ふ》やしたり減《へ》らしたりしたことで、どんなメリットがあって、どんなデメリットがあるか、考《かんが》えて書《か》き込《こ》みましょう！

ここに、前年《ぜんねん》と比《くら》べて「増《ふ》やした」「減《へ》らした」、または「＋３万円《まんえん》」「－２万円《まんえん》」などの数字《すうじ》を書《か》き込《こ》みましょう！

社会保障費《しゃかいほしょうひ》は

メリット

○

デメリット

×

地方《ちほう》への交付金《こうふきん》は

メリットとデメリットは？

○

×

防衛費《ぼうえいひ》は

メリットとデメリットは？

○

×

公共事業費《こうきょうじぎょうひ》は

メリットとデメリットは？

○

×

教育費《きょういくひ》は

メリットとデメリットは？

○

×

MONEY

5章

世界《せかい》と日本《にほん》が抱《かか》える お金《かね》の問題《もんだい》について 考《かんが》えてみよう

私《わたし》たちとお金《かね》のつながりは、日本《にほん》を飛《と》び出《だ》し、
今《いま》や世界《せかい》にまで広《ひろ》がっています。
日本《にほん》で生活《せいかつ》して買《か》い物《もの》をしているから世界《せかい》は関係《かんけい》ない…
というわけにはいきません。
グローバル化《か》の進《すす》む現在《げんざい》、世界《せかい》と日本《にほん》で
どのようなお金《かね》の問題《もんだい》が起《お》こっているのかを知《し》りましょう。

夏祭《なつまつ》りおつかれー！
たくさん売《う》れてよかったね！
売《う》り上《あ》げは1万円《まんえん》！上々《じょうじょう》じゃん！お菓子《かし》でも買《か》ってみんなで分《わ》けるか？
うーん…それもいいけど
もっとこのお金《かね》をいかせる方法《ほうほう》はないかなぁ？
そうだね…みんなで分《わ》けたらひとり数百円《すうひゃくえん》にしかならないけど1万円《まんえん》なら使《つか》い道《みち》が増《ふ》えそう
あーそっか
ていうかユウキはすでに考《かん》えてることがあるんじゃない？

うん…
あんびる先生《せんせい》が貸《か》してくれた「お金《かね》の図鑑《ずかん》」を読《よ》んで
お金の図鑑
お金の使い方×自分らしい人生の歩き方
このお金《かね》を寄付《きふ》してだれかに役立《やくだ》ててもらうっていうのもありなのかなって
それいいかも！世界《せかい》にも日本《にほん》にもお金《かね》の問題《もんだい》があるって書《か》いてあったよね！
寄付《きふ》かぁ
悪《わる》くないけど小学生《しょうがくせい》たちもがんばってくれたからなぁ…
それも大事にしたくね？
身近《みぢか》なところへの寄付《きふ》でもいいと思《おも》うんだ町内《ちょうない》の備品《びひん》を買《か》ってもらったりさ
そっか、その手も！
ああ！それならいいね！小学生《しょうがくせい》たちにも意見《いけん》を聞《き》いて考《かんが》えてみるか！

MONEY

世界《せかい》はお金《かね》でつながっている

このチョコレートの原料《げんりょう》はガーナ産《さん》のカカオ豆《まめ》だよ。

日本《にほん》の商品《しょうひん》だけど、
原材料《げんざいりょう》は外国《がいこく》から買《か》っている

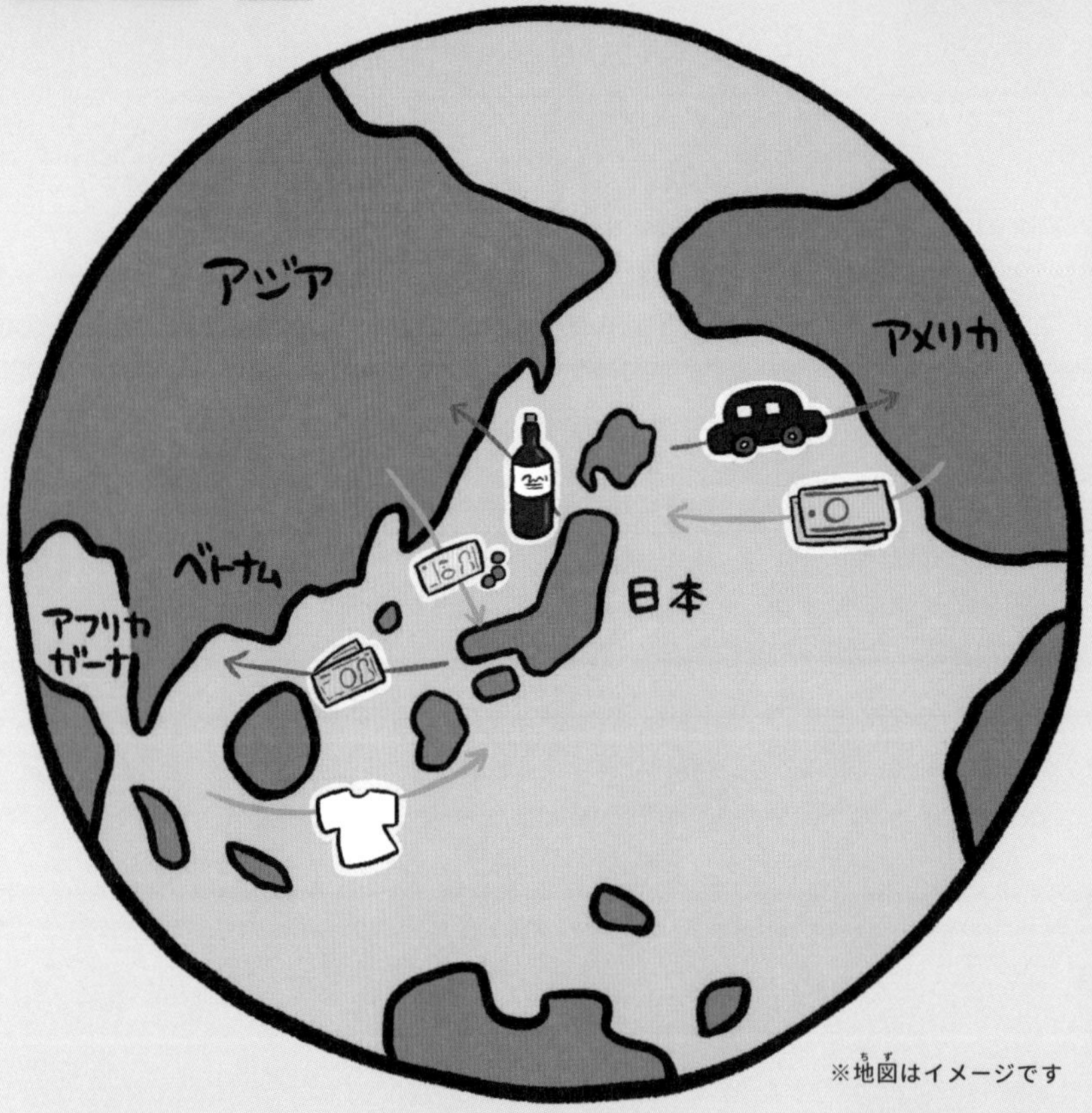

※地図《ちず》はイメージです

この最新《さいしん》モデルのスマホはもとはアメリカ生《う》まれだよ！

外国《がいこく》で企画《きかく》され、
いろいろな国《くに》で生産《せいさん》されている

身《み》の回《まわ》りにあるもので外国《がいこく》とのつながりを見《み》てみよう!

日本《にほん》からは、自動車《じどうしゃ》や自動《じどう》車《しゃ》の部品《ぶひん》、半導体《はんどうたい》などの電《でん》子部品《しぶひん》などが多《おお》く輸出《ゆしゅつ》されていますね。

グローバル化《か》のメリット

- お互《たが》いの国《くに》の経済《けいざい》の発展《はってん》をもたらす
- 消費者《しょうひしゃ》の選択肢《せんたくし》が広《ひろ》がる

↓

発展途上国《はってんとじょうこく》から大《おお》きく経済成長《けいざいせいちょう》し新興国《しんこうこく》となった国《くに》も現《あらわ》れた

このT《ティー》シャツは
MADE IN《メイドイン》ベトナムだ。
neko

日本《にほん》で企画《きかく》され、外国《がいこく》で生産《せいさん》されている

発展途上国《はってんとじょうこく》……開発《かいはつ》の途中《とちゅう》にある国《くに》のこと。アフリカ大陸《たいりく》やアジアを中心《ちゅうしん》に国連《こくれん》に加盟《かめい》している国《くに》のうち75%があてはまる。

新興国《しんこうこく》……途上国《とじょうこく》の中《なか》でも、高《たか》い経済成長《けいざいせいちょう》を遂《と》げている国々《くにぐに》。特《とく》にG《ジー》20に参加《さんか》する中国《ちゅうごく》やインド、ブラジル、ロシアなど。

先進国《せんしんこく》……途上国以外《とじょうこくいがい》の国《くに》で、工業力《こうぎょうりょく》、技術力《ぎじゅつりょく》が他国《たこく》より進《すす》んでいて経済的《けいざいてき》に発展《はってん》している国《くに》のこと。アメリカ、日本《にほん》、イギリス、フランス、ドイツ、カナダ、イタリアなど。

グローバル化《か》によって世界《せかい》が豊《ゆた》かになる

身《み》の回《まわ》りには海外《かいがい》から輸入《ゆにゅう》されたものが多《おお》くあり、また海外旅行《かいがいりょこう》をする人《ひと》も増《ふ》えています。海外《かいがい》アーティストや有名《ゆうめい》なプロスポーツ選手《せんしゅ》が日《に》本《ほん》にやってきたり、エンターテイメントや情報《じょうほう》もすぐに入《はい》ってきたりします。こうして自由《じゆう》に海外《かいがい》とやりとりをするのにも「お金《かね》」が間《あいだ》をつないでいます。

お金《かね》を仲介《ちゅうかい》としたグローバル化《か》が進《すす》み、海外《かいがい》からいろいろな商品《しょうひん》やサービスを輸入《ゆにゅう》できるようになると、それぞれの国《くに》が得意《とくい》な産業《さんぎょう》に力《ちから》を入《い》れ、得意《とくい》でない産業《さんぎょう》は他国《たこく》に頼《たよ》る「国際《こくさい》分業《ぶんぎょう》」が行《おこな》われるようになります。その結果《けっか》、効率化《こうりつか》が進《すす》み、経済的《けいざいてき》に発展《はってん》していきます。消費者《しょうひしゃ》もより多《おお》くの選択肢《せんたくし》の中《なか》からよいものを選《えら》ぶことができ、生活水準《せいかつすいじゅん》が上《あ》がります。

人《ひと》やもの、お金《かね》が国境《こっきょう》を越《こ》えて活《かっ》発《ぱつ》に行《い》き来《き》する経済《けいざい》のグローバル化《か》は、国同士《くにどうし》の結《むす》びつきを深《ふか》め、お互《たが》いの国《くに》にさまざまな恩恵《おんけい》をもたらしてくれる面《めん》があります。

グローバル化《か》の一方《いっぽう》でこんな問題《もんだい》も……

より安《やす》い労働力《ろうどうりょく》を求《もと》める

うちは
B国《ビーこく》よりも
安《やす》いよー

経済的《けいざいてき》に豊《ゆた》かな先進国《せんしんこく》と貧《まず》しい発展途上国《はってんとじょうこく》では平均賃金《へいきんちんぎん》に差《さ》があるため、発展途上国《はってんとじょうこく》の人《ひと》に安《やす》い賃金《ちんぎん》で働《はたら》いてもらえば、それだけ商品《しょうひん》を作《つく》るコスト（費用《ひよう》）をおさえることができます。コストがおさえられれば商品《しょうひん》を安《やす》く作《つく》って安《やす》く売《う》ることができます。先進国《せんしんこく》の消費者《しょうひしゃ》にとってはうれしいことかもしれませんが、国際競争《こくさいきょうそう》のもと「安《やす》さ」を求《もと》めすぎると、安《やす》い賃金《ちんぎん》で長時間労働《ちょうじかんろうどう》させられるなど悪《わる》い環境《かんきょう》で働《はたら》かされる人《ひと》が出《で》てきます。

参考《さんこう》

★平均月収比較《へいきんげっしゅうひかく》

ベトナム…3万《まん》8280円《えん》
(2022年《ねん》)＊1

日本《にほん》………31万《まん》1800円《えん》
(2022年男女平均《ねんだんじょへいきん》)＊2

（出典《しゅってん》）＊1　JETRO「ビジネス短信《たんしん》」https://www.jetro.go.jp/biznews/2022/07/5d6e53bdb7a83f28.html
＊2　厚生労働省《こうせいろうどうしょう》「令和《れいわ》4年賃金構造基本統計調査《ねんちんぎんこうぞうきほんとうけいちょうさ》」（https://www.mhlw.go.jp/toukei/itiran/roudou/chingin/kouzou/z2022/dl/01.pdf）

産業《さんぎょう》の空洞化《くうどうか》

〇△×工場
海外でつくったほうが
安いから～
BIG FACTORY
海外《かいがい》の工場《こうじょう》
国内《こくない》の工場《こうじょう》

工場《こうじょう》や産地《さんち》を、国内《こくない》からより安《やす》く生産《せいさん》ができる海外《かいがい》に移《うつ》すことで、国内《こくない》の工場《こうじょう》や産地《さんち》で働《はたら》いていた人《ひと》は仕事《しごと》がなくなり収入《しゅうにゅう》を得《え》ることができなくなります。結果《けっか》、国内《こくない》の産業《さんぎょう》や経済《けいざい》が衰退《すいたい》していきます。このような現象《げんしょう》を「産業《さんぎょう》の空洞化《くうどうか》」といいます。

国際分業《こくさいぶんぎょう》による経済格差《けいざいかくさ》

A《エー》国《こく》　B《ビー》国《こく》

主《おも》に自動車《じどうしゃ》の部品《ぶひん》を輸出《ゆしゅつ》している

- 電子機器《でんしきき》
- 半導体《はんどうたい》

↓

付加価値《ふかかち》*が高《たか》い商品《しょうひん》 → 利益《りえき》多

主《おも》に砂糖《さとう》を輸出《ゆしゅつ》している

- 農産品《のうさんひん》
- 繊維製品《せんいせいひん》

↓

付加価値《ふかかち》が低《ひく》い商品《しょうひん》 → 利益《りえき》少

農産品《のうさんひん》や繊維製品《せんいせいひん》などに比《くら》べて、電子機器《でんしきき》などを作《つく》るには、特別《とくべつ》な施設《しせつ》や機械《きかい》を用意《ようい》するなどコストがかかります。また、複雑《ふくざつ》な電子機器《でんしきき》を作《つく》る労働者《ろうどうしゃ》は、技術面《ぎじゅつめん》や教育面《きょういくめん》で高《たか》い水準《すいじゅん》が必要《ひつよう》とされます。作《つく》るのが大変《たいへん》なものなので、それだけ付加価値《ふかかち》が高《たか》くなり、多額《たがく》の利益《りえき》も得《え》ることができるのです。一方《いっぽう》で、付加価値《ふかかち》が低《ひく》い特定《とくてい》の作物《さくもつ》だけを作《つく》っている国《くに》は、歴史的背景《れきしてきはいけい》などから不当《ふとう》な取引《とりひき》のもとにおかれることも多《おお》く、所得格差《しょとくかくさ》が生《う》まれます。

＊付加価値《ふかかち》……生産《せいさん》の過程《かてい》で新《あら》たに生《う》み出《だ》された価値《かち》のこと。

世界的《せかいてき》に経済《けいざい》は発展《はってん》しても問題《もんだい》もたくさんある

　グローバル化《か》によって世界的《せかいてき》に経《けい》済《ざい》が発展《はってん》し、発展途上国《はってんとじょうこく》でも新《あら》たな労働《ろうどう》と産業《さんぎょう》が生《う》み出《だ》され、最低限《さいていげん》の貧困《ひんこん》から抜《ぬ》け出《だ》せるようになった人《ひと》も出《で》てきました。しかし、豊《ゆた》かになった国《くに》ばかりではなく、経済成長《けいざいせいちょう》から取《と》り残《のこ》され、今《いま》もなお貧困《ひんこん》に苦《くる》しんでいる人《ひと》が大勢《おおぜい》います。また、高《たか》い経済成長《けいざいせいちょう》をとげた新興国《しんこうこく》においても、一部《いちぶ》の人《ひと》が豊《ゆた》かになりその他《ほか》の人《ひと》は貧《まず》しいままというように、国内《こくない》での格差《かくさ》が広《ひろ》がっています。

世界全体《せかいぜんたい》でどんな問題《もんだい》が起《お》こっているのか、次《つぎ》から具《ぐ》体的《たいてき》に見《み》ていきましょう。

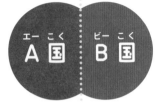

問題《もんだい》1

格差《かくさ》拡大《かくだい》の問題《もんだい》

世界《せかい》の富《とみ》は一部《いちぶ》の人《ひと》にかたよっている

現在《げんざい》、ひとにぎりの富裕層《ふゆうそう》が世界《せかい》全体《ぜんたい》の資産《しさん》のうちの多《おお》くを手《て》にしているといわれています。世界《せかい》不平等《ふびょうどう》研究所《けんきゅうじょ》によると、２０２１年《ねん》、世界《せかい》の成人人口《せいじんじんこう》のうち上位《じょうい》１％の富裕層《ふゆうそう》が、世界全体《せかいぜんたい》の資産《しさん》の38％を保有《ほゆう》していました。それに対《たい》して、下位《かい》50％をしめる貧困層《ひんこんそう》が保有《ほゆう》している資産《しさん》は、わずか2％となっています。これは、ひとりあたりの資産《しさん》で計算《けいさん》すると、上位《じょうい》１％の人《ひと》たちはひとりあたり約《やく》２１０万《まん》ドル持《も》っているのに対《たい》し、下位《かい》50％の人《ひと》たちはひとりあたり約《やく》２２００ドルしか持《も》っていないことになります。※

経済的《けいざいてき》に困《こま》らず豊《ゆた》かな生活《せいかつ》を送《おく》っている人《ひと》は世界《せかい》で見《み》るとごくわずかで、世界《せかい》の多《おお》くの人《ひと》、特《とく》に地球《ちきゅう》の南《みなみ》側《がわ》の国《くに》に住《す》む人《ひと》たちは満足《まんぞく》に食《た》べることもできないなど苦《くる》しんでいます。

生《う》まれた国《くに》や地域《ちいき》によってこうした不平等《ふびょうどう》があるということについて、あなたはどう思《おも》いますか？

※世界総資産《せかいそうしさん》は３２０兆《ちょう》ドル、世界《せかい》の人口《じんこう》は成人人口《せいじんじんこう》58億人《おくにん》（総人口《そうじんこう》は79億人《おくにん》）で計算《けいさん》。

格差《かくさ》とは……

同《おな》じものの間《あいだ》で比《くら》べたときの程度《ていど》の違《ちが》いのこと。国《くに》や地域《ちいき》、性別《せいべつ》などが原因《げんいん》で収入《しゅうにゅう》や生活水準《せいかつすいじゅん》に不平等《ふびょうどう》が生《う》まれる社会問題《しゃかいもんだい》の意味《いみ》としても使《つか》われる。

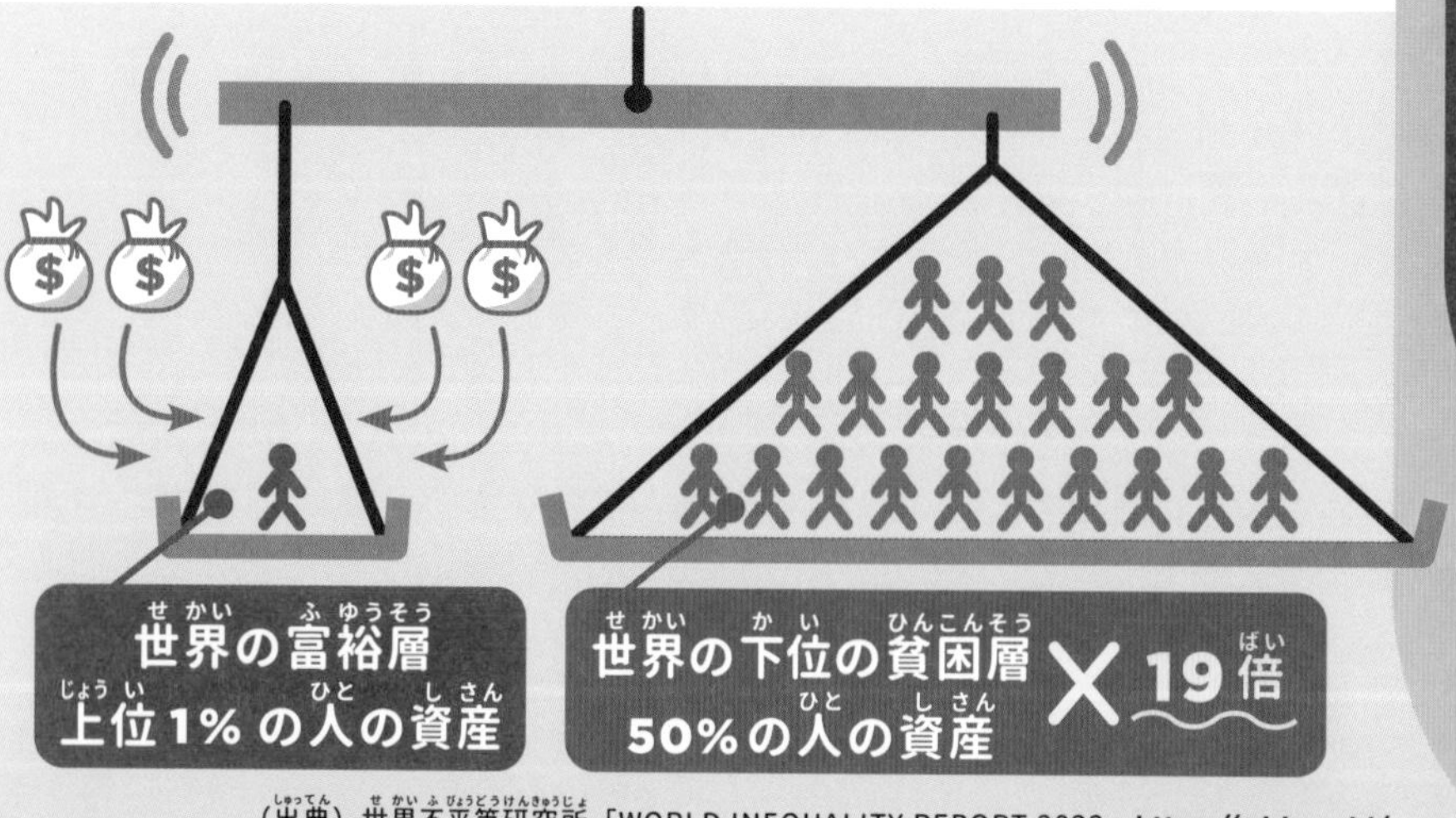
世界《せかい》の富裕層《ふゆうそう》
上位《じょうい》1％の人《ひと》の資産《しさん》
世界《せかい》の下位《かい》の貧困層《ひんこんそう》
50％の人《ひと》の資産《しさん》
×19倍《ばい》

（出典《しゅってん》）世界《せかい》不平等《ふびょうどう》研究所《けんきゅうじょ》「WORLD INEQUALITY REPORT 2022」https://wid.world/

世界一《せかいいち》のお金持《かねも》ちの2020年《ねん》の年収《ねんしゅう》

66億《おく》ドル
(日本円《にほんえん》で約《やく》7300億円《おくえん》)

※1ドル110円《えん》で計算《けいさん》

※アメリカのテスラ社《しゃ》CEO《シーイーオー》イーロン・マスク氏《し》の2020年推定年収《ねんすいていねんしゅう》で比較《ひかく》
(出典《しゅってん》) Bloomberg 2021年《ねん》8月《がつ》4日《か》
https://www.bloomberg.com/graphics/2021-highest-paid-ceos/?leadSource=uverify%20wall#xj4y7vzkg
Elon Musk's Outrageous Moonshot Award Catches on Across America

日給《にっきゅう》だと20億円《おくえん》

時給《じきゅう》だと8333万円《まんえん》

一国《いっこく》の一年間《いちねんかん》のもうけの3倍近《ばいちか》く

中央《ちゅうおう》アフリカ共和国《きょうわこく》

- GDP《ジーディーピー》*：23.8億《おく》ドル(2022年《ねん》)
- 人口《じんこう》：556万人《まんにん》

(出典《しゅってん》) 外務省《がいむしょう》ホームページ「中央《ちゅうおう》アフリカ共和国基礎《きょうわこくきそ》データ」
https://www.mofa.go.jp/mofaj/area/car/data.html

*GDP《ジーディーピー》……P.226を参照《さんしょう》

バングラディッシュの世帯年収《せたいねんしゅう》の約《やく》365万倍《まんばい》

バングラディッシュの世帯年収《せたいねんしゅう》(平均《へいきん》)

- 12~14万《まん》タカ(約《やく》18~20万円《まんえん》)

(出典《しゅってん》) JICA《ジャイカ》　バングラディッシュ事務所《じむしょ》「SDG《エスディージー》ビジネスに向《む》けた現地《げんち》ニーズ」

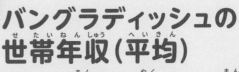

南北問題《なんぼくもんだい》と南南問題《なんなんもんだい》

モノカルチャー経済《けいざい》の問題点《もんだいてん》

限《かぎ》られた一次産品《いちじさんぴん》(*)にたよった経済《けいざい》のことを「モノカルチャー経済《けいざい》」といいます。

アジアやアフリカなど南側《みなみがわ》の国々《くにぐに》は、ヨーロッパなどの植民地《しょくみんち》や従属国《じゅうぞくこく》の状態《じょうたい》におかれていた時代《じだい》、大規模農園《だいきぼのうえん》（プランテーション）で、単一《たんいつ》または少数《しょうすう》の農作物《のうさくぶつ》を育《そだ》てて輸出《ゆしゅつ》していました。

同《おな》じ作物《さくもつ》を育《そだ》てると、効率《こうりつ》よくたくさんの農作物《のうさくぶつ》を収穫《しゅうかく》することができます。

しかし、天候《てんこう》や病気《びょうき》などによって作物《さくもつ》が収穫《しゅうかく》できないと利益《りえき》を一気《いっき》に失《うしな》う、市場《しじょう》での価格《かかく》が変動《へんどう》しやすいなど経済《けいざい》が不安定《ふあんてい》に。

今《いま》も経済的《けいざいてき》な従属状態《じゅうぞくじょうたい》が続《つづ》き、環境破壊《かんきょうはかい》の原因《げんいん》になったり、農園《のうえん》の経営者《けいえいしゃ》と労働者《ろうどうしゃ》の立場《たちば》の違《ちが》いから人権《じんけん》の問題《もんだい》が起《お》こることもあります。

＊一次産品《いちじさんぴん》……自然《しぜん》に働《はたら》きかけて手《て》に入《い》れる、ほとんど加工《かこう》されていない商品《しょうひん》のこと。

地球《ちきゅう》の南《みなみ》と北《きた》とで大《おお》きな格差《かくさ》が生《う》まれている

世界《せかい》の国々《くにぐに》の間《あいだ》には、大《おお》きな経済《けいざい》格差《かくさ》が生《う》まれています。アメリカをはじめとした先進国《せんしんこく》の多《おお》くが地球《ちきゅう》の北側《きたがわ》にあり、アジアやアフリカなどの発展途上国《はってんとじょうこく》は南側《みなみがわ》にあるということから、この格差《かくさ》の問題《もんだい》は「南北問《なんぼくもん》題《だい》」と呼《よ》ばれています。北側《きたがわ》の先進《せんしん》国《こく》では食料《しょくりょう》も十分《じゅうぶん》あり、道路《どうろ》や下水《げすい》道《どう》などのインフラも整《ととの》った環境《かんきょう》で、人々《ひとびと》は豊《ゆた》かな生活《せいかつ》を送《おく》っています。その一方《いっぽう》で南側《みなみがわ》の発展途上国《はってんとじょうこく》では、日々《ひび》食《た》べるものに困《こま》るほどの貧困《ひんこん》の問題《もんだい》が起《お》こっています。発展途上国《はってんとじょうこく》が貧困《ひんこん》におちいる原因《げんいん》に、「モノカルチャー経済《けいざい》」や人口《じんこう》の爆発的《ばくはつてき》な増加《ぞうか》などが関《かか》わっています。

南北問題《なんぼくもんだい》

経済的《けいざいてき》に豊《ゆた》かな先進国《せんしんこく》は主《おも》に地球《ちきゅう》の北側《きたがわ》に多《おお》く、経済的《けいざいてき》に貧《まず》しい発展途上国《はってんとじょうこく》は南側《みなみがわ》に集中《しゅうちゅう》していて、南北《なんぼく》で格差《かくさ》が拡大《かくだい》している問題《もんだい》を「南北問題《なんぼくもんだい》」といいます。

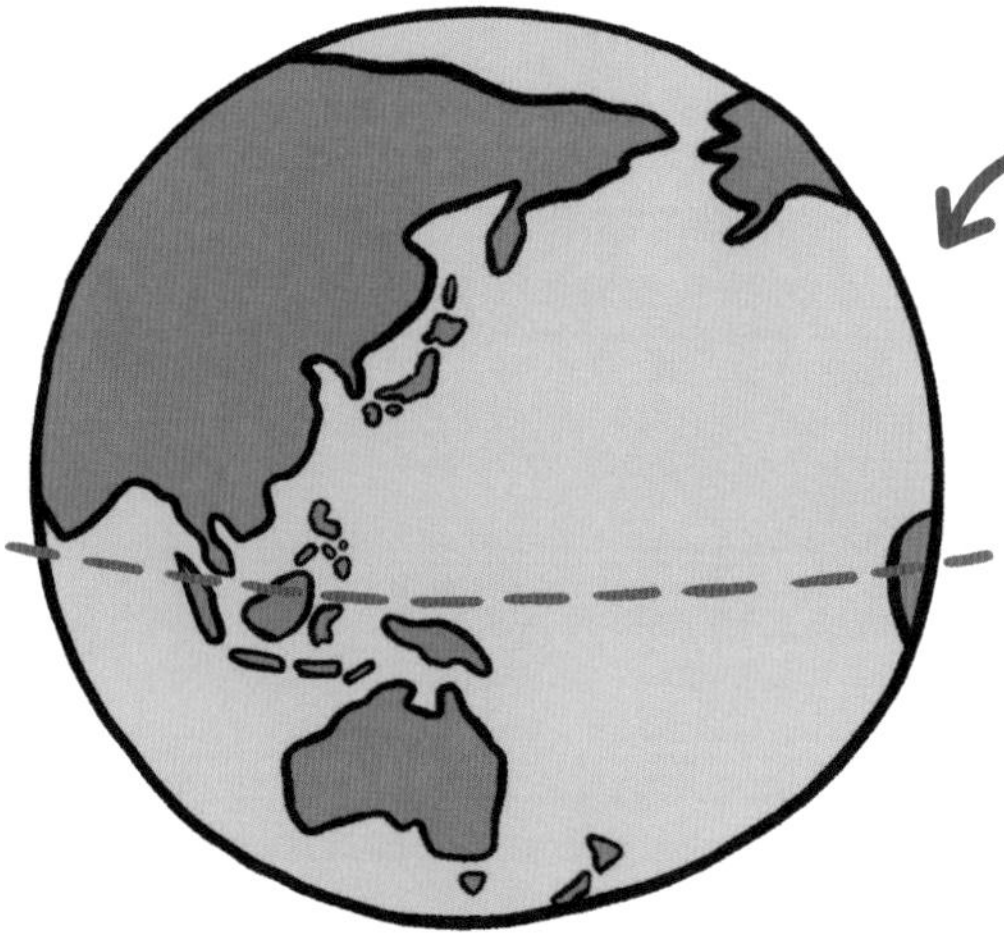
北《きた》
先進国《せんしんこく》
アメリカ、
ヨーロッパの国々《くにぐに》、
日本《にほん》など
南《みなみ》
発展途上国《はってんとじょうこく》
東南《とうなん》アジアや南《みなみ》アジア、
アフリカの国々《くにぐに》など

南南問題《なんなんもんだい》

発展途上国《はってんとじょうこく》と位置《いち》づけられる「南《みなみ》」の国《くに》の中《なか》でも、経済発展《けいざいはってん》をとげた国《くに》と取《と》り残《のこ》された国《くに》との間《あいだ》で経済的格差《けいざいてきかくさ》が生《う》まれています。この問題《もんたい》を「南南問題《なんなんもんたい》」といいます。

たとえば、工業化《こうぎょうか》に成功《せいこう》したシンガポールや情報通信技術《じょうほうつうしんぎじゅつ》で発展《はってん》したインド、石油産油国《せきゆさんゆこく》であるサウジアラビアなど経済的《けいざいてき》に発展《はってん》している国《くに》があります。

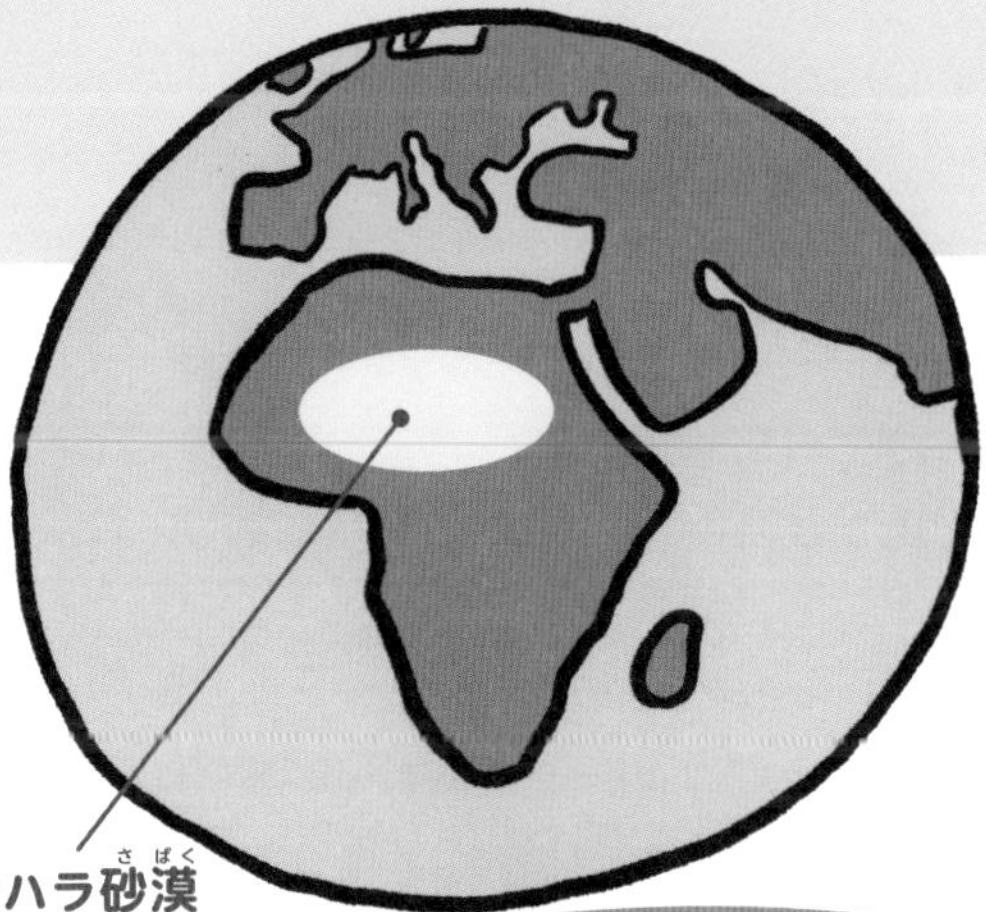
経済的発展《けいざいてきはってん》をとげた国《くに》
シンガポール、インド、タイ、
マレーシア、ブラジル、
メキシコ、サウジアラビア　など
サハラ砂漠《さばく》

南《みなみ》の発展途上国《はってんとじょうこく》の中《なか》でも、特《とく》にアフリカのサハラ砂漠《さばく》よりも南《みなみ》の国《くに》では深刻《しんこく》な貧困《ひんこん》の問題《もんたい》が起《お》きているんだって。

発展途上国《はってんとじょうこく》の中《なか》で、独立後《どくりつご》もモノカルチャー経済《けいざい》から抜《ぬ》け出《だ》せない国《くに》の開発《かいはつ》はおくれています。一方《いっぽう》、豊富《ほうふ》な資源《しげん》や労働力《ろうどうりょく》をもとに経済発展《けいざいはってん》をとげた国《くに》は新興国《しんこうこく》と呼《よ》ばれ、高《たか》い成長率《せいちょうりつ》を実現《じつげん》しています。

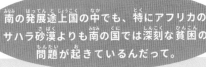

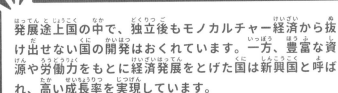

問題《もんだい》 2

貧困《ひんこん》の問題《もんだい》

世界《せかい》では 6人《にん》に1人《ひとり》の子《こ》どもが貧困《ひんこん》で苦《くる》しんでいる

発展途上国《はってんとじょうこく》では現在《げんざい》も多《おお》くの人《ひと》が、お金《かね》がなくて生《い》きるために必要《ひつよう》な食料《しょくりょう》などを得《え》られないほど貧困《ひんこん》に苦《くる》しんでいます。ユニセフと世界銀行《せかいぎんこう》が発表《はっぴょう》した「国際貧困《こくさいひんこん》ラインでみる子《こ》どもの貧《ひん》困《こん》世界的動向《せかいてきどうこう》*1」によると、2022年《ねん》では世界《せかい》で推定《すいてい》3億《おく》3300万人《まんにん》の子《こ》どもが極度《きょくど》の貧困《ひんこん》（1日《にち》2.15ドル以下《いか》）の中《なか》で暮《く》らしています。この数《かず》は、世界《せかい》の子《こ》どもの6人《にん》に1人《ひとり》にあたります。

＊1　原題《げんだい》

「Global Trends in Child Monetary Poverty According to International Poverty Lines」

貧困《ひんこん》の基準《きじゅん》

……1日《にち》1.9ドル未満《みまん》で生活《せいかつ》をしている人《ひと》
(2022年《ねん》に世界銀行《せかいぎんこう》により1日《にち》2.15ドルに見直《みなお》された)

1日《にち》1.9ドルは、日本円《にほんえん》にすると約《やく》250円《えん》※ です。生《い》きていくには食料《しょくりょう》や水《みず》のほかに、住《す》むところ、電気《でんき》、洋服《ようふく》、薬《くすり》などいろいろなものが必要《ひつよう》です。250円《えん》は生《い》きていくのに必要《ひつよう》なものを最低限《さいていげん》手《て》に入《い》れることができるギリギリの金額《きんがく》で、世界中《せかいじゅう》にこの最低《さいてい》限《げん》の金額《きんがく》さえ持《も》てないほど貧《まず》しい生活《せいかつ》をしている人《ひと》たちがいるということです。

※　1ドル140円《えん》として計算《けいさん》。

日本《にほん》の小中学校《しょうちゅうがっこう》の給食《きゅうしょく》費《ひ》は1食《しょく》あたりだいたい250円《えん》*2で、1日《にち》1.9ドルは日本《にほん》の小中学校《しょうちゅうがっこう》の給食費《きゅうしょくひ》の1食分《しょくぶん》くらいといえます。

お金《かね》がなくて、最低限《さいていげん》生《い》きていくのに必要《ひつよう》なものすら買《か》えない人《ひと》が世界《せかい》にはこんなにいるんだね……。

（出典《しゅってん》）＊2　総務省統計局《そうむしょうとうけいきょく》「小売物価統計調査年報《こうりぶっかとうけいちょうさねんぽう》2022年《ねん》（動向編《どうこうへん》）」の「学校給食《がっこうきゅうしょく》」をもとに算出《さんしゅつ》。
※全国都道府県庁所在市《ぜんこくとどうふけんちょうしょざいし》および人口《じんこう》15万人以上《まんにんいじょう》の都市《とし》の公立校小学《こうりつこうしょうがく》5年生《ねんせい》と中学《ちゅうがく》2年生《ねんせい》での給食《きゅうしょく》の年平均価格《ねんへいきんかかく》、それぞれ48001円《えん》、55409円《えん》を200日《にち》で割《わ》って算出《さんしゅつ》。

貧困《ひんこん》の原因《げんいん》

政治《せいじ》・経済《けいざい》

貧困層《ひんこんそう》が多《おお》いアフリカの国々《くにぐに》では、植民地時代《しょくみんちじだい》、先進国《せんしんこく》が主導《しゅどう》し、プランテーション（大規模農園《だいきぼのうえん》）で単一《たんいつ》の農作物《のうさくぶつ》を育《そだ》てるモノカルチャー経済《けいざい》を強《し》いられました。独立後《どくりつご》も、先進国《せんしんこく》に販売《はんばい》する農作物《のうさくぶつ》を大量《たいりょう》に育《そだ》てて輸出《ゆしゅつ》することが国《くに》の主《おも》な収入源《しゅうにゅうげん》となっていますが、先進国《せんしんこく》に有利《ゆうり》な価格設定《かかくせってい》にされるなど取引《とりひき》には不平等《ふびょうどう》さが残《のこ》ります。また、国内政治《こくないせいじ》が不安定《ふあんてい》であることも、貧困《ひんこん》から抜《ぬ》け出《だ》せない原因《げんいん》となっています。

災害《さいがい》

天候《てんこう》や地震《じしん》などの自然災害《しぜんさいがい》で、住《す》む場所《ばしょ》や財産《ざいさん》をうばわれることもあります。国《くに》に経済力《けいざいりょく》があれば立《た》ち直《なお》ることも可能《かのう》ですが、貧《まず》しい国《くに》は災害《さいがい》で大《おお》きなダメージを受《う》けます。災害《さいがい》ではありませんが、2020年《ねん》に流行《りゅうこう》した新型《しんがた》コロナ感染症《かんせんしょう》によっても、極度《きょくど》な貧困《ひんこん》におちいる人々《ひとびと》の数《かず》は増加《ぞうか》しました。また、近年《きんねん》の気象災害《きしょうさいがい》は、地球温暖化《ちきゅうおんだんか》も深《ふか》く影響《えいきょう》しています。

戦争《せんそう》や内戦《ないせん》によって街《まち》を破壊《はかい》され、逃《に》げた先《さき》で難民《なんみん》となった人《ひと》は、働《はたら》くことも難《むずか》しく、貧困状態《ひんこんじょうたい》におちいることが多《おお》くみられます。

戦争《せんそう》、内戦《ないせん》（紛争《ふんそう》）

宗教《しゅうきょう》や民族《みんぞく》による文化《ぶんか》の違《ちが》いなどで対立《たいりつ》が生《う》まれたり、資源《しげん》を争《あらそ》ったりすることで戦争《せんそう》や内戦《ないせん》が起《お》こります。戦争《せんそう》や内戦《ないせん》が起《お》こると、あらゆるものが破壊《はかい》され、働《はたら》き手《て》が戦争《せんそう》にかりだされ、経済《けいざい》活動《かつどう》はストップします。

貧困《ひんこん》の問題《もんだい》は世界《せかい》が解決《かいけつ》しないといけない問題《もんだい》

今《いま》みなさんが使《つか》っているものや食《た》べているものの中《なか》には、途上国《とじょうこく》で生《せい》産《さん》され安《やす》く提供《ていきょう》されたものがあるかもしれません。発展途上国《はってんとじょうこく》の貧困《ひんこん》の問題《もんだい》には、日本《にほん》を含《ふく》めた先進国《せんしんこく》の影《えい》響《きょう》が少《すく》なからずあるのです。グローバル化《か》が進《すす》む現在《げんざい》、自分《じぶん》の国《くに》や国民《こくみん》を守《まも》ることだけを考《かんが》えて行動《こうどう》していては、持続可能《じぞくかのう》な社会《しゃかい》（222ページ）を実現《じつげん》することはできません。

世界《せかい》の貧困《ひんこん》の問題《もんだい》は、国《くに》どうしが協力《きょうりょく》し合《あ》い全世界《ぜんせかい》を上《あ》げて解決《かいけつ》していかなければならない問題《もんだい》のひとつなのです。

貧困《ひんこん》は、戦争《せんそう》や政治《せいじ》、災害《さいがい》とか、個人《こじん》の力《ちから》ではどうしようもないことが原因《げんいん》となっているんだな。

貧困《ひんこん》から起《お》こる問題《もんだい》

衛生的《えいせいてき》な生活《せいかつ》が送《おく》れない

人間《にんげん》は水《みず》を飲《の》まずには生《い》きていけません。排泄物《はいせつぶつ》や化学物質《かがくぶっしつ》などで汚《よご》れていない安全《あんぜん》な水《みず》を得《え》るための技術《ぎじゅつ》や設備《せつび》がなく、安全《あんぜん》な水《みず》を得《え》ることができずに困《こま》っている人《ひと》も多《おお》くいます。また、トイレや住環境《じゅうかんきょう》が衛生的《えいせいてき》でなかったり、衛生管理《えいせいかんり》についての知識《ちしき》がなく病気《びょうき》にかかることもあります。このような問題《もんだい》は、戦争《せんそう》や内戦《ないせん》といった政治的《せいじてき》な問題《もんだい》や自然災害《しぜんさいがい》なども深《ふか》く関《かか》わっています。

食《た》べられない

食《た》べ物《もの》を買《か》えるかどうかは、命《いのち》の危険《きけん》に直結《ちょっけつ》します。必要《ひつよう》な栄養《えいよう》や食事量《しょくじりょう》がとれなければ、栄養失調《えいようしっちょう》や飢餓状態《きがじょうたい》におちいり、健康状態《けんこうじょうたい》が悪《わる》くなったり命《いのち》を落《お》としてしまったりします。現在《げんざい》も、世界中《せかいじゅう》で最大《さいだい》7億《おく》8300万人《まんにん》の人《ひと》が毎日空腹《まいにちくうふく》に苦《くる》しみ、そのうちの51か国《こく》4000万人以上《まんにんいじょう》の人《ひと》が飢餓《きが》によって命《いのち》の危機《きき》にさらされています（2023）*[1]。

（出典《しゅってん》）＊1　国際連合世界食糧計画《こくさいれんごうせかいしょくりょうけいかく》（ＷＦＰ《ダブリュエフピー》）ホームページ「飢餓《きが》をなくす」

医療《いりょう》を受《う》けられない

発展途上国《はってんとじょうこく》では医療《いりょう》サービスが不足《ふそく》しているために、医療《いりょう》を受《う》けることができずに亡《な》くなる人《ひと》が多《おお》くいます。特《とく》に乳幼児《にゅうようじ》の死亡率《しぼうりつ》が高《たか》くなっています。たとえば、死亡原因《しぼうげんいん》として多《おお》い蚊《か》に刺《さ》されることで感染《かんせん》するマラリアなどは予防《よぼう》が可能《かのう》な病気《びょうき》です。先進国《せんしんこく》では治《なお》る病気《びょうき》で、発展途上国《はってんとじょうこく》の人《ひと》たちは命《いのち》を落《お》としています。

教育《きょういく》を受《う》けられない

貧《まず》しい国《くに》や地域《ちいき》で暮《く》らす子《こ》どもは、小《ちい》さいころから家計《かけい》を助《たす》けるために働《はたら》かされて十分《じゅうぶん》な教育《きょういく》を受《う》けられない場合《ばあい》が多《おお》くあります。教育《きょういく》を受《う》けられず、読《よ》み書《か》きや計算《けいさん》などが身《み》につかないと、必要《ひつよう》な知識《ちしき》や情報《じょうほう》を得《え》ることができなくなります。そうすると安定《あんてい》した収入《しゅうにゅう》を得《え》られる仕事《しごと》につくことができず収入《しゅうにゅう》が増《ふ》えないなど、さらに貧困《ひんこん》から抜《ぬ》け出《だ》すことが難《むずか》しくなっていきます。また、貧困《ひんこん》は親《おや》から子《こ》へ引《ひ》き継《つ》がれます。

この悪循環《あくじゅんかん》を断《た》ち切《き》るには、どうしたらいいんだろう？

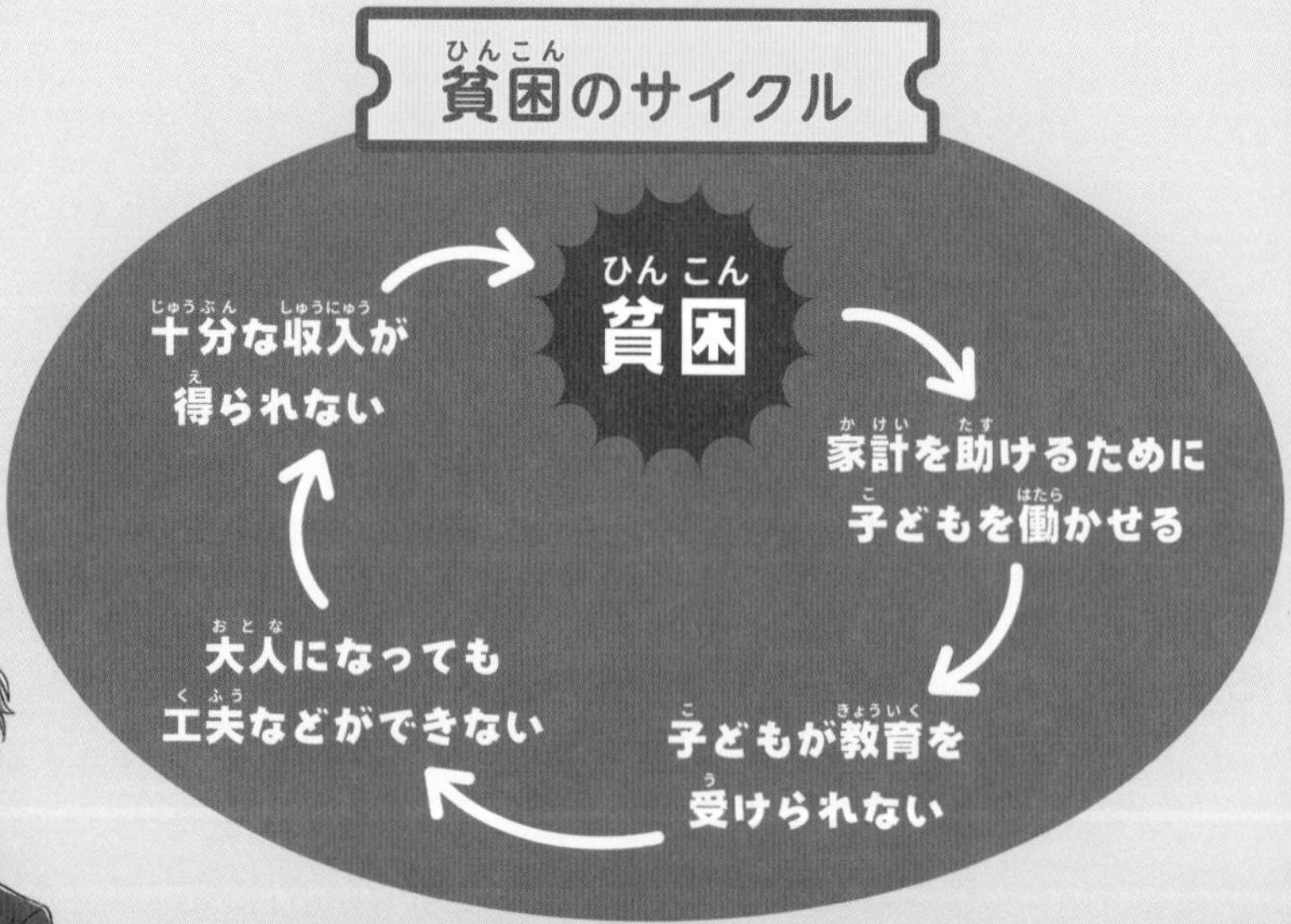

貧困《ひんこん》のサイクル
貧困《ひんこん》
家計《かけい》を助《たす》けるために子《こ》どもを働《はたら》かせる
子《こ》どもが教育《きょういく》を受《う》けられない
大人《おとな》になっても工夫《くふう》などができない
十分《じゅうぶん》な収入《しゅうにゅう》が得《え》られない

食《た》べ物《もの》は十分《じゅうぶん》あるのに食《た》べられない人《ひと》がいる

世界《せかい》で1年間《ねんかん》に28億《おく》トンもの穀物《こくもつ》が生産《せいさん》され＊1、在庫《ざいこ》もあり、食《た》べ物《もの》は十分《じゅうぶん》足《た》りているといわれています。それなのに、飢餓《きが》で苦《くる》しんでいる人《ひと》が世界《せかい》には7億《おく》8300万人《まんにん》もいます＊2。

穀物《こくもつ》(米《こめ》、とうもろこし、小麦《こむぎ》など)の生産量《せいさんりょう》 約《やく》28億《おく》トン＊1

(2023年《ねん》)

発展途上国《はってんとじょうこく》では貧困《ひんこん》や気候変動《きこうへんどう》、紛争《ふんそう》などで食料《しょくりょう》が不足《ふそく》し苦《くる》しんでいる人《ひと》がいますが、先進国《せんしんこく》では余《あま》り物《もの》が捨《す》てられているという“食《しょく》の不均衡《ふきんこう》”が起《お》きています。また、発展途上国《はってんとじょうこく》でも、育《そだ》てた農作物《のうさくぶつ》を輸送《ゆそう》する手段《しゅだん》がないなどの理由《りゆう》で大量《たいりょう》に廃棄《はいき》せざるをえない問題《もんだい》があります。

世界全体《せかいぜんたい》では 9.3億《おく》トン＊3の 食品《しょくひん》が捨《す》てられている

まだ食《た》べられるのに捨《す》てられる食品《しょくひん》を「食品《しょくひん》ロス」といい、特《とく》に先進国《せんしんこく》で問題《もんだい》になっています。日本《にほん》では、1年間《ねんかん》に523万《まん》トン（2021年《ねん》）の食《た》べ物《もの》が捨《す》てられています＊4。これは、国民全員《こくみんぜんいん》が毎日《まいにち》お茶《ちゃ》わん1ぱい分《ぶん》（約《やく》114g）の食《た》べ物《もの》を捨《す》てている計算《けいさん》になります。一方《いっぽう》で、日本《にほん》は食《た》べ物《もの》の多《おお》くを外国《がいこく》から輸入《ゆにゅう》しています。

日本《にほん》では毎日《まいにち》ひとりあたりお茶《ちゃ》わん1ぱい分《ぶん》の食《た》べ物《もの》が捨《す》てられている

（出典《しゅってん》）＊1　FAO　GIEWS CROP PROSPECTS AND FOOD SITUATIO　No.3　2023
＊2　国際連合世界食糧計画《こくさいれんごうせかいしょくりょうけいかく》（WFP《ダブリュエフピー》）ホームページ「飢餓《きが》をなくす」
＊3　国連環境計画《こくれんかんきょうけいかく》（UNEP《ユーエヌイーピー》）報告書《ほうこくしょ》「食品廃棄指標報告《しょくひんはいきしひょうほうこく》 2021（Food Waste Index Report 2021）」
＊4　環境省《かんきょうしょう》ホームページ「我《わ》が国《くに》の食品《しょくひん》ロス発生量《はっせいりょう》の推計値《すいけいち》（令和《れいわ》3年度《ねんど》）の公表《こうひょう》について」（https://www.env.go.jp/press/press_01689.html）

貧困《ひんこん》や経済格差《けいざいかくさ》をなくすために何《なに》ができる？

考《かんが》えてみよう

もし、あなたが年収数千億円《ねんしゅうすうせんおくえん》の大金持《おおがねも》ちだったら……

もしあなたが、ひとりで１国分《こくぶん》ほどを稼《かせ》ぐ大《おお》金《がね》持《も》ちだったら、どのようにお金《かね》を使《つか》う？
自由《じゆう》に考《かんが》えてみましょう。

A 困《こま》っている人《ひと》全員《ぜんいん》に平等《びょうどう》にお金《かね》を配《くば》る

B 貧困《ひんこん》や格差《かくさ》をなくすのにお金《かね》を役立《やくだ》ててくれる人《ひと》に配《くば》る

C その他《た》 ※自由《じゆう》に書《か》こう。

発展途上国《はってんとじょうこく》のために無償《むしょう》で資金協力《しきんきょうりょく》をしている

日本《にほん》をはじめとした先進国《せんしんこく》の政府《せいふ》が中心《ちゅうしん》となって、発展途上国《はってんとじょうこく》に対《たい》して貧困《ひんこん》を解消《かいしょう》するため「政府開発援助《せいふかいはつえんじょ》（ODA《オーディーエー》）」を行《おこな》っています。たとえば、発展途上国《はってんとじょうこく》で学校《がっこう》や病院《びょういん》などを建《た》てるときに資金《しきん》を無償《むしょう》で出《だ》したり、食料援助《しょくりょうえんじょ》、社会資本《しゃかいしほん》（道路《どうろ》や下《げ》水道《すいどう》など）の整備《せいび》にお金《かね》や技術《ぎじゅつ》を提《てい》供《きょう》したりしています。

発展途上国《はってんとじょうこく》の社会《しゃかい》や経済《けいざい》の開発《かいはつ》（発展《はってん》）を助《たす》けるために、国際機関《こくさいきかん》やNGO《エヌジーオー》（非政府組織《ひせいふそしき》）、民間企業《みんかんきぎょう》などさまざまな団体《だんたい》が協力《きょうりょく》しています。

お金《かね》だけではなく、技術《ぎじゅつ》を提供《ていきょう》する形《かたち》でも協力《きょうりょく》しているんだね。

日本《にほん》が政府開発援助《せいふかいはつえんじょ》(ODA《オーディーエー》)で発展途上国《はってんとじょうこく》に行《おこな》っていること

無償資金協力《むしょうしきんきょうりょく》

水道《すいどう》の整備《せいび》や、道路《どうろ》や発電所《はつでんしょ》の建設《けんせつ》など、お金《かね》がかかる事業《じぎょう》に対《たい》して、無償《むしょう》で資金《しきん》を提供《ていきょう》します。非常《ひじょう》に低《ひく》い金利《きんり》で貸《か》す場合《ばあい》もあります（有償資金協力《ゆうしょうしきんきょうりょく》）。

他《ほか》にも、緊急援助《きんきゅうえんじょ》や国際機関《こくさいきかん》への拠出《きょしゅつ》・出資《しゅっし》などがあります。

技術協力《ぎじゅつきょうりょく》

農業《のうぎょう》や産業《さんぎょう》などを発展《はってん》させるために、専門家《せんもんか》を派遣《はけん》して日本《にほん》の技術《ぎじゅつ》や知識《ちしき》を教《おし》えて発展途上国《はってんとじょうこく》の自立《じりつ》を助《たす》けます。技術研修員《ぎじゅつけんしゅういん》として日本《にほん》に受《う》け入《い》れて人材《じんざい》を育《そだ》てる場合《ばあい》もあります。

途上国《とじょうこく》への援助《えんじょ》の総額《そうがく》 国別《くにべつ》の割合《わりあい》

（百万《ひゃくまん》ドル）

1	アメリカ	478.05
2	ドイツ	332.72
3	日本《にほん》	176.34
4	イギリス	157.12
5	フランス	155.06
6	カナダ	63.03
7	イタリア	60.85
8	スウェーデン	59.34
9	オランダ	52.88
	その他《ほか》	323.91

（2021年《ねん》　ODA《オーディーエー》供与額《きょうよがく》）

先進国《せんしんこく》を中心《ちゅうしん》に、発展途上国《はってんとじょうこく》に対《たい》して資金協力《しきんきょうりょく》が行《おこな》われています。日本《にほん》はアメリカ、ドイツに次《つ》いで援助額《えんじょがく》で世界第《せかいだい》3位《い》です。

考《かんが》えてみよう！

先進国《せんしんこく》が途上国《とじょうこく》を助《たす》けるのはなぜだと思《おも》う？

豊《ゆた》かな国《くに》が貧《まず》しい国《くに》を助《たす》けるのは当《あ》たり前《まえ》。

自分《じぶん》たちの食《た》べるものなどを、発展途上国《はってんとじょうこく》から輸入《ゆにゅう》しているから。

貧困《ひんこん》から戦争《せんそう》が起《お》こることもあるし、世界《せかい》が平和《へいわ》じゃなければ自国《じこく》も発展《はってん》しないから。

A～Cの他《ほか》にもいろいろな意見《いけん》があるでしょう。あなたはどう思《おも》う？

（出典《しゅってん》）外務省《がいむしょう》　「2022年版開発協力白書《ねんばんかいはつきょうりょくはくしょ》」をもとに作成《さくせい》

問題《もんだい》3

環境《かんきょう》破壊《はかい》の問題《もんだい》

問題《もんだい》が起《お》こっているの？

地球温暖化《ちきゅうおんだんか》

ここ100年《ねん》の間《あいだ》で地球全《ちきゅうぜん》体《たい》の気温《きおん》が年平均《ねんへいきん》0.74°C上《あ》がっています[*1]。ほんのわずかの変化《へんか》に思《おも》えるかもしれませんが、気温上昇《きおんじょうしょう》によって世界《せかい》中《じゅう》で気象変化《きしょうへんか》が起《お》きています。日本《にほん》でもここ数年《すうねん》、記録的《きろくてき》な台風《たいふう》や集中豪雨《しゅうちゅうごうう》などの自然災害《しぜんさいがい》が起《お》きています。干《かん》ばつにより食料《しょくりょう》が育《そだ》たない国《くに》や地域《ちいき》があったり、南極《なんきょく》や北極《ほっきょく》の氷《こおり》がとけて海面《かいめん》が上《あ》がることで国《くに》ごとなくなってしまうところがあったり、病気《びょうき》が蔓延《まんえん》したり、生態系《せいたいけい》が影響《えいきょう》を受《う》けたり、世界中《せかいじゅう》でいろいろな問題《もんだい》が起《お》こっているのです。

（出典《しゅってん》）＊1　気象庁《きしょうちょう》「気候変動監視《きこうへんどうかんし》レポート 2022」

地球温暖化《ちきゅうおんだんか》の原因《げんいん》

地球《ちきゅう》は温室効果《おんしつこうか》ガスに守《まも》られ暖《あたた》かさを保《たも》っていますが、産業《さんぎょう》の発展《はってん》により二酸化炭素《にさんかたんそ》などが多量《たりょう》に排出《はいしゅつ》されて温室効果《おんしつこうか》ガスの層《そう》が厚《あつ》くなり、地球表面《ちきゅうひょうめん》や大気《たいき》の温度《おんど》が上《あ》がってきていると考《かんが》えられています。

森林《しんりん》の減少《げんしょう》

森林《しんりん》を農地《のうち》にしたり、木材《もくざい》を使用《しよう》したり、産業《さんぎょう》の発展《はってん》のために世界中《せかいじゅう》でたくさんの木《き》が切《き》られています。先進国《せんしんこく》で使用《しよう》する紙《かみ》の原料《げんりょう》となるパルプも木《き》からとれるものです。また森林火災《しんりんかさい》によっても森林《しんりん》が失《うしな》われています。自然《しぜん》の回復力《かいふくりょく》を上回《うわまわ》るスピードで森林破壊《しんりんはかい》が進《すす》んでいて、生《せい》態系《たいけい》にも影響《えいきょう》が出《で》ています。木《き》は二酸化炭素《にさんかたんそ》を取《と》りこんで酸素《さんそ》を供給《きょうきゅう》します。森林《しんりん》が失《うしな》われると、地球温暖化《ちきゅうおんだんか》がますます進《すす》んでいきます。

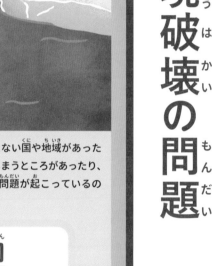

この他《ほか》にも、大気汚染《たいきおせん》や海洋汚《かいようお》染《せん》の問題《もんだい》など、経済《けいざい》の発展《はってん》にともない、いろいろな地球規模《ちきゅうきぼ》の環境問題《かんきょうもんだい》が起《お》こっています。

地球《ちきゅう》にどんな

水不足《みずぶそく》

世界《せかい》の人口《じんこう》は増《ふ》え続《つづ》けていて、必要《ひつよう》とする水《みず》の量《りょう》も増《ふ》えています。また、工業用水《こうぎょうようすい》や発電《はつでん》のためにも水《みず》を使《し》用《よう》します。使用《しよう》する水《みず》の量《りょう》も増《ふ》えていますが、気候《きこう》の変化《へんか》によって砂漠化《さばくか》が進《すす》んでいる地域《ちいき》も多《おお》くあります。今後《こんご》、人口増加《じんこうぞうか》や経済《けいざい》の発展《はってん》によってますます水《みず》需要《じゅよう》が高《たか》まり、2050年《ねん》には世界《せかい》の人口《じんこう》の40%以上《いじょう》の人《ひと》が深刻《しんこく》な水不足《みずぶそく》におちいるといわれています[*2]。

(出典《しゅってん》) ＊2　国土交通省《こくどこうつうしょう》「水資源問題《みずしげんもんだい》の原因《げんいん》」

- 石油《せきゆ》　あと54年《ねん》
- 石炭《せきたん》　あと139年《ねん》
- 天然《てんねん》ガス　あと49年《ねん》

でなくなる[*3]!?

(出典《しゅってん》) ＊3　「BP《ビーピー》統計《とうけい》2021
(BP Statistical Review of World Energy 2021)」

エネルギー資源《しげん》の枯渇《こかつ》

人口増加《じんこうぞうか》や経済《けいざい》の発展《はってん》によって、世界《せかい》のエネルギー消費量《しょうひりょう》は増《ふ》え続《つづ》けています。電気《でんき》をつくったり、乗《の》り物《もの》や機械《きかい》を動《うご》かしたりするために、主《おも》に石油《せきゆ》や石炭《せきたん》、天然《てんねん》ガスなどの燃料《ねんりょう》が使《つか》われていますが、そうしたエネルギー資源《しげん》にも限《かぎ》りがあります。世界的《せかいてき》に限《かぎ》りあるエネルギーをどう利用《りよう》していくかが問題《もんだい》になっています。

経済《けいざい》が発展《はってん》する一方《いっぽう》で地球《ちきゅう》に大《おお》きな負担《ふたん》がかかっている

これまで経済《けいざい》や産業《さんぎょう》の発展《はってん》のために、私《わたし》たちは自然環境《しぜんかんきょう》を破壊《はかい》し、資《し》源《げん》やエネルギーを大量《たいりょう》に利用《りよう》してきました。そのことで、地球温暖化《ちきゅうおんだんか》や生物種《せいぶつしゅ》の絶滅《ぜつめつ》、水不足《みずぶそく》といった問題《もんだい》をまねきました。

このまま地球《ちきゅう》が損《そこ》なわれ続《つづ》ければ、人類《じんるい》だけではなく地球《ちきゅう》に生《い》きるすべての生《い》き物《もの》がこの地球《ちきゅう》で生《い》きていくことができなくなるかもしれないほど問題《もんだい》は深刻化《しんこくか》しています。

これはどこかの国《くに》だけで解決《かいけつ》できるものではない地球規模《ちきゅうきぼ》の問題《もんだい》で、世界全体《せかいぜんたい》が取《と》り組《く》まないといけない課題《かだい》です。

どうしたら、経済活動《けいざいかつどう》と環境《かんきょう》の改《かい》善《ぜん》が両立《りょうりつ》できるのか、限《かぎ》られた資源《しげん》の使《つか》い方《かた》を含《ふく》め、地球《ちきゅう》に生《い》きる人間《にんげん》みんなで考《かんが》えていかなければいけません。

環境《かんきょう》を守《まも》るために何《なに》ができる？

1992年《ねん》に採択《さいたく》された国連《こくれん》気候《きこう》変動《へんどう》枠組《わくぐみ》条約《じょうやく》にもとづいて、1995年《ねん》から国連《こくれん》気候《きこう》変動《へんどう》枠組《わくぐみ》条約《じょうやく》締約《ていやく》国会《こくかい》議《ぎ》（通称《つうしょう》・COP《コップ》）が毎年《まいとし》開催《かいさい》され、話《はな》し合《あ》いが続《つづ》けられています。

国際的《こくさいてき》な取決《とりき》めをつくる

パリ協定《きょうてい》で決《き》まったこと

長期《ちょうき》目標《もくひょう》として、世界《せかい》の平均《へいきん》気温《きおん》の上昇《じょうしょう》を産業《さんぎょう》革命《かくめい》前《まえ》に比《くら》べて2°Cよりも低《ひく》く保《たも》ち、1.5°C以内《いない》におさえる努力《どりょく》をする。

すべての国《くに》が、削減《さくげん》目標《もくひょう》を5年《ねん》ごとに提出《ていしゅつ》、更新《こうしん》すること。

長期《ちょうき》目標《もくひょう》達成《たっせい》に向《む》けて、2023年《ねん》以降《いこう》、5年《ねん》ごとに世界《せかい》全体《ぜんたい》の進捗《しんちょく》を確認《かくにん》する。

先進国《せんしんこく》による資金《しきん》提供《ていきょう》。途上《とじょう》国《こく》も自主的《じしゅてき》に資金《しきん》を提供《ていきょう》する。

今世紀《こんせいき》後半《こうはん》には、温室《おんしつ》効果《こうか》ガスの排出量《はいしゅつりょう》と森林《しんりん》などによる吸収量《きゅうしゅうりょう》のバランスをとるようにする。

2015年《ねん》、国連《こくれん》気候《きこう》変動《へんどう》枠組《わくぐみ》条約《じょうやく》第《だい》21回締約《ていやく》国会《こくかい》議《ぎ》（COP21）において、地球《ちきゅう》温暖化《おんだんか》問題《もんだい》に取《と》り組《く》むことに合意《ごうい》した「パリ協定《きょうてい》」が採択《さいたく》されました。歴史上《れきしじょう》はじめて、気候《きこう》変動《へんどう》枠組《わくぐみ》条約《じょうやく》に加盟《かめい》する全《ぜん》196か国《こく》が参加《さんか》し、先進国《せんしんこく》、発展《はってん》途上国《とじょうこく》といった区別《くべつ》なく、それぞれ自国《じこく》の事情《じじょう》をふまえて温室《おんしつ》効果《こうか》ガス削減《さくげん》目標《もくひょう》をかかげ努力《どりょく》していくことになりました。

2020年《ねん》世界《せかい》の二酸化炭素《にさんかたんそ》排出量《はいしゅつりょう》

（国別《くにべつ》排出《はいしゅつ》割合《わりあい》）＊1

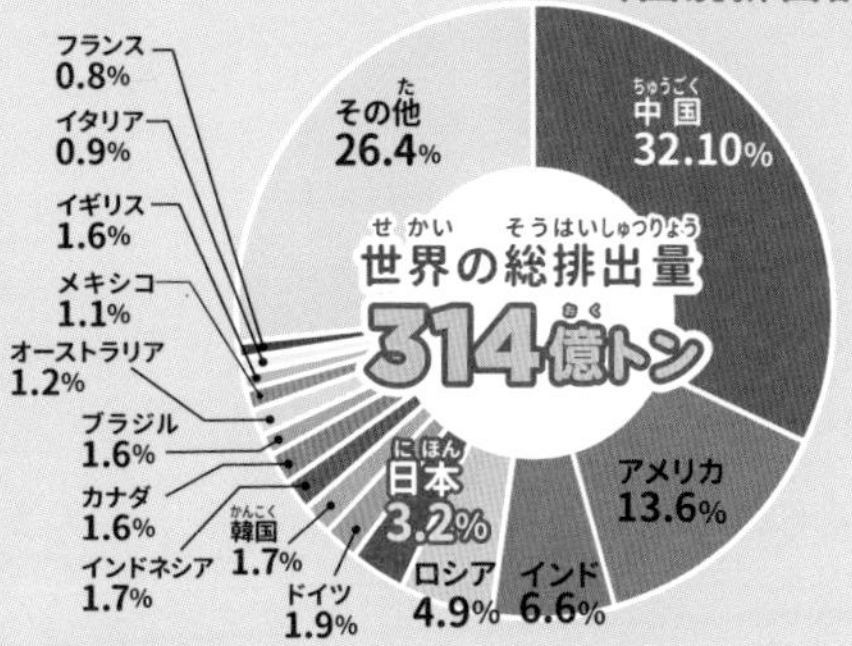

中国《ちゅうごく》
32.10%
アメリカ
13.6%
インド
6.6%
ロシア
4.9%
日本《にほん》
3.2%
ドイツ
1.9%
韓国《かんこく》
1.7%
インドネシア
1.7%
カナダ
1.6%
ブラジル
1.6%
オーストラリア
1.2%
メキシコ
1.1%
イギリス
1.6%
イタリア
0.9%
フランス
0.8%
その他《た》
26.4%
世界《せかい》の総排出量《そうはいしゅつりょう》
314億《おく》トン

温室《おんしつ》効果《こうか》ガスの7割《わり》以上《いじょう》が二酸化炭素《にさんかたんそ》です。二酸化炭《にさんかたん》素排出量《そはいしゅつりょう》で見《み》ていくと、2020年《ねん》は世界《せかい》全体《ぜんたい》で約《やく》314億《おく》トンが排出《はいしゅつ》されていて、1位《い》は中国《ちゅうごく》、2位《い》はアメリカ、3位《い》はインド、日本《にほん》は5位《い》となっています。

地球《ちきゅう》温暖化《おんだんか》の責任《せきにん》は先進国《せんしんこく》にある？

日本《にほん》を含《ふく》む先進国《せんしんこく》は、今《いま》まで工場《こうじょう》や自動車《じどうしゃ》などから多量《たりょう》の温室《おんしつ》効果《こうか》ガスを排出《はいしゅつ》してきました。そうして経済《けいざい》を発展《はってん》させてきた先進国《せんしんこく》こそ、地球《ちきゅう》温暖化《おんだんか》の責任《せきにん》を負《お》うべきで、これから経済《けいざい》を発展《はってん》させようという途上国《とじょうこく》は環境《かんきょう》より経済《けいざい》活動《かつどう》を優先《ゆうせん》させる権利《けんり》があるのではという意見《いけん》もありました。しかし、先進国《せんしんこく》だけでは地球《ちきゅう》温暖化《おんだんか》の解決《かいけつ》は望《のぞ》めません（上《うえ》グラフ参照《さんしょう》）。先進国《せんしんこく》は、自国《じこく》で環境《かんきょう》に配慮《はいりょ》した生産《せいさん》活動《かつどう》を目指《めざ》しつつ、途《と》上国《じょうこく》に対《たい》して経済《けいざい》の発展《はってん》と環境《かんきょう》保全《ほぜん》の両立《りょうりつ》を目指《めざ》す設備《せつび》や技術《ぎじゅつ》を伝《つた》えていくことが求《もと》められます。

（出典《しゅってん》）＊1　全国《ぜんこく》地球《ちきゅう》温暖化《おんだんか》防止《ぼうし》活動《かつどう》推進《すいしん》センター（JCCCA）ホームページ「データで見《み》る温室《おんしつ》ガス排出量《はいしゅつりょう》（世界《せかい》）」をもとに作成《さくせい》

環境《かんきょう》を守《まも》るためにコストをはらう

環境《かんきょう》と経済《けいざい》は両立《りょうりつ》する？

国《くに》が経済《けいざい》を発展《はってん》させていくときに、工場《こうじょう》からのけむりや粉《ふん》じんで大気《たいき》を汚《よご》すなど環境《かんきょう》への負荷《ふか》が増《ふ》えます。しかし、さらに経済《けいざい》が発展《はってん》し続《つづ》け国《くに》が豊《ゆた》かになっていくと、環境《かんきょう》への負荷《ふか》が徐々《じょじょ》に減《へ》っていくといわれています。このことを説明《せつめい》したのが右《みぎ》の「環境《かんきょう》クズネッツ曲線《きょくせん》」で、環境破壊《かんきょうはかい》と所得《しょとく》との関係《かんけい》は青線《あおせん》のような逆《ぎゃく》U字《じ》をえがくという仮説《かせつ》です＊2。発展途上国《はってんとじょうこく》は、これから経済《けいざい》を発展《はってん》させていく途上《とじょう》にありますが、先進国《せんしんこく》の経験《けいけん》や技術《ぎじゅつ》を伝《つた》えていくことで環境負荷《かんきょうふか》のピーク（転換点《てんかんてん》）をオレンジの線《せん》のように前《まえ》だおしにすることやU《ユー》字曲線《じきょくせん》をなだらかにすることが可能《かのう》だと考《かんが》えられています。

（参考《さんこう》）＊2　環境省《かんきょうしょう》ホームページ「環境分野《かんきょうぶんや》における国際貢献《こくさいこうけん》」
（https://www.env.go.jp/policy/hakusyo/h14/12911.html）

環境《かんきょう》クズネッツ曲線《きょくせん》

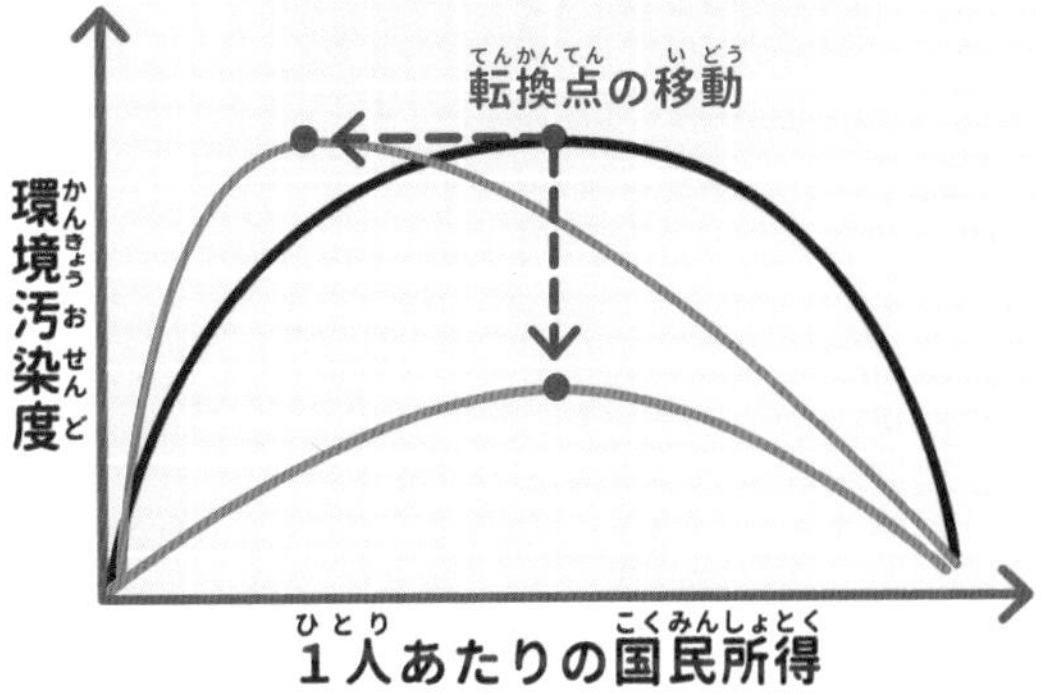
転換点《てんかんてん》の移動《いどう》
環境汚染度《かんきょうおせんど》
1人《ひとり》あたりの国民所得《こくみんしょとく》

発展途上国《はってんとじょうこく》を支援《しえん》する

発展途上国《はってんとじょうこく》が技術《ぎじゅつ》や開発《かいはつ》、経済《けいざい》・社会《しゃかい》システムの改革《かいかく》に自《みずか》ら取《と》り組《く》めるように、先進国《せんしんこく》はそれぞれ能力開発《のうりょくかいはつ》に重点《じゅうてん》を置《お》いた支援《しえん》を行《おこな》います。たとえば、日本《にほん》のODA《オーディーエー》は廃棄物《はいきぶつ》の管理《かんり》が課題《かだい》の国《くに》に対《たい》して、処理費用《しょりひよう》を援助《えんじょ》するとともに廃棄物管理《はいきぶつかんり》システムの導入《どうにゅう》の手助《てだす》けをしたり、環境《かんきょう》や開発《かいはつ》の分野《ぶんや》において高度《こうど》な知識《ちしき》や技能《ぎのう》をもった人材《じんざい》の教育《きょういく》のために資金協力《しきんきょうりょく》をしたり、それぞれの国《くに》の実情《じつじょう》に合《あ》わせた協力《きょうりょく》をしています。

努力《どりょく》の結果《けっか》、日本《にほん》でも温室効果《おんしつこうか》ガスの排出量《はいしゅつりょう》が2021年度《ねんど》はピークだった2013年度《ねんど》の83％程度《ていど》まで減少《げんしょう》しました＊3。今後《こんご》も努力《どりょく》は必要《ひつよう》で、環境問題《かんきょうもんだい》に取《と》り組《く》む企業《きぎょう》の商品《しょうひん》を買《か》うなど、私《わたし》たち消費者《しょうひしゃ》がその取《と》り組《く》みを後押《あとお》しすることも可能《かのう》です。

（出典《しゅってん》）＊3　全国地球温暖化防止推進《ぜんこくちきゅうおんだんかぼうしすいしん》センター（JCCCA）ホームページ

日本《にほん》の各企業《かくきぎょう》が環境問題《かんきょうもんだい》に取《と》り組《く》む

日本《にほん》の民間企業《みんかんきぎょう》は、それぞれ環境保全《かんきょうほぜん》のための取《と》り組《く》みをはじめています。たとえば、工場《こうじょう》を動《うご》かすエネルギーを太陽光発電《たいようこうはつでん》などできるだけクリーンで再生可能《さいせいかのう》なエネルギーに切《き》りかえたり、商品《しょうひん》を製造《せいぞう》する過程《かてい》で排出《はいしゅつ》される廃棄物《はいきぶつ》などを再利用《さいりよう》したりするなど、利益《りえき》だけではなく環境《かんきょう》を考《かんが》えた経営《けいえい》が求《もと》められています。

日本《にほん》の問題《もんだい》①

少子高齢化問題《しょうしこうれいかもんだい》

ネットのニュースで日本《にほん》にもいろいろな問題《もんだい》があるって読《よ》んだよ。少子高齢化《しょうしこうれいか》ってよく聞《き》くけれど、何《なに》が問題《もんだい》なんだろう？

労働力《ろうどうりょく》が減《へ》る一方《いっぽう》で社会保障費《しゃかいほしょうひ》は増加《ぞうか》

日本《にほん》では、晩婚化《ばんこんか》や育児《いくじ》の負担《ふたん》が重《おも》いことなどから15歳未満《さいみまん》の子《こ》どもの数《かず》が減《へ》っていっています。

一方《いっぽう》で、医療技術《いりょうぎじゅつ》の進歩《しんぽ》などによって平均寿命《へいきんじゅみょう》が延《の》び、65歳以上《さいいじょう》の高齢者《こうれいしゃ》の割合《わりあい》が増《ふ》えています。この現象《げんしょう》を「少子高齢化《しょうしこうれいか》」といいます。

少子化《しょうしか》で生《う》まれてくる子《こ》どもの数《かず》が減《へ》っていけば、経済《けいざい》の担《にな》い手《て》である15歳《さい》～64歳《さい》の生産年齢人口《せいさんねんれいじんこう》が減《へ》っていき、経済活動《けいざいかつどう》の規模《きぼ》が縮小《しゅくしょう》していくことが考《かんが》えられます。また、高齢者《こうれいしゃ》が増《ふ》えることで医療費《いりょうひ》や年金《ねんきん》など社会保障《しゃかいほしょう》に必要《ひつよう》な費用《ひよう》は増加《ぞうか》して

年齢区分別人口《ねんれいくぶんべつじんこう》と割合《わりあい》の推移《すいい》

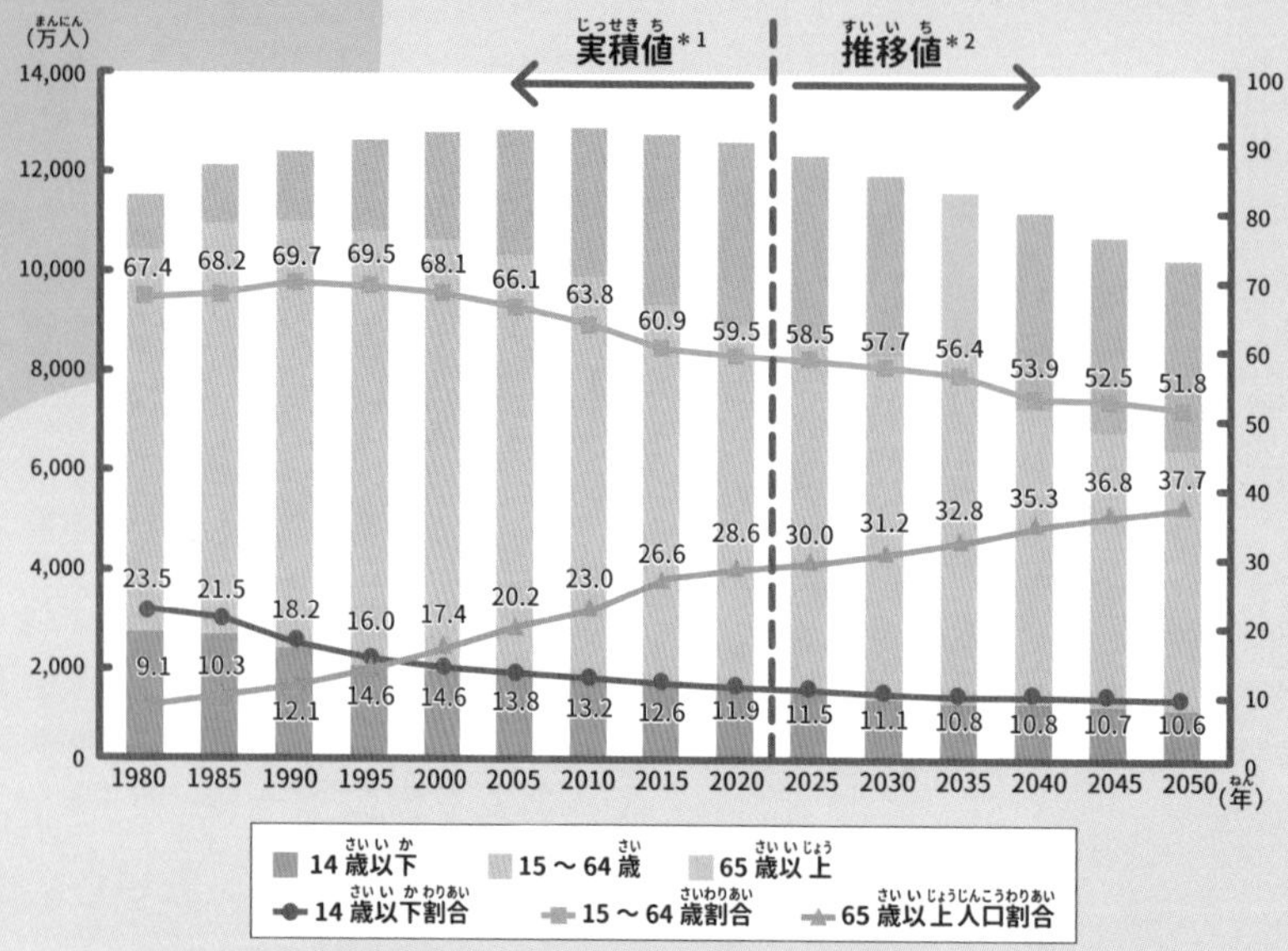
(万人《まんにん》)
実積値《じっせきち》＊1
推移値《すいいち》＊2
14,000
12,000
10,000
8,000
6,000
4,000
2,000
0
100
90
80
70
60
50
40
30
20
10
0
67.4 68.2 69.7 69.5 68.1 66.1 63.8 60.9 59.5 58.5 57.7 56.4 53.9 52.5 51.8
23.5 21.5 18.2 16.0 17.4 20.2 23.0 26.6 28.6 30.0 31.2 32.8 35.3 36.8 37.7
9.1 10.3 12.1 14.6 14.6 13.8 13.2 12.6 11.9 11.5 11.1 10.8 10.8 10.7 10.6
1980 1985 1990 1995 2000 2005 2010 2015 2020 2025 2030 2035 2040 2045 2050
(年《ねん》)
14歳以下《さいいか》
15～64歳《さい》
65歳以上《さいいじょう》
14歳以下割合《さいいかわりあい》
15～64歳割合《さいわりあい》
65歳以上人口割合《さいいじょうじんこうわりあい》

2020年《ねん》の総人口《そうじんこう》に対《たい》する15～64歳《さい》までの生産年齢人口《せいさんねんれいじんこう》の割合《わりあい》は59.5%と6割《わり》を少《すこ》し下回《したまわ》っています。65歳以上《さいいじょう》の高齢者《こうれいしゃ》の割合《わりあい》は28.6%です。30年後《ねんご》には、生産年齢人口《せいさんねんれいじんこう》はますます減《へ》って51.8％になり、高齢者《こうれいしゃ》の割合《わりあい》は37.7%に増《ふ》えていくことが予想《よそう》されます。

（出典《しゅってん》）＊1　2020年《ねん》までは総務省《そうむしょう》「国勢調査《こくせいちょうさ》」（2015年及《ねんおよ》び2020年《ねん》は不詳補完値《ふしょうほかんち》による）より作成《さくせい》
＊2　2025年以降《ねんいこう》は国立社会保障《こくりつしゃかいほしょう》・人口問題研究所《じんこうもんだいけんきゅうじょ》「日本《にほん》の将来推計人口《しょうらいすいけいじんこう》（平成《へいせい》29年推計《ねんすいけい》）」の出生中位《しゅっしょうちゅうい》・死亡中位仮定《しぼうちゅういかてい》による推計結果《すいけいけっか》より作成《さくせい》

少子《しょうし》高齢化《こうれいか》社会《しゃかい》での問題点《もんだいてん》

1 社会保障《しゃかいほしょう》（医療《いりょう》・年金《ねんきん》・介護《かいご》）の費用《ひよう》がかかる

75 歳以上《さいいじょう》になると、一人《ひとり》あたりの医療《いりょう》や介護《かいご》の費用《ひよう》が急増《きゅうぞう》するというデータがあります。高齢者《こうれいしゃ》の生活《せいかつ》を支《ささ》える年金《ねんきん》は、自分《じぶん》たちが働《はたら》いていたときに納《おさ》めた保険料《ほけんりょう》からではなく、現役《げんえき》で働《はたら》いている人《ひと》が納《おさ》めた保険《ほけん》料《りょう》などから支払《しはら》われます。そうした社会保障費《しゃかいほしょうひ》をどのように確保《かくほ》していくか、国民全体《こくみんぜんたい》で考《かんが》えていかなければならないでしょう。

2 経済成長《けいざいせいちょう》にブレーキがかかる

人口《じんこう》が減《へ》ると、国内《こくない》の需要《じゅよう》が減《へ》り、経済規模《けいざいきぼ》が縮小《しゅくしょう》します。また、投資《とうし》先《さき》としても魅力《みりょく》がなくなり、国際的《こくさいてき》な資本《しほん》の投入《とうにゅう》にも影響《えいきょう》します。人口《じんこう》が多《おお》ければそれだけ多様性《たようせい》が広《ひろ》がり多《おお》くの知恵《ちえ》が生《う》まれる可能性《かのうせい》が高《たか》くなりますが、人口《じんこう》が減《へ》っていけばそうしたイノベーションが生《う》まれる機会《きかい》が減《へ》ってしまうかもしれません。人口《じんこう》が急激《きゅうげき》に減《へ》り高齢化《こうれいか》が進《すす》む社会《しゃかい》では、生産性《せいさんせい》の向上《こうじょう》にブレーキがかかる心配《しんぱい》があります。

3 介護《かいご》サービスや保育《ほいく》の担《にな》い手《て》不足《ふそく》

現在《げんざい》も介護施設《かいごしせつ》や介護士《かいごし》は不足《ふそく》しています。この先《さき》、高齢者《こうれいしゃ》が増《ふ》えていくことを考《かんが》えると介護《かいご》サービスの充実《じゅうじつ》や人材《じんざい》の確保《かくほ》が必要《ひつよう》です。日本《にほん》の労働力不足《ろうどうりょくぶそく》を、海外《かいがい》から働《はたら》き手《て》を受《う》け入《い》れることで解消《かいしょう》することも考《かんが》えられます。また、共《とも》働《ばたら》きの増加《ぞうか》などから少子化《しょうしか》であっても保育施設《ほいくしせつ》や保育士《ほいくし》の不足《ふそく》が問題《もんだい》になっています。男女平等《だんじょびょうどう》に働《はたら》き手《て》として活躍《かつやく》するためには、保育《ほいく》サービスや保育士《ほいくし》の数《かず》も増《ふ》やしていく必要《ひつよう》があるでしょう。

いきます。

こうした負担《ふたん》の増加《ぞうか》をどのようにカバーし、社会保障《しゃかいほしょう》を充実《じゅうじつ》していくかが今後《こんご》の課題《かだい》となります。

eTALK

将来《しょうらい》オレたちは年金《ねんきん》がもらえないんじゃ……。

年金《ねんきん》の財源《ざいげん》は、保険料《ほけんりょう》のほか、税金《ぜいきん》でも補《おぎな》っています（「国庫負担《こっこふたん》」）。また、これまでの蓄《たくわ》え「年金《ねんきん》積立金《つみたてきん》」やその運用収益《うんようしゅうえき》などをあてることもできますから、そんなに不安《ふあん》にならないでね。支給額《しきゅうがく》は減《へ》るかもしれないけど、平均寿命《へいきんじゅみょう》が延《の》びる中《なか》、一生涯《いっしょうがい》もらえるのが公的年金《こうてきねんきん》。障害《しょうがい》をもつことになったときの「障《しょう》害年金《がいねんきん》」など保険《ほけん》のような側面《そくめん》もあるから、日本《にほん》の年金制度《ねんきんせいど》は頼《たの》もしい存《そん》在《ざい》といえるかも。

MONEY

日本《にほん》の問題《もんだい》②

食料《しょくりょう》、エネルギー自給率《じきゅうりつ》の問題《もんだい》

日本《にほん》の食料《しょくりょう》・エネルギー自給率《じきゅうりつ》は低《ひく》い

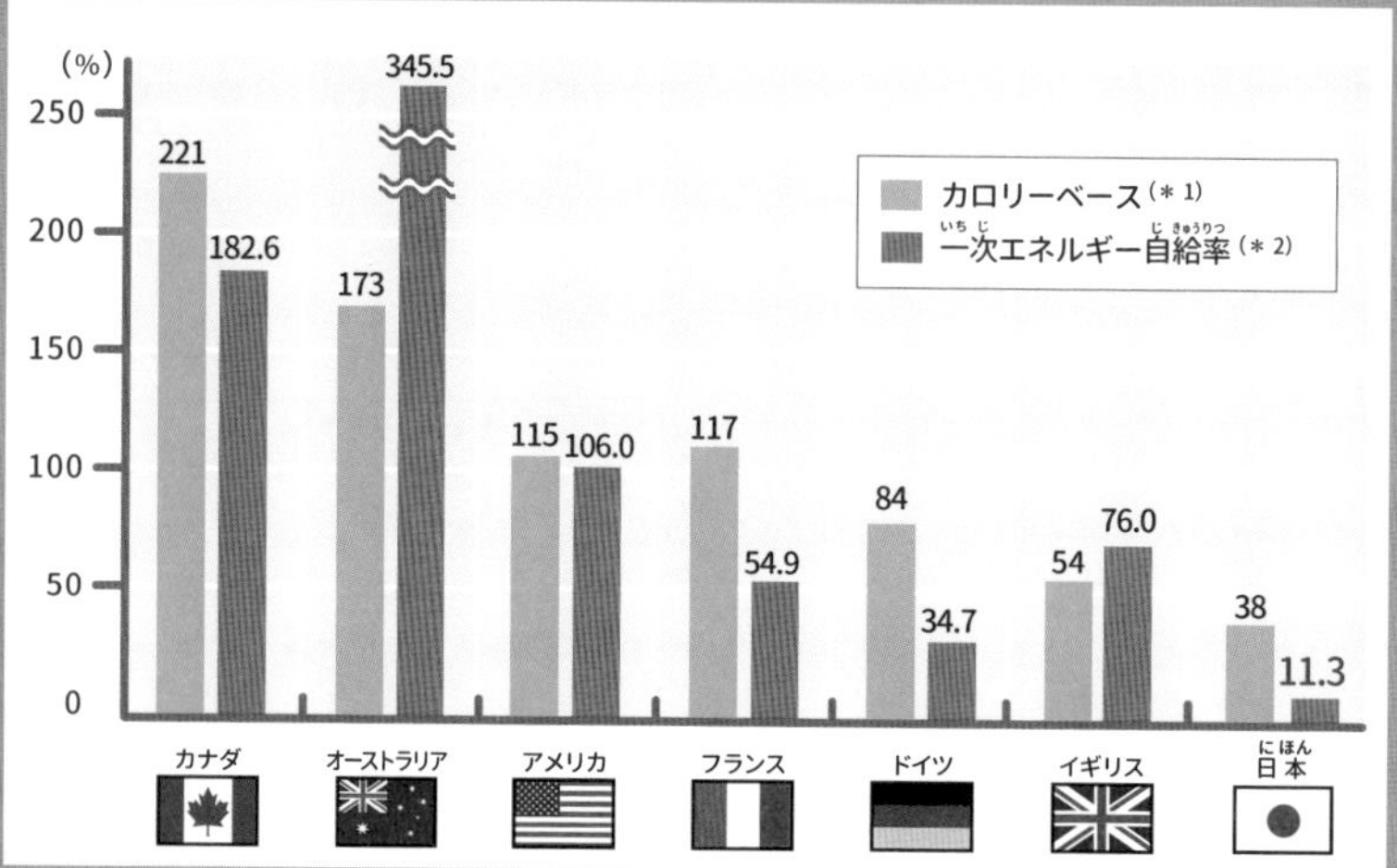
(%)
250
200
150
100
50
0
カロリーベース（＊1）
一次《いちじ》エネルギー自給率《じきゅうりつ》（＊2）
221
182.6
173
345.5
115
106.0
117
54.9
84
34.7
54
76.0
38
11.3
カナダ
オーストラリア
アメリカ
フランス
ドイツ
イギリス
日本《にほん》

主要国《しゅようこく》と比《くら》べると、日本《にほん》は食料自給率《しょくりょうじきゅうりつ》・エネルギー自給率《じきゅうりつ》ともに低《ひく》く、特《とく》にエネルギーのほとんどは輸入《ゆにゅう》にたよっていることがわかります。

食料《しょくりょう》やエネルギーを輸入《ゆにゅう》にたよっているとどんな問題《もんだい》がある？

- 戦争《せんそう》などの世界情勢《せかいじょうせい》によって相手国《あいてこく》に輸入制限《ゆにゅうせいげん》されてしまうと、食料不足《しょくりょうぶそく》、エネルギー不足《ぶそく》におちいってしまう。

- 天候《てんこう》などで相手国《あいてこく》の生産量《せいさんりょう》が減《へ》って価格《かかく》が高騰《こうとう》するなど、輸入量《ゆにゅうりょう》や価格《かかく》が安定《あんてい》しない。

ザーッ

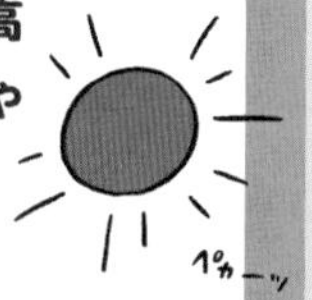
ペカーッ

- 輸入《ゆにゅう》には、輸送費《ゆそうひ》などのコストがかかり、またエネルギーもたくさん使《つか》うため環境《かんきょう》にやさしくない。

（出典《しゅってん》）＊1 農林水産省《のうりんすいさんしょう》「我《わ》が国《くに》と諸外国《しょがいこく》の食料自給率《しょくりょうじきゅうりつ》（試算《しさん》）」をもとに作成《さくせい》。食料自給率《しょくりょうじきゅうりつ》はカロリーベース。数値《すうち》は日本《にほん》のみ 2022 年度《ねんど》、他《ほか》は2020年《ねん》のもの。

＊2 経済産業省資源《けいざいさんぎょうしょうしげん》エネルギー庁《ちょう》「2022―日本《にほん》が抱《かか》えているエネルギー問題《もんだい》（前編《ぜんぺん》）」をもとに作成《さくせい》。エネルギー自給率《じきゅうりつ》は 2020 年《ねん》の石炭《せきたん》、原油《げんゆ》、天然《てんねん》ガス、原子力《げんしりょく》、水力《すいりょく》、再生《さいせい》エネルギーの合計《ごうけい》で計算《けいさん》。

考《かんが》えてみよう 食料《しょくりょう》もエネルギーもない国《くに》だったら、どうする？

国《くに》を人《ひと》に置《お》きかえて考《かんが》えてみましょう。★の数《かず》はそれぞれの資源《しげん》などの量《りょう》を表《あらわ》します。
あなたがA《エー》さんだったら、どうやって生活《せいかつ》を守《まも》りますか？

	食料《しょくりょう》	エネルギー	技術力《ぎじゅつりょく》
A《エー》さん	★☆☆☆☆☆	☆☆☆☆☆☆	★★★★★★
B《ビー》さん	★★★★★★	★☆☆☆☆☆	☆☆☆☆☆☆
C《シー》さん	★☆☆☆☆☆	★★★★★★	☆☆☆☆☆☆
D《ディー》さん	★★★★☆☆	★★★★☆☆	★★★☆☆☆

自給率《じきゅうりつ》を上《あ》げつつ良好《りょうこう》な貿易関係《ぼうえきかんけい》を築《きず》く

日本《にほん》は上《うえ》のA《エー》さんに近《ちか》いかもしれません。主食《しゅしょく》となる米《こめ》の自給率《じきゅうりつ》はほぼ１００%ですが、パンやパスタを好《この》む人《ひと》が増《ふ》えているなど食《しょく》の幅《はば》が広がっているため、輸入《ゆにゅう》にたよる割《わり》合《あい》が高《たか》くなっています。日本《にほん》の農業《のうぎょう》は農家《のうか》の数《かず》、農業《のうぎょう》に就《つ》く人《ひと》の数《かず》とともに減少《げんしょう》しています。

また、原油《げんゆ》などのエネルギー資《し》源《げん》は日本《にほん》ではほとんどとれないため、どうしても外国《がいこく》への依存度《いぞんど》が高《たか》くなってしまいます。自分《じぶん》の国《くに》でまかなう努力《どりょく》とともに、他国《たこく》と良好《りょうこう》な関《かん》係《けい》を築《きず》いていくことが大切《たいせつ》です。

技術力《ぎじゅつりょく》はあるからそれと交《こう》換《かん》で、B《ビー》さんからは食料《しょくりょう》を、C《シー》さんからはエネルギーをわけてもらおうかな。

MONEY

日本《にほん》の問題《もんだい》③

日本国内《にほんこくない》の格差《かくさ》の問題《もんだい》

日本《にほん》のジニ係数《けいすう》の推移《すいい》

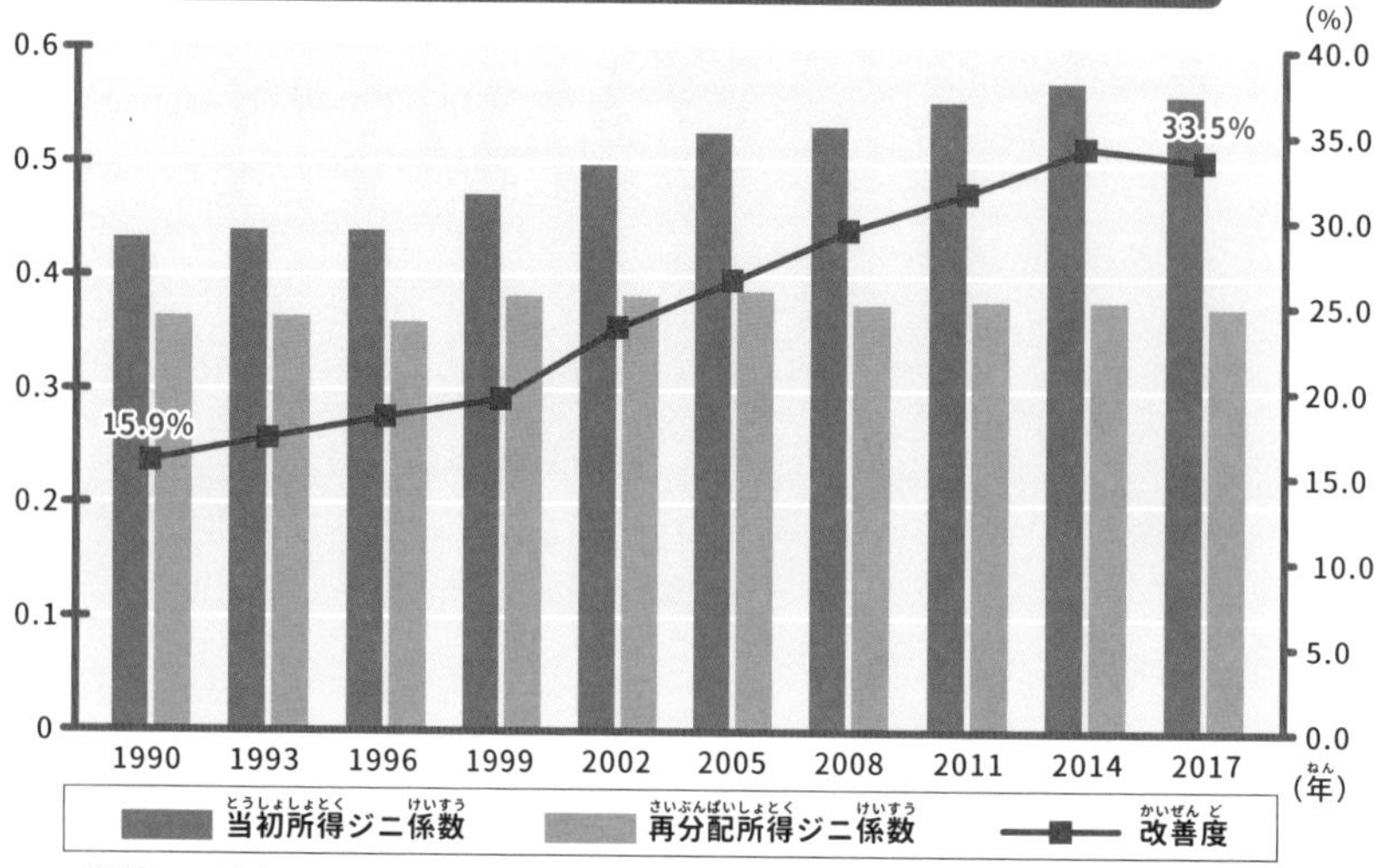

「ジニ係数《けいすう》」は格差《かくさ》をはかるための経済指標《けいざいしひょう》のひとつで、ジニ係数《けいすう》の値《あたい》が０に近《ちか》ければ所得格差《しょとくかくさ》が小《ちい》さく、１に近《ちか》いと所得格差《しょとくかくさ》が大《おお》きいとされています。年金《ねんきん》や保険料《ほけんりょう》などで再分配《さいぶんぱい》を行《おこな》う前《まえ》の「当初所得《とうしょしょとく》ジニ係数《けいすう》」を見《み》ると、格差《かくさ》が少《すこ》しずつ拡大《かくだい》していることがわかります。

（出典《しゅってん》）厚生労働省《こうせいろうどうしょう》「令和《れいわ》２年度《ねんど》　厚生労働白書《こうせいろうどうはくしょ》」をもとに作成《さくせい》

近年《きんねん》は格差《かくさ》が拡大《かくだい》していて、社会保障《しゃかいほしょう》の果《は》たす役割《やくわり》がますます大《おお》きくなっています。

格差《かくさ》の解消《かいしょう》が経済成長《けいざいせいちょう》のカギ

日本《にほん》では90年代《ねんだい》ごろから、ゆるやかに格差《かくさ》が拡大《かくだい》しています。現在《げんざい》のように市場原理《しじょうげんり》のもとで競争《きょうそう》をすれば、当然所得《とうぜんしょとく》に差《さ》が生《しょう》じることはあるでしょう。しかし、雇用《こよう》の機会《きかい》や地域差《ちいきさ》、性別《せいべつ》など個人《こじん》の努力《どりょく》ではどうにもならない問題《もんだい》が、格差《かくさ》が生《う》まれる一因《いちいん》となっているのです。

極端《きょくたん》な格差《かくさ》は、経済活動《けいざいかつどう》のさまたげになったり、子《こ》どもたちの教育《きょういく》の機会《きかい》がうばわれ貧困《ひんこん》の連鎖《れんさ》を招《まね》くことも考《かんが》えられます。一部《いちぶ》の人《ひと》が豊《ゆた》かになっても、貧《まず》しく生活《せいかつ》に困《こま》った人《ひと》がいる社会《しゃかい》では、安心《あんしん》して豊《ゆた》かに暮《く》らすことができないでしょう。

地域格差《ちいきかくさ》

全国平均《ぜんこくへいきん》 31万《まん》1800円《えん》

賃金《ちんぎん》が高《たか》い県《けん》

東京都《とうきょうと》	37万《まん》5500円《えん》
神奈川県《かながわけん》	33万《まん》5600円《えん》
大阪府《おおさかふ》	33万《まん》900円《えん》
愛知県《あいちけん》	31万《まん》2600円《えん》
兵庫県《ひょうごけん》	31万《まん》2300円《えん》

賃金《ちんぎん》が安《やす》い県《けん》

青森県《あおもりけん》	24万《まん》7600円《えん》
宮崎県《みやざきけん》	24万《まん》9600円《えん》
沖縄県《おきなわけん》	25万《まん》2000円《えん》
岩手県《いわてけん》	25万《まん》2300円《えん》
山形県《やまがたけん》	25万《まん》4600円《えん》

都道府県別《とどうふけんべつ》に賃金《ちんぎん》を比《くら》べると、全国平均《ぜんこくへいきん》よりも高《たか》かった都道府県《とどうふけん》は東京《とうきょう》、大阪《おおさか》、愛知県《あいちけん》（名古屋《なごや》）の三大都市圏《さんだいとしけん》に集中《しゅうちゅう》しています。近年《きんねん》は地域間《ちいきかん》の格差《かくさ》は縮《ちぢ》まってきているといわれていますが、賃金《ちんぎん》の高《たか》い仕事《しごと》を求《もと》めて若《わか》い世帯《せたい》が都市部《としぶ》に移《うつ》り住《す》み地方《ちほう》の労働力《ろうどうりょく》が減《へ》っていく問題《もんだい》が起《お》こっています。

（出典《しゅってん》）厚生労働省《こうせいろうどうしょう》「令和《れいわ》４年賃金構造基本統計調査《ねんちんぎんこうぞうきほんとうけいちょうさ》」をもとに作成《さくせい》

性別《せいべつ》の所得格差《しょとくかくさ》

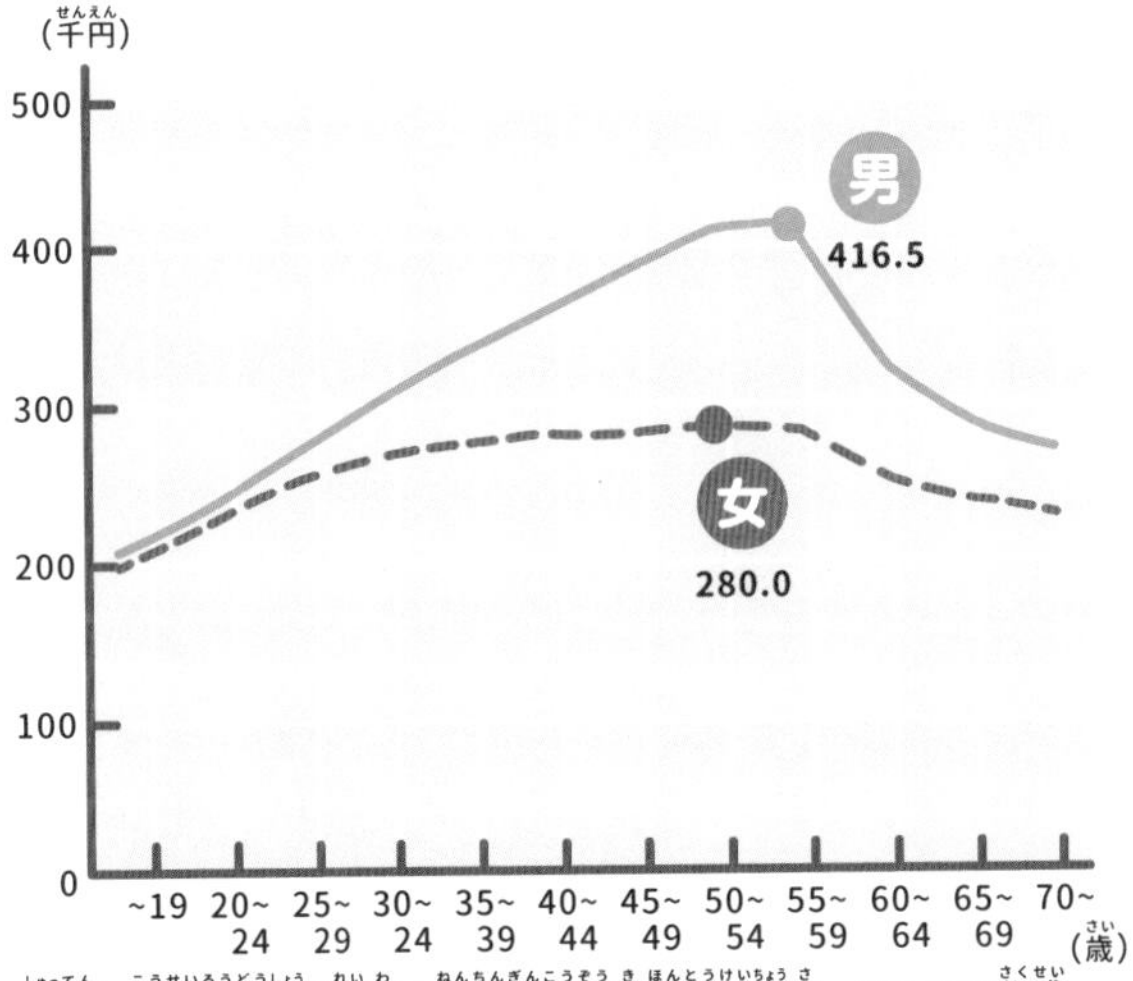

（出典《しゅってん》）厚生労働省《こうせいろうどうしょう》「令和《れいわ》４年賃金構造基本統計調査《ねんちんぎんこうぞうきほんとうけいちょうさ》」をもとに作成《さくせい》

男 ※賃金平均《ちんぎんへいきん》 34万《まん》2000円《えん》

女 賃金平均《ちんぎんへいきん》 25万《まん》8900円《えん》

男性《だんせい》と女性《じょせい》では賃金平均《ちんぎんへいきん》におよそ８万円《まんえん》の開《ひら》きがあります。男性《だんせい》は50代《だい》をピークに賃金《ちんぎん》が上《あ》がっていきその後下降《ごかこう》していきます。女性《じょせい》の賃金《ちんぎん》の上《あ》がり方《かた》は男性《だんせい》に比《くら》べて緩《ゆる》やかです。男女間《だんじょかん》の賃金格差《ちんぎんかくさ》の理由《りゆう》として、職種《しょくしゅ》の違《ちが》いや女性《じょせい》管理職《かんりしょく》が少《すく》ないこと、勤続年数《きんぞくねんすう》の長《なが》さなどがあげられますが、子育《こそだ》てや介護《かいご》によって仕事《しごと》を離《はな》れたりセーブしたりしなければならない女性《じょせい》が多《おお》いことも無関係《むかんけい》ではありません。

※ 2022年《ねん》６月分《がつぶん》として支払《しはら》われた一般労働者《いっぱんろうどうしゃ》（短時間労働《たんじかんろうどう》者《しゃ》以外《いがい》の常用労働者《じょうようろうどうしゃ》）の所定内給与額平均《しょていないきゅうよがくへいきん》による。（集計者《しゅうけいしゃ》平均《へいきん》は、男性《だんせい》：年齢《ねんれい》44.5歳《さい》、勤続年数《きんぞくねんすう》13.7年《ねん》／女性《じょせい》：年齢《ねんれい》42.3歳《さい》、勤続年数《きんぞくねんすう》9.8）

考《かんが》えてみよう

キミが外務大臣《がいむだいじん》だったら、どの問題《もんだい》から解決《かいけつ》する？

キミは外務大臣《がいむだいじん》です。ある発展途上国《はってんとじょうこく》を支援《しえん》するための予算《よさん》が１兆円《ちょうえん》あったとしたら、どの問題《もんだい》から解決《かいけつ》し、それぞれにどのくらいわりふりますか？

発展途上国《はってんとじょうこく》の貧困《ひんこん》の問題《もんだい》

- 食料《しょくりょう》の援助《えんじょ》
- 教育《きょういく》の普及《ふきゅう》
- 医療《いりょう》の提供《ていきょう》
- 衛生環境《えいせいかんきょう》の整備《せいび》
- 水道《すいどう》の普及《ふきゅう》
- 電気《でんき》の普及《ふきゅう》
- ガスの普及《ふきゅう》
- 道路《どうろ》や橋《はし》の建設《けんせつ》
- 環境問題《かんきょうもんだい》　野生動物《やせいどうぶつ》の保護《ほご》
- 環境問題《かんきょうもんだい》　森林《しんりん》保全《ほぜん》

その他《ほか》解決《かいけつ》したい問題《もんだい》を書《か》こう

★ 解決《かいけつ》したい問題《もんだい》を５つ選《えら》んで、下《した》の図《ず》の「緊急度《きんきゅうど》」「重要度《じゅうようど》」に合《あ》わせて並《なら》べてみよう。

１兆円《ちょうえん》の予算《よさん》をそれぞれの問題《もんだい》にふり分《わ》けて（　　　　）に書《か》こう。

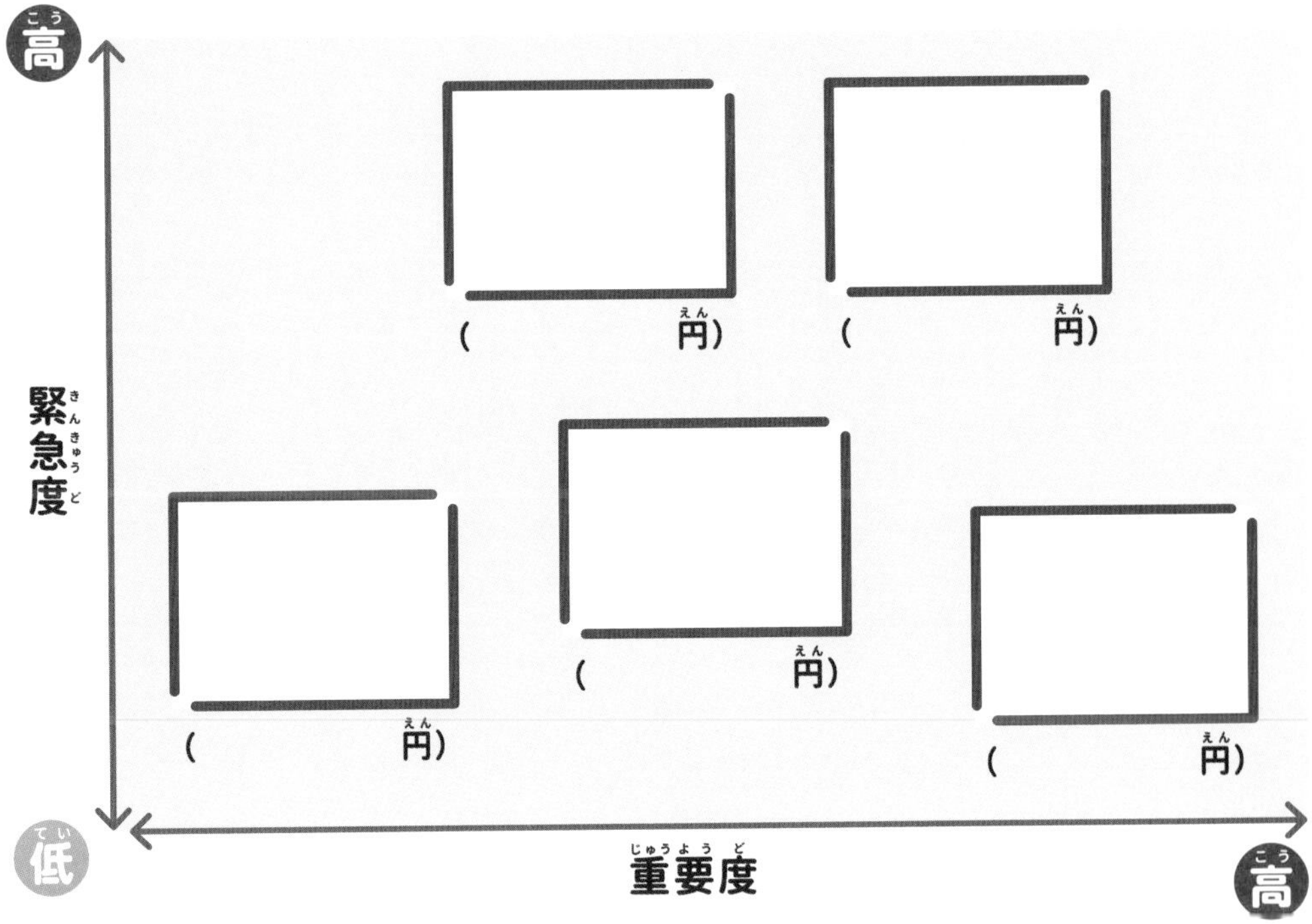

人間《にんげん》は食《た》べられないと生《い》きていけないし、「食料《しょくりょう》の援助《えんじょ》」が緊急度《きんきゅうど》も重要度《じゅうようど》も高《たか》いと思《おも》う。予算《よさん》も１兆円《ちょうえん》のうちなるべく多《おお》く使《つか》って、しっかり栄養《えいよう》をとってもらいたい。

水《みず》や衛生環境《えいせいかんきょう》の整備《せいび》は大事《だいじ》だけど、森林《しんりん》や野生動物《やせいどうぶつ》も失《うしな》われたら取《と》り返《かえ》しがつかないものだし、環境保全《かんきょうほぜん》にも予算《よさん》を使《つか》いたいな。

どの問題《もんだい》も大事《だいじ》だから、どれから解決《かいけつ》をしたらいいか考《かんが》えるのは難《むずか》しいよね。緊急度《きんきゅうど》と重要度《じゅうようど》を考《かんが》えながら、自分《じぶん》で選《えら》んでみてね。

持続《じぞく》可能《かのう》な社会《しゃかい》を目指《めざ》して

経済《けいざい》、環境《かんきょう》、社会《しゃかい》が望《のぞ》ましい状態《じょうたい》を目指《めざ》そう

持続可能《じぞくかのう》な社会《しゃかい》とは、地球環境《ちきゅうかんきょう》が守《まも》られ将来《しょうらい》の世代《せだい》が必要《ひつよう》とするものが損《そこ》なわれることなく、現在《げんざい》の世代《せだい》も満足《まんぞく》して生活《せいかつ》していける社会《しゃかい》のことです。現在《げんざい》、地球環境問題《ちきゅうかんきょうもんだい》や貧困《ひんこん》など、世界《せかい》にはいろいろな問題《もんだい》があります。「お金《かね》」と深《ふか》く関《かか》わるそれらの問題《もんだい》に取《と》り組《く》むことが、現在生《げんざいせい》きている私《わたし》たちの生活《せいかつ》だけではなく、将来《しょうらい》の世代《せだい》の生活《せいかつ》の質《しつ》を守《まも》ることにもつながります。2015年《ねん》に採択《さいたく》された「持続可能《じぞくかのう》な開発目標《かいはつもくひょう》（SDGs《エスディージーズ》）」では、具体的《ぐたいてき》に達成《たっせい》したい17のゴールがかかげられています。経済《けいざい》、環境《かんきょう》、社会《しゃかい》、3つの側面《そくめん》が望《のぞ》ましい状態《じょうたい》である社会《しゃかい》を目指《めざ》し、私《わたし》たちひとりひとりができることを考《かんが》えていく必要《ひつよう》があります。

SDGs《エスディージーズ》とは、「Sustainable《サステナブル》 Development《ディベロプメント》 Goals《ゴールズ》」の略《りゃく》で、2015年《ねん》9月《がつ》に行《おこな》われた「国連持続可能《こくれんじぞくかのう》な開発《かいはつ》サミット」で採択《さいたく》されたんだったね。17の目標《もくひょう》について、自分《じぶん》で調《しら》べてみよう！

経済《けいざい》、環境《かんきょう》、社会《しゃかい》の取《と》り組《く》み

SUSTAINABLE DEVELOPMENT GOALS＊

環境《かんきょう》
- 自然《しぜん》の豊《ゆた》かさを守《まも》る
- 水《みず》や空気《くうき》を守《まも》る
- 野性動物《やせいどうぶつ》の保護《ほご》
- エネルギー保障《ほしょう》

…など

経済《けいざい》
- 貧困《ひんこん》、飢餓《きが》をなくす
- インフラの構築《こうちく》
- 経済成長《けいざいせいちょう》

…など

社会《しゃかい》
- 平等《びょうどう》
- 福祉《ふくし》
- 差別《さべつ》のない社会《しゃかい》
- 人権《じんけん》
- 教育《きょういく》
- 平和《へいわ》

…など

＊ https://www.un.org/sustainabledevelopment/
The content of this publication has not been approved by the United Nations and does not reflect the views of the United Nations or its officials or Member States.

考《かんが》えてみよう 持続可能《じぞくかのう》な社会《しゃかい》のために何《なに》ができる？

持続可能《じぞくかのう》な社会《しゃかい》につながる活動《かつどう》には、私《わたし》たちにできそうなこともさまざまあります。

自分《じぶん》でもできそうなことに☑を入《い》れましょう。

☐ 労働環境《ろうどうかんきょう》を守《まも》る、適性《てきせい》な取引《とりひ》きが行《おこな》われているなどの基準《きじゅん》を満《み》たす製品《せいひん》につけられる「フェアトレードマーク」のついた商品《しょうひん》を買《か》う。

☐ 環境《かんきょう》や動植物《どうしょくぶつ》を守《まも》るために適切《てきせつ》に管理《かんり》された樹木《じゅもく》からできた商品《しょうひん》につけられる「FSC《エフエスシー》認証《にんしょう》マーク」のついた商品《しょうひん》を買《か》う。

☐ 魚《さかな》を食《た》べるときには、海《うみ》のエコラベル「MSC《エムエスシー》ラベル」がついたサステナブル・シーフードを選《えら》ぶ。

☐ 寄付《きふ》つきの商品《しょうひん》を選《えら》ぶ。

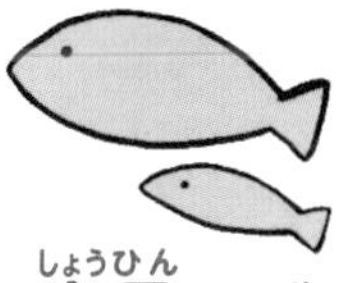

☐ 被災地《ひさいち》の商品《しょうひん》などを買《か》って応援《おうえん》する。

☐ HP《ホームページ》などを見《み》て持続可能《じぞくかのう》で環境《かんきょう》に配慮《はいりょ》した取《と》り組《く》みを行《おこな》っている会社《かいしゃ》の商品《しょうひん》を買《か》うようにする。

☐ レッドカップマークつきの商品《しょうひん》を買《か》うことで、飢餓《きが》に苦《くる》しんでいる子《こ》どもたちの学校給食支《がっこうきゅうしょくし》援《えん》に協力《きょうりょく》する。

社会的《しゃかいてき》な課題《かだい》を解決《かいけつ》することを考《かんが》えた商品《しょうひん》を選《えら》んだり、そうした課題《かだい》に取《と》り組《く》む企業《きぎょう》を消費《しょうひ》で応援《おうえん》したりする消費活動《しょうひかつどう》を「エシカル消費《しょうひ》」といいます（→P.112）。

※二次元《にじげん》コードを読《よ》み取《と》って、それぞれのマークについてくわしく調《しら》べてみましょう！

選挙《せんきょ》の際《さい》には、候補者《こうほしゃ》がそれぞれどんな社会《しゃかい》を目《め》指《ざ》して立候補《りっこうほ》をしたのか、今《いま》から関心《かんしん》をもって耳《みみ》をかたむけてみる。

いじめやあらゆる差別《さべつ》に気《き》づいたら、声《こえ》を上《あ》げる。

みんな違《ちが》って当《あ》たり前《まえ》。違《ちが》いを認《みと》める。

ごはんを残《のこ》さずに食《た》べる。

食料《しょくりょう》は食《た》べられる量《りょう》だけ買《か》うようにする。

使《つか》っていない電気《でんき》は消《け》す。

外出《がいしゅつ》するときは水筒《すいとう》を持《も》っていく。

買《か》い物《もの》に行《い》くときはマイバックを持参《じさん》する。

ノートは最後《さいご》まで使《つか》う。

車《くるま》に乗《の》らない、ものを買《か》わない、ゴミを出《だ》さない「ノーインパクトデー」に1日《にち》チャレンジしてみる。

無駄《むだ》なものを買《か》わないように、ほしいものがあってもすぐに買《か》わず一晩《ひとばん》考《かんが》える。

お金《かね》やものを寄付《きふ》する。

おそくまで起《お》きていないで早《はや》くねる。

壊《こわ》れたら直《なお》すなどして、ものを大切《たいせつ》に使《つか》う。

地元《じもと》の食材《しょくざい》を買《か》う。

↑ p.222 の経済《けいざい》、環境《かんきょう》、社会《しゃかい》の中《なか》で、自分《じぶん》が大事《だいじ》にしたいことを考《かんが》えながら、他《ほか》に思《おも》いついたことを書《か》いてみよう。

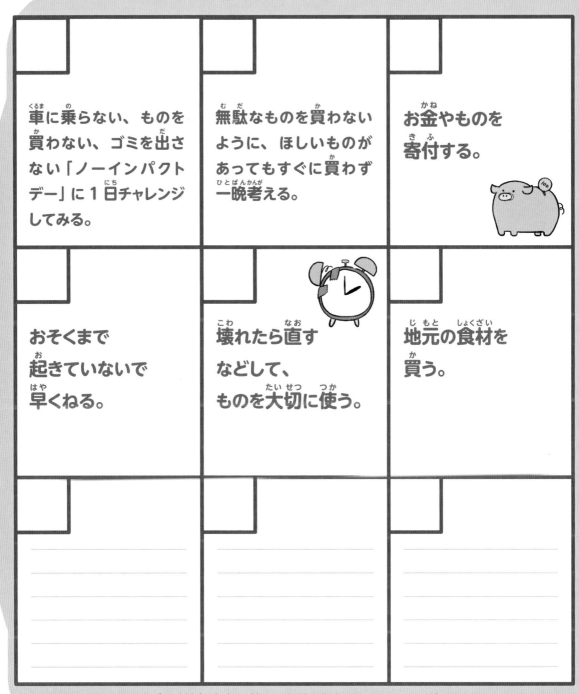

知《し》っておきたい経済指標《けいざいしひょう》

GDP《ジーディーピー》（国内総生産《こくないそうせいさん》）

一定《いってい》期《き》間内《かんない》に国内《こくない》で生《う》み出《だ》されたものやサービスの付加価値《ふかかち》の総額《そうがく》を指《さ》すもので、その国《くに》の経済状況《けいざいじょうきょう》を示《しめ》す経済指標《けいざいしひょう》として注目《ちゅうもく》されます。

どこが
発表《はっぴょう》しているの？

日本《にほん》では内閣府《ないかくふ》

（10億円《おくえん》・名目値《めいもくち》）★**国内総生産《こくないそうせいさん》（GDP《ジーディーピー》）の推移《すいい》**

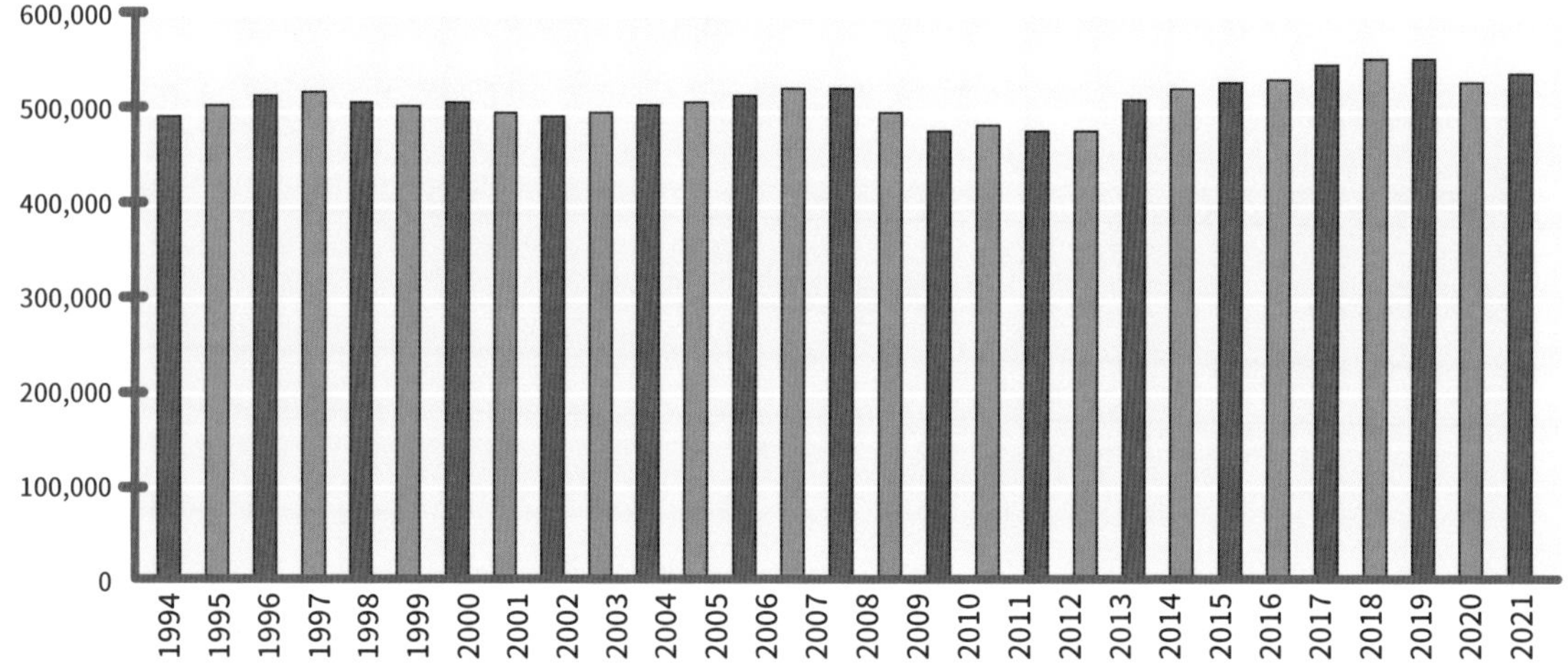

（出典《しゅってん》）内閣府《ないかくふ》「国民経済計算《こくみんけいざいけいさん》（GDP《ジーディーピー》統計《とうけい》）」
（https://www.esri.cao.go.jp/jp/sna/menu.html）
「年次《ねんじ》GDP《ジーディーピー》実額《じつがく》　2022年度《ねんど》　時系列《じけいれつ》データ」をもとに作成《さくせい》

知《し》っておこう！

実質《じっしつ》GDP《ジーディーピー》と名目《めいもく》GDP《ジーディーピー》の違《ちが》い

名目《めいもく》GDP《ジーディーピー》は対象《たいしょう》の期間《きかん》の付加価値《ふかかち》を単純《たんじゅん》に合計《ごうけい》しているため、物価変動《ぶっかへんどう》の影響《えいきょう》を受《う》けます。実質《じっしつ》GDP《ジーディーピー》は、ある年《とし》（基準年《きじゅんねん》）の価格水準《かかくすいじゅん》を基準《きじゅん》として、物価変動要因《ぶっかへんどうよういん》がとりのぞかれるため、景気判断《けいきはんだん》や経済成長率《けいざいせいちょうりつ》を見《み》る場合《ばあい》は、実質《じっしつ》GDP《ジーディーピー》も重視《じゅうし》されます。

2023年《ねん》、名目《めいもく》GDP《ジーディーピー》が
日本《にほん》はアメリカ、中国《ちゅうごく》、ドイツに
次《つ》いで世界第《せかいだい》4位《い》になる
見込《みこ》みなんだって。

消費者物価指数《しょうひしゃぶっかしすう》（CPI《シーピーアイ》）

消費者《しょうひしゃ》が購入《こうにゅう》するものやサービスの価格《かかく》がどのくらい変動《へんどう》したかを示《しめ》す指標《しひょう》です。毎月《まいつき》、家計《かけい》の消費支出《しょうひししゅつ》の中《なか》で重要度《じゅうようど》が高《たか》い「指定品目《していひんもく》」582 品目《ひんもく》の小売価格《こうりかかく》を全国市町村《ぜんこくしちょうそん》から選《えら》び、調《しら》べたものを翌月《よくげつ》に発表《はっぴょう》しています。基準年《きじゅんねん》を 100 として、物価《ぶっか》の変化《へんか》によってどれだけ家計費《かけいひ》に変化《へんか》が生《しょう》じたかがわかります。消費者物価指数《しょうひしゃぶっかしすう》は経済《けいざい》が活発《かっぱつ》なら上昇《じょうしょう》しやすく、停滞《ていたい》していれば下《さ》がりやすいため、「経済《けいざい》の体温計《たいおんけい》」と呼《よ》ばれています。経済《けいざい》の状況《じょうきょう》を判断《はんだん》する材料《ざいりょう》のひとつになっています。

どこが発表《はっぴょう》しているの？

総務省統計局《そうむしょうとうけいきょく》

★消費者物価指数《しょうひしゃぶっかしすう》　総合指数《そうごうしすう》の動《うご》き

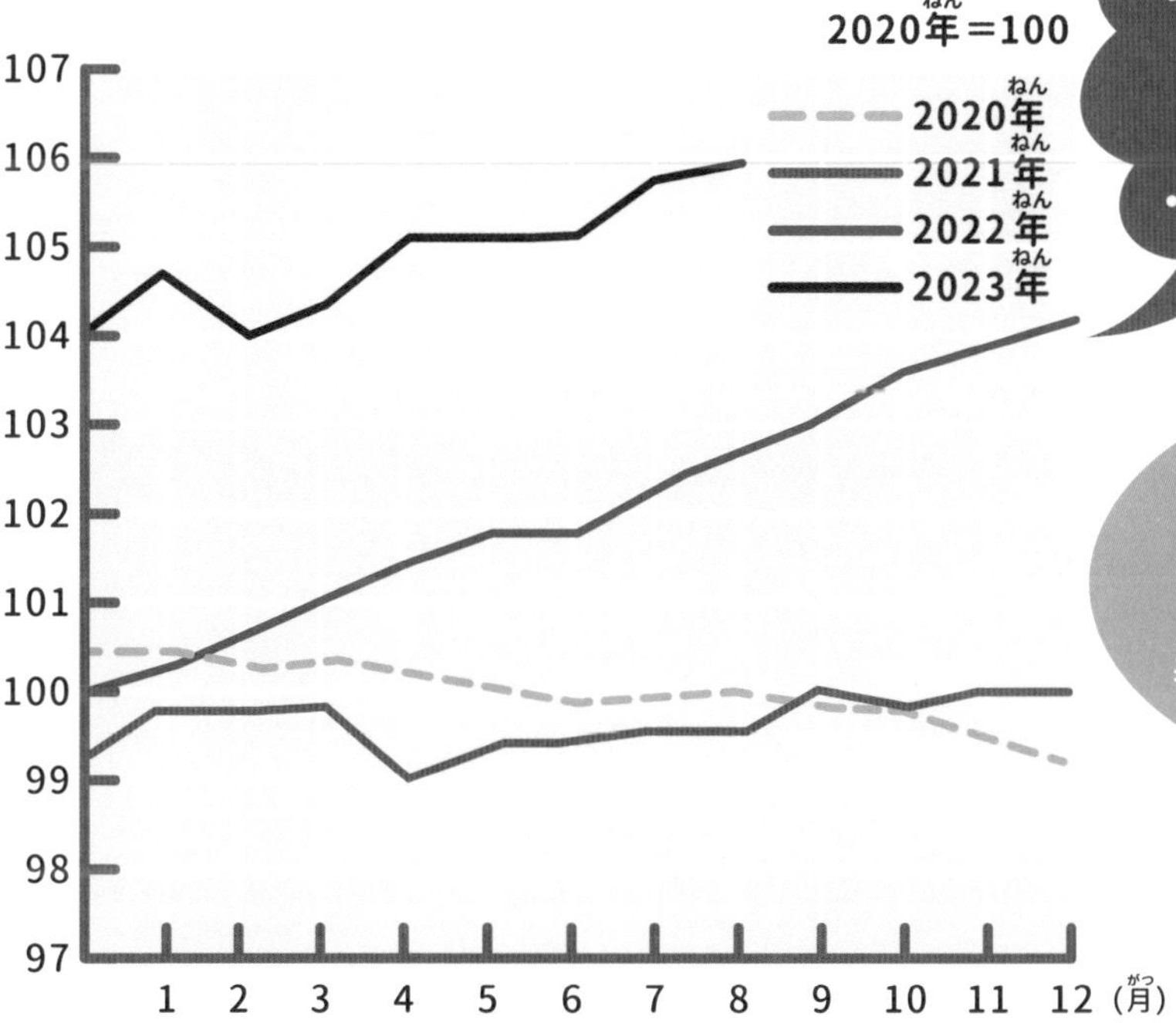
2020年《ねん》＝100
107
106
105
104
103
102
101
100
99
98
97
1
2
3
4
5
6
7
8
9
10
11
12
(月《がつ》)
2020年《ねん》
2021年《ねん》
2022年《ねん》
2023年《ねん》

・2020年《ねん》を 100 として、2023 年《ねん》8 月分《がつぶん》(全国《ぜんこく》)では、105.9
・前年同月比《ぜんねんどうげつひ》 3.2%上昇《じょうしょう》

(出典《しゅってん》) 総務省統計局《そうむしょうとうけいきょく》「消費者物価指数《しょうひしゃぶっかしすう》（CPI《シーピーアイ》）」（https://www.stat.go.jp/data/cpi/）
「2020 年基準《ねんきじゅん》　消費者物価指数《しょうひしゃぶっかしすう》　全国《ぜんこく》　2023 年《ねん》（令和《れいわ》5 年《ねん》）10 月分《がつぶん》」をもとに作成《さくせい》

消費者物価指数《しょうひしゃぶっかしすう》が
上《あ》がると消費支出《しょうひししゅつ》も上《あ》がる
ということで、
収入《しゅうにゅう》が増《ふ》えないと家計《かけい》が
苦《くる》しくなるということだね……。

アメリカの雇用統計《こようとうけい》

アメリカでは、毎月《まいつき》の雇用動向《こようどうこう》を、通常《つうじょう》、翌月《よくげつ》の第《だい》１金曜日《きんようび》に公表《こうひょう》します。アメリカ経済《けいざい》は世界《せかい》のＧＤＰ《ジーディーピー》の４分《ぶん》の１をしめるため、その動向《どうこう》が世界経済《せかいけいざい》に大《おお》きく影響《えいきょう》します。雇用統計《こようとうけい》のうち、特《とく》に「非農業部門雇用者数《ひのうぎょうぶもんこようしゃすう》」「失業率《しつぎょうりつ》」の項目《こうもく》が注目《ちゅうもく》されます。それは、「働《はたら》いている人《ひと》が減《へ》る＝所得《しょとく》のある人《ひと》が減《へ》る＝不景気《ふけいき》になる」と予想《よそう》されるからです。この指標《しひょう》はアメリカ連邦準備制度理事会《れんぽうじゅんびせいどりじかい》（ＦＲＢ《エフアールビー》）の経済政策《けいざいせいさく》の変更《へんこう》にも、影響《えいきょう》を与《あた》えます。また、株式《かぶしき》や為替《かわせ》など世界《せかい》のあらゆる市場《しじょう》が影響《えいきょう》を受《う》けます。

どこが
発表《はっぴょう》しているの?

アメリカの労働省統計局《ろうどうしょうとうけいきょく》

★アメリカ失業率《しつぎょうりつ》の推移《すいい》

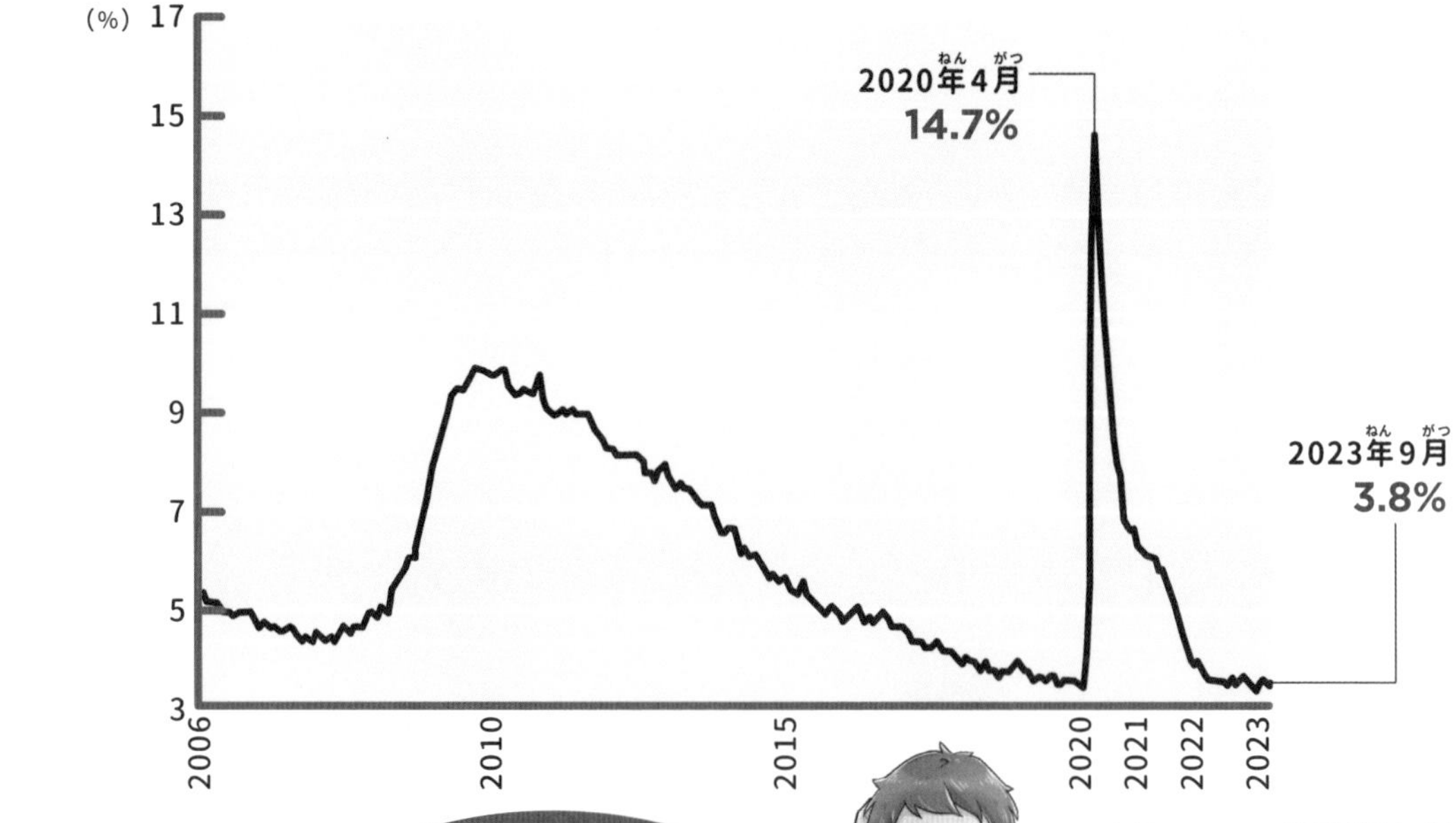
(%)
17
15
13
11
9
7
5
3
2020年《ねん》4月《がつ》
14.7%
2023年《ねん》9月《がつ》
3.8%
2006
2010
2015
2020
2021
2022
2023

（出典《しゅってん》）アメリカ労働統計局《ろうどうとうけいきょく》（ＢＬＳ《ビーエルエス》）
（https://www.bls.gov/）
「失業率《しつぎょうりつ》（データ抽出日《ちゅうしゅつび》 2023 年《ねん》 10 月《つき》）」
をもとに作成《さくせい》

一国《いっこく》の経済指標《けいざいしひょう》が
世界経済《せかいけいざい》に影響《えいきょう》するなんて、
アメリカは経済大国《けいざいたいこく》なんだね。

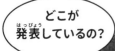

MONEY

6章

これからのお金《かね》の使《つか》い方《かた》について考《かんが》えてみよう

前章《ぜんしょう》までで、 お金《かね》についていろいろな知識《ちしき》や視点《してん》を身《み》につけてきましたね。
そのうえで、 改《あらた》めてこれからどのような
お金《かね》の使《つか》い方《かた》をしていったらいいかを考《かんが》えていきましょう。

※この章《しょう》のおこづかいの使《つか》い方《かた》では、「貯蓄《ちょちく》」について「貯金《ちょきん》」という言葉《ことば》を使《つか》っています。

今日《きょう》の特別授業《とくべつじゅぎょう》のテーマは…
「お金とのつき合い方について考える」
さあ　みんなどんなつき合《あ》い方《かた》をしているかな？
無駄《むだ》づかいをしない！
そうだねお金《かね》は限《かぎ》りがあるから無駄《むだ》に使《つか》うのはもったいないよね
じゃあどういう使《つか》い方《かた》だと無駄《むだ》づかいだと思《おも》う？
推《お》しグッズをたくさん買《か》ってしまうとか？
え～私《わたし》は推《お》しグッズは必需品《ひつじゅひん》！
無駄《むだ》じゃなーい！
生活《せいかつ》に必要《ひつよう》かどうかで考《かんが》えるのかなぁ？
趣味《しゅみ》も生活《せいかつ》の一部《いちぶ》じゃない？

のムダ遣いって？
それぞれ意見《いけん》が分《わ》かれるよね
このようにお金《かね》の使《つか》い方《かた》は人《ひと》それぞれで
ひとつの正解《せいかい》があるわけではないのです
え？コレっていう正解《せいかい》はないの？
でも　まちがった使《つか》い方《かた》はある気《き》がする…
じゃあ質問《しつもん》を変《か》えるね
みんなはこの先《さき》どういう生《い》き方《かた》をしていきたい？

お金《かね》の使《つか》い方《かた》に正解《せいかい》はない

お金《かね》の使《つか》い方《かた》は人《ひと》それぞれ

フリーランスのライター
プロ野球選手《やきゅうせんしゅ》

仕事《しごと》が忙《いそが》しくて、お金《かね》を使《つか》っている時間《じかん》があまりありません。でも、仕事《しごと》はやりがいがあるから今《いま》の生活《せいかつ》に不満《ふまん》もありません。お金《かね》をかけたい趣味《しゅみ》も興味《きょうみ》も今《いま》はないから、何《なに》かやりたいことができたときのために今《いま》は貯蓄《ちょちく》をしています。

好《す》きな野球《やきゅう》だけ一生懸命《いっしょうけんめい》にやっていたら、いつの間《ま》にか○億円《おくえん》プレーヤーに。野球《やきゅう》より好《す》きなことがないから、お金《かね》は身体《からだ》づくりのための食事《しょくじ》やトレーニングに使《つか》っています。

無駄《むだ》づかいをしたらいけないとか、
貯金《ちょきん》をしなさいとかいわれるけど
お金《かね》の使《つか》い方《かた》に正解《せいかい》はあるの？

みんなに共通《きょうつう》する正解《せいかい》はないけれど、失敗《しっぱい》は共通《きょうつう》している

お金《かね》をどう使《つか》うかは、人《ひと》それぞれ価値観《かちかん》が異《こと》なるため、全員《ぜんいん》に共通《きょうつう》する「正解《せいかい》」はありません。

ただし、反対《はんたい》の「失敗《しっぱい》」は共通《きょうつう》しています。それは、後悔《こうかい》することです。せっかくお金《かね》を使《つか》ったのに、「使《つか》わなければよかった」と思《おも》うのは、お金《かね》の使《つか》い方《かた》としては失敗《しっぱい》といえるかもしれません。

どうしたら後悔《こうかい》せずにすむのかというと、やはり自分《じぶん》が何《なに》を大事《だいじ》にして価値《かち》あるものと考《かんが》えているかを知《し》っておくことでしょう。自分《じぶん》が価値《かち》を感《かん》じるものを知《し》って、それにお金《かね》を使《つか》っていれば、大《おお》きな「効用《こうよう》」

漫画《まんが》好《ず》きな人《ひと》

毎月《まいつき》もらっているおこづかいは、好《す》きな週刊漫画雑誌《しゅうかんまんがざっし》の定期《ていき》購読《こうどく》に消《き》えていきます。一気《いっき》におこづかいがなくなっても、楽《たの》しみにしている連載漫画《れんさいまんが》を読《よ》むためだから惜《お》しくないです！

おしゃれ好《ず》きな人《ひと》

好《す》きな洋服《ようふく》のブランドがあって、働《はたら》いたお金《かね》は洋服《ようふく》にかけてます。好《す》きなファッションをしている自分《じぶん》が大好《だいす》きで、身《み》につけていると自信《じしん》とパワーがわいてきます！

孫《まご》がいる年金受給者《ねんきんじゅきゅうしゃ》

年金《ねんきん》から、たまに遊《あそ》びに来《き》てくれる孫《まご》におこづかいをあげています。孫《まご》が喜《よろこ》ぶ顔《かお》を見《み》るのがうれしくて。この子《こ》は、どんな使《つか》い方《かた》をしてくれるかなー？

を得《え》られます。だれかがいう「正解《せいかい》」をただ聞《き》いていては満足感《まんぞくかん》を得《え》ることはできません。

とはいうものの、もしかしたらみなさんはおうちの人《ひと》に「その使《つか》い方《かた》はダメよ！」など、特《とく》にお年玉《としだま》など金額《きんがく》の大《おお》きなお金《かね》の使《つか》い方《かた》を管理《かんり》されているかもしれません。

おうちの人《ひと》には、未成年者《みせいねんしゃ》の財産《ざいさん》を管理《かんり》する義務《ぎむ》があります。18歳《さい》になって成人《せいじん》したときに、みなさんが自分《じぶん》で正《ただ》しくお金《かね》を使《つか》っていけるよう、今《いま》はまだおうちの人《ひと》が使《つか》い方《かた》について教《おし》えている最中《さいちゅう》です。本当《ほんとう》にほしいものがあるのであれば、おうちの人《ひと》と話《はな》し合《あ》いながら、自分《じぶん》にとってのよいお金《かね》の使《つか》い方《かた》ができる大人《おとな》を目指《めざ》しましょう。

MONEY

自《じ》分《ぶん》で選《せん》択《たく》することが大《だい》事《じ》

違《ちが》いはどこにあるかな？

自分《じぶん》に問《と》いかけてみよう

これは本当《ほんとう》に
自分《じぶん》がほしいもの？
広告《こうこく》や友《とも》だちの
意見《いけん》じゃない？
これを買《か》ったら、
その満足感《まんぞくかん》は
どのくらいの期間《きかん》
続《つづ》くかな？
この金額《きんがく》で、
買《か》えるものは他《ほか》に
何《なに》があるかな？
ここでこのお金《かね》を
使《つか》ったら、後《あと》で
買《か》えなくなる
ものは何《なに》？
今日《きょう》、すぐに
必要《ひつよう》なものかな？
後《あと》でも
いいものかな？

eTALK

結局《けっきょく》 A《エー》くんも、B《ビー》くんも、最初《さいしょ》にほしかったゲームソフトじゃないものを買《か》っているよね。

でも、A《エー》くんは、「いいな」と思《おも》ったらすぐ買《か》ってるけど、B《ビー》くんは買《か》う前《まえ》にちゃんと考《かんが》えているかも。

そうだね。自分《じぶん》を満足《まんぞく》させる使《つか》い方《かた》につながるのは、自分《じぶん》の頭《あたま》と心《こころ》にちゃんと問《と》いかけて納得《なっとく》したうえで使《つか》うことだね。

自分《じぶん》に問《と》いかけて納得《なっとく》するものを選《えら》ぼう

お金《かね》の使《つか》い方《かた》に正解《せいかい》はないので、いらないものを買《か》ってしまって後悔《こうかい》するのも本人《ほんにん》の自由《じゆう》かもしれません。ですが、お金《かね》の使《つか》い方《かた》次第《しだい》で人生《じんせい》や心《こころ》は豊《ゆた》かになるもの。この章《しょう》ではそのための知識《ちしき》やヒントをいくつか紹介《しょうかい》していきます。

まず、大事《だいじ》なのはお金《かね》を使《つか》う前《まえ》に自分《じぶん》の頭《あたま》と心《こころ》に問《と》いかけてみること。A《エー》くんのように1回《かい》も立《た》ち止《ど》まらずに、お金《かね》を使《つか》うのは「衝動買《しょうどうか》い」といいます。直感《ちょっかん》を信《しん》じてよかったというときもあるかもしれませんが、「衝動買《しょうどうか》い」は後悔《こうかい》を生《う》みがちです。お金《かね》を使《つか》うときには、1回《かい》立《た》ち止《ど》まって考《かんが》えるという習慣《しゅうかん》つけるとよいでしょう。

自分《じぶん》で考《かんが》えて納得《なっとく》した買《か》い物《もの》であれば、後悔《こうかい》も少《すく》なく自分《じぶん》で選《えら》べたという満足感《まんぞくかん》も大《おお》きくなります。

お金《かね》と人生《じんせい》の満足度《まんぞくど》について考《かんが》えてみよう

Q. 人生《じんせい》の目的《もくてき》は何《なに》？

A《エー》さん

人生《じんせい》の目的《もくてき》

お金持《かねも》ちになること

収入《しゅうにゅう》の高《たか》い仕事《しごと》に就《つ》くために、就職《しゅうしょく》に有利《ゆうり》な学校《がっこう》に進学《しんがく》。

人気《にんき》の大手《おおて》総合商社《そうごうしょうしゃ》に就職《しゅうしょく》。忙《いそが》しく世界中《せかいじゅう》を飛《と》び回《まわ》る仕事《しごと》はやりがいがあり、年収《ねんしゅう》は30歳《さい》で1000万円《まんえん》を超《こ》えました。

スタート

B《ビー》さん

人生《じんせい》の目的《もくてき》

楽《たの》しいゲームを作《つく》り、世《よ》の中《なか》に提供《ていきょう》すること

ゲームが好《す》きで、自分《じぶん》でゲームを作《つく》りたいと考《かんが》え、専門学校《せんもんがっこう》に進学《しんがく》。

ゲームメーカーに就職《しゅうしょく》し、ゲームクリエイターとして開発《かいはつ》などのスキルをみがいていきます。

お金《かね》はないよりもあったほうがいいと思《おも》うから、お金持《かねも》ちにはなりたいけど……。

「お金持《かねも》ち」になることが人生《じんせい》のゴールになりえる？

「お金持《かねも》ちになりたくない」という人《ひと》は少《すく》ないでしょうが、人生《じんせい》の目的《もくてき》が「お金持《かねも》ちになること」だったらどうでしょう。

お金《かね》を重視《じゅうし》して高収入《こうしゅうにゅう》が得《え》られる仕事《しごと》に就《つ》いたとして、自分《じぶん》がやりたいこととは違《ちが》ったり、働《はたら》いていてやりがいや楽《たの》しさを感《かん》じられなかったりすると、働《はたら》くのがつらくなるかもしれません。

お金《かね》はないと生《い》きてはいけませんが、たくさん持《も》つことに意味《いみ》があるのではなく、使《つか》ってこそ満足感《まんぞくかん》が得《え》られます。自分《じぶん》の好《す》きなことややりたいことと、収入《しゅうにゅう》とのバランスを考《かんが》えていけるといいですね。

考《かんが》えてみよう！

どっちの人生《じんせい》のほうが満足度《まんぞくど》が高《たか》い？

どっちも夢《ゆめ》を叶《かな》えているんだけど、私《わたし》がA《エー》さんだったら、お金《かね》持《も》ちになった後《あと》、何《なに》をすればいいのかわからなくて生《い》き方《かた》に迷《まよ》いそうな気《き》がする。

B《ビー》さんは社長《しゃちょう》になって大変《たいへん》なこともありそうだけど、ずーっと好《す》きなゲームにたずさわることができているからいいよね。

A《エー》さんもB《ビー》さんも、結局《けっきょく》お金《かね》持《も》ちになったけど、この先《さき》もずーっとそうとは限《かぎ》らないよ。今《いま》あるお金《かね》を失《うしな》ったとき、それでもがんばろうと思《おも》えるのはどっちかなあ？

お金《かね》持《も》ちになるという夢《ゆめ》を叶《かな》えるために、資産運用《しさんうんよう》にはげみました。

早期《そうき》リタイアをし、さらに退職金《たいしょくきん》を資産運用《しさんうんよう》に回《まわ》すなどして億《おく》り人《びと》に。お金《かね》持《も》ちになるという夢《ゆめ》が叶《かな》いました。

ゴール

独立《どくりつ》して小《ちい》さなゲーム会《がい》社《しゃ》を作《つく》りました。なかなかヒットが生《う》まれず苦労《くろう》しましたが、少《すこ》しずつ人《にん》気《き》ゲームを出《だ》せるようになり、会社《かいしゃ》の規模《きぼ》も大《おお》きくなっていきました。

ゲーム開発
社長

ゲーム会社《がいしゃ》の社長《しゃちょう》になり、楽《たの》しいゲームをたくさん作《つく》って会社《かいしゃ》は成功《せいこう》。結果《けっか》としてお金《かね》持《も》ちになりました。

年収《ねんしゅう》と満足度《まんぞくど》の関係《かんけい》

内閣府《ないかくふ》の調査《ちょうさ》によると、生活《せいかつ》の満《まん》足度《ぞくど》を10点満点《てんまんてん》としたとき、右《みぎ》の図《ず》のように世帯年収《せたいねんしゅう》が上《あ》がるほどに生活《せいかつ》の満足度《まんぞくど》は上《あ》がっていきますが、3000万円《まんえん》を超《こ》えると逆《ぎゃく》に下《さ》がっていきます。ある程度《ていど》の収入《しゅうにゅう》は生活《せいかつ》の満足《まんぞく》のためには必要《ひつよう》ですが、年収《ねんしゅう》が上《あ》がれば上《あ》がるほど満足度《まんぞくど》も上《あ》がるとは限《かぎ》らないということがわかります。

世帯年収《せたいねんしゅう》と生活全般《せいかつぜんぱん》の満足度《まんぞくど》

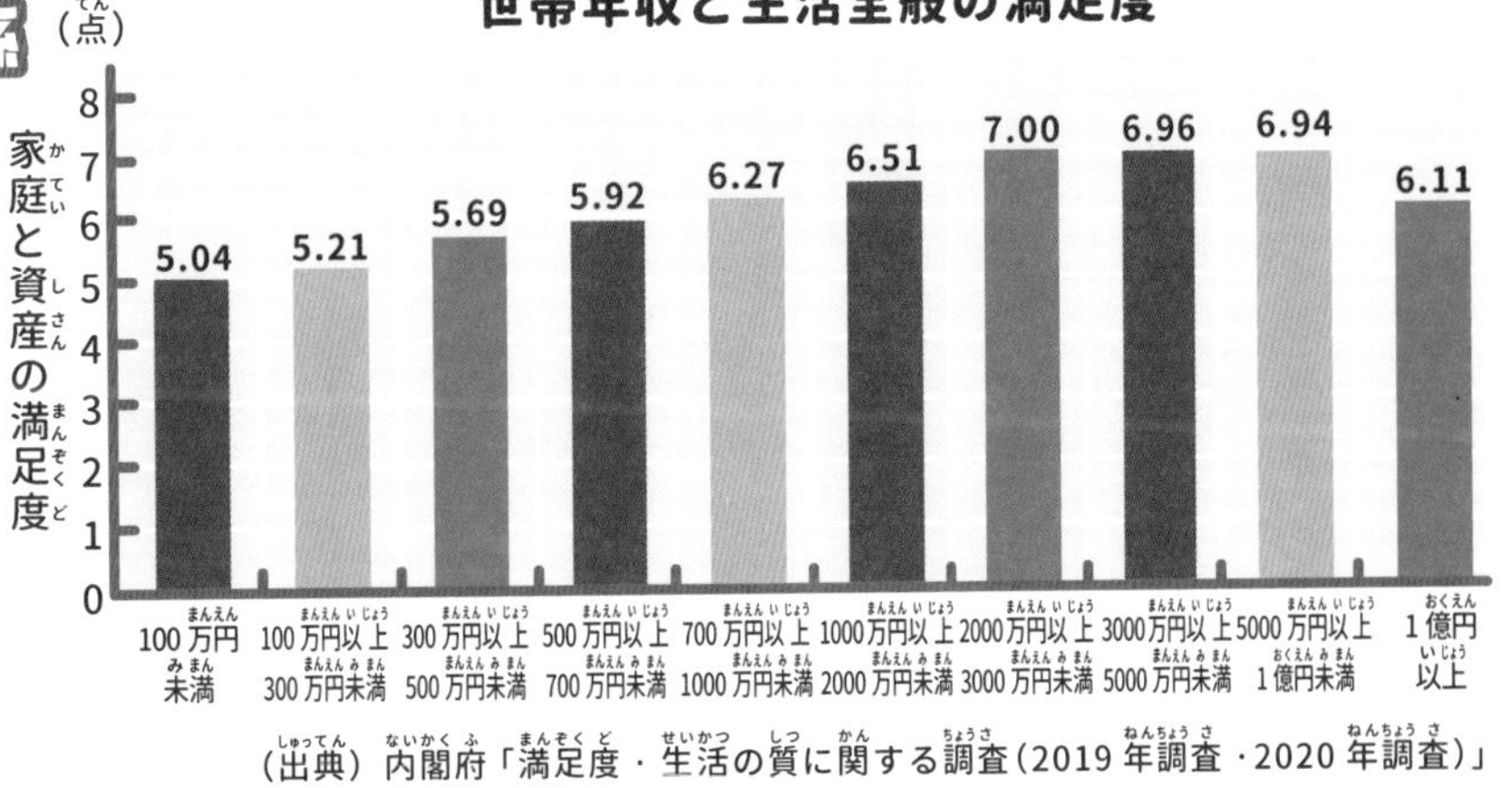
（点《てん》）
家《か》庭《てい》と資《し》産《さん》の満《まん》足《ぞく》度《ど》
8
7
6
5
4
3
2
1
0
5.04
5.21
5.69
5.92
6.27
6.51
7.00
6.96
6.94
6.11
100万円《まんえん》未満《みまん》
100万円以上《まんえんいじょう》300万円未満《まんえんみまん》
300万円以上《まんえんいじょう》500万円未満《まんえんみまん》
500万円以上《まんえんいじょう》700万円未満《まんえんみまん》
700万円以上《まんえんいじょう》1000万円未満《まんえんみまん》
1000万円以上《まんえんいじょう》2000万円未満《まんえんみまん》
2000万円以上《まんえんいじょう》3000万円未満《まんえんみまん》
3000万円以上《まんえんいじょう》5000万円未満《まんえんみまん》
5000万円以上《まんえんいじょう》1億円未満《おくえんみまん》
1億円《おくえん》以上《いじょう》

（出典《しゅってん》）内閣府《ないかくふ》「満足度《まんぞくど》・生活《せいかつ》の質《しつ》に関《かん》する調査《ちょうさ》（2019年調査《ねんちょうさ》・2020年調査《ねんちょうさ》）」

ライフステージとお金《かね》の関係《かんけい》

お金《かね》との関《かか》わり方《かた》は年齢《ねんれい》によって変《か》わる

どのようにお金《かね》が入《はい》ってくるのか、また、何《なに》に出費《しゅっぴ》するかは、年齢《ねんれい》によって変《か》わってきます。

ライフステージごとにお金《かね》の出入《でい》りが変《か》わる

小学生《しょうがくせい》や中学生《ちゅうがくせい》のみなさんは、使《つか》えるお金《かね》はおこづかいの範囲内《はんいない》という人《ひと》がほとんどでしょう。そのおこづかいは、おうちの人《ひと》からもらっているものだと思《おも》います。生《う》まれてから社会《しゃかい》に出《で》て働《はたら》くまでは、みなさん、おうちの人《ひと》のお金《かね》で「扶養《ふよう》」*1されています。

そして、18歳《さい》になったら成人《せいじん》としてさまざまな契約《けいやく》が自分《じぶん》の意思《いし》でできるようになります。クレジットカードも作《つく》れるようになりますが、自分《じぶん》の収入《しゅうにゅう》に見合《みあ》うよう利用額《りようがく》などは考《かんが》えて使《つか》う必要《ひつよう》があります。

社会人《しゃかいじん》になったら、仕事《しごと》に対《たい》して

養《やしな》ってもらう時期《じき》

生《う》まれてから社会《しゃかい》に出《で》て自分《じぶん》で収入《しゅうにゅう》を得《え》るまでは、保護者《ほごしゃ》に養《やしな》ってもらいます。生《う》まれるときには出産費用《しゅっさんひよう》がかかり、その後《ご》の子育《こそだ》て費用《ひよう》も各家庭《かくかてい》でまかないます。

保育園《ほいくえん》や幼稚園《ようちえん》に通《かよ》う場合《ばあい》はその費用《ひよう》がかかります。就学年齢《しゅうがくねんれい》になったら、選《えら》ぶ学校《がっこう》によってかかる教育費《きょういくひ》が変《か》わってきます(→ p.241)。小学校《しょうがっこう》、中学校《ちゅうがっこう》は義務教育《ぎむきょういく》なので、公立《こうりつ》の学校《がっこう》に通《かよ》う場合《ばあい》は授業料《じゅぎょうりょう》などは税金《ぜいきん》で払《はら》われます。

＊1 扶養《ふよう》……自身《じしん》で生計《せいけい》が立《た》てられない家族《かぞく》などに対《たい》して、経済的《けいざいてき》に援助《えんじょ》し養《やしな》うこと。

自立《じりつ》の時期《じき》

学校卒業後《がっこうそつぎょうご》は、社会《しゃかい》に出《で》て働《はたら》いて収入《しゅうにゅう》を得《え》ることができるようになります。自分《じぶん》の生活《せいかつ》を自分《じぶん》が稼《かせ》いだお金《かね》でまかなうようになり、経済的《けいざいてき》に自立《じりつ》する時期《じき》になります。

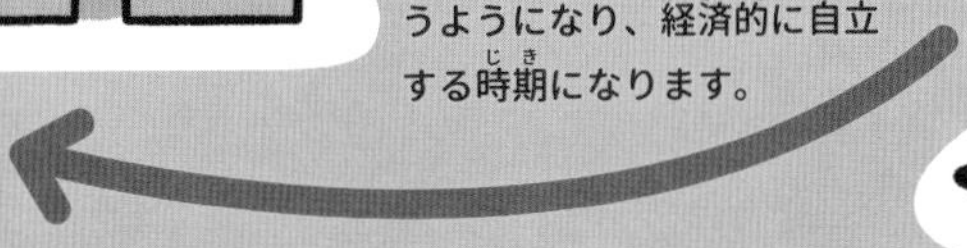

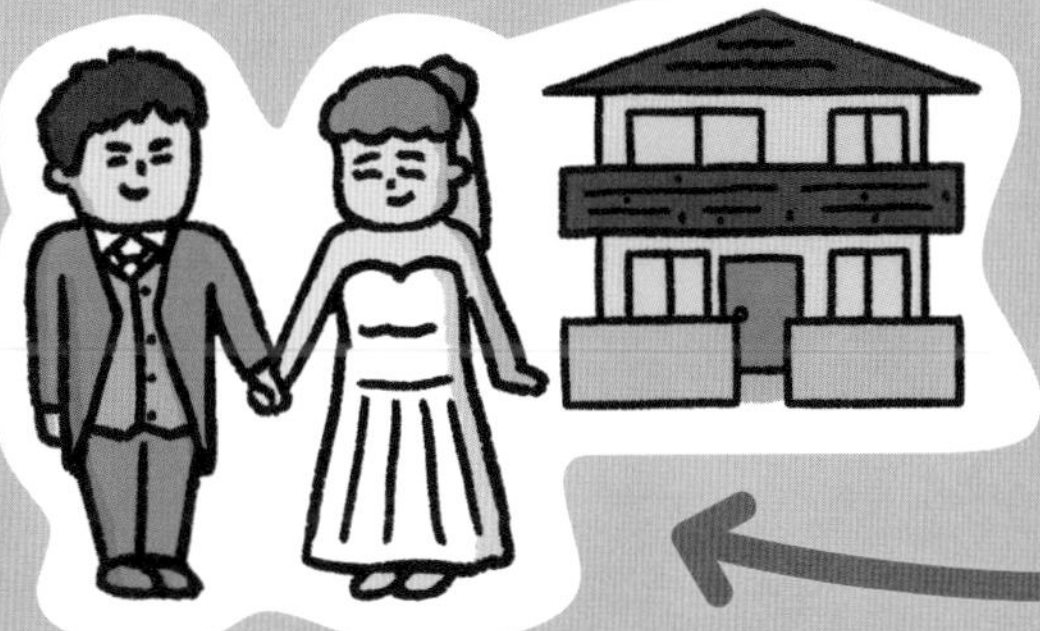

どこに住《す》むか、家庭《かてい》をもつかもたないかなど、生活《せいかつ》スタイルや生《い》き方《かた》の選択《せんたく》によって出費《しゅっぴ》などが異《こと》なります。住宅購入《じゅうたくこうにゅう》といった大《おお》きな買《か》い物《もの》をするために、ローンを組《く》む人《ひと》もいます（→ p.242）。

養《やしな》う時期《じき》

子《こ》どもがいる場合《ばあい》はその子《こ》どもが自立《じりつ》するまで養育費《よういくひ》がかかります。子《こ》どもの人数《にんずう》や、教育費《きょういくひ》にどのくらいかけるかなどでかかる金額《きんがく》が変《か》わってきます。

年金《ねんきん》と貯蓄《ちょちく》でやりくりする時期《じき》

子《こ》どもが自立《じりつ》し、仕事《しごと》を引退《いんたい》した後《あと》は、年金《ねんきん》とそれまでの貯蓄《ちょちく》を生活費《せいかつひ》として使《つか》っていきます（→ p.243)。最近《さいきん》は、老後《ろうご》も健康《けんこう》なうちは働《はたら》く人《ひと》が増《ふ》えています。

お給料《きゅうりょう》をもらいます。経済的《けいざいてき》にも自立《じりつ》をする時期《じき》なので、家計《かけい》の管理《かんり》もしっかりできるようになっておきたいですね。

社会《しゃかい》に出《で》ると、職業《しょくぎょう》によって収入《しゅうにゅう》に差《さ》が出《で》たり、結婚《けっこん》や住宅《じゅうたく》の購入《こうにゅう》など人生《じんせい》の選択《せんたく》によって出費《しゅっぴ》が人《ひと》それぞれ違《ちが》ってきたりします。子《こ》どもができたら、子《こ》どもを養《やしな》うお金《かね》が必要《ひつよう》です。

老後《ろうご》は年金《ねんきん》を受給《じゅきゅう》する一方《いっぽう》で、さまざまな理由《りゆう》から働《はたら》き続《つづ》ける人《ひと》がいます。65歳以上《さいいじょう》の高齢者《こうれいしゃ》が働《はたら》く割合《わりあい》は25・1％＊2です。

eTALK

私《わたし》たちが生《う》まれてからここまで成長《せいちょう》する間《あいだ》に、どのくらいのお金《かね》がかかったのかな？

通《かよ》う学校《がっこう》によっても異《こと》なりますが、高校卒業《こうこうそつぎょう》までに教育費《きょういくひ》以外《いがい》も含《ふく》めると、およそ2500万円《まんえん》から3000万円《まんえん》以上《いじょう》ともいわれています。

（出典《しゅってん》）＊2 総務省統計局《そうむしょうとうけいきょく》ホームページ 「労働力調査《ろうどうりょくちょうさ》 2021 基本集計《きほんしゅうけい》」
https://www.stat.go.jp/data/topics/topi1322.html#:~:text=

MONEY

人生《じんせい》の選択《せんたく》とお金《かね》

どんな人生《じんせい》を歩《あゆ》むかによってお金《かね》のかかり方《かた》が変《か》わる

生《い》きていくにはお金《かね》がかかり、入《はい》るお金《かね》と出《で》ていくお金《かね》は年齢《ねんれい》やライフスタイルにより変《か》わってきます。まずは、自分《じぶん》の人生《じんせい》において「いつ」「どんなお金《かね》がかかるか」を知《し》り、それに対《たい》して自分《じぶん》はどの程度《ていど》の費用《ひよう》をかけるかを考《かんが》え、計画的《けいかくてき》にお金《かね》を用意《ようい》していく必要《ひつよう》があります。

特《とく》に「三大費用《さんだいひよう》」といわれる「教育《きょういく》」「住宅《じゅうたく》」「老後《ろうご》」にかかるお金《かね》は、何千万円単位《なんぜんまんえんたんい》という大《おお》きな支出《ししゅつ》になります。人生《じんせい》には大《おお》きなお金《かね》が必要《ひつよう》になることがあり、選《えら》び方《かた》によってお金《かね》のかかり方《かた》が変《か》わってくることを覚《おぼ》えておきましょう。

たとえば

大学《だいがく》に行《い》くor行《い》かないをお金《かね》で比《くら》べてみると

大学《だいがく》に行《い》く

国立大学《こくりつだいがく》の1年間《ねんかん》の授業料《じゅぎょうりょう》は53万《まん》5800円《えん》（標準額《ひょうじゅんがく》）、私立大学《しりつだいがく》の授業料《じゅぎょうりょう》は平均《へいきん》93万《まん》943円《えん》。

（出典《しゅってん》）文部科学省《もんぶかがくしょう》
「国公私立大学《こっこうしりつだいがく》の授業料等《じゅぎょうりょうとう》の推移《すいい》」（2021年《ねん》）
（https://www.mext.go.jp/）

大学《だいがく》に行《い》かない

生涯賃金《しょうがいちんぎん》で比《くら》べると高校卒男性《こうこうそつだんせい》2億《おく》500万《まん》円《えん》、高校卒女性《こうこうそつじょせい》1億《おく》4960万円《まんえん》、大学《だいがく》・大学院卒男性《だいがくいんそつだんせい》2億《おく》6190万円《まんえん》、大学《だいがく》・大学院卒女性《だいがくいんそつじょせい》2億《おく》1240万円《まんえん》※。

（出典《しゅってん》）独立行政法人労働政策研究《どくりつぎょうせいほうじんろうどうせいさくけんきゅう》・研修機構《けんしゅうきこう》
「ユースフル労働統計《ろうどうとうけい》2022」
※学校《がっこう》を卒業《そつぎょう》しただちに就職《しゅうしょく》、60歳《さい》で退職《たいしょく》するまでフルタイムの正社員《せいしゃいん》を続《つづ》ける場合《ばあい》。退職金《たいしょくきん》を含《ふく》めない。（2020年《ねん》）

人生《じんせい》に関《かか》わる選択《せんたく》は、
お金《かね》のことも含《ふく》めて
よく調《しら》べたうえで決断《けつだん》して
いくようにしましょう。

三大費用《さんだいひよう》 (1) 教育《きょういく》

子《こ》どもにかかる学習費《がくしゅうひ》

※学習費《がくしゅうひ》には、入学金《にゅうがくきん》、授業料《じゅぎょうりょう》の他《ほか》に、通学費《つうがくひ》や制服《せいふく》、学習塾費《がくしゅうじゅくひ》や習《なら》い事《ごと》などの費用《ひよう》を含《ふく》む。

幼稚園《ようちえん》3歳《さい》から高等学校《こうとうがっこう》3年生《ねんせい》までの総額《そうがく》

単位《たんい》：円《えん》

区分《くぶん》	幼稚園《ようちえん》	小学校《しょうがっこう》	中学校《ちゅうがっこう》	高等学校《こうとうがっこう》	合計《ごうけい》
すべて公立《こうりつ》	（公立《こうりつ》） 47万《まん》2746 （私立《しりつ》） 92万《まん》4636	（公立《こうりつ》） 211万《まん》2022 （私立《しりつ》） 999万《まん》9660	（公立《こうりつ》） 161万《まん》6317 （私立《しりつ》） 430万《まん》3805	（公立《こうりつ》） 154万《まん》3116 （私立《しりつ》） 315万《まん》6491	574万《まん》4201
幼稚園《ようちえん》だけ私立《しりつ》					619万《まん》6091
高等学校《こうとうがっこう》だけ私立《しりつ》					735万《まん》7486
幼稚園《ようちえん》・高等学校《こうとうがっこう》が私立《しりつ》					780万《まん》9376
小学校《しょうがっこう》だけ公立《こうりつ》					1049万《まん》6864
すべて私立《しりつ》					1838万《まん》4502

（出典《しゅってん》）文部科学省《もんぶかがくしょう》　https://www.mext.go.jp/index.htm「令和《れいわ》3年度《ねんど》子供《こども》の学習費調査《がくしゅうひちょうさ》」をもとに作成《さくせい》

大学《だいがく》（昼間部《ちゅうかんぶ》）1年間《ねんかん》の学費《がくひ》

単位《たんい》：円《えん》

国立《こくりつ》	59万《まん》2000
公立《こうりつ》	60万《まん》5000
私立《しりつ》	131万《まん》700

（出典《しゅってん》）
「令和《れいわ》2年度《ねんど》学生生活調査《がくせいせいかつちょうさ》」（日本学生支援機構《にほんがくせいしえんきこう》）
（https://www.jasso.go.jp/statistics/gakusei_chosa/2020.html）
※修学費《しゅうがくひ》、課外活動費《かがいかつどうひ》、通学費《つうがくひ》などの費用《ひよう》を含《ふく》む。

子育《こそだ》てには費用《ひよう》がかかります。中《なか》でも教育費《きょういくひ》には大《おお》きな金額《きんがく》がかかることがあり、「選択《せんたく》」によってその金額《きんがく》は変《か》わってきます。国《くに》や地方自治体《ちほうじちたい》が運営《うんえい》する「公立《こうりつ》」に通《かよ》った場合《ばあい》は税金《ぜいきん》が使《つか》われるため家計《かけい》の負担《ふたん》はある程度《ていど》小《ち》さくなりますが、「私立《しりつ》」に通《かよ》った場合《ばあい》は家計《かけい》の負担《ふたん》が大《おお》きくなります。

※授業料《じゅぎょうりょう》などについては、無償化《むしょうか》の検討《けんとう》が進《すす》んでいます（2023年《ねん》12月現在《がつげんざい》）。

奨学金《しょうがくきん》を借《か》りて大学《だいがく》に行《い》くこともある

大学進学《だいがくしんがく》にかかるお金《かね》を奨学金《しょうがくきん》という形《かたち》で借《か》りることもあります。奨学金《しょうがくきん》には、給付型《きゅうふがた》で返済《へんさい》が不要《ふよう》なもの、貸与型《たいよがた》で無利子《むりし》のもの、利子《りし》がつくものの3種類《しゅるい》があります。貸与型《たいよがた》は大学《だいがく》を出《で》て働《はたら》いてから自分《じぶん》で返《かえ》すものなので、きちんと返《かえ》すことができるかどうか自分《じぶん》で判断《はんだん》しましょう。

250万円借《まんえんか》りた場合《ばあい》（独立行政法人日本学生支援機構第二種奨学金《どくりつぎょうせいほうじんにっぽんがくせいしえんきこうだいにしゅしょうがくきん》を利用《りよう》）

貸与利率《たいよりりつ》	返還総額《へんかんそうがく》	返還回数《へんかんかいすう》	毎月《まいつき》の返還額《へんかんがく》
0.905%※	約《やく》268万《まん》6000円《えん》	180回《かい》（15年《ねん》）	約《やく》1万《まん》5000円《えん》

※令和《れいわ》4年《ねん》3月中《がつちゅう》に貸与終了《たいよしゅうりょう》した場合《ばあい》の貸与利率《たいよりりつ》

三大費用《さんだいひよう》②　住宅《じゅうたく》

住宅《じゅうたく》は、買《か》う場合《ばあい》と借《か》りる場合《ばあい》が考《かんが》えられます。それぞれ住宅《じゅうたく》や住《す》む場所《ばしょ》の選《えら》び方《かた》によってかかるお金《かね》が変《か》わってきます。

一軒家《いっけんや》を購入《こうにゅう》する場合《ばあい》

土地代《とちだい》＋建物代《たてものだい》がかかる：土地購入資金《とちこうにゅうしきん》は全国平均《ぜんこくへいきん》で 1819 万円《まんえん》、三大都市圏平均《さんだいとしけんへいきん》で 2626 万円《まんえん》。注文住宅《ちゅうもんじゅうたく》の住宅建築資金《じゅうたくけんちくしきん》（土地購入《とちこうにゅう》資金《しきん》をのぞく）は全国平均《ぜんこくへいきん》で 3935 万円《まんえん》、三大都市圏《さんだいとしけん》で 4504 万円《まんえん》。*1

建物代《たてものだい》は、新築《しんちく》より中古《ちゅうこ》のほうが安《やす》い。

家《いえ》を買《か》った後《あと》も、修繕費《しゅうぜんひ》がかかる。

みんながほしがる土地《とち》なら売《う》ることができ、資産《しさん》になる。

マンションを購入《こうにゅう》する場合《ばあい》

便利《べんり》な場所《ばしょ》に建《た》っていて、セキュリティがしっかりしている物件《ぶっけん》が多《おお》い。

管理費《かんりひ》や修繕費積立金《しゅうぜんひつみたてきん》など購入後《こうにゅうご》もお金《かね》がかかる。

首都圏《しゅとけん》のマンションの平均価格《へいきんかかく》は1戸《こ》あたり6260万円《まんえん》（66.9㎡）。*2

みんながほしがる立地《りっち》のよい物件《ぶっけん》なら売《う》ることができ、資産《しさん》になる。

賃貸《ちんたい》の場合《ばあい》

住《す》む場所《ばしょ》や部屋《へや》のタイプにより家賃《やちん》は変《か》わるが、全国《ぜんこく》の平均家賃《へいきんやちん》は7万《まん》8069円《えん》（月額《げつがく》・延《の》べ床面積平均《ゆかめんせきへいきん》49㎡）*1。家賃《やちん》の他《ほか》に、共益費《きょうえきひ》や更新手数料《こうしんてすうりょう》などがかかる。

いろいろな場所《ばしょ》に住《す》みかえられる。

物件《ぶっけん》の維持費《いじひ》や修繕費《しゅうぜんひ》は大家《おおや》さんが払《はら》う。

（出典《しゅってん》）＊1 国土交通省住宅局《こくどこうつうしょうじゅうたくきょく》 「令和《れいわ》4年度《ねんど》 住宅市場動向調査報告書《じゅうたくしじょうどうこうちょうさほうこくしょ》」（https://www.mlit.go.jp/report/press/content/001610299.pdf）
＊2 国土交通省住宅局《こくどこうつうしょうじゅうたくきょく》 「令和《れいわ》4年度住宅経済関連《ねんどじゅうたくけいざいかんれん》データ」（https://www.mlit.go.jp/statistics/details/t-jutaku-2_tk_000002.html）

住宅《じゅうたく》を購入《こうにゅう》するときにはローンを組《く》むことが多《おお》い

一軒家《いちけんや》もマンションも、購入《こうにゅう》には何千万《なんぜんまん》という大金《たいきん》が必要《ひつよう》になります。そこで、多《おお》くの人《ひと》が住宅《じゅうたく》ローン（→ p.129）を組《く》みます。住宅《じゅうたく》ローンでお金《かね》を借《か》りれば、お金《かね》が貯《た》まるまで待《ま》たずに購入《こうにゅう》し住《す》むことができます。ただし、ローンを組《く》めるかどうかは厳《きび》しい審査《しんさ》があります。貯畜《ちょちく》からある程度《ていど》を頭金《あたまきん》として支払《しはら》うと、ローンの返済《へんさい》が楽《らく》になります。

5000万円《まんえん》の物件《ぶっけん》を30年《ねん》ローンで買《か》う場合《ばあい》（金利《きんり》2.5%）※

	頭金《あたまきん》なし	頭金《あたまきん》2割《わり》（1000万円《まんえん》）あり
借入額《かりいれがく》	5000万円《まんえん》	4000万円《まんえん》
総返済額《そうへんさいがく》	約《やく》7110万円《まんえん》	約《やく》5690万円《まんえん》
うち利息分《りそくぶん》	約《やく》2110万円《まんえん》	約《やく》1690万円《まんえん》
月々《つきづき》の返済額《へんさいがく》	約《やく》19万《まん》8000円《えん》	約《やく》15万《まん》9000円《えん》

※金利全期間固定《きんりぜんきかんこてい》、元利均等返済《がんりきんとうへんさい》、ボーナス時加算《じかさん》なしの場合《ばあい》

三大費用《さんだいひよう》(3) 老後《ろうご》

退職《たいしょく》してから亡《な》くなるまでの年数《ねんすう》によってかかる費用《ひよう》が変《か》わります。人《ひと》の寿命《じゅみょう》は予測《よそく》が不可能《ふかのう》であるため、老後《ろうご》に必要《ひつよう》な費用《ひよう》を計算《けいさん》するのは難《むずか》しいものです。年金《ねんきん》などもありますが、働《はたら》いているときに老後《ろうご》の備《そな》えをしておくことや、健康《けんこう》なうちはなるべく働《はたら》くといった対策《たいさく》が考《かんが》えられます。

公的老齢年金支給額《こうてきろうれいねんきんしきゅうがく》の例《れい》

2023年度《ねんど》 67歳以下《さいいか》の場合《ばあい》の年金額《ねんきんがく》の例《れい》

★夫婦《ふうふ》2人《ふたり》(自営業《じえいぎょう》)で国民年金《こくみんねんきん》(満額《まんがく》※)の場合《ばあい》

夫婦《ふうふ》2人《ふたり》で **13万《まん》2500円《えん》**

※満額《まんがく》の場合《ばあい》、ひとり当《あ》たり6万《まん》6250円《えん》

25万円《まんえん》の生活費《せいかつひ》にはだいぶ足《た》りない

年金《ねんきん》ってどのくらい
もらえるの？

たとえば、夫婦《ふうふ》2人《ふたり》で
月《つき》に25万円《まんえん》の生活費《せいかつひ》が
必要《ひつよう》だとすると…

★夫婦《ふうふ》2人《ふたり》(夫《おっと》は会社員《かいしゃいん》で妻《つま》が専業主婦《せんぎょうしゅふ》※)の場合《ばあい》

夫婦《ふうふ》2人《ふたり》で **22万《まん》4482円《えん》**

※平均的《へいきんてき》な収入《しゅうにゅう》(月額換算《げつがくかんさん》43.9万円《まんえん》)で40年間《ねんかん》働《はたら》いた場合《ばあい》。老齢厚生年金《ろうれいこうせいねんきん》と満額《まんがく》の2人分《ふたりぶん》の老齢基礎年金《ろうれいきそねんきん》を含《ふく》む

25万円《まんえん》の生活費《せいかつひ》にはちょっと足《た》りない

(出典《しゅってん》)厚生労働省《こうせいろうどうしょう》 「令和《れいわ》5年度《ねんど》の年金額改定《ねんきんがくかいてい》について」
(https://www.mhlw.go.jp/content/12600000/001076695.pdf)

試算《しさん》では足《た》りていても、ずっと健康《けんこう》でいられるとは限《かぎ》らないし介護《かいご》などが必要《ひつよう》になるかもしれないから、ある程度《ていど》
の備《そな》えも必要《ひつよう》です。

**★生《い》きている間《あいだ》ずっと年金《ねんきん》は支払《しはら》われるので、
長生《ながい》きするほど得《とく》になる。**

みんなの選択《せんたく》を見《み》てみよう！

人生《じんせい》の選択《せんたく》の中《なか》でも、「働《はたら》き方《かた》」や「お金《かね》の使《つか》い方《かた》」は大《おお》きなウェイトをしめます。いろいろな例《れい》を見《み》てみましょう！

学生社長《がくせいしゃちょう》のA山《エーやま》さん（22歳《さい》）

どう稼《かせ》ぐ？

将来《しょうらい》は自分《じぶん》で起業《きぎょう》したいと考《かんが》えていました。大学生《だいがくせい》になって小学生《しょうがくせい》に勉強《べんきょう》を教《おし》える塾講師《じゅくこうし》のアルバイトをしていたとき、スマホを使《つか》う勉強方法《べんきょうほうほう》を思《おも》いついて、これをアプリにしたらいいかもしれないとアイデアがわきました。プログラミング教室《きょうしつ》に通《かよ》って、自作《じさく》したアプリを投資家《とうしか》に見《み》せに行《い》き資金《しきん》を調達《ちょうたつ》。プログラミングが得意《とくい》な友人《ゆうじん》にも手伝《てつだ》ってもらって開発《かいはつ》したアプリは好評《こうひょう》で、会社《かいしゃ》を設立《せつりつ》。大学《だいがく》で勉強《べんきょう》しつつ、社長《しゃちょう》として事業《じぎょう》を拡大《かくだい》するべくがんばってます。

どう使《つか》う？

会社《かいしゃ》の売《う》り上《あ》げは年商《ねんしょう》2000万円《まんえん》で、共済《きょうさい》の積《つ》み立《た》てと会社《かいしゃ》に残《のこ》すお金《かね》が1000万円《まんえん》。残《のこ》りの1000万円《まんえん》は、会社《かいしゃ》の経費《けいひ》や自分《じぶん》を含《ふく》めて社員《しゃいん》3人《にん》の給与《きゅうよ》に使《つか》っています。私《わたし》の給与《きゅうよ》は月《つき》20万円《まんえん》です。勉強《べんきょう》と仕事《しごと》が忙《いそが》しくてあまりお金《かね》は使《つか》っていませんが、主《おも》に友《とも》だちと遊《あそ》んだりごはんを食《た》べたりするのに使《つか》っています。

推《お》し活《かつ》に生《い》きるB村《ビーむら》さん（27歳《さい》）

どう稼《かせ》ぐ？

昔《むかし》から子《こ》どもが好《す》きで公立《こうりつ》の保育園《ほいくえん》で働《はたら》いています。保育士《ほいくし》になるために、高校卒業後《こうこうそつぎょうご》は短期大学《たんきだいがく》の保育学科《ほいくがくか》に入学《にゅうがく》して保育士《ほいくし》の資格《しかく》をとりました。安定《あんてい》したところに勤《つと》めたかったので、東京都《とうきょうと》で区《く》の採用試験《さいようしけん》を受《う》けたのですが、1年目《ねんめ》は落《お》ちてしまいました。しかし、2年目《ねんめ》には受《う》かって、〇×区《く》の保育士《ほいくし》として採用《さいよう》されました。保育《ほいく》の仕事《しごと》は楽《たの》しく子《こ》どももかわいいし、勤務時間《きんむじかん》が決《き》まっていることや休《やす》みがしっかりとれるところがいいと思《おも》います。

どう使《つか》う？

給与《きゅうよ》は月収約《げっしゅうやく》25万円《まんえん》。数年前《すうねんまえ》からハマっている歌《うた》い手《て》グループがあり、生活費以外《せいかつひいがい》のお金《かね》はほぼ彼《かれ》らにつぎこんでいます。まだメジャーなグループではないので、私《わたし》が育《そだ》てるくらいのつもりです。グッズやCD《シーディー》が出《で》れば必《かなら》ず買《か》いライブも都内《とない》だけじゃなく地方《ちほう》も行《い》きます。彼《かれ》らのおかげで仕事《しごと》でつらいことがあってもがんばれます！

ワーキングホリデーに挑戦《ちょうせん》するC田《シーだ》さん（28歳《さい》）

どう稼《かせ》ぐ?

小学校《しょうがっこう》からサッカーをやってきて、スポーツ通訳士《つうやくし》になるという夢《ゆめ》を持《も》ちました。大学《だいがく》は文学部《ぶんがくぶ》の国際言語学科《こくさいげんごがっか》に進《しん》学《がく》。通訳《つうやく》で食《た》べていけるのか不安《ふあん》になって、大学卒業後《だいがくそつぎょうご》はアパレルメーカーに就職《しゅうしょく》。海外《かいがい》に出張《しゅっちょう》するときなどは、英《えい》語力《ごりょく》が役立《やくだ》ちました。何年《なんねん》か働《はたら》きましたが、やはり通訳《つうやく》になるという夢《ゆめ》を叶《かな》えたいと思《おも》い、もっと語学力《ごがくりょく》をみがこうと思《おも》いました。海外《かいがい》で働《はたら》きながら語学《ごがく》の勉強《べんきょう》もできるワーキングホリデーという制度《せいど》の年齢制限《ねんれいせいげん》が30歳《さい》までと知《し》り、思《おも》い切《き》って仕事《しごと》をやめて、今《いま》、オーストラリアで働《はたら》きながら語学《ごがく》を学《まな》んでいます。

どう使《つか》う?

会社員《かいしゃいん》をしながら貯《た》めたお金《かね》が200万円《まんえん》くらいあって、今回《こんかい》の渡航《とこう》や語学学校《ごがくがっこう》の入学《にゅうがく》など準備《じゅんび》に100万円《まんえん》を使《つか》いました。こちらに来《き》てすぐにアルバイトに就《つ》けなかったときのことを考《かんが》えて100万円《まんえん》はとってありましたが、幸《さいわ》い日本料理店《にほんりょうりてん》での仕事《しごと》が見《み》つかったので、生活費《せいかつひ》は稼《かせ》げています。日本《にほん》に戻《もど》ってすぐに通訳《つうやく》の仕事《しごと》が見《み》つかるかわからないので、100万円《まんえん》は使《つか》わずにとっておこうと思《おも》います。

歌《うた》い手《て》になったD井《ディーい》さん（27歳《さい》）

どう稼《かせ》ぐ?

会社員《かいしゃいん》をしながら、数年前《すうねんまえ》から趣味《しゅみ》で歌《うた》を歌《うた》って動画配信《どうがはいしん》をしていました。少《すこ》しずつフォロワーが増《ふ》えていって、楽《たの》しくなり、気《き》が合《あ》いそうな歌《うた》い手仲間《てなかま》とグループを結成《けっせい》。どうしたら人気《にんき》グループになるかいろいろ研究《けんきゅう》し、それぞれ努力《どりょく》を重《かさ》ね、2年目《ねんめ》で全国《ぜんこく》ツアーができるくらいのグループに成長《せいちょう》しました。ぼくが社長《しゃちょう》になって会社組織《かいしゃそしき》にして、企業《きぎょう》とのコラボなどもしかけています。応援《おうえん》してくれる子《こ》たちを楽《たの》しませるグループでい続《つづ》けたいです。

どう使《つか》う?

動画配信《どうがはいしん》の広告費《こうこくひ》やライブ活動《かつどう》、グッズ販売《はんばい》などで売《う》り上《あ》げを立《た》てています。グループを成長《せいちょう》させるために、プロの方《かた》に曲《きょく》を作《つく》ってもらうなどお金《かね》をかけています。個人《こじん》の給与《きゅうよ》は収益《しゅうえき》をメンバーで均等《きんとう》に分《わ》けていて、今《いま》は年収《ねんしゅう》で1000万円《まんえん》いくかいかないかくらい。ただ、忙《いそが》しくて使《つか》っているひまがあまりありません……。

MONEY

人生《じんせい》のゴールについて考《かんが》えてみよう

ゴール
人生《じんせい》のゴール
だれかの人生《じんせい》の応援歌《おうえんか》となるような映画《えいが》を作《つく》る
ゴールを実現《じつげん》するまでの選択肢《せんたくし》
映画学科《えいががっか》がある大学《だいがく》へ行《い》く
映画《えいが》の専門学校《せんもんがっこう》に通《かよ》う
本場《ほんば》ハリウッドで映画《えいが》について学《まな》ぶ
有名《ゆうめい》な映画監督《えいがかんとく》に弟子入《でしい》りする
俳優《はいゆう》になって演技《えんぎ》を学《まな》ぶ

人生《じんせい》の選択《せんたく》によってお金《かね》のかかり方《かた》が違《ちが》うことはわかったけど、どんな人生《じんせい》を送《おく》りたいかっていわれてもまだよくわからないよ……。

人生《じんせい》のゴールとなる「夢《ゆめ》」や「目標《もくひょう》」を考《かんが》えてみよう

ものを作《つく》るときは設計図《せっけいず》が必要《ひつよう》です。設計図《せっけいず》がないと、家《いえ》も道路《どうろ》もできあがりません。そして、人生《じんせい》を歩《あゆ》んでいくにも、ある程度《ていど》人生《じんせい》の設計《せっけい》図《ず》があったほうが、進《すす》みたい方向《ほうこう》へ歩《あゆ》みを進《すす》めていきやすくなります。その人生《じんせい》の設計図《せっけいず》を「ライフデザイン」といいます。ライフデザインを考《かんが》えるときは、まず人生《じんせい》のゴールを明確《めいかく》にし、そこに至《いた》るためにどのような道《みち》を選択《せんたく》するかをライフステージに合《あ》わせて、今《いま》の目標《もくひょう》、次《つぎ》の目標《もくひょう》……というように考《かんが》えていきます。

生《い》き方《かた》は多様化《たようか》していて、みなさ

ゴールに至《いた》るまでの道《みち》のりはひとつではない

ゴールは人生《じんせい》でぜひ実現《じつげん》したい「夢《ゆめ》」や「目標《もくひょう》」で、その夢《ゆめ》を叶《かな》えるためにはいろいろな選択肢《せんたくし》が考《かんが》えられます。

ゴール
人生《じんせい》のゴール
世界中《せかいじゅう》の子《こ》どもの笑顔《えがお》を守《まも》りたい
世界《せかい》を旅《たび》して各地《かくち》の現状《げんじょう》を知《し》る
留学《りゅうがく》して英語力《えいごりょく》をつける
大学《だいがく》で国際経済《こくさいけいざい》を学《まな》ぶ
「国際協力《こくさいきょうりょく》」の仕事《しごと》につく

んの可能性《かのうせい》は無限《むげん》です。将来《しょうらい》、どんな人生《じんせい》を送《おく》りたいかと聞《き》かれても、選択肢《せんたくし》がありすぎて迷《まよ》ってしまう人《ひと》もいるでしょう。途中《とちゅう》で夢《ゆめ》や目標《もくひょう》が変《か》わっても構《かま》いません。今自分《いまじぶん》が人生《じんせい》でぜひ実現《じつげん》したい「夢《ゆめ》」や「目標《もくひょう》」は何《なに》かを考《かんが》えてみましょう。

　上《うえ》の例《れい》のように、具体的《ぐたいてき》な職業《しょくぎょう》でなくてもだいじょうぶ。なんとなくでもゴールがあるほうが、たくさんの選択肢《せんたくし》がある中《なか》から自信《じしん》をもって進《すす》みたい道《みち》を選《えら》んでいくことができるはずです。

e TALK

オレは、楽《たの》しいことが好《す》きだし、みんなが笑《わら》ってくれることが好《す》きだから「みんなの笑顔《えがお》をつくりだす」とかがゴールでもいいのかな？

いいと思《おも》うよ！後《あと》で考《かんが》えが変《か》わっても全《ぜん》然《ぜん》ＯＫ《オーケー》だから、みんなも自由《じゆう》に思《おも》い浮《う》かべてみてね。

考《かんが》えてみよう

自分《じぶん》の「人生《じんせい》のゴール」は？

自分《じぶん》の人生《じんせい》でぜひ実現《じつげん》したい「夢《ゆめ》」や「目標《もくひょう》」は何《なに》かな？
考《かんが》えて下《した》に書《か》いてみましょう。

〔人生《じんせい》のゴール〕を考《かんが》えるときのヒント

ヒント1 「好《す》きなこと」は何《なに》？

何《なに》をしているときが楽《たの》しい？　夢中《むちゅう》になって時間《じかん》が経《た》つのを忘《わす》れているのはどんなとき？　好《す》きなことをしているときは満足度《まんぞくど》も高《たか》いし、自分《じぶん》から積極的《せっきょくてき》に動《うご》いていくから、自分《じぶん》や世界《せかい》を変《か》えることにつながるかも。

ヒント2 「得意《とくい》なこと」は何《なに》？

得意《とくい》なことがひとつでもあれば、人生《じんせい》を切《き》り開《ひら》いていく武器《ぶき》になる。好《す》きなことと同《おな》じ場合《ばあい》もあるかもしれないね。勉強《べんきょう》だけでなくゲームやスポーツでもいいし、人《ひと》と話《はな》すことなどでもよいから探《さが》してみて。

ヒント3 「あこがれの人《ひと》」はだれ？

「あんな人《ひと》になりたいな」「かっこいいな」と思《おも》うのはだれかな？　身近《みぢか》な人《ひと》でも、本《ほん》やテレビの中《なか》の人《ひと》でもだれでもOK《オーケー》。どんなところにあこがれるのか、かっこいいと思《おも》うのか分析《ぶんせき》してみたら、なりたい自分《じぶん》が見《み》えてくるかも。

ヒント4 人《ひと》からほめられてうれしかったことは？

自分《じぶん》ではふつうに行《おこな》っていることが、他《ほか》の人《ひと》から見《み》たら「すごい！」と思《おも》うことかもしれないよ。自分《じぶん》ではそれが得意《とくい》だと気《き》づいていないかもしれないけれど、それがその人《ひと》の才能《さいのう》だったりするよ。

「ゴール」を実現《じつげん》するために、どんな人生《じんせい》の選択《せんたく》をする?

どんな選択肢《せんたくし》があるか、3つ考《かんが》えて、下《した》に書《か》いてみましょう。

これらの選択《せんたく》をした場合《ばあい》、どのくらいのお金《かね》が必要《ひつよう》になる? 下《した》の「参考《さんこう》」などを見《み》ながら、だいたいの金額《きんがく》を書《か》いてみよう。

円《えん》

円《えん》

円《えん》

参考《さんこう》 人生《じんせい》の選択《せんたく》によってかかるお金《かね》の目安《めやす》

- 国立大学授業料標準額《こくりつだいがくじゅぎょうりょうひょうじゅんがく》（4年間《ねんかん》） 214万《まん》3200円《えん》＊1
- 公立大学授業料平均額《こうりつだいがくじゅぎょうりょうへいきんがく》（4年間《ねんかん》） 214万《まん》5452円《えん》＊1
- 私立大学授業料平均額《しりつだいがくじゅぎょうりょうへいきんがく》（4年間《ねんかん》） 372万《まん》3772円《えん》＊2
- 私立短期大学授業料《しりつたんきだいがくじゅぎょうりょう》（2年間《ねんかん》） 144万《まん》6736円《えん》＊2
- 大学生《だいがくせい》（自宅外《じたくがい》）の生活費年平均額《せいかつひねんへいきんがく》 110万《まん》8000円《えん》＊3

- アメリカ留学費用目安《りゅうがくひようめやす》＊4
  授業料《じゅぎょうりょう》（4週間《しゅうかん》）：大学付属《だいがくふぞく》1200米《べい》ドル～／
  私立語学学校《しりつごがくがっこう》900米《べい》ドル～
  滞在費《たいざいひ》（4週間《しゅうかん》）：ホームステイ600米《べい》ドル～／
  学生寮《がくせいりょう》（2人部屋《ふたりべや》）530米《べい》ドル～
- ワーキングホリデー費用《ひよう》
  （オーストラリア1年間目安《ねんかんめやす》）約《やく》97万円《まんえん》＊5

（出典《しゅってん》）

＊1 文部科学省《もんぶかがくしょう》 https://www.mext.go.jp/index.htm
「国公私立大学《こっこうしりつだいがく》の授業料《じゅぎょうりょう》の推移《すいい》」（2021）

＊2 文部科学省《もんぶかがくしょう》 https://www.mext.go.jp/index.htm
「私立大学等《しりつだいがくとう》の令和《れいわ》2年度《ねんど》入学者《にゅうがくしゃ》に係《かか》る学生納付金等調査結果《がくせいのうふきんとうちょうさけっか》について」

＊3 「令和《れいわ》2年度学生生活調査《ねんどがくせいせいかつちょうさ》」（日本学生支援機構《にほんがくせいしえんきこう》）
(https://www.jasso.go.jp/statistics/gakusei_chosa/2020.html)

＊4 海外留学情報《かいがいりゅうがくじょうほう》サイト（日本学生支援機構《にほんがくせいしえんきこう》）
(https://ryugaku.jasso.go.jp/oversea_info/region.html)

＊5 日本《にほん》ワーキング・ホリデー協会《きょうかい》 https://www.jawhm.or.jp/

ここにある以外《いがい》にもいろいろな選択肢《せんたくし》があるはず。お金《かね》についてはネットなどで調《しら》べてみよう!

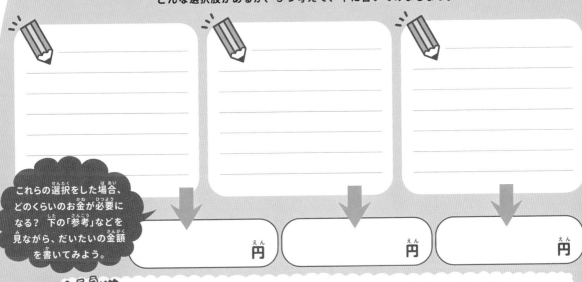

意思決定《いしけってい》の必要性《ひつようせい》

自分《じぶん》で選《えら》んで、自分《じぶん》で決《き》めないといけないのか……。どうしたらいいんだろう？

自分《じぶん》で自分《じぶん》の道《みち》を選《えら》んでいかなければいけない

人生《じんせい》を思《おも》った方向《ほうこう》に進《すす》めていくためには、そのときどきで意思決定《いしけってい》が必要《ひつよう》になります。たとえば、小中学《しょうちゅうがく》生《せい》のみなさんだと、すぐ先《さき》に進路《しんろ》という大事《だいじ》な選択《せんたく》がありますね。その際《さい》、受験《じゅけん》がうまくいくか、新《あたら》しい学《がっ》校《こう》が合《あ》うかといった不安《ふあん》が生《う》まれるかもしれません。それでも、一歩《いっぽ》踏《ふ》み出《だ》す決断《けつだん》をしなければ、えがいた夢《ゆめ》へ近《ちか》づくことができません。

不安《ふあん》は「リスク」という言葉《ことば》で言《い》いかえられます。チャレンジしたいことが出《で》てきたら、どんなリスクがあるかを考《かんが》えつつ、自分《じぶん》の道《みち》を選《えら》んでいきましょう。迷《まよ》ったときは、信頼《しんらい》できる人《ひと》に相談《そうだん》することも大切《たいせつ》です。

意思決定《いしけってい》は夢《ゆめ》に近《ちか》づくチャンス

「意思決定《いしけってい》」とは、目的《もくてき》を達成《たっせい》するために、自分《じぶん》の判断《はんだん》で責任《せきにん》をもって最《さい》適《てき》と思《おも》われるものを選《えら》び出《だ》すことです。人生《じんせい》においては、進学先《しんがくさき》や就職《しゅうしょく》先《さき》、恋愛《れんあい》や結婚《けっこん》の相手《あいて》、お金《かね》の使《つか》い方《かた》、貯蓄《ちょちく》や運用《うんよう》など、いろいろなタイミングで意思決定《いしけってい》をせまられます。受験《じゅけん》や就職《しゅうしょく》、転職《てんしょく》などの結果《けっか》がどうなるかはわかりませんが、自分《じぶん》で最適《さいてき》と思《おも》う道《みち》を選《えら》んで進《すす》んで行《い》けば、立《た》ち止《ど》まっていたときよりゴールに近《ちか》づくはずです。

リスクとのつき合《あ》い方《かた》

受験《じゅけん》しても受《う》かるかどうかわからない。
ローンを組《く》んでも返《かえ》せないかもしれない。
大《おお》きな仕事《しごと》を任《まか》されても、うまくいかないかもしれない。
結婚《けっこん》しても、離婚《りこん》するかもしれない。
転職《てんしょく》しても、次《つぎ》の職場《しょくば》が見《み》つからないかもしれない。

投資《とうし》にもリスクとリターンがありますが、人生《じんせい》も同《おな》じで、リスクはあるけれど、もっと大《おお》きなリターンがあるかもしれません。先《さき》がわからないことを不安《ふあん》に思《おも》うかもしれませんが、リスクは認識《にんしき》しつつ、向《む》き合《あ》っていくことが大切《たいせつ》です。

1 準備《じゅんび》をしておく

リスクの中《なか》には、準備《じゅんび》をしておけるものもあります。たとえば、受験《じゅけん》の失敗《しっぱい》は、勉強《べんきょう》することで避《さ》けられるかもしれません。転職《てんしょく》も、ある程度《ていど》の期間《きかん》仕事《しごと》が見《み》つからなかった場合《ばあい》を考《かんが》えて、貯蓄《ちょちく》しておくことなどはできます。リスクを知《し》って対策《たいさく》をしておけば、リスクを避《さ》けたり、ダメージを軽減《けいげん》したりすることができるでしょう。

進学先《しんがくさき》を選《えら》ぶときなどは、学校案内《がっこうあんない》をよく読《よ》んだり、見学《けんがく》をしたりして、しっかり調《しら》べてから決《き》めることも大事《だいじ》だよ！

2 リスク許容度《きょようど》を考《かんが》える

どんなリスクがあるかに加《くわ》えて、最大《さいだい》どのくらいのダメージがあるかを考《かんが》えます。そして、そのダメージは、自分《じぶん》の許容範囲内《きょようはんいない》でおさまるかどうかを考《かんが》え、意思決定《いしけってい》していきます。転職《てんしょく》するにしても、養《やしな》う家族《かぞく》がいなければダメージは自分《じぶん》だけで小《ちい》さくすみますが、養《やしな》う家族《かぞく》がいればダメージは家族《かぞく》におよび大《おお》きくなります。もしダメージが大《おお》きくなりそうなら、許容範囲内《きょようはんいない》におさえるために、働《はたら》きながら次《つぎ》の職《しょく》を探《さが》すなどの対策《たいさく》を考《かんが》えなければいけないでしょう。

リスク
なんか大丈夫そう

3 資産《しさん》を管理《かんり》する

今自分《いまじぶん》がもっているものをすべて「資産《しさん》」と考《かんが》えます。お金《かね》だけではなく、健康《けんこう》、人間関係《にんげんかんけい》（親《おや》、きょうだい、友人《ゆうじん》、恋人《こいびと》、結婚《けっこん》していれば配偶者《はいぐうしゃ》）、時間《じかん》、生活水準《せいかつすいじゅん》など、あなたが所有《しょゆう》している「価値《かち》のあるもの」全部《ぜんぶ》です。意思決定《いしけってい》をするときは、それらの資産《しさん》にどんな影響《えいきょう》がおよぶかを考《かんが》えてみます。受験《じゅけん》やオーディションなどにチャレンジしたら、人間関係《にんげんかんけい》などの資産《しさん》に影響《えいきょう》はおよぶでしょうか？　それほど失《うしな》うものはないと思《おも》えたら、チャレンジする勇気《ゆうき》が湧《わ》いてきそうですよね。

時間《じかん》
健康《けんこう》
友《とも》だち
お金《かね》
きょうだい
親《おや》

4 損失《そんしつ》だけ発生《はっせい》させるリスクは避《さ》ける

ゴホ!!
ゴホ

人生《じんせい》のリスクには、病気《びょうき》やケガ、事故《じこ》、火災《かさい》、犯罪被害《はんざいひがい》などといったものも考《かんが》えられます。たとえば、かぜをひいて寝込《ねこ》んでしまうと、時間《じかん》という資産《しさん》を失《うしな》います。仕事《しごと》や遊《あそ》びなど予定《よてい》があったとしたら、その機会《きかい》も失《うしな》ってしまいますね。こうした損失《そんしつ》だけを与《あた》えるリスクは、なるべく避《さ》けられるよう対策《たいさく》をしていきましょう。なかには自然災害《しぜんさいがい》など避《さ》けられないリスクもありますが、こうしたリスクは防災対策《ぼうさいたいさく》や保険《ほけん》などで備《そな》えます。

COLUMN 8

人間《にんげん》には将来《しょうらい》より現在《げんざい》を重視《じゅうし》するバイアスがある

今《いま》の自分《じぶん》は大事《だいじ》ですが、将来《しょうらい》の自分《じぶん》も同《おな》じく大事《だいじ》です。ところが、人間《にんげん》には現在《げんざい》を重視《じゅうし》し将来《しょうらい》を軽視《けいし》する認識《にんしき》のゆがみ（バイアス）があるそうです。今《いま》、行動《こうどう》しないと将来《しょうらい》リスクがあるかもしれないとわかっていても、現在《げんざい》のことを優先《ゆうせん》して将来《しょうらい》のことは後回《あとまわ》しにしてしまい、結果《けっか》、将来《しょうらい》の自分《じぶん》が困《こま》ることになるようなことです。たとえば、夏休《なつやす》みの宿題《しゅくだい》などを後回《あとまわ》しにしてしまうことはありませんか？　今《いま》だけを優先《ゆうせん》し、未来《みらい》の自分《じぶん》が困《こま》ることがないように、考《かんが》えて行動《こうどう》できるといいですね。

終わらないっ
8月
31

考《かんが》えてみよう

チャレンジしてみたいことは何《なに》？

今《いま》チャレンジしてみたいことをひとつ書《か》いてみましょう。
p.249で考《かんが》えた「人生《じんせい》の選択《せんたく》」の内容《ないよう》でもいいよ。

その選択《せんたく》をしたら、どんなリスクが考《かんが》えられる？

思《おも》いつくだけ書《か》いてみよう。

それらのリスクには、どんな準備《じゅんび》をすればいい？

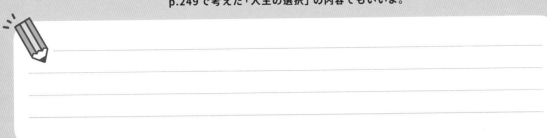

MONEY

今《いま》からできるお金《かね》のトレーニング①

お金《かね》の使《つか》い方《かた》をふり返《かえ》る

こんなお金《かね》の使《つか》い方《かた》をしていない?

おこづかいで
買《か》ったけれど、
すぐにあきて使《つか》わなく
なったものがある

おこづかいを
何《なに》に使《つか》ったか
まったく思《おも》い出《だ》せない

使《つか》った内容《ないよう》をふり返《かえ》る習慣《しゅうかん》を身《み》につけよう

お金《かね》を上手《じょうず》に使《つか》うには、何《なに》に使《つか》ったのか、定期的《ていきてき》に内容《ないよう》をふり返《かえ》ることが大事《だいじ》です。

決《き》められたおこづかいの範囲《はんい》でおさまっているのであれば、何《なに》に使《つか》ってもOK《オーケー》と思《おも》うかもしれません。しかし、使《つか》った内容《ないよう》をふり返《かえ》ってみると、せっかくお金《かね》を使《つか》ったのに満足《まんぞく》感《かん》も幸《しあわ》せも得《え》られなかった使《つか》い方《かた》が見《み》つかることがあります。

将来《しょうらい》自立《じりつ》し、自分《じぶん》で得《え》たお金《かね》を自《じ》分《ぶん》の判断《はんだん》で使《つか》っていくことになるみなさんには、ぜひ、今《いま》からお金《かね》の使《つか》い方《かた》をふり返《かえ》る習慣《しゅうかん》を身《み》につけてほしいと思《おも》います。

ふり返《かえ》るために、おこづかい帳《ちょう》をつけよう

日《ひ》にち	内容《ないよう》（何《なに》に使《つか》った？ 何《なに》でもらった？）	入《はい》ったお金《かね》（収入《しゅうにゅう》）	出《で》たお金《かね》（支出《ししゅつ》）	残《のこ》ったお金《かね》
	前月《ぜんげつ》の残《のこ》り	200		200
12/1	12月《がつ》のおこづかい	1000		1200
12/2	貯金《ちょきん》		200	1000
12/3	まいちゃんの誕生日《たんじょうび》プレゼント		400	600
12/10	まんが		528	72
12/14	ギフトカード（おばさんからのクリスマスプレゼント）	1000		1072
12/15	ノート、消《け》しゴム		220	852

ポイント

- **お金《かね》を使《つか》ったり、もらったりしたら、忘《わす》れないうちに記録《きろく》する。**
- **おこづかい帳《ちょう》をつけることが目的《もくてき》ではないので、スケジュール帳《ちょう》にメモするとか、スマホに打《う》ちこむとか自分《じぶん》が楽《らく》な方法《ほうほう》で記録《きろく》すればOK《オーケー》！**

記録《きろく》がないと、
何《なに》に使《つか》ったかわからなくなって
しまうから、このように
おこづかい帳《ちょう》やアプリなどで
おこづかいを管理《かんり》すると
いいですよ！

ふり返《かえ》ろう！

買《か》ってよかったものはどれ？

よい買《か》い物《もの》ができてよかったね！　おこづかい帳《ちょう》に○印《じるし》などをつけてもいいね！

買《か》わなければよかったものは？

大事《だいじ》なお金《かね》を使《つか》ったのに後悔《こうかい》しているなら、少《すこ》し残念《ざんねん》だったね。なぜそれを買《か》ってしまったのか、次《つぎ》にどう気《き》をつけたら後悔《こうかい》せずにすむか、考《かんが》えてみよう。

ほしかったけれど、がまんしたものはある？

もし、もう少《すこ》しおこづかいがあればほしかったものはあるかな？　このまま買《か》わないでもOK《オーケー》？　それともおこづかいをもう少《すこ》し貯《た》めてから買《か》う？

考《かんが》えてみよう

お金《かね》の使《つか》い方《かた》をふり返《かえ》ってみよう

今年《ことし》のお正月《しょうがつ》にもらったお年玉《としだま》について思《おも》い出《だ》してみましょう！

1 今年《ことし》お年玉《としだま》をいくらもらった？

だれからもらったか、ちゃんと覚《おぼ》えてるかな？

合計《ごうけい》
円《えん》

※お年玉《としだま》じゃなく、ふだんのおこづかいなどで考《かんが》えてみてもいいよ。

2 お年玉《としだま》の使《つか》い道《みち》をふり返《かえ》ろう

何《なに》に使《つか》った？	いくら使《つか》った？	○×★
合計《ごうけい》	円《えん》	

3 お年玉《としだま》の使《つか》い道《みち》をふり返《かえ》ろう

- 今《いま》も使《つか》っているものには→○
- 今《いま》は使《つか》っていないものには→×
- これから使《つか》うものには→★

を、2の表《ひょう》の右側《みぎがわ》に記入《きにゅう》しよう。

ものではなく、体験《たいけん》や経験《けいけん》に使《つか》った場合《ばあい》は、楽《たの》しかったり役《やく》に立《た》っていたら★、あまり楽《たの》しくなかったり役《やく》に立《た》っていなければ×を書《か》こう。

4 2の表《ひょう》を見《み》て、考《かんが》えたことを下《した》の　　　に3つ書《か》いてみよう。

自分《じぶん》の似顔絵《にがおえ》をかこう。→

今《いま》からできるお金《かね》のトレーニング②

ニーズとウォンツに分《わ》けてみる

なくて困《こま》るか、なくても困《こま》らないかを考《かんが》えよう

何《なに》かをほしいと思《おも》う気持《きも》ちは、生《い》きるエネルギーになります。しかし、ほしいものを全部《ぜんぶ》買《か》えるわけではありません。そこで、ものを買《か》うときは、「生活《せいかつ》に必要《ひつよう》なもの＝ニーズ」と「ほしいもの＝ウォンツ」に分《わ》けて買《か》う買《か》わないの選択《せんたく》をしてみましょう。

たとえば、毎日《まいにち》食《た》べるお米《こめ》や学校《がっこう》で使《つか》うものなどは、なくては困《こま》るものなので「ニーズ」。おやつやかわいい文房具《ぶんぼうぐ》などは、なくても困《こま》らないけれどほしいものなので「ウォンツ」になります。「ウォンツ」の中《なか》には、もしかしたら無駄《むだ》づかい（浪費《ろうひ》）があるかもしれません。よく考《かんが》えてからお金《かね》を使《つか》うように心《こころ》がけましょう。

ニーズとウォンツとは？

次《つぎ》のうち、ニーズだと思《おも》うものには○を、ウォンツだと思《おも》うものには★を□に書《か》こう。

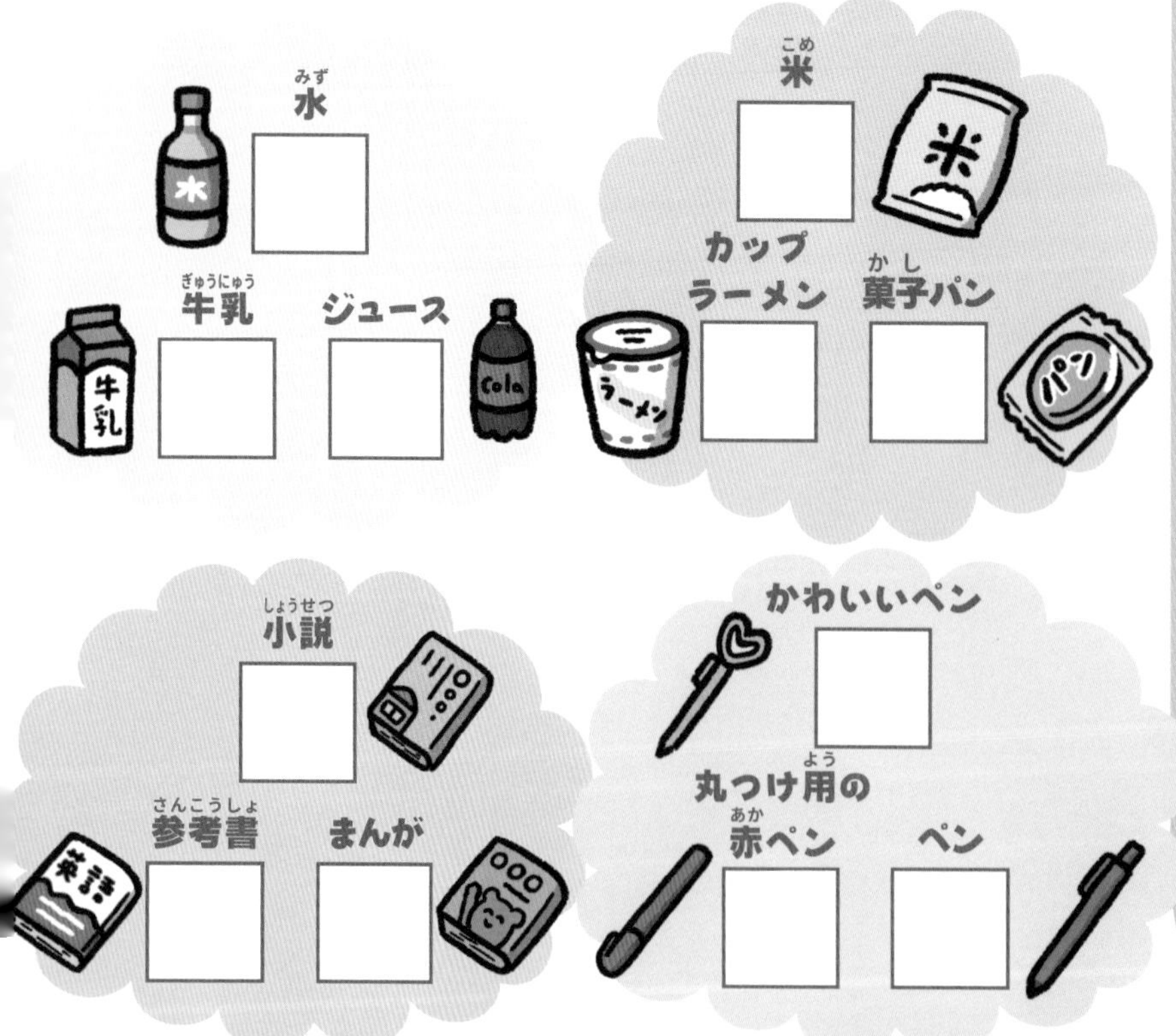
水《みず》
米《こめ》
牛乳《ぎゅうにゅう》
ジュース
カップラーメン
菓子《かし》パン
小説《しょうせつ》
かわいいペン
参考書《さんこうしょ》
まんが
丸《まる》つけ用《よう》の赤《あか》ペン
ペン

考《かんが》えてみよう

これはニーズかな？　ウォンツかな？

次《つぎ》のお金《かね》の使《つか》い方《かた》は、生活《せいかつ》に必要《ひつよう》な「ニーズ」か、生活《せいかつ》に必要《ひつよう》ではない「ウォンツ」か考《かんが》えて○をつけてみましょう。そう考《かんが》えた理由《りゆう》も書《か》きましょう。

1　いつも歩《ある》いて通《かよ》う通学路《つうがくろ》。ちこくしそうだったのでバスに乗《の》った。このバス代《だい》は？

ニーズ　　ウォンツ

ちこくしたら困《こま》るから必要《ひつよう》なお金《かね》かな？　でも、歩《ある》いて通《かよ》えるんだから間《ま》に合《あ》ように家《いえ》を出《で》ていればよかったんだし……。

理由《りゆう》は？

2　友《とも》だちとファストフード店《てん》に行《い》って、宿題《しゅくだい》をした。かかったハンバーガー代《だい》は？

ニーズ　　ウォンツ

理由《りゆう》は？

やってみよう

お金《かね》とのつき合《あ》い方《かた》　タイプ診断《しんだん》

1 下《した》のQ1～Q7の質問《しつもん》の答《こた》えとして自分《じぶん》の考《かんが》えに近《ちか》いものを選《えら》び、○をつけていこう。

Q1. 何《なに》かの懸賞《けんしょう》で急《きゅう》に100万円《まんえん》が当《あ》たったら?

ア．ラッキー♪と思《おも》ってパーッと使《つか》う。
イ．全額貯金《ぜんがくちょきん》する。
ウ．どう使《つか》うか、計画《けいかく》を立《た》ててから使《つか》う。
エ．ほしいものがあればその都度《つど》使《つか》う。

Q2. 毎月《まいつき》のおこづかいの使《つか》い方《かた》はどれが近《ちか》い?

ア．貯金《ちょきん》する分《ぶん》と使《つか》う分《ぶん》など、分《わ》けて管理《かんり》している。
イ．とりあえず全額貯金《ぜんがくちょきん》する。
ウ．ほしいものがあれば貯《た》めるけど、なければ使《つか》う。
エ．何《なに》に使《つか》ったか思《おも》い出《だ》せない。

Q3. ほしいものがあるけれど、お金《かね》が足《た》りない！　どうする?

ア．潔《いさぎよ》くあきらめる。
イ．おこづかいを前借《まえが》りできないか、おうちの人《ひと》に聞《き》いてみる。
ウ．こういう思《おも》いをしたことがない。
エ．おこづかいを貯《た》めてから買《か》う。

Q4. おこづかい帳《ちょう》（アプリ含《ふく》む）はつけている?

ア．お年玉《としだま》なども合《あ》わせて細《こま》かくつけていて、貯《た》まっていくのが楽《たの》しい。
イ．お金《かね》の出入《でい》りがあるたびに、きちんとつけている。
ウ．まとめてつけようと、レシートはとってある。
エ．貯金箱《ちょきんばこ》に今《いま》いくらあるのかもわからない。

Q5. 夏休《なつやす》みの宿題《しゅくだい》の取《と》り組《く》み方《かた》はどれが近《ちか》い?

ア．夏休《なつやす》みに入《はい》ったらすぐに全部《ぜんぶ》終《お》わらせる。
イ．計画《けいかく》を立《た》てて、そのとおりに終《お》わらせていく。
ウ．計画《けいかく》は立《た》てるけれど、ちょっとずつずれてしまって後半《こうはん》にあわてる。
エ．計画《けいかく》はまったく立《た》てず、前日《ぜんじつ》にあわててやる。

Q6. 友《とも》だちと出《で》かけ、帰《かえ》りに電車代《でんしゃだい》が足《た》りなくて友《とも》だちが困《こま》っています。どうする?

ア．何《なに》も言《い》わずに貸《か》してあげる。
イ．後《あと》で絶対《ぜったい》に返《かえ》すように約束《やくそく》してから貸《か》してあげる。
ウ．友《とも》だちのおうちの人《ひと》に貸《か》していいか聞《き》いてから貸《か》す。
エ．トラブルになったら困《こま》るから絶対《ぜったい》に貸《か》さない。

Q7. 自分《じぶん》のお金《かね》の使《つか》い方《かた》、反省《はんせい》するとどれが近《ちか》い?

ア．買《か》ったけど、使《つか》っていないものがたくさんあるなぁ。
イ．無駄《むだ》づかいはしていないけど、お金《かね》が足《た》りない。
ウ．ほしいもののために貯金《ちょきん》していても、気《き》が変《か》わる。
エ．お金《かね》を使《つか》うことに不安《ふあん》があったり、自分《じぶん》がほしいものがよくわからないかな。

自分《じぶん》のタイプを知《し》っておくと、
この先《さき》どうお金《かね》と上手《じょうず》に
つき合《あ》っていけばいいかの
ヒントになります。

2 1で○をつけたものを下《した》の表《ひょう》にあてはめよう。A～Dのうちいちばん多《おお》いものがあなたのタイプ。あてはまるところを読《よ》んでみよう。

（AからDにつけた○の数《かず》が同《おな》じ場合《ばあい》は、それぞれのタイプにあてはまります。）

	ア	イ	ウ	エ
Q1	D	A	B	C
Q2	B	A	C	D
Q3	C	D	A	B
Q4	A	B	C	D
Q5	A	B	C	D
Q6	D	B	C	A
Q7	D	C	B	A

診断結果《しんだんけっか》

A タイプのあなたは……

守《まも》りがかたい **野球《やきゅう》のキャッチャー系《けい》**

高《こう》 守備力《しゅびりょく》、防御力《ぼうぎょりょく》

お金《かね》の使《つか》い方《かた》に関《かん》して、守《まも》る力《ちから》が高《たか》いあなた。お金《かね》を貯《た》めることが好《す》きなので、無駄《むだ》づかいなどで後悔《こうかい》することは少《すく》ないでしょう。ただ貯《た》めるのではなく、目標《もくひょう》を決《き》めてみるのがおすすめ。自分《じぶん》で貯《た》めたお金《かね》で、ほしいものを手《て》に入《い》れてみると、満足度《まんぞくど》や達成感《たっせいかん》が味《あじ》わえ、ますますお金《かね》を貯《た》めるのが楽《たの》しくなるはず。

B タイプのあなたは……

バランスがいい **体操選手系《たいそうせんしゅけい》**

高《こう》 コントロール力《りょく》

お金《かね》の貯《た》め方《かた》、使《つか》い方《かた》のバランスがすばらしいあなた。自分《じぶん》で考《かんが》えて、お金《かね》の使《つか》い方《かた》をうまくコントロールできています。将来自《しょうらいじ》分《ぶん》やまわりの人《ひと》のためになる使《つか》い道《みち》かどうか考《かんが》えて使《つか》えるようになると、今《いま》だけじゃなく未来《みらい》につながる使《つか》い方《かた》ができ、使《つか》った以《い》上《じょう》の価値《かち》があなたに返《かえ》ってくるはずです。

C タイプのあなたは……

臨機応変《りんきおうへん》 **バレーのセッター系《けい》**

高《こう》 アイデア力《りょく》

おこづかいの範囲内《はんいない》でほしいものを手《て》に入《い》れることができて、満《まん》足《ぞく》しています。けれど、貯金《ちょきん》がしたくてもできていないのかも。おこづかいを少《すこ》し貯《た》めないと手《て》に入《はい》らない「大物《おおもの》」も、自分《じぶん》の力《ちから》で手《て》に入《い》れることは可能《かのう》です。持《も》ち前《まえ》のアイデア力《りょく》で、どのようにお金《かね》を貯《た》めていったら「大物《おおもの》」が手《て》に入《はい》るか具体的《ぐたいてき》なプランを立《た》てて、ぜひチャレンジしてみては？

D タイプのあなたは……

思《おも》い切《き》り攻《せ》める **サッカーのドリブラー系《けい》**

高《こう》 思《おも》い切《き》りのよさ

お金《かね》を使《つか》うことが好《す》きなあなた。ほしいものがあれば迷《まよ》わず手《て》に入《い》れる思《おも》い切《き》りのよさは、人生《じんせい》を切《き》り開《ひら》いていくのに大《おお》いに役立《やくだ》つでしょう。ただ、あればあるだけお金《かね》を使《つか》っていると、ときには無駄《むだ》や後悔《こうかい》も生《う》まれるかもしれません。お金《かね》の使《つか》い方《かた》としては、少《すこ》し立《た》ち止《ど》まって考《かんが》えるというクセをつけましょう。おこづかい全部《ぜんぶ》ではなく、一定額《いっていがく》は貯《た》めておくというのもひとつの手《て》です。

今《いま》からできるお金《かね》のトレーニング③

おこづかいを上手《じょうず》に貯《た》める

貯《た》める練習《れんしゅう》は将来《しょうらい》のお金管理《かねかんり》に役立《やくだ》つ

お金《かね》は使《つか》ってこそ意味《いみ》がありますが、貯《た》めて使《つか》うこともお金《かね》の使《つか》い方《かた》のひとつです。

貯蓄《ちょちく》をする理由《りゆう》には、「万《まん》が一《いち》に備《そな》える」という面《めん》があります。持《も》っているお金《かね》を全部《ぜんぶ》使《つか》ってしまうと、万《まん》が一《いち》、病気《びょうき》やケガで働《はたら》けなくなるなど収入《しゅうにゅう》がなくなったときに困《こま》ったことになるからです。また、お金《かね》を貯《た》めておくと、一度《いちど》の収入《しゅうにゅう》では買《か》えない額《がく》の商品《しょうひん》を買《か》うこともできます。大人《おとな》になり、住宅《じゅうたく》など大《おお》きな買《か》い物《もの》をする際《さい》も頭金《あたまきん》を貯《た》めてから住宅《じゅうたく》ローンを借《か》りたほうがお得《とく》です。

お金《かね》を貯《た》める力《ちから》を、おこづかいの管《かん》理《り》を通《とお》して身《み》につけていきましょう。

おこづかいを貯《た》めるメリット

「大物《おおもの》」を買《か》うことができる

毎月《まいつき》のおこづかいが1000円《えん》だとしても、貯《た》めれば5000円《えん》や1万円《まんえん》の「大物《おおもの》」を買《か》うことができます。目標《もくひょう》を決《き》めて自分《じぶん》の力《ちから》で手《て》に入《い》れることができたその商品《しょうひん》は、きっと宝物《たからもの》になりますし、その成功体験《せいこうたいけん》はあなたに自信《じしん》を与《あた》えてくれるでしょう。

がまんする力《ちから》がつく

お金《かね》を貯《た》めるという選択《せんたく》をすると、今《いま》ほしいものを買《か》うのをがまんすることになります。こうした選択《せんたく》は、「先《さき》のことを考《かんが》えて今《いま》がまんする力《ちから》」につながります。このがまんする力《ちから》は、受験勉強《じゅけんべんきょう》や仕事《しごと》などにも生《い》きてくるもので、将来《しょうらい》のあなたの人生《じんせい》の目的《もくてき》を達成《たっせい》する力《ちから》に関《かか》わってきます。

お金《かね》について考《かんが》える力《ちから》がつく

ほしいものを買《か》うことは悪《わる》いことではありません。しかし、衝動的《しょうどうてき》にお金《かね》を使《つか》っていると、満足感《まんぞくかん》がそこまで高《たか》くないものを買《か》ってしまうかもしれません。一番《いちばん》自分《じぶん》が満足《まんぞく》する使《つか》い方《かた》を考《かんが》えるために、考《かんが》えて→貯《た》めて→使《つか》うというステップをふむクセをつけるといいでしょう。

お金《かね》を貯《た》める方法《ほうほう》

1 不要《ふよう》な出費《しゅっぴ》をなくす

お金《かね》を貯《た》める基本《きほん》は、大人《おとな》も子《こ》どもも、出《で》ていくお金《かね》（支出《ししゅつ》）を減《へ》らすことです。入《はい》ってくるお金《かね》（収入《しゅうにゅう》）があっても、出《で》ていく金額《きんがく》が多《おお》ければ、当然《とうぜん》お金《かね》は残《のこ》りません。まず、みなさんに見直《みなお》してほしいのは、「ものの管理《かんり》」です。部屋《へや》を片付《かたづ》けて、自分《じぶん》がどれくらいものを持《も》っているのかを見直《みなお》しましょう。まだ使《つか》える文房具《ぶんぼうぐ》や着《き》ることができる洋服《ようふく》が出《で》てくるかもしれません。きちんとものが管理《かんり》できていれば、買《か》い物《もの》のときに「ニーズとウォンツ」を考《かんが》えやすくなり、無駄《むだ》な出費《しゅっぴ》を減《へ》らすことにつながります。ものを管理《かんり》してきちんと最後《さいご》まで使《つか》うことは、地球環境《ちきゅうかんきょう》を守《まも》るためにも大事《だいじ》です。

2 目標額《もくひょうがく》を決《き》める

ほしいものがあったら、値段《ねだん》を調《しら》べ、その金額《きんがく》をゴールとして貯蓄《ちょちく》プランを立《た》ててみましょう。その金額《きんがく》をいつまでに貯《た》めるか期日《きじつ》を考《かんが》え、月《つき》の貯金額《ちょきんがく》を決《き》めます。

たとえば

ほしいものが 5000 円《えん》だったら、
10か月《げつ》→月《つき》500 円《えん》× 10 か月《げつ》
12か月《げつ》→月《つき》400 × 10 か月《げつ》＋
月《つき》500 円《えん》× 2 か月《げつ》

自分《じぶん》のおこづかいの範囲《はんい》で無理《むり》がないプランを考《かんが》えたら、毎月《まいつき》決《き》まった額《がく》を貯金箱《ちょきんばこ》に貯《た》めていきます。

3 一定額《いっていがく》を先《さき》に貯金《ちょきん》する

社会人《しゃかいじん》でも、将来《しょうらい》に備《そな》えて給与《きゅうよ》から天引《てんび》きで貯蓄《ちょちく》をしている人《ひと》がいます。無理《むり》がない範囲《はんい》でおこづかいの何割《なんわり》を貯蓄《ちょちく》に回《まわ》すかを考《かんが》えたら、毎月《まいつき》おこづかいをもらうたびにその金額《きんがく》を先《さき》に貯金箱《ちょきんばこ》に入《い》れていきます。「この金額《きんがく》まで貯《た》まったら使《つか》う」とか「貯《た》めた金額《きんがく》の半分《はんぶん》まで使《つか》っていい」など使《つか》うときのルールも決《き》めておくといいですね。コツコツ貯《た》めていくと、いつのまにか大《おお》きな金額《きんがく》になっているかも。

たとえば

1000 円《えん》のおこづかいのうち、
3 割《わり》を貯金《ちょきん》すると……
300 円《えん》× 12 か月《げつ》＝ 3600 円《えん》
→ 1 年後《ねんご》に 3600 円《えん》貯《た》まる

……といっても、オレ、なかなかお金《かね》が貯《た》められないんだよなー。
みんな、どんな工夫《くふう》をしているのかな？

みんなの貯金術《ちょきんじゅつ》を見《み》てみよう

★おこづかいを目的別《もくてきべつ》に分《わ》けておく

おこづかいをもらったら、「自由《じゆう》に使《つか》えるお金《かね》」「文房具代《ぶんぼうぐだい》」「推《お》し活貯金《かつちょきん》」「1年間貯《ねんかんた》めておくお金《かね》」というように目的別《もくてきべつ》に金額《きんがく》を分《わ》けて封筒《ふうとう》に入《い》れています。それをバインダーに入《い》れて管理《かんり》してます。先《さき》に分《わ》けておけば、貯金《ちょきん》も楽々《らくらく》できるという考《かんが》え。

貯金箱《ちょきんばこ》に
分《わ》けていたけど、
場所《ばしょ》をとるので、
バインダーに分《わ》ける
ことにしました。

★つもり貯金《ちょきん》

外《そと》でジュースを飲《の》んだつもりとか、おやつを買《か》ったつもりなど、何《なに》かをしたつもりでその金額《きんがく》を貯《た》めています。本当《ほんとう》にのどが渇《かわ》いたときとかはジュースを買《か》ってますが、家《いえ》にあるのに外《そと》でジュースやおやつを買《か》って無駄《むだ》にしていたお金《かね》が意外《いがい》とあることに気《き》づきました。

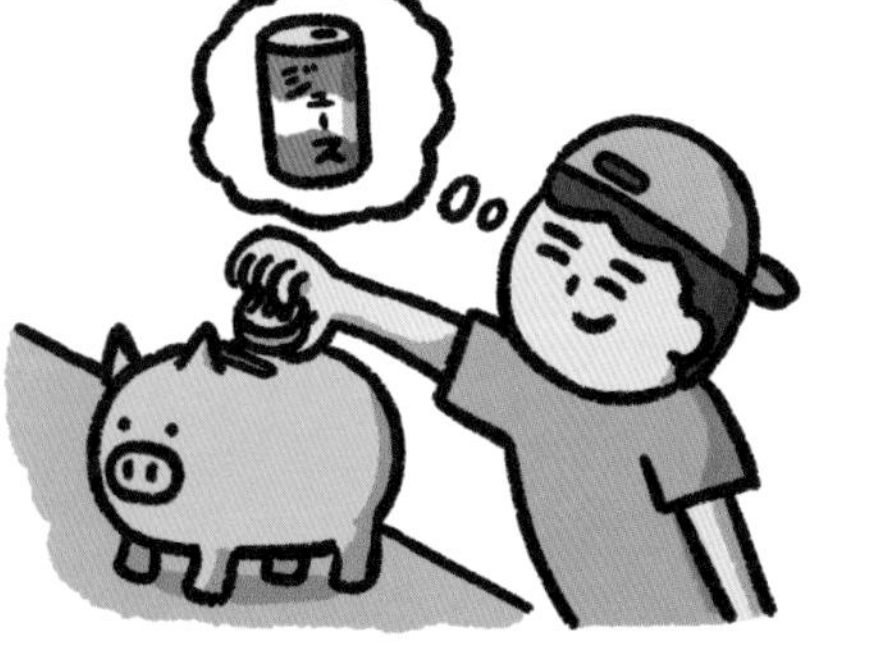

★しばり貯金《ちょきん》

母《はは》が、500円玉貯金《えんだまちょきん》をしているのを見《み》て思《おも》いつきました。自分《じぶん》が生《う》まれた年《とし》のお金《かね》を見《み》つけたら貯金箱《ちょきんばこ》に入《い》れています。おつりをもらうとき、500円《えん》が自分《じぶん》が生《う》まれた年《とし》の硬貨《こうか》だったりするとちょっとうれしいかも……。

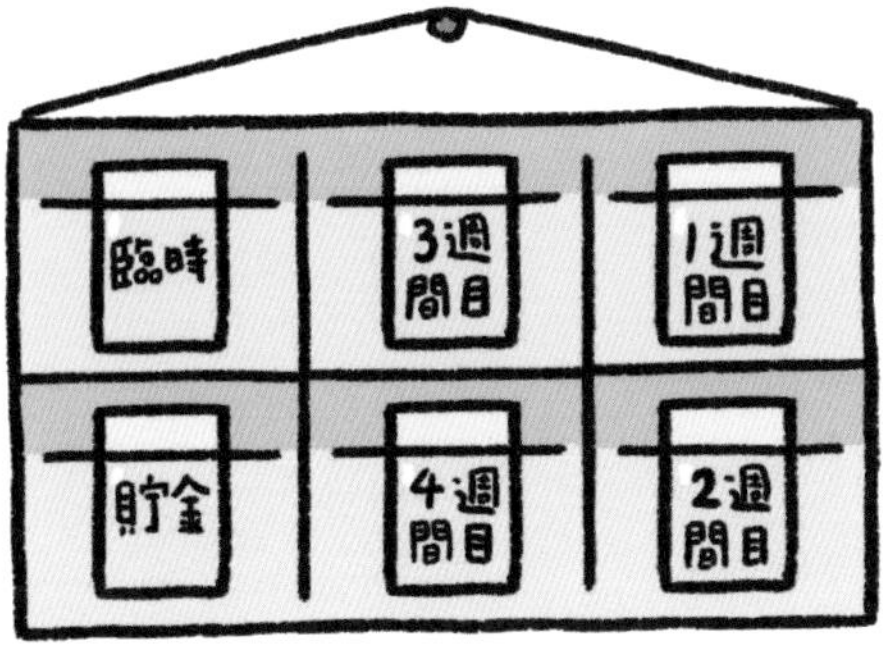

★ウォールポケットで分《わ》ける

おこづかいをもらったら、1週間目《しゅうかんめ》に使《つか》うお金《かね》、2週間目《しゅうかんめ》に使《つか》うお金《かね》というように、4週間《しゅうかん》まで分《わ》けて封筒《ふうとう》に入《い》れます。「臨《りん》時《じ》」は困《こま》ったとき用《よう》の封筒《ふうとう》で、「貯金《ちょきん》」は貯《た》める封筒《ふうとう》というように全額《ぜんがく》を分《わ》けて、ウォールポケットに入《い》れて管理《かんり》してます。もし、1週間目《しゅうかんめ》のお金《かね》をその週使《しゅうつか》わなかった場合《ばあい》は「臨時《りんじ》」のほうに回《まわ》しています。

★ウォールポケットで毎日貯金《まいにちちょきん》

カレンダーになっているウォールポケットに、毎日貯金《まいにちちょきん》しています。金額《きんがく》は決《き》めず、1円以上《えんいじょう》というゆるいルールで、無理《むり》がない範囲《はんい》で続《つづ》けていこうと思《おも》います。カレンダー型《がた》になっているので、貯《た》めていない日《ひ》は気《き》になってしまいます。毎日《まいにち》10円《えん》でも月《つき》に300円《えん》、1年《ねん》で3600円《えん》になります。

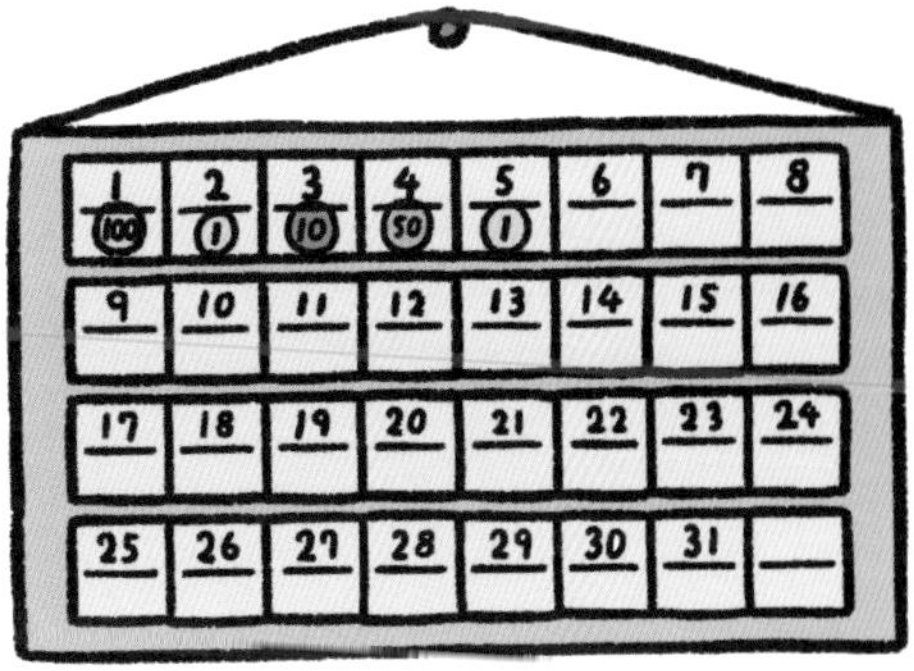

★ぬり絵《え》で見《み》える化《か》

「ぬり絵貯金《えちょきん》」というのが大人《おとな》ではやっていると聞《き》いて、自《じ》分《ぶん》でゴールまでのぬり絵《え》を作《つく》ってみました。かべにはって、その金額《きんがく》を貯金《ちょきん》したら1マス塗《ぬ》っていきます。ゴールまでだんだん近《ちか》づいているのが見《み》える化《か》できて、貯金《ちょきん》のモチベーションも上《あ》がります。

自《じ》己《こ》投《とう》資《し》

自分《じぶん》という資産《しさん》に投資《とうし》し、育《そだ》てていこう

136ページで、「投資《とうし》」とは、成《せい》長《ちょう》（利益《りえき》）を見《み》こんで資産《しさん》を投《とう》じることだと説明《せつめい》しました。同《おな》じように、自分《じぶん》を成長《せいちょう》させるために、お金《かね》や時《じ》間《かん》といった資産《しさん》を使《つか》うことを「自《じ》己《こ》投資《とうし》」といいます。特《とく》に「時間《じかん》」は、みんなが平等《びょうどう》に持《も》っているいちばん大事《だいじ》な資産《しさん》です。時間《じかん》という資産《しさん》を使《つか》って、何《なに》かに一生懸命《いっしょうけんめい》に取《と》り組《く》んでみたり、経験《けいけん》を深《ふか》めたり、いろいろな自己投資《じことうし》ができるでしょう。

今《いま》、お金《かね》や時間《じかん》を投《とう》じたことは、未来《みらい》の時間《じかん》を豊《ゆた》かにすることにつながります。どんな自己投資《じことうし》ができるか、ぜひ考《かんが》えていきましょう。

自己投資《じことうし》のコツ

1 目的《もくてき》をもとう

なんのために時間《じかん》やお金《かね》といった「資産《しさん》」を投《とう》じるのか、目的《もくてき》を考《かんが》えて取《と》り組《く》んでみるとより効果的《こうかてき》。たとえば、英単語《えいたんご》の書《か》き取《と》りの宿題《しゅくだい》をするときも、将来海外《しょうらいかいがい》で活躍《かつやく》するとき役《やく》に立《た》つからだと考《かんが》えると取《と》り組《く》み方《かた》が変《か》わり、身《み》につき方《かた》も変《か》わってきます。「何《なに》か自分《じぶん》のためになるかも」くらいのぼんやりとした目的《もくてき》でも、未来《みらい》の自分《じぶん》のために取《と》り組《く》んだことは将《しょう》来効果《らいこうか》が表《あらわ》れるはずです。

2 長期的《ちょうきてき》にリターン（効果《こうか》）を待《ま》とう

自己投資《じことうし》はすぐに効果《こうか》が出《で》るとは限《かぎ》りません。今取《いまと》り組《く》んだことが、20代《だい》、もしかしたら30代《だい》、40代《だい》とずっと先《さき》になって花開《はなひら》くということもあるかもしれません。試合《しあい》や試験《しけん》など期日《きじつ》が限《かぎ》られているものでなければ、気長《きなが》に取《と》り組《く》んでいきましょう。

3 投《とう》じた資産《しさん》を意識《いしき》しよう

たとえば、英会話《えいかいわ》を身《み》につけたくて教材《きょうざい》を買《か》っても、使《つか》わなければ効果《こうか》は出《で》ません。効果《こうか》が出《で》ないと「自己投資《じことうし》」ではなく「浪費《ろうひ》」になってしまうので、資産《しさん》を投《とう》じる前《まえ》にきちんと取《と》り組《く》めるかどうかを考《かんが》えましょう。経済学《けいざいがく》に「機会費用《きかいひよう》」という考《かんが》えがあります。これはあるものを得《え》るために放棄《ほうき》したものを指《さ》します。たとえば、大学《だいがく》に行《い》くという選択《せんたく》をした場合《ばあい》に、別《べつ》の働《はたら》くという選択《せんたく》をしたときに4年間《ねんかん》で得《え》られるはずだった収入《しゅうにゅう》などを失《うしな》うことになるという考《かんが》え方《かた》です。4年間《ねんかん》という時間《じかん》を投《とう》じるのであれば、働《はたら》いた以上《いじょう》の効果《こうか》が得《え》られるよう大学《だいがく》でがんばって勉強《べんきょう》をしたり資格《しかく》を取《と》ったり、いろいろな自己投資《じことうし》ができるでしょう。

どんな自己投資《じことうし》ができる？

自分《じぶん》を成長《せいちょう》させるためには、いろいろな投資《とうし》が考《かんが》えられます。主《おも》に次《つぎ》のようなことにバランスよく投資《とうし》してみましょう。

勉強《べんきょう》

今《いま》こうしてお金《かね》についての本《ほん》を読《よ》んでいるのも自己投資《じことうし》です。学校《がっこう》で学《まな》んだり、本《ほん》を読《よ》んで知識《ちしき》を得《え》たりすることは、自分《じぶん》で考《かんが》える力《ちから》につながります。受験勉強《じゅけんべんきょう》のためだけではなく、世《よ》の中《なか》にはいろいろな考《かんが》えがあることを知《し》り、自分《じぶん》の頭《あたま》で考《かんが》えることが大切《たいせつ》です。考《かんが》える力《ちから》は、人生《じんせい》を切《き》り開《ひら》いていくのに必《かなら》ず役立《やくだ》ちます。

健康《けんこう》

体《からだ》が健康《けんこう》だと、勉強《べんきょう》や運動《うんどう》のパフォーマンスも上《あ》がります。体《からだ》と心《こころ》を健康《けんこう》に保《たも》つために、栄養《えいよう》バランスがよい食《しょく》事《じ》をとり、しっかり睡眠《すいみん》をとり、適度《てきど》に運動《うんどう》するというのも自己投資《じことうし》になります。

好《す》きなこと

サッカーでもゲームでも、心《こころ》から好《す》きなものがあるというのはすばらしいことです。好《す》きなことをしている時間《じかん》は、ワクワクして脳《のう》も活性化《かっせいか》されています。他《ほか》にやらなければいけないことがあると好《す》きなことだけをしているわけにもいきませんが、好《す》きなことに打《う》ちこむ時間《じかん》が確《かく》保《ほ》できるよう、自分《じぶん》の時間《じかん》を管理《かんり》してみましょう。

人間関係《にんげんかんけい》

家族《かぞく》や友《とも》だちといった人間関係《にんげんかんけい》も、みなさんの大事《だいじ》な資《し》産《さん》です。好《す》きな人《ひと》と過《す》ごす時間《じかん》は心《こころ》をおだやかにしてくれるでしょうし、友《とも》だちと仲《なか》よくしたり、ときにはケンカしたりしながらみなさんの心《こころ》は成長《せいちょう》していきます。自《じ》分《ぶん》のまわりにいる人《ひと》のことを考《かんが》えたり、まわりの人《ひと》から学《まな》んだりすることを大切《たいせつ》にしましょう。

心《こころ》を豊《ゆた》かにする経験《けいけん》

人《ひと》とのつき合《あ》いや、好《す》きなことに打《う》ちこむことなど、さまざまな経験《けいけん》がみなさんの心《こころ》を豊《ゆた》かにしてくれます。旅《りょ》行《こう》でいろいろな経験《けいけん》をしたり、芸術《げいじゅつ》に触《ふ》れたりすることも自己投資《じことうし》になります。経験《けいけん》には、受験《じゅけん》の失敗《しっぱい》や失恋《しつれん》などつらい経験《けいけん》も含《ふく》まれます。こうした経験《けいけん》もただの失敗《しっぱい》ととらえず、いろいろなことを考《かんが》えるきっかけになったと考《かんが》えることができれば、きっとその後《ご》の人生《じんせい》に生《い》きるはずです。

時間《じかん》という資源《しげん》を有効《ゆうこう》に使《つか》おう

夢《ゆめ》を叶《かな》えるために時間《じかん》を味方《みかた》につけよう

社会《しゃかい》が限《かぎ》られた資源《しげん》をどのように管理《かんり》するかを研究《けんきゅう》するのが経済学《けいざいがく》ですが、みなさんが平等《びょうどう》にもっている時間《じかん》もまた希少《きしょう》な資源《しげん》と考《かんが》えることができます。上手《じょうず》に使《つか》えば、より人生《じんせい》をかがやかせることができるでしょう。

10代《だい》は能力《のうりょく》を大《おお》きく伸《の》ばすことができる時期《じき》で、社会《しゃかい》に出《で》るまでに自由《じゆう》に使《つか》える時間《じかん》があります。自分《じぶん》のもつ能力《のうりょく》を高《たか》めるために、時間《じかん》をたっぷりかけることができますね。

自分《じぶん》のえがくゴールに着実《ちゃくじつ》に近《ちか》づいていくために、「トレード・オフ」（40ページ）を意識《いしき》し、時間《じかん》の有効《ゆうこう》な使《つか》い方《かた》を考《かんが》えていきましょう。

時間《じかん》の有効《ゆうこう》な使《つか》い方《かた》

1 時間《じかん》を何《なに》に配分《はいぶん》するかを考《かんが》える

プラン

たとえば、学校《がっこう》から帰《かえ》ってから寝《ね》るまでの間《あいだ》で、食事《しょくじ》やお風呂《ふろ》など生活《せいかつ》に必要《ひつよう》な時間《じかん》をのぞいたらどのくらい自由《じゆう》な時間《じかん》があるかを計算《けいさん》します。自由《じゆう》な時間《じかん》が２時間《じかん》だとしたら、その２時間《じかん》で何《なに》をするか配分《はいぶん》を考《かんが》えましょう。

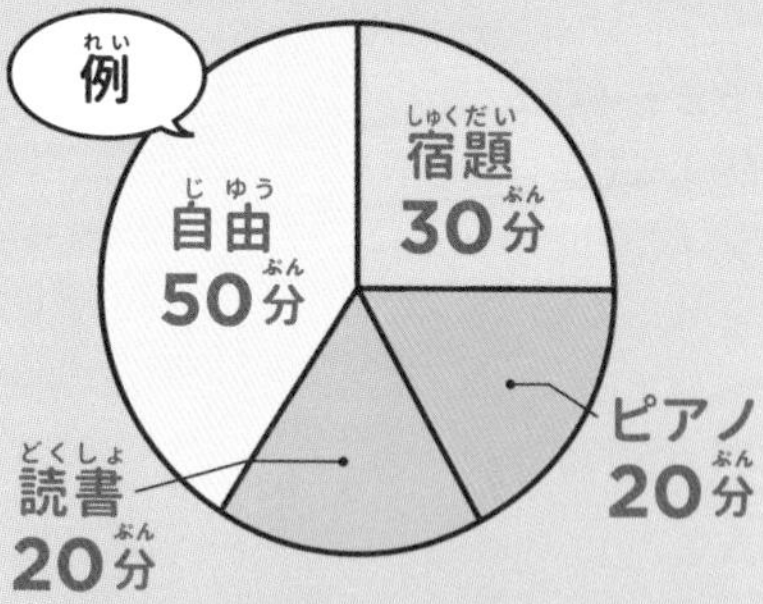

2 決《き》めた時間《じかん》は集中《しゅうちゅう》する

実行《じっこう》

この時間《じかん》はこれをやると決《き》めたら、その時間《じかん》は集中《しゅうちゅう》して取《と》り組《く》みましょう。集中《しゅうちゅう》のじゃまになりそうなもの（スマホやテレビなど）は、部屋《へや》の中《なか》に置《お》かないようにするといいですね。

3 時間《じかん》の使《つか》い方《かた》をふり返《かえ》る

見直《みなお》し→改善《かいぜん》

自分《じぶん》で決《き》めた時間《じかん》の使《つか》い方《かた》ができたかどうかを見直《みなお》します。うまく予定通《よていとお》りにいかなかったとしたら、予定《よてい》をつめ込《こ》みすぎたのかもしれません。

やる気《き》が出《で》ないときのテクニック

p.252で「人《ひと》は将来《しょうらい》のことを軽視《けいし》する」と説明《せつめい》しました。自己投資《じことうし》はすぐに結果《けっか》（報酬《ほうしゅう》）が出《で》るものではないので、すぐに「楽《たの》しさ」という報酬《ほうしゅう》が手《て》に入《はい》るゲームや動画《どうが》に意識《いしき》がいってしまうのは人《ひと》としては当《あ》たり前《まえ》なのです。やる気《き》が出《で》ないというときはだれにでもありますが、東京大学《とうきょうだいがく》の脳《のう》研究者《けんきゅうしゃ》の池谷裕二《いけがやゆうじ》先生《せんせい》が監修《かんしゅう》された『勉強脳《べんきょうのう》のつくり方《かた》』*によると、「やる気《き》」というものはやりはじめない限《かぎ》り出《で》ないそうです。まず、決《き》めたことは実行《じっこう》してしまうことが大事《だいじ》で、やる気《き》は後《あと》からついてくるもののようです。

（参考文献《さんこうぶんけん》）＊『勉強脳《べんきょうのう》のつくり方《かた》』（池谷裕二《いけがやゆうじ》監修《かんしゅう》／日本図書《にほんとしょ》センター）

なるほどね〜。
待《ま》ってても
やる気《き》は出《で》ないから、
まずは行動《こうどう》に移《うつ》すことが
大事《だいじ》なんだね！

テク1 コミットメント

計画《けいかく》を立《た》てたら、その計画《けいかく》をまわりの人《ひと》に話《はな》して「やる！」ということを宣言《せんげん》するテクニックです。宣言《せんげん》してしまえば、自分《じぶん》の中《なか》でもその約束《やくそく》がしばりになりますし、まわりの人《ひと》から「本当《ほんとう》にやってるのかな？」と思《おも》われ信用《しんよう》にも関《かか》わるので、とにかくやろうという気《き》が起《お》こります。

テク2 インセンティブ

自分《じぶん》で小《ちい》さなごほうびを用意《ようい》するテクニックです。自己投《じこと》資《し》は将来《しょうらい》にゴールが設定《せってい》されているので、実現《じつげん》の喜《よろこ》びが味《あじ》わえるのはだいぶ先《さき》になります。そこで、身近《みぢか》なところで目標《もくひょう》を決《き》めてそれが実現《じつげん》できたら小《ちい》さなごほうびを自分《じぶん》に与《あた》えます。「この漢字《かんじ》10個《こ》を覚《おぼ》えたら、あのチョコレートを食《た》べよう」など小《ちい》さなごほうびでOK《オーケー》です。

やります！

テク3 見《み》える化《か》

p.265の貯金《ちょきん》のテクニックでも使《つか》いましたが、目《め》に見《み》える形《かたち》で目標《もくひょう》に近《ちか》づいていることがわかると、達成感《たっせいかん》がわいてきてさらにやる気《き》につながります。やることを紙《かみ》に書《か》き、終《お》わるたびにペンで線《せん》を引《ひ》いて消《け》していくだけでも効果《こうか》はあります。

COLUMN 9

時間《じかん》とお金《かね》の関係《かんけい》

時間《じかん》は全員平等《ぜんいんびょうどう》に1日《にち》24時間《じかん》しかない限《かぎ》られた資源《しげん》なので、その価値《かち》はお金《かね》と代《か》えることができます。たとえば、アルバイトは、自分《じぶん》の時間《じかん》を労働《ろうどう》に提供《ていきょう》し、その対価《たいか》として時給《じきゅう》を得《え》ます。忙《いそが》しくてごはんを作《つく》ったり買《か》ったりする時間《じかん》がない人《ひと》は、食事《しょくじ》をデリバリーすることで、足《た》りない時間《じかん》をカバーすることもできます。時間《じかん》とお金《かね》の使《つか》い方《かた》を考《かんが》えることは、自分《じぶん》にとって何《なに》が大切《たいせつ》かを考《かんが》えることにつながります。

次の角を左です
GOHAN

今《いま》からできるお金《かね》のトレーニング5

困《こま》ったら相《そう》談《だん》する

お金《かね》で何《なに》かトラブルがあったとき、家《いえ》の人《ひと》に相談《そうだん》したらおこられそうだけど……。

相談《そうだん》できるということも自立《じりつ》のひとつ

小《しょう》、中学生《ちゅうがくせい》でも、オンラインゲームで気《き》づかず高額課金《こうがくかきん》をしてしまったなど、お金《かね》のトラブルにあうことがあります。

もし、トラブルにあったら、みなさんならどうしますか？

ネットやお金《かね》のトラブルなどは、子《こ》どもの力《ちから》で解決《かいけつ》することが難《むずか》しく、おうちの人《ひと》に相談《そうだん》するとおこられるかもとかくしている間《あいだ》に、問題《もんだい》が大《おお》きくなってしまう可能性《かのうせい》もあります。困《こま》ったときにはひとりでかかえこまず、おうちの人《ひと》や相談機関《そうだんきかん》に必《かなら》ず相《そう》談《だん》しましょう。

18歳《さい》になるとみなさんは成人《せいじん》し、

困《こま》ったときの相談先《そうだんさき》

消費者《しょうひしゃ》ホットライン

商品《しょうひん》やサービスなど消費生活全般《しょうひせいかつぜんぱん》に関《かん》するトラブルなどの相談《そうだん》を聞《き》き、解決《かいけつ》のためのお手伝《てつだ》いをしてくれます。携帯電話《けいたいでんわ》、家《いえ》の固定電話《こていでんわ》などで「188」にかけてください。相談《そうだん》は無料《むりょう》ですが、通話料金《つうわりょうきん》はかかります。

電話《でんわ》 188《いやや》

こんなことで困《こま》ったときに相談《そうだん》しよう

★ネットでライブのチケットを買《か》ったけれど、チケットが届《とど》かない。

★「楽《らく》して稼《かせ》げる」などとアルバイトに誘《さそ》われているけれどなんだかあやしい……。

金融《きんゆう》サービス利用者相談室《りようしゃそうだんしつ》（金融庁《きんゆうちょう》）

預金《よきん》、融資《ゆうし》などに関《かん》することや、保険商品《ほけんしょうひん》、投資商品《とうししょうひん》、暗号資産《あんごうしさん》などに関《かん》する相談《そうだん》や質問《しつもん》に対応《たいおう》しています。「必《かなら》ずもうかる株《かぶ》です！元本保証《がんぽんほしょう》します」といった勧誘《かんゆう》など、あやしいと思《おも》ったら相談《そうだん》しましょう。なお、暗号資産交換業者《あんごうしさんこうかんぎょうしゃ》は、金融庁《きんゆうちょう》・財務局《ざいむきょく》の登録《とうろく》が必要《ひつよう》なので、金融庁《きんゆうちょう》のホームページでは、登録《とうろく》を受《う》けた事業者《じぎょうしゃ》の一覧《いちらん》や警告《けいこく》された事業者名《じぎょうしゃめい》などが確認《かくにん》できます。

電話《でんわ》　0570-016811

IP《アイピー》電話《でんわ》・PHS《ピーエイチエス》　03-5251-6811

※相談《そうだん》はWEB《ウェブ》でも受《う》け付《つ》けています（24時間《じかん》）。
http://www.fsa.go.jp/opinion/

この本《ほん》で勉強《べんきょう》したみなさんは、「絶対《ぜったい》にもうかる」という
おいしい話《はなし》がないことはわかってますよね！

警察相談専用電話《けいさつそうだんせんようでんわ》

詐欺《さぎ》など生活《せいかつ》の安全《あんぜん》に関《かか》わる悩《なや》みや困《こま》ったことの相《そう》談《だん》にのってくれ、相談内容《そうだんないよう》に応《おう》じて、専門機関《せんもんきかん》への引継《ひきつ》ぎも行《おこな》ってくれます。

電話《でんわ》　#9110

契約《けいやく》などを自分《じぶん》で行《おこな》えるようになります。クレジットカードをつくることも可能《かのう》です。146～149ページで、お金《かね》のトラブルに注意《ちゅうい》する方《ほう》法《ほう》について説明《せつめい》しています。こうしたトラブルに巻《ま》きこまれないように、契約書《けいやくしょ》をよく読《よ》んだり、お金《かね》を計画《けいかく》的《てき》に使《つか》ったり、自分《じぶん》で自分《じぶん》の身《み》やお金《かね》を守《まも》ることが大切《たいせつ》です。

しかし、どんなに注意《ちゅうい》していても、もしかしたら何《なに》かのトラブルに巻《ま》きこまれてしまうことがあるかもしれません。被害《ひがい》が大《おお》きくなる前《まえ》に、相《そう》談《だん》機関《きかん》へ相談《そうだん》することが大切《たいせつ》です。

また、あなたが相談《そうだん》することで、他《ほか》の人《ひと》を救《すく》ったり、社会《しゃかい》を変《か》えたりすることにつながるかもしれません。

トラブルには巻《ま》きこまれたくないけれど、いざというときの相談先《そうだんさき》を知《し》っておくことは大事《だいじ》だよね。

自分《じぶん》の行動《こうどう》で未来《みらい》は変《か》えられる

現在《げんざい》の選択《せんたく》が、未来《みらい》の社会《しゃかい》や自分《じぶん》をつくり出《だ》す

未来《みらい》のことはだれにもわからないものです。これからみなさんがどんな選択《せんたく》をするかによって、社会《しゃかい》や未《み》来《らい》は形作《かたちづく》られていきます。たとえばみなさんが、安《やす》さだけで商品《しょうひん》を選《えら》ぶことをやめ、エシカル消費《しょうひ》を実践《じっせん》するようになり、そうした人《ひと》が増《ふ》えていけば、事業者《じぎょうしゃ》も環境《かんきょう》や貧困《ひんこん》などの社会的《しゃかいてき》な課題《かだい》の解決《かいけつ》に積極的《せっきょくてき》に取《と》り組《く》むことになるでしょう。

このように、みなさんの行動《こうどう》で社《しゃ》会《かい》や未来《みらい》を変《か》えていくことができます。また、自分自身《じぶんじしん》についても、今《いま》現在《げんざい》の選択《せんたく》が未来《みらい》の自分《じぶん》を変《か》えていくことにつながります。

日々《ひび》の消費《しょうひ》が未来《みらい》を変《か》える

賞味期限《しょうみきげん》が近《ちか》い商品《しょうひん》を選《えら》ぶ

すぐに食《た》べるものであれば、なるべく賞味《しょうみ》期限《きげん》が近《ちか》い商品《しょうひん》を選《えら》ぶようにすると、廃棄《はいき》される商品《しょうひん》を減《へ》らすことにつながります。

食品《しょくひん》ロスを減《へ》らすために、「てまえどり」を政府《せいふ》も呼《よ》びかけています。

日々《ひび》の行動《こうどう》が自分《じぶん》を変《か》える

運動《うんどう》の習慣《しゅうかん》をつける

運動《うんどう》を習慣化《しゅうかんか》すると、食事《しょくじ》や睡眠《すいみん》をしっかりとることができて、健康《けんこう》な体作《からだづく》りにつながります。病気《びょうき》をしづらくなったり、意欲的《いよくてき》に物事《ものごと》に取《と》り組《く》めるようになったりと、わかりやすくよい効果《こうか》があらわれるでしょう。

未来《みらい》を変《か》える3.5%の法則《ほうそく》

ハーバード大学《だいがく》の政治学者《せいじがくしゃ》エリカ・チェノウェス教授《きょうじゅ》は、過《か》去《こ》100年間《ねんかん》に起《お》きた市民活動《しみんかつどう》や革命運動《かくめいうんどう》の歴史《れきし》を調《しら》べ、「全人《ぜんじん》口《こう》の3.5%の人《ひと》が積極的《せっきょくてき》に参加《さんか》する場合《ばあい》、その革命運動《かくめいうんどう》は失敗《しっぱい》しない」という仮説《かせつ》を発表《はっぴょう》しました。しかも、武力《ぶりょく》など暴力《ぼうりょく》にうったえるより、非暴力的《ひぼうりょくてき》な方法《ほうほう》をとったほうが、成功率《せいこうりつ》は2倍《ばい》だというのです。過半数《かはんすう》の賛成《さんせい》ではなく、たった3.5%の人《ひと》が声《こえ》を上《あ》げることで社会《しゃかい》を変《か》えることができる――この結果《けっか》は世界《せかい》におどろきと共《とも》に勇気《ゆうき》を与《あた》えてくれるものでした。

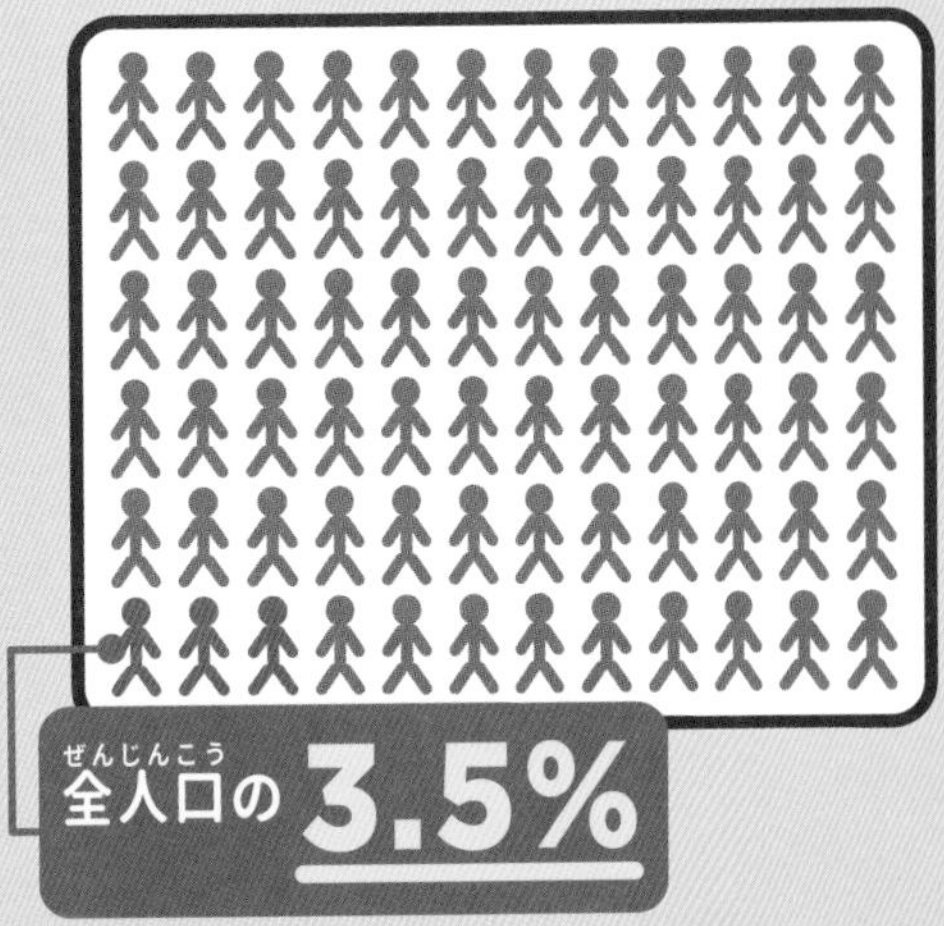
全人口《ぜんじんこう》の3.5%

日本《にほん》の人口《じんこう》

437万《まん》5000人《にん》

1億《おく》2500万人《まんにん》

3.5%という人数《にんずう》を、みなさんは多《おお》いと思《おも》いますか？　少《すく》ないと思《おも》いますか？　日本《にほん》の人口《じんこう》は約《やく》1億《おく》2500万人《まんにん》なので、3.5%というと437万《まん》5000人《にん》くらいです。それだけの人《ひと》と思《おも》いを同《おな》じにできれば、社会《しゃかい》は変《か》わるかもしれません。

フェアトレードの
チョコレートは
売《う》っていますか？
この質問《しつもん》、
この子《こ》で3人目《にんめ》
だな……。

近《ちか》くのお店《みせ》でフェアトレード商品《しょうひん》が売《う》っていなければ、店員《てんいん》さんに聞《き》いてみることで、店員《てんいん》さんの意識《いしき》を変《か》えることができるかも……？

もちろん、世界《せかい》や社会《しゃかい》を変《か》えられるかどうかには、多《おお》くの要因《よういん》が関係《かんけい》してきます。それでも、だれも声《こえ》を上《あ》げなければゼロのまま変化《へんか》は起《お》こりません。今《いま》まで世界中《せかいじゅう》で起《お》こってきた「Black Lives Matter《ブラック ライブズ マター》」などの人権運動《じんけんうんどう》や、環境活動家《かんきょうかつどうか》のグレタ・トゥーンベリさんによる抗議活動《こうぎかつどう》も、未来《みらい》が変《か》わることを願《ねが》い声《こえ》を上《あ》げることで一大《いちだい》ムーブメントとなり、人々《ひとびと》の意識《いしき》を変《か》えていくことにつながりました。

環境問題《かんきょうもんだい》や社会問題《しゃかいもんだい》に興味《きょうみ》をもったなら、まずは小《ちい》さなことでもいいから実践《じっせん》してみましょう。そして、身近《みぢか》なところでも数人《すうにん》と思《おも》いが共有《きょうゆう》できたら、未来《みらい》は変《か》わるかもしれません。

(参考文献《さんこうぶんけん》)『市民的抵抗《しみんてきていこう》　非暴力《ひぼうりょく》が世界《せかい》を変《か》える』(エリカ・チェノウェス著《ちょ》／小林綾子訳《こばやしあやこやく》／白水社《はくすいしゃ》)

MONEY

何《なに》を大事《だいじ》に生《い》きていきたい？

自分《じぶん》を見《み》つめることで幸《しあわ》せなお金《かね》の使《つか》い方《かた》は見《み》つかる

６章《しょう》では、お金《かね》とつき合《あ》っていくときのヒントになる話《はなし》をしてきました。お金《かね》の稼《かせ》ぎ方《かた》、使《つか》い方《かた》は人《ひと》によっ

お金《かね》について、あなたはどんな価値観《かちかん》をもっているかな？　下《した》の質問《しつもん》に答《こた》えながら考《かんが》えてみましょう。

考《かんが》えてみよう

自分《じぶん》の価値観《かちかん》をチェック

次《つぎ》の1～5の質問《しつもん》について、自分《じぶん》の考《かんが》えに近《ちか》いものに✔をつけてみましょう。

1 仕事《しごと》のやりがいとお金《かね》どっちが大事《だいじ》？

- □ 給与《きゅうよ》や報酬《ほうしゅう》は安《やす》くても、やりがいがある仕事《しごと》がしたい。
- □ やりがいは大事《だいじ》だけど、それに見合《みあ》った給与《きゅうよ》や報酬《ほうしゅう》は絶対《ぜったい》にほしい。
- □ お金《かね》とやりがいはイコールだと思《おも》うから、より給与《きゅうよ》や報酬《ほうしゅう》が高《たか》い仕事《しごと》に就《つ》くべき。

2 買《か》い物《もの》に行《い》くなら？

- □ 少《すこ》し遠《とお》くても、フェアトレード商品《しょうひん》やサステナブルシーフードを扱《あつか》うスーパーに行《い》く。
- □ 少《すこ》し遠《とお》くても、値段《ねだん》がなるべく安《やす》いスーパーに行《い》く。
- □ 時短重視《じたんじゅうし》！　割高《わりだか》でも近《ちか》くのコンビニへ行《い》く。

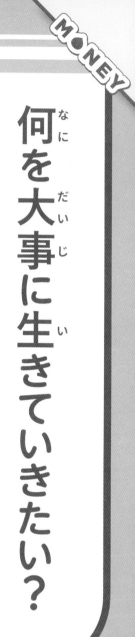

て異《こと》なり、全員《ぜんいん》に共通《きょうつう》する正解《せいかい》はないということがわかりましたか？

お金《かね》は、自分《じぶん》が価値《かち》を感《かん》じるものや自分《じぶん》らしい人生《じんせい》を送《おく》るために使《つか》うものだから、お金《かね》と上手《じょうず》につき合《あ》っていくには、自分《じぶん》が何《なに》を大事《だいじ》にしてどんなことに幸《しあわ》せを感《かん》じるのかを考《かんが》えていく必要《ひつよう》があります。

幸《しあわ》せの形《かたち》は人《ひと》それぞれ異《こと》なるものです。また、自分《じぶん》の考《かんが》えも、今《いま》まで考《かんが》えてみたこともなかった新《あたら》しい意《い》見《けん》などに接《せっ》することで、きっと変《か》わっていきます。

何《なに》を大事《だいじ》にしたいか、自分《じぶん》にとって幸福《こうふく》とはどんな状態《じょうたい》なのか、自分《じぶん》の心《こころ》に問《と》い続《つづ》け、答《こた》えをさがして、自分《じぶん》らしい生《い》き方《かた》につなげていってください。

次《つぎ》のページで、最後《さいご》にもう一度《いちど》「お金《かね》ってなんだろう？」ということをふり返《かえ》ってみましょう。「キミにとってお金《かね》とは何《なに》？」という問《と》いについて考《かんが》えてみてください。

3 税金《ぜいきん》はどう使《つか》ってほしい？

□ 北欧《ほくおう》のように高《たか》くなってもいいから、社会福祉《しゃかいふくし》を充実《じゅうじつ》させてほしい。

□ 税金《ぜいきん》の使《つか》い方《かた》を見直《みなお》して、国民《こくみん》が納《おさ》める金額《きんがく》は一律《いちりつ》でもっと安《やす》くしてほしい。

□ 今《いま》の金額《きんがく》のままでいいので、困《こま》っている人《ひと》のために使《つか》ってほしい。

4 プラスチック製品《せいひん》、どのくらいまで無《な》くなったらいいと思《おも》う？

□ プラスチック製品《せいひん》0％でいいと思《おも》う。代《か》わりにリサイクルできてゴミにならない紙製品《かみせいひん》などを使《つか》えばいい。

□ プラスチック製品《せいひん》を50％くらいまで減《へ》らしたい。買《か》う側《がわ》はなるべくマイボトルやエコバッグを持《も》ち歩《ある》き、作《つく》る側《がわ》もプラスチックをなるべく使《つか》わないようにしていけばいい。

□ 脱《だつ》プラスチックはかなり難《むずか》しいので、二酸化炭素《にさんかたんそ》を出《だ》さない処理方法《しょりほうほう》など技術開発《ぎじゅつかいはつ》に力《ちから》を入《い》れて今《いま》のまま使《つか》い続《つづ》ければいい。

5 時間《じかん》をお金《かね》で買《か》うなら、どれがいい？

□ テストや試合《しあい》、課題提出前《かだいていしゅつまえ》の1時間《じかん》を3000円《えん》で買《か》いたい。

□ 遊園地《ゆうえんち》やライブなど楽《たの》しい時間《じかん》を1時間延長《じかんえんちょう》するのに3000円使《えんつか》いたい。

□ 毎日《まいにち》1時間増《じかんふ》やすために月額《げつがく》3000円使《えんつか》いたい。

夏休《なつやす》みの宿題《しゅくだい》が
終《お》わらなかったとき、
時間《じかん》を買《か》いたいとかって
思《おも》ったけど1時間《じかん》
3000円《えん》かぁ……。

お金《かね》ってなんだろう？

1章《しょう》から6章《しょう》までで、お金《かね》についていろいろと学《まな》んできました。知識《ちしき》をつけたうえで、あらためて、みなさんにとってお金《かね》とはどんなものですか？

1章《しょう》

★お金《かね》には3つの役割《やくわり》がある

- ものと交換《こうかん》できる　（交換《こうかん》・流通手段《りゅうつうしゅだん》）
- 価値《かち》をはかれる　（価値尺度《かちしゃくど》）
- 貯《た》めておける　（価値貯蔵手段《かちちょぞうしゅだん》）

★お金《かね》はみんなが信《しん》じているから
お金《かね》である

2章《しょう》

★お金《かね》は働《はたら》いて稼《かせ》ぐ

★主《おも》な給与形態《きゅうよけいたい》には3種類《しゅるい》ある
月給制《げっきゅうせい》／時給制《じきゅうせい》／出来高制《できだかせい》　（歩合制《ぶあいせい》）

★雇用《こよう》のかたち
正規雇用《せいきこよう》／非正規雇用《ひせいきこよう》／雇《やと》われない

★仕事《しごと》によって収入《しゅうにゅう》が違《ちが》う

3章《しょう》

★生活《せいかつ》するにはお金《かね》がかかる

★買《か》い物《もの》で意思表示《いしひょうじ》をする（エシカル消費《しょうひ》）

★さまざまな支払《しはら》い方法《ほうほう》がある
現金《げんきん》／キャッシュレス、
前払《まえばら》い／即時払《そくじばら》い／後払《あとばら》い

★その他《ほか》お金《かね》のいろいろな使《つか》い方《かた》
借金《しゃっきん》／貯金《ちょきん》／投資《とうし》／寄付《きふ》

★お金《かね》のトラブルに注意《ちゅうい》

4章《しょう》

★商品《しょうひん》の価格《かかく》は需要《じゅよう》と供給《きょうきゅう》で決《き》まる

★景気《けいき》や物価《ぶっか》は変動《へんどう》する
（インフレ／デフレ）

★税金《ぜいきん》は公共施設《こうきょうしせつ》や、社会保障《しゃかいほしょう》などの公共《こうきょう》
サービスに使《つか》われる

★円《えん》の価値《かち》は変《か》わる（円安《えんやす》／円高《えんだか》）

★政府《せいふ》＝財政政策《ざいせいせいさく》、日銀《にちぎん》＝金融政策《きんゆうせいさく》で経済《けいざい》
の状況《じょうきょう》を安定《あんてい》させる

5章《しょう》

★経済《けいざい》のグローバル化《か》によって
世界《せかい》は豊《ゆた》かになった

★グローバル化《か》の一方《いっぽう》で問題《もんだい》も
生《う》まれている
格差拡大《かくさかくだい》／貧困《ひんこん》／環境破壊《かんきょうはかい》　など

★日本国内《にほんこくない》も経済的《けいざいてき》な問題《もんだい》を抱《かか》えている
少子高齢化《しょうしこうれいか》／食料《しょくりょう》、エネルギー自給率《じきゅうりつ》の問題《もんだい》／
格差《かくさ》の問題《もんだい》

6章《しょう》

★お金《かね》との関《かか》わり方《かた》は
年齢《ねんれい》によって変《か》わる

★人生《じんせい》の選択《せんたく》によって支出《ししゅつ》が変《か》わる
支出《ししゅつ》のうち大《おお》きなものは教育《きょういく》／住宅《じゅうたく》／老後《ろうご》

★人生《じんせい》のゴールに向《む》かって、
ライフデザインをえがいていく

★お金《かね》の使《つか》い方《かた》や人生《じんせい》の選択《せんたく》は、自分《じぶん》で
意思決定《いしけってい》していくことが大事《だいじ》

考《かんが》えてみよう

キミにとってお金《かね》って何《なに》？

自分《じぶん》にとってお金《かね》はどんなものだと思《おも》う？
今《いま》、考《かんが》えていることを自由《じゆう》に書《か》いてみましょう。

p.25でも同《おな》じ質問《しつもん》をしているよ。この本《ほん》を読《よ》んで、お金《かね》に対《たい》する考《かんが》え方《かた》は変《か》わったかな？

ちょっと難《むずか》しい話《はなし》もあったけど、自分《じぶん》の価値観《かちかん》やこれからの人生《じんせい》についていろいろ考《かんが》えるきっかけになったかも〜。

まだ自分《じぶん》では人生《じんせい》の目標《もくひょう》やゴールがよくわからないっていうオレみたいな人《ひと》もいるかもしれないね。でも、全然《ぜんぜん》だいじょうぶ！　これからじっくり考《かんが》えていこうな！

キレイに植《う》えられたわね！
今回《こんかい》は花《はな》の苗《なえ》を寄付《きふ》してくれてみんなありがとう！
公園《こうえん》や通学路《つうがくろ》の花《はな》ってボランティア活動《かつどう》のおかげだったんですね
お花《はな》が咲《さ》いていると気持《きも》ちがはずむしそれで苗《なえ》を寄付《きふ》しようって考《かんが》えたんです
お花《はな》はいやされるしこれならゴミのポイ捨《す》てもなくなるかなってそれで私《わたし》たちはこの活動《かつどう》をはじめたのよ
みんなのように協力《きょうりょく》してくれる人《ひと》も増《ふ》えてお花《はな》の輪《わ》が広《ひろ》がるのはうれしいわ！
何色が咲くかなー？
楽しみ！

喜《よろこ》んでもらえてよかった〜
みんなも楽《たの》しめたしな！
楽しかったー！
お花《はな》の成長《せいちょう》も楽《たの》しみだし未来《みらい》につながってってなんだかいいね
ユウキ売上金《うりあげきん》の活《い》かし方《かた》ナイスアイデア！
いやいやでもさ今回《こんかい》お金《かね》のことも考《かんが》えながら動《うご》くのが結構《けっこう》楽《たの》しかったなって
仕入れ
予算
販売
やり取り
売上げ
10000
活かし方
私《わたし》も！お金《かね》の流《なが》れもわかって おもしろいなって思《おも》った！
オレ 自分《じぶん》のこづかいは自分《じぶん》のために使《つか》ってきたけど こういう使《つか》い方《かた》も夢《ゆめ》があるなって気《き》づいたよ
社会の一員って感じもするし
あれ？億《おく》ションはもういいの？

いや！億《おく》ションにも住《す》むし！
いっぱい稼《かせ》いでオレの金《かね》をみんなの幸《しあわ》せにも役立《やくだ》てるぜ！
ドーン!!
よっ！ダイチ！
おー！期待《きたい》してるねー
ただいまー！
アハハ
あっこらー！
こうしてごはんを食《た》べたり余暇《よか》を楽《たの》しめたりするのも
だれかの仕事《しごと》のおかげで当《あ》たり前《まえ》のことじゃないんだな…

人《ひと》と人《ひと》をつなぐ
お金《かね》の流《なが》れ
ぼくはこの先《さき》
どう関《かか》わって
いくんだろう
…まだ
やりたいことも
得意《とくい》なことも
わからないけど
自分《じぶん》の将来《しょうらい》の仕事《しごと》が
だれかの
「ありがとう」に
つながるといいな
未来《みらい》のことは
わからなくて
不安《ふあん》もあるけれど…
正解《せいかい》は
ひとつじゃない
―うん
自分《じぶん》らしい
人生《じんせい》の歩《ある》き方《かた》を
見《み》つけていこう

おわりに

長《なが》い「お金《かね》」を巡《めぐ》る冒険《ぼうけん》を終《お》えて、とらえどころのない「お金《かね》」を、便利《べんり》な道具《どうぐ》として〝使《つか》える〟と思《おも》うようになれたでしょうか。自転車《じてんしゃ》のように自在《じざい》に操《あやつ》ることができそうですか？　自転車《じてんしゃ》は上手《じょうず》に乗《の》りこなし、どこかに行《い》こうとしない限《かぎ》り、ただ持《も》っているだけでは意味《いみ》がないものですが、うまく用《もち》いれば移動《いどう》でき、ときには素敵《すてき》な景色《けしき》に出会《であ》うこともできます。お金《かね》も同《おな》じように、目的《もくてき》を達《たっ》したり、素敵《すてき》な景色《けしき》に出会《であ》えたりするかは、自分《じぶん》の用《もち》い方《かた》にかかっているということができます。

また、自転車《じてんしゃ》もお金《かね》の知識《ちしき》も、そのままにしておくと次第《しだい》に錆《さ》びていきます。いざというときに使《つか》えないということがないよう自転車《じてんしゃ》を手入《てい》れしておくのと同様《どうよう》に、お金《かね》の知識《ちしき》も更新《こうしん》し続《つづ》けないといけません。この『お金《かね》の図鑑《ずかん》』は、なるべく新《あたら》しいデータや知見《ちけん》を用《もち》いて書《か》かれていますが、変化《へんか》の激《はげ》しい時代《じだい》にあって、変《か》わっていくこともあるでしょう。ぜひ、ここで立《た》ち止《ど》まらず、いろいろなニュースなどに耳《みみ》を傾《かたむ》け、学《まな》び続《つづ》けてほしいと思《おも》います。本《ほん》を読《よ》み終《お》わっても、お金《かね》について学《まな》び終《お》わったということではないのです。

そして同時《どうじ》に、この本《ほん》を通《とお》してしてきたように、自分《じぶん》に問《と》いかけることも続《つづ》けてほしいと思《おも》います。たとえば、昨今《さっこん》はニュースで「貯蓄《ちょちく》から投資《とうし》へ」という言葉《ことば》が盛《さか》んにいわれるようになりました。学校《がっこう》でも投資《とうし》について学《まな》ぶことでしょう。そうなると投資《とうし》をしないと置《お》いていかれたような気持《きも》ちになるかもしれません。しかし投資《とうし》は本《ほん》で学《まな》んだように、お金《かね》を増《ふ》やすことができる反面《はんめん》、リスクもあるものです。リスクを避《さ》けるさまざまな方法《ほうほう》もありますが、貯蓄《ちょちく》のように将来《しょうらい》のお金《かね》が確実《かくじつ》にわかるものではありません。今《いま》あるこのお金《かね》は、確《かく》実《じつ》にとっておきたいお金《かね》なのか、失《うしな》う可能性《かのうせい》があっても増《ふ》やしてみたいお金《かね》なのか、自分《じぶん》で決《き》めることが重要《じゅうよう》になってきます。なんとなく時代《じだい》は投資《とうし》だよね……と考《かんが》えてしまうと、後悔《こうかい》することになりかねません。お金《かね》という道具《どうぐ》は、このように常《つね》に私《わたし》たちに「主体性《しゅたいせい》」を求《もと》めてくるものなのです。

というわけで、分厚《ぶあつ》い本《ほん》を読《よ》み終《お》わったとしても、「お金《かね》」を巡《めぐ》る旅《たび》は、まだまだ続《つづ》きます。大変《たいへん》だと思《おも》うかもしれませんが、お金《かね》は、みなさんの人生《じんせい》や、社会《しゃかい》の未来《みらい》を形作《かたちづく》るものです。どうか楽《たの》しみながら、お金《かね》という道具《どうぐ》を創造的《そうぞうてき》に用《もち》いてください。

みなさんの「お金《かね》」が、素敵《すてき》な人生《じんせい》や幸福《こうふく》な社会《しゃかい》を創《つく》りだせるよう願《ねが》っています。

「子供《こども》のお金教育《かねきょういく》を考《かんが》える会《かい》」代表《だいひょう》

あんびるえつこ

さくいん

あ

か

さ

た

ま

や

ら

わ

な

は

参考文献

「アクティブ・ラーニングで楽しく！　消費者教育ワークショップ実践集」(あんびるえつこ著／大修館書店)

「あたらしいお金の教科書」(新井和宏著／山川出版社)

「新しい社会公民（令和3年度）」(東京書店)

「池上彰のはじめてのお金の教科書」(池上彰著／ふじわらかずえイラスト／幻冬舎)

「お金のはなし」(たけやきみこ監修／新星出版社)

「改訂新版　節約・貯蓄・投資の前に今さら聞けないお金の超基本」(泉美智子監修／坂本綾子著／朝日新聞出版社)

「改訂版図解まるわかり　お金の基本」(丸田潔監修／新星出版社)

「貨幣の哲学」(ジンメル著／居安正訳／白水社)

「99%の小学生は気づいていない!?　お金と社会のミライ」(あんびるえつこ監修／Ｚ会)

「金融のしくみがこれ1冊でしっかりわかる教科書」(伊藤亮太著／技術評論社)

「経済指標読み方がわかる事典」(森永康平著／日本実業出版社)

「経済用語イラスト図鑑」(鈴木一之監修／新星出版社)

「幸福について―人生論―」(ショーペンハウアー著／橋本文夫訳／新潮文庫)

「サクッとわかるビジネス教養　お金の基本」(杉山敏啓監修／新星出版社)

「サクッとわかるビジネス教養　経済学」(井堀利宏監修／新星出版社)

「10歳から知っておきたいお金の心得」(八木陽子監修／えほんの杜)

「15歳から学ぶお金の教養　先生、お金持ちになるにはどうしたらいいですか？」(奥野一成著／ダイヤモンド社)

「新装版レモンをお金にかえる法」(ルイズ・アームストロング著／ビル・バッソイラスト／佐和隆光訳／河出書房新書)

「新編新しいみんなの公民（平成28年度採用）」(育鵬社)

「図解でわかる14歳からのお金の説明書」(インフォビジュアル研究所著／太田出版)

「すてきな相棒！　おかね入門」(橋本長明著／リトルモア)

「中学生の公民（令和3年度）」(帝国書院)

「はじめて学ぶみんなのお金」
(エディ・レイノルズ、マシュー・オールダム、ララ・ブライアン著／伊藤元重監修／マルコ・ボナッチイラスト／浜崎絵梨訳／昌文社)

「僕らの未来が変わるお金と生き方の教室」(池上彰監修／佳奈漫画／モドロカ画／Gakken)

「本当の自由を手に入れるお金の大学」(両@リベ大学長著／朝日新聞出版社)

【参考URL】

金融広報中央委員会「知るポルト」　https://www.shiruporuto.jp/public/

日本銀行「教えて！にちぎん」　https://www.boj.or.jp/about/education/oshiete/

「お金の話あれこれ」　https://www.boj.or.jp/about/education/arekore.htm

MONEY

監修《かんしゅう》／あんびるえつこ

「子供のお金教育を考える会」代表。文部科学省消費者教育アドバイザー。ASK依存症予防教育アドバイザー。生活経済ジャーナリストとして家庭経済の記事を新聞や雑誌に執筆する一方で、「子供のお金教育を考える会」を設立し、20年にわたり、金融教育および消費者教育のワークショップや参加型の講演会を全国各地で行っている。『お金RPG：お金の基本が楽しく学べる』（Gakken）、『Oh！金』『100歳2億円にふりまわされない！　Oh！金の学校』（フレーベル館）、『99％の小学生は気づいていない⁉　お金と社会のミライ』（Z会）など監修書も多数。

「子供のお金教育を考える会」　http://www.kids-money.jp/
あんびるえつこブログ　http://ambiru.livedoor.biz/

Staff

マンガ　まさきりょう
イラスト　欅ミナミ、小松ゆきこ、野田節美、刈屋さちよ、鳥居志帆、ぐでたろう、カケヒジュン
本文デザイン　片渕涼太（Haguruma.pepper.graphics）
DTP　島村千代子、武田生
執筆協力　加茂直美（４章）
編集　伊藤佐知子、朽木彩（スリーシーズン）

本書の内容に関するお問い合わせは、**書名、発行年月日、該当ページを明記**の上、書面、FAX、お問い合わせフォームにて、当社編集部宛にお送りください。**電話によるお問い合わせはお受けしておりません**。また、本書の範囲を超えるご質問等にもお答えできませんので、あらかじめご了承ください。
FAX：03－3831－0902
お問い合わせフォーム：https://www.shin-sei.co.jp/np/contact-form3.html

夢、仕事、生き方が見つかる
お金の図鑑 お金の使い方×自分らしい人生の歩き方

2024年２月25日　初版発行

監修者　あんびるえつこ
発行者　富永靖弘
印刷所　株式会社高山

発行所　東京都台東区台東2丁目24　株式会社 新星出版社
〒110-0016 ☎03(3831)0743

ISBN978-4-405-01275-2